Johannes Brenz

1499 – 1570

Prediger
Reformator
Politiker

Kataloge des Hällisch-Fränkischen Museums
Schwäbisch Hall

Herausgegeben im Auftrag der Stadt Schwäbisch Hall
von Isabella Fehle

Museumsträger:
Stadt Schwäbisch Hall
Historischer Verein für Württembergisch Franken

Hällisch-
Fränkisches
Museum

Schwäbisch
Hall

alleyn zwey ding: glauben und lieben

Johannes Brenz

1499 – 1570

Prediger

Reformator

Politiker

Ausstellung
im Hällisch-Fränkischen Museum, Schwäbisch Hall
und im Württembergischen Landesmuseum, Stuttgart

28. Februar bis 24. Mai 1999
11. Juni bis 3.Oktober 1999

Impressum

Johannes Brenz 1499 – 1570.
Prediger - Reformator - Politiker;

Begleitbuch zur Ausstellung im
Hällisch-Fränkischen Museum Schwäbisch Hall,
28. Februar 1999 – 24. Mai 1999
und im Württembergischen Landesmuseum Stuttgart,
11. Juni 1999 – 3. Oktober 1999
herausgegeben von Isabella Fehle,
Schwäbisch Hall 1999.
(Kataloge des Hällisch-Fränkischen Museums
Schwäbisch Hall)
ISBN 3-9805483-0-9

NE: Fehle, Isabella; Hällisch-Fränkisches Museum;
Württembergisches Landesmuseum; Johannes Brenz;

Inhaltsverzeichnis

Geleitwort von Oberbürgermeister Hermann-Josef Pelgrim

Im Jahr 1999 kann der 500. Geburtstag von Johannes Brenz, einem der bedeutendsten Schüler Martin Luthers, gefeiert werden. Der Theologe gehört zu den großen protestantischen Persönlichkeiten der Reformationszeit, nach Luther und Melanchton, Zwingli und Calvin. Seine Reformtätigkeit, die er seit 1522 als Prediger in Schwäbisch Hall in Gang setzte, machte ihn weit über das Territorium der Reichsstadt hinaus bekannt. Johannes Brenz nahm an Reichstagen und Religionsgesprächen teil, er wurde zum Berater der Regierenden und zum Gesprächspartner der Theologen.

Die Stadt Schwäbisch Hall würdigt aus diesem Anlaß den bedeutenden Reformator und Gestalter der Evangelischen Kirche des Herzogtums Württemberg mit einem umfangreichen Veranstaltungsprogramm. Im Mittelpunkt des Brenzjahres steht eine Jubiläumsausstellung zu Ehren des Predigers, Reformators und Politikers, die das Hällisch-Fränkische Museum in Kooperation mit dem Württembergischen Landesmuseum und mit Unterstützung der Evangelischen Landeskirche in Württemberg vorbereitet hat. Zur Ausstellung, die im Anschluß an Schwäbisch Hall auch in Stuttgart während des Deutschen Evangelischen Kirchentages zu sehen sein wird, erscheint der vorliegende Begleitband, der neue wissenschaftliche Ergebnisse vorstellen kann.

In einer Zeit des Umbruchs ist es sicherlich zukunftsweisend, sich eines Mannes zu erinnern, der einst in Jahrzehnten von erschütternden politischen, wirtschaftlichen und sozialen Umwälzungen diesem Land mit einer Neuordnung einen Weg gewiesen hat. Mögen die Jubiläumsausstellung, all die Aktivitäten und Veranstaltungen dieses Jahres, ein reges Publikumsinteresse finden, Johannes Brenz nicht allein als berühmtesten Bürger unserer Stadt ins Bewußtsein rücken, sondern auch seine Bedeutung und Wirkung auf Bildung, Recht und Kultur des Landes eindrucksvoll unterstreichen.

Mein besonderer Dank gilt allen an der Vorbereitung des Brenz-Jubiläums mit Engagement Beteiligten, den entsprechenden Ämtern der Haller Stadtverwaltung, der Evangelischen Gesamtkirchengemeinde Schwäbisch Hall, namentlich Herrn Dekan Paul Dieterich, dem Württembergischen Landesmuseum mit seinem Direktor Prof. Dr. Volker Himmelein, dem Landeskirchlichen Archiv beim Oberkirchenrat der Evangelischen Landeskirche sowie den Katalogautoren und natürlich den großzügigen Leihgebern unserer Ausstellung.

Hermann-Josef Pelgrim
Oberbürgermeister

6

Geleitwort von Landesbischof Eberhardt Renz

Schwäbisch Hall hat seinen Namen vom Salz, das jahrhundertelang die wirtschaftliche Grundlage der Stadt gewesen ist. Die Bedeutung des Salzes, das Speisen würzt und sie vor dem Verderben bewahrt, wird verdeutlicht in dem Bildwort Jesu in der Bergpredigt (Matth 5, 13): Ihr seid das Salz der Erde. Dieses Wort vermag auch die Tätigkeit von Johannes Brenz in Schwäbisch Hall zu beschreiben, sein Wirken für die Reform der Kirche, die nicht nur ein neues Verständnis des christlichen Glaubens und neue Formen des Gottesdienst hervorbrachte, sondern auch auf viele andere Bereiche des menschlichen Leben einwirkte.

Schon früh erstreckte sich die Wirksamkeit von Brenz weit über die Haller Landhege hinaus; er war einer der evangelischer Theologen, die die Sache der Reformation auf Reichstagen und Religionsgesprächen vertraten.

Die Krise der Reformation im Schmalkaldischen Krieg hat Brenz seinem Haller Wirkungskreis entfremdet und ihn nach Jahren der Flucht, des Exils und der Existenz im Verborgenen schließlich an die Spitze der evangelischen Kirche des Herzogtums Württemberg gestellt. In diesem zweiten Abschnitt seiner Lebenstätigkeit hat Brenz der württembergischen Kirche für zweieinhalb Jahrhunderte ihre unverwechselbare Gestalt gegeben. In seiner Person verbindet Brenz daher die Kirche der Reichsstadt Schwäbisch Hall mit der des Herzogtums Württemberg, die beide in unserer heutigen Evangelischen Landeskirche in Württemberg aufgegangen sind.

Ich freue mich daher, daß des 500. Geburtstags von Johannes Brenz, den wir am 24. Juni 1999 begehen können, in vielfältiger Weise gedacht wird. Besonders dankbar bin ich dafür, daß das Hällisch-Fränkische Museum in Schwäbisch Hall und das Württembergische Landesmuseum in Stuttgart diesen Geburtstag zum Anlaß einer Ausstellung genommen haben, die das Leben und Wirken von Johannes Brenz ihren Besuchern aufs Neue nahe bringen wird. Herzlich danke ich den Museumsleitern, die den Gedanken einer Brenz-Ausstellung aufgenommen, den Gremien, die dafür die notwendigen Mittel bewilligt haben. Mein Dank gilt ebenso den vielen Mitarbeitern an der Ausstellung und dem vorliegenden Begleitband, der der Ausstellung Dauer verleihen wird. Ich wünsche daher der Ausstellung an beiden Orten, an denen sie gezeigt werden wird, recht viele Besucher, der Begleitpublikation viele Leser, damit durch beides die geschichtlichen Wurzeln unserer Kirche wieder neu deutlich werden.

Eberhardt Renz
Landesbischof

Zur Ausstellung

„alleyn zwey ding: glauben und lieben" – dieses Zitat aus Brenz' Entwurf zur Haller Kirchenordnung („Reformation der kirchen in dem Hellischen Land") von 1526 fügten wir als prägnantes Motto dem Titel unserer Jubiläumsausstellung bei, die anläßlich des 500. Geburtstages des bedeutenden Reformators für das Jahr 1999 erarbeitet wurde.

Geboren in Weil der Stadt am 24. Juni 1499, war Johannes Brenz nach seinem humanistischen und theologischen Studium in Heidelberg seit 1522 Prediger an St. Michael in Hall und Reformator dieser Reichsstadt. 1548 mußte er wegen Widerstands gegen die kaiserliche Religionspolitik die Stadt verlassen und wurde dann der führende Theologe und Kirchenorganisator des Herzogtums Württemberg.

Als theologischer, juristischer und politischer Berater zahlreicher evangelischer Städte und Länder, als Kirchenordnungsexperte, Schulreformer und Verfasser eines in über 500 Ausgaben und mehreren Sprachen überlieferten Katechismus' und nicht zuletzt als einer der fruchtbarsten theologischen Schriftsteller des 16. Jahrhunderts hat Brenz Vorbildliches geleistet. Daneben hatte er Anteil an nahezu allen wichtigen Ereignissen der Reformationszeit vom Bauernkrieg über die Reformations-Reichstage und Religionsgespräche bis zum Konzil von Trient. Am 11. September 1570 starb der ungewöhnlich humane, tolerante und bescheidene Vater seiner Kirche in Stuttgart.

Da die Stadt Schwäbisch Hall eine der wichtigsten Wirkungsstätten des Theologen war, ist es für uns eine Selbstverständlichkeit, das Andenken an den berühmten Bürger gebührend zu würdigen.

Bereits 1970, zum 400. Todesjahr des Reformators, fand in der Hospitalkirche eine Gedächtnisausstellung statt, die von der Stadt Schwäbisch Hall, der Evangelischen Kirchengemeinde und dem Hauptstaatsarchiv Stuttgart durchgeführt wurde. Auf der Grundlage ihrer Forschungen für die genannte Dokumentenausstellung verfaßten Hans-

Martin Maurer und Kuno Ulshöfer 1974 die bis heute wertvolle Darstellung „Johannes Brenz und die Reformation in Württemberg".

Auf anschauliche Weise ist es noch heute möglich, auf den Spuren von Johannes Brenz in Schwäbisch Hall zu wandeln. Im Jahr 1522 hielt er zum ersten Mal eine Predigt in der Haller St. Michaelskirche, deren reiche mittelalterliche Ausstattung dank seiner moderaten Einstellung erhalten blieb. Das steinerne Epitaph seiner ersten Frau Margarete (geb. Gräter), das die unter dem Kruzifix Kniende mit den Wappen der Familien Brenz und Gräter zeigt, ist dort an der inneren Nordwand angebracht. Brenz heiratete übrigens im September 1550 in zweiter Ehe wieder eine Hallerin, Katharina Isenmann. Unweit von der Michaelskirche, am Ende der Pfarrgasse, liegt das heutige Dekanatamt, das Haus, in dem der Prediger mit seiner Familie lebte und das im Jahr 1546 durch kaiserliche Truppen gestürmt wurde, ein Vorfall, den Brenz zu seiner ersten Flucht aus Hall bewog.

Anläßlich des Brenz-Jahres 1999 erarbeiteten in der nur knapp bemessenen Planungszeit von zwei Jahren das Hällisch-Fränkische Museum und das Württembergische Landesmuseum in Kooperation mit dem Stadtarchiv Schwäbisch Hall und dem Landeskirchlichen Archiv Stuttgart das Konzept für die Jubiläumsausstellung zu Ehren des Reformators.

Der hier vorliegende Begleitband spiegelt die Ausstellungsstruktur, die seinem Lebensabriß folgt, wichtige Stationen und Wegbegleiter vorstellt und die zentralen historischen Ereignisse beleuchtet. Der Einstieg ins Thema erfolgt über den rezeptionsgeschichtlichen Ansatz „500 Jahre Brenz" mit Ausführungen zur Erinnerungskultur in den Brenzorten sowie zu den Aktivitäten der Reformationsjubiläen seit 1617.

Eingebettet in ein umfangreiches Veranstaltungsprogramm mit Vorträgen, Führungen, Konzerten, Festen und Theateraufführungen, das maßgeblich von Dekan Paul Dieterich, der Gesamtkirchengemeinde in Zusammenarbeit mit der Stadtverwaltung, der Kulturbeauftragten Ute Christine Berger, Robert Spoden vom Touristikamt und Achim Plato von den Freilichtspielen geplant wurde, sollte die kulturgeschichtliche Ausstellung Leben und Wirken des bedeutenden Predigers anschaulich darstellen. Gleichzeitig wollten die Veranstalter natürlich dem wissenschaftlichen Anspruch nachkommen, auch neueste Forschungsergebnisse einfließen zu lassen. Als glückliche Fügung erwies sich die Beteiligung von Dr. Hermann Ehmer, dem Leiter des Landeskirchlichen Archivs Stuttgart, und des Brenz-Forschers Pfarrer Dr. Christoph Weismann, der nur kurz zuvor an die Pfarrei St. Michael berufen worden war. Ohne die engagierte Mitarbeit dieser beiden profunden Kenner von Brenz' Schaffen wie der württembergischen Kirchengeschichte wäre die Ausstellung nicht zu realisieren gewesen. Die für das Projekt bedeutsame stadtgeschichtliche Komponente gewährleistete die weitreichende Unterstützung von Dr. Andreas Maisch, dem Leiter des Stadtarchivs Schwäbisch Hall, das überaus reiche Bestände zum reformatorischen Thema bewahrt.

Allen, die an der Verwirklichung der Ausstellung und dieses Begleitbandes mitgearbeitet haben, möchte ich meine aufrichtige Anerkennung und meinen herzlichen Dank aussprechen. Das Gelingen dieses Jubiläums basiert auf einer sowohl vertrauensvollen als auch fruchtbaren Zusammenarbeit mehrerer Institutionen. Den Mitveranstaltern dieses Projekts bin ich daher zu außerordentlichem Dank verbunden. Sie haben sich mit großem Elan und wissenschaftlicher Akribie eingebracht, von der Erarbeitung des Ausstellungskonzepts über profund recherchierte Katalogbeiträge bis hin zur Objekt- und Abbildungsauswahl. Dr. Ehmer übernahm dankenswerterweise die zusätzliche Aufgabe der Katalogredaktion. In allen Belangen stand uns Pfarrer Dr. Weismann stets als Ansprechpartner mit großem Sachverstand hilfreich zur Seite, ihm verdanken wir zahllose wertvolle Hinweise und Anregungen. Um die Organisation der Ausstellung mit allen Aufgaben der Koordination, des Schriftverkehrs, der Ausleihe, des Transports und der Objektliste machte sich Kerstin Hopfensitz MA in außerordentlich engagierter Weise verdient.

Das Ausstellungskonzept fand die kreative Umsetzung in ein lebendiges Profil durch das Graphikbüro Burkard Pfeifroth/Reutlingen, das sowohl die Ausstellung als auch den Katalog und die Werbemittel trotz – wie immer – knapp zur Verfügung stehender Zeit ansprechend gestaltete. Einen maßgeblichen Beitrag zum Brenz-Jahr leistete Dekan Paul Dieterich, der mit unermüdlichem Einsatz und mitreißendem Enthusiasmus das buntgefächerte Festprogramm mit allen Facetten und Initiativen verdienstvollerweise auf den Weg brachte. Unseren zahlreichen Leihgebern im In- und Ausland, Pfarr- und Dekanatämtern, Archiven, Bibliotheken, Museen wie auch Privatpersonen, sei abschließend herzlich gedankt. Durch ihr großzügiges Entgegenkommen, uns Objekte aus ihren Sammlungen zur Verfügung zu stellen, wurde das Zustandekommen der Ausstellung überhaupt erst ermöglicht.

Das Johannes Brenz Jubiläumsjahr 1999 möge dazu beitragen, die großen Verdienste des Reformators und die historische Bedeutung seines Lebenswerkes ins Gedächtnis zurückzurufen.

Dr. Isabella Fehle
Museumsleitung

Mitarbeit

Veranstalter
Hällisch-Fränkisches Museum Schwäbisch Hall
und Württembergisches Landesmuseum Stuttgart
in Zusammenarbeit mit der Evangelischen
Gesamtkirchengemeinde Schwäbisch Hall,
dem Stadtarchiv Schwäbisch Hall
und dem Landeskirchlichen Archiv Stuttgart

Begleitbuch
Autoren
Hermann Ehmer, Stuttgart
Andreas Maisch, Schwäbisch Hall
Daniel Stihler, Schwäbisch Hall
Christioph Weismann, Schwäbisch Hall

Redaktion
Hermann Ehmer, Stuttgart

Grafikdesign
Burkard Pfeifroth, Reutlingen
Ingrid Funk-Pfeifroth

Fotografen
Kern-Atelier, Schwäbisch Hall
Peter Frankenstein, Stuttgart
Hendrick Zwietasch, Stuttgart
Ernst Kirschner, Ostfildern-Nellingen

Druck und Herstellung
Süddeutsche Verlagsgesellschaft, Ulm

Ausstellung
Ausstellungskonzeption
Hermann Ehmer
Isabella Fehle
Christoph Weismann

Ausstellungsorganisation
Isabella Fehle
Kerstin Hopfensitz

Ausstellungsgrafik und -gestaltung
Burkard Pfeifroth, Reutlingen

Ausstellungstexte
Hermann Ehmer
Andreas Maisch
Christoph Weismann

Ausstellungsbüro
Anja Grün
Georgine Schuler
Hannelore Sommer

Ausstellungsaufbau Hällisch-Fränkisches Museum
Gisela Belz
Jochen Kümmerer
Hermann Stumm
Oliver Wisotzki

Transporte Hällisch-Fränkisches Museum
Oliver Wisotzki

Rat und Unterstützung gewährten

Ute Christine Berger, Schwäbisch Hall
Herta Beutter, Schwäbisch Hall
Prof. D. Dr. Martin Brecht DD, Münster in Westfalen
Ruth Decker-Hauff, Stuttgart
Hans-Werner Hönes, Schwäbisch Hall
Paul Dieterich, Schwäbisch Hall
Prof. Dr. Walter Dürr, Urbar
Georg Eberhardt, Schwäbisch Hall
Birgit Eckart-Siller, Schwäbisch Hall
Ursl Belz-Enßle und Kurt Enßle, Schwäbisch Hall
Gerlinde Eymann, Schwäbisch Hall
Dr. Elke Gerhold-Knittel, Stuttgart
Ulrich Gräf, Stuttgart
Eberhard Gutekunst, Ludwigsburg
Walter Hampele, Schwäbisch Hall
Dr. Felix Heinzer, Stuttgart
Rudolf Henning, Stuttgart
Thomas Hilbert, Schwäbisch Hall
Johann Georg Hüfner, Schwäbisch Hall
Annette und Matthias Imkampe, Schwäbisch Hall
Hans Janus, Schwäbisch Hall-Tüngental
Manfred Jehle, Schwäbisch Hall
Assistenzprof. Dr. Martin Jung, Basel
Bischof Dr. Walter Kasper, Rottenburg
Präses Manfred Kock, Ratsvorsitzender der EKD, Düsseldorf
Schuldekan Gerhard Kraft, Schwäbisch Hall
Prof. Dr. Willi Kreutz, Mannheim
Emmy Kunz, Schwäbisch Hall
Prof. Dr. Sönke Lorenz, Tübingen
Dr. Christa Mack, Stuttgart
Dr. Joachim Migl, Stuttgart
Oberbürgermeister Hermann-Josef Pelgrim, Schwäbisch Hall
Martin Pfeiffer, Stuttgart
Dr. Christoph Philippi, Schwäbisch Hall
Achim Plato, Schwäbisch Hall
Landesbischof Eberhardt Renz, Stuttgart
Helmut Reichwald, Stuttgart
Albert Rothmund, Schwäbisch Hall
Dr. Helmut Schorlemmer, Schwäbisch Hall
Martin Schupp, Tübingen
Prof. Dr. Friedrich Schweitzer, Tübingen
Dr. Gerhard Schwinge, Durmersheim

Dr. Matthias Setzer, Schwäbisch Hall
Robert Spoden, Schwäbisch Hall
Christof Vetter, Stuttgart
Martin Völlm, Schwäbisch Hall-Gailenkirchen
Otto Wolfart, Schwäbisch Hall
Prof. Dr. Eike Wolgast, Heidelberg
Dr. Joachim Zelter, Tübingen
Dr. Eberhard Zwink, Stuttgart
sowie alle Leihgeber und Leihgeberinnen

1 500 Jahre Brenz

Brenz und die Nachwelt

Das Gedächtnis des Geburtstages von Brenz vor 500 Jahren weckt die Frage danach, wie es in früheren Zeiten um sein Andenken bestellt war. Ein solches Gedenken ist immer auch lokal verankert, es bleibt in erster Linie den Stätten verhaftet, an denen der Betreffende gelebt und gewirkt hat. Es soll hier also nicht auf das Fortwirken der Theologie und insbesondere der Schriftauslegung von Brenz geblickt werden, sondern darauf, wie sich die Erinnerung an ihn an dem Ort seiner Geburt und seines Todes und an den wichtigsten Orten seiner Wirksamkeit dargestellt hat.

Als Orte der Erinnerung an Brenz kommen daher drei in Frage: Stuttgart, Schwäbisch Hall und Weil der Stadt. Diese Reihe beginnt also nicht wie ein Lebenslauf mit dem Geburtsort, sondern umgekehrt, mit dem Ort des Todes und der letzten Wirksamkeit, wo die Erinnerung an den Verstorbenen anfangs noch frisch und unmittelbar war und zuletzt nur noch die Grabstätte und das Grabmal an ihn erinnerte.

Stuttgart

Das Brenz-Epitaph und das Brenz-Grab in der Stuttgarter Stiftskirche

An Johannes Brenz erinnert sein Epitaph in der Stuttgarter Stiftskirche, in der er zuletzt gepredigt hat. Es ist, vom Chor aus gesehen, am ersten Pfeiler der Nordseite, in der Nähe der Kanzel angebracht. Der aufmerksame Besucher der Stiftskirche wird vielleicht auch entdecken, daß unmittelbar bei der Kanzel, eine Bodenplatte mit einem Kreuz bezeichnet ist und den Namen und die Lebensdaten von Brenz trägt. Das gemalte Epitaph, heute das einzige dieser Art in der Stiftskirche, besteht aus einem großen Mittelteil mit einer Inschrift in Majuskeln, auf die oben eine Aedikula mit einem Porträt von Brenz aufgesetzt ist, während unterhalb des Inschriftteils das Brenzsche Wappen angebracht ist. Es handelt sich hier um das Wappen, wie es schon sein Vater geführt hat, nämlich ein auffliegender Rabe oder Falke auf einem Falknerhandschuh.

Die Inschrift gibt einen Lebenslauf und zugleich eine Würdigung von Brenzens Leben, wobei dieser höchst prägnante Text seine Haller Tätigkeit nicht erwähnt, aber auch seine kirchenordnende Tätigkeit in Württemberg übergeht.

Das Epitaph in der Stiftskirche ist wohl die wichtigste Brenz-Erinnerung in Stuttgart. Dies zeigen die Schicksale des Epitaphs in den Jahrhunderten nach Brenz' Tod im Jahre 1570. Als während des Dreißigjährigen Krieges die Jesuiten die Stiftskirche mitbenutzten und somit ein von konfessionellen Streitigkeiten erfülltes Simultaneum errichtet hatten, entfernten sie dieses Epitaph zusammen mit jenen der auf Brenz folgenden Pröpste Balthasar Bidembach und Johannes Magirus und den Epitaphien der Stiftsprediger Lukas Osiander und Wilhelm Holder, um stattdessen Marienbilder aufzustellen[1]. Es wurde damals sogar gemutmaßt, was jedoch nicht zutraf, daß man *des Brentii Bildnus gar verbrannt* habe[2]. Die Nachkommen von Brenz und Bidembach betrieben 1640, obwohl die Anwesenheit der Jesuiten weiterhin andauerte, erfolgreich die Wiederaufstellung der Epitaphien. Seitdem hing das Epitaph wieder in der Stiftskirche, wurde aber im 19. Jahrhundert anläßlich einer Renovierung in die Sakristei verbracht, wo es an der Ostwand angebracht war[3]. Das Epitaph wurde dann 1944 zusammen mit der Stiftskirche zerstört, doch blieb das Porträt erhalten. Das Epitaph wurde nach dem Zweiten Weltkrieg im Rahmen des Wiederaufbaus der Stiftskirche nachgebildet und das gerettete Porträt eingefügt.

Das Epitaph bezeichnet nicht die Stätte des Grabes von Brenz; dies ist die mit einem Kreuz, seinem Namen und seinen Lebensdaten bezeichnete Stelle bei der Kanzel, wo

Über dem Porträt steht der Vers Ps. 119, 105,
darunter ein Distichon:

VOCE STYLO PIETATE FIDE CANDORE PROBAT.
IOANNES TALI BRENTIVS ORE FVIT[5].

D[eo] O[ptimo] M[aximo] S[acrum]
IOANNES BRENTIVS NATIONE SVEVVS
PATRIA WILENSIS THEOLOG[us] CLARISS[imus]
PRAEPOS[itus] STVTGART[iensis] ILLVSTRISS[orum] DVCVM
WIRTENB[ergensium] CONSILIARIVS INTER PRIMOS
REPVRGATAE ECCLESIAE INSTAVRATORES
FVIT: SCRIPTVRAS PROPH[eticas] ET APOST[ostolicas] IN
SCHOLIS SACRIS CONCIONIB[us] COMITIIS
IMP[erii] ROM[ani] ET LVCVBRATIONIBVS SVIS
ILLVSTRAVIT AC PROPVGNAVIT: CONFES
SIONIS CAVSA EXILIVM CONSTANTER
TVLIT: CONSILIIS ECCLESIAM ET COMMVNEM
PATRIAM IVVIT: VITAE INNOCENTIA
PROFESSIONEM ORNAVIT: ET CUM IN
HOC SVO CVRRICVLO L ET AMPLIVS
ANNOS MAGNO ECCLESIAE COMMODO
ELABORASSET: PLACIDE IN CHRISTO
OBDORMIVIT: ET SVMMO PIORUM OMNIVM
LVCTV HIC SEPVLT[us] EST: ANNO D[omini] MDLXX
MEN[is] SEPTEMB[ris] DIE XI: CVM VIXISSET
ANNOS LXXI. MEN[ses] DVOS DIES XVII[4].

1. Epitaph für Johannes Brenz in der Stuttgarter
Stiftskirche. Nachbildung des 1584 entstandenen
und 1944 zerstörten Grabmals unter Verwendung
des erhaltenen Porträts.

13

ursprünglich, in den Boden eingelassen, ein Grabstein angebracht war. Über den Begräbnisort von Brenz berichtet Heerbrand[6], daß dieser in der Stiftskirche zwischen zwei Grafen beerdigt worden sei, das heißt, daß er sein Grab in der herrschaftlichen Grablege bekam. Heerbrand schreibt weiter, daß das Grab nicht weit von der Kanzel entfernt sei, von der Brenz 18 Jahre lang gepredigt habe. Hieran knüpft sich die schon im 16. Jahrhundert berichtete, auf Jakob Andreae zurückgehende Geschichte[7], daß Brenz sich diesen Platz zum Grab erwählt habe, damit er, falls jemand von der Kanzel eine andere Lehre als er verkünden würde, sein Haupt aus dem Grab erheben und rufen könne: Du lügst!

Während des Dreißigjährigen Kriegs wurde aber nicht nur das Epitaph, sondern auch das Grab angetastet. Als nämlich am 24. Mai 1637 der Jesuitenpater Eusebius Reeb starb, wurde er im Grab von Brenz beerdigt. Es wird berichtet, daß man noch Brenz' graue Haare im Grab gefunden habe[8]. Es ist nicht unwahrscheinlich, daß den Jesuiten die Geschichte des Brenz-Grabs bekannt war und sie damit in der konfessionellen Auseinandersetzung ihren protestantischen Gegnern einen Tort antun wollten. Die Brenz geltende Inschrift auf dem Grabstein wurde getilgt und eine Inschrift für Reeb angebracht. Die von dem Pfarrer Felix Bidembach von St. Leonhard im Namen der Brenz-Nachkommen unternommenen Versuche, die Herausgabe des Grabsteins zu erwirken, scheinen erfolglos geblieben zu sein[9].

Man vermutete sogar, daß bei der Beerdigung des Jesuiten die Gebeine von Brenz entfernt worden seien, was sich durch eine 1886 vorgenommene Nachgrabung zu bestätigen schien[10]. Dies traf jedoch nicht zu, denn bei Grabungen zur Erneuerung der Heizungsanlage im Jahre 1908 „fanden sich in unmittelbarer Nähe der Kanzel zwei menschliche Gerippe, und zwar auf der Seite gegen den Altar ein größeres mit mächtigem Schädel, dagegen unmittelbar unter der Kanzel ein kleineres, in Kalk gebettet." Es ist bekannt, daß Brenz ein Mann von kräftiger Statur war, daher mußte der – wie bei Pesttoten üblich – in Kalk gebettete Leichnam der des Jesuiten sein. Man barg 1908 die Überreste der beiden Männer und setzte sie in einem zweiteiligen, mit Zink ausgeschlagenen und überzogenen Sarg wieder vor dem Aufgang zur Kanzel bei. Dieser Sarg wurde bei der Wiederherstellung der Stiftskirche 1955 fast unbeschädigt wieder geborgen und in der Nähe der künftigen Stiftskirchenkanzel aufs neue versenkt und die Stelle in der genannten Weise markiert[11].

Die Brenz-Porträts

Das Brustbild von Brenz im Epitaph ist, wie man schon vor dem Krieg festgestellt hat[12], auf 1584 datiert. Der Maler, der mit J. S. signiert hat, ist mit dem Stuttgarter Modisten Jonathan Sauter zu identifizieren, der 1592 auch eine große Stadtansicht geschaffen hat. Das Brenz-Porträt ist also posthum entstanden, doch muß angenommen werden, daß der Maler Brenz gekannt hat, und die Nachkommen, die um die Errichtung des Epitaphs besorgt waren, auf eine hinreichende Ähnlichkeit bestanden haben dürften.

Näher an Brenz' Lebenszeit steht jedoch das Holzschnittporträt, das jedem der acht Bände der 1576-1590 erschienenen Ausgabe der Werke von Brenz[13] als Frontispiz vorangestellt ist, begleitet von griechischen und lateinischen Versen des Tübinger Professors Martin Crusius. Die Volutenrahmung des Bildes erinnert an die 1596 erschienenen, von Erhard Cellius herausgegebenen Bildnisse der Tübinger Professoren[14], doch ist das Brenz-Porträt in Darstellung und Rahmung einfacher als die Professoren-Porträts, die von verschiedenen Künstlern ausgeführt wurden. Es ergeben sich also von hier aus keine Hinweise darauf, wer das Brenz-Porträt geschaffen hat, zumal es selbst keine Hinweise auf den Maler oder Stecher erkennen läßt. Ein Unterschied zu den Professoren-Porträts besteht auch darin, daß diese im Oval wiedergegeben sind, während das Brenz-Bild unten von einer waagrechten Kartusche und oben von einem Halbrund abgeschlossen ist. Die Inschrift beginnt in diesem Halbrund unten links und wird dann in der Kartusche fortgesetzt: IOANNES BRENTIVS VIXIT ANNOS LXXI MENSES II DIES XVIII OBIIT STVTGARDIE ANNO LXX. DIE XII SEPTENBRIS[15].

Brenz ist hier im Brustbild dargestellt, doch so, daß die Unterarme noch sichtbar sind, während die Hände in die Ärmel des Überrocks geschoben sind. Der Überrock mit Pelzkragen und Pelzaufschlägen an den Ärmeln scheint für die Gestalt des Dargestellten fast zu weit zu sein. Im Halsausschnitt ist das Hemd zu sehen, dessen gekräuselter Kragen auf dem Pelzkragen aufliegt. Auf dem Kopf sitzt eine barettartige Mütze mit Klappen, die die Ohren fast ganz bedecken, aber an den Schläfen noch den Haaransatz zeigen. Der Oberkörper ist frontal dargestellt, Kopf und Blick von Brenz sind leicht nach rechts gerichtet. Angedeutet sind Stirnfalten, die Wangenknochen treten etwas hervor. Zwar kann das Gesicht, das von einem Bart umrahmt ist, nicht als eingefallen bezeichnet werden, doch handelt es sich um das Porträt eines Greisen, es muß also angenommen werden, daß der Holzschnitt auf eine noch zu Lebzeiten von Brenz, in seinen letzten Lebensjahren gefertigte, jedoch verlorene Zeichnung zurückgeht. Jedenfalls ist nicht daran zu zweifeln, daß die von seinem Sohn Johannes herausgegebene Werkausgabe ein Bild des Vaters enthält, dem man Ähnlichkeit nicht absprechen konnte.

Vergleicht man nun die beiden Brenz-Porträts miteinander, so kann wohl kein Zweifel daran sein, daß das Holzschnittporträt dem Sauterschen Bildnis zur Vorlage gedient hat. Haltung und Blick stimmen überein, ebenso die Kleidung mit dem pelzbesetzten Überrock und dem Barett. Auch die oben im Halbrund abschließende Rahmung erscheint bei Sauter; er hat lediglich den Ausschnitt etwas enger gewählt und die Unterarme nicht dargestellt. Der Überrock zeigt keine Details, der Pelzkragen ist schmäler geworden, dafür erscheint der gekräuselte Hemdkragen deutlicher. Auffällig ist, daß Brenz bei Sauter jünger erscheint, er ist gewissermaßen ein Mann in den besten Jahren, mit frischer Gesichtsfarbe und roten Lippen, lediglich Kinn- und Backenbart sind angegraut, desgleichen das Haar, das unter der Mütze hervorschaut. Die Stirnfalten sind nur leicht angedeutet, das Gesicht ist voll und die weit geöffneten Augen blicken aufmerksam auf ihr Ziel. Es ist offensichtlich, daß das Frontispiz der Werkausgabe Brenz am Ende seines Lebens zeigen sollte, wie er auf sein Lebenswerk zurückblickt, während das Epitaph den tätigen Brenz zeigt, etwa in dem wichtigen ersten Jahrzehnt seiner Stuttgarter Wirksamkeit.

Es dürfte ferner klar sein, daß die beiden Porträts von einander abhängen, einerlei ob der Holzschnitt nun Sauters Vorlage bildete, oder ob beide auf eine gemeinsame Vorlage, eine in den letzten Lebensjahren von Brenz gefertigte Zeichnung, zurückgehen. Sicher ist, daß dies die einzigen Porträts von Brenz sind, die Anspruch auf Authentizität machen können. Alle späteren Darstellungen von Brenz sind von diesen beiden abhängig. Sie haben den eigentlichen Brenz-Typus geformt, wie er künftig maßgebend wurde.

Der Porträtholzschnitt aus der Werkausgabe findet sich als Frontispiz auch in der Brenz-Biographie des Haller Pfarrers Friedrich Jakob Beyschlag aus dem Jahre 1735[16]. Die Frage, ob es sich hier um einen Nachschnitt handelt, beantwortet Beyschlag in der Vorrede. Demnach hatte Johann Jakob Moser, der bekannte Staatsrechtler,

ein Nachfahre von Brenz, den Druckstock zufällig entdeckt und erworben und Beyschlag für den Druck seines Werks zur Verfügung gestellt. Dieser Druckstock ist also fast anderthalb Jahrhunderte nach seinem ersten Gebrauch noch einmal verwendet worden, möglicherweise nicht nur für Beyschlags Buch.

Die Reformationsjubiläen in Württemberg und das Brenz-Gedächtnis

Die Geschichte des Brenz-Epitaphs hat gezeigt, daß sich mehrere Jahrzehnte nach seinem Tod seine Nachkommenschaft für den Erhalt des Grabmals eingesetzt hat. Dieser Familiensinn ist auch bei Johann Jakob Moser festzustellen, für den der Druckstock des Brenz-Porträts ein Andenken an den Vorfahren darstellte. Die Tatsache, daß man nach dem Zweiten Weltkrieg eine Wiederherstellung des Brenz-Epitaphs – als des einzigen dieser Art in der Stiftskirche – unternahm, zeigt jedoch ein weitergehendes Interesse an, das Interesse an Johannes Brenz als dem württembergischen Reformator. Es stellt sich daher die Frage, in welchem Maße das Andenken an Brenz im Rahmen der früheren württembergischen Gedächtnisfeiern der Reformation eine Rolle gespielt hat.

Im Jahre 1617 regte der sächsische Kurfürst die Feier des ersten Jubiläums der Reformation an, das in allen evangelischen Territorien begangen werden sollte. Seit dieser ersten Jahrhundertfeier der Reformation ist es üblich geworden, diese Jubiläen mit besonderem Aufwand zu begehen. Der Anlaß dazu ist Luthers Thesenanschlag, der schon in der 1555 erstmals erschienenen Reformationsgeschichte des Sleidan[17] als der Ausgangspunkt der Reformation herausgestellt worden ist. Dies bedeutet natürlich, daß die Gestalt Luthers, sein Leben und Werk, im Mittelpunkt dieser Jubiläen steht und die Mitreformatoren allenfalls beiläufig erwähnt werden. So verhält es sich mit dem Ausschreiben Herzog Johann Friedrichs von Württemberg vom 18. Oktober 1617[18], mit der die Feier des Reformationsjubiläums auf den 2. November 1617 angeordnet wurde. In diesem Generalreskript erscheint nämlich die württembergische Reformation im Jahre 1534 nur beiläufig und Brenz gar nicht.

Es kann also davon ausgegangen werden, daß das Andenken an Brenz bei dem Reformationsjubiläum 1617

2. Johannes Brenz. Porträt von Jonathan Sauter 1584, aus dem Epitaph in der Stuttgarter Stiftskirche.

3. Johannes Brenz. Holzschnitt eines unbekannten Künstlers aus der 1576 – 1590 erschienenen Werkausgabe von Brenz; wieder abgedruckt 1735 in der Brenz-Biographie von Beyschlag.

keine Rolle gespielt hat. Selbstverständlich war er nicht vergessen, dies bezeugt eine nur handschriftlich überlieferte württembergische Reformationsgeschichte[19], in der der Wirksamkeit von Brenz mit einiger Ausführlichkeit gedacht wird. Nach der Darstellung von Brenz' Exil heißt es hier über seine Tätigkeit in Württemberg: *Der hatt volgends alle kirchen im ganzen landt alls der bischoff wol geregiert, selbs embsig geprediget, auch vill prediger erzogen, allerlei fähl und mängel nuzlich abgethan unnd bey kirchen und schuolen bessere ordnung angestellt. Die universitet zue Tüwingen hat bey seiner zeit unnd durch sein anweisung in der wahren religion auch woll zuegelegt unnd vill gelehrte leüth erzogen unnd auffgebracht. Underweil hat er auch vill gutter christlicher nuzer biecher in theologia der kirchen zue gutem geschrieben.*

Fast derselbe Befund wie beim ersten Reformationsjubiläum 1617 ist in Württemberg beim zweiten Jubiläum 1717 zu machen, wie die 1719 erschienene umfangreiche Dokumentation von Ernst Salomo Cyprian belegt[20]. Immerhin erscheint Brenz in einem *Leben Lutheri*, im Druck herausgegeben vom württembergischen Konsistorium zur Vorlesung in einem Nachmittagsgottesdienst,

und zwar in einer Anmerkung, nämlich bei der Erwähnung der Heidelberger Disputation.

Das Reformationsjubiläum 1817 war in Württemberg vollends ganz an Luther ausgerichtet, wobei alles höchst ausführlich vorgeschrieben wurde[21], so daß hier für die württembergische Reformationsgeschichte – geschweige denn für den württembergischen Reformator – kein Platz mehr war. Dies mochte auch nicht als tunlich erscheinen, denn man war zu dieser Zeit bemüht, das in der napoleonischen Ära aus Gebieten unterschiedlicher Herkunft entstandene Königreich zu einer Einheit zusammenzufügen. Dafür kam ein kirchliches Fest, das alle Evangelischen im Königreich Württemberg gemeinsam feiern konnten, gerade recht, zumal sich in der kirchlichen Sitte in den einzelnen Gebieten noch manche alten Bräuche und Eigenheiten hielten.

Im 19. Jahrhundert entwickelte sich aus der romantischen Geschichtsbetrachtung, die zunächst mit Vorliebe auf das Mittelalter zurückblickte, allmählich eine Landes- und Ortsgeschichtsforschung, die ihrerseits wieder befruchtend auf die Erforschung der Reformationsgeschichte einwirkte. Damit zusammenhängend entstand eine Erinnerungskultur, die sich mit Vorliebe in Denkmälern ausdrückte, wie etwa dem 1868 eingeweihten Reformationsdenkmal in Worms. So wurde es nun auch möglich, daß des Reformators Brenz eigens gedacht wurde.

Ein Brenz-Gedenktag wurde in der evangelischen Kirche Württembergs im Jahre 1870 angeordnet, als sich sein Todestag zum 300. Male jährte. Allerdings fiel auf diesen 11. September 1870 auch der Geburtstag der Königin Olga, so daß die gottesdienstliche Feier an diesem Sonntag hauptsächlich an diesem Ereignis ausgerichtet wurde, wofür vom König eigens ein Predigttext ausgewählt worden war. Der betreffende Konsistorialerlaß[22] setzt aber hinzu: *Den Geistlichen unseres Landes ist bekannt, daß auf denselben Sonntag den 11. September d. J. die dreihundertjährige Wiederkehr des Todestages unseres württembergischen Reformators Johannes Brenz fällt. Es wird deshalb mit Genehmigung Seiner Majestät des Königs angeordnet, daß in der Predigt auf diesen Tag auch das Gedächtniß dieses gesegneten, göttlichen Rüstzeugs in den evangelischen Gemeinden unseres Landes erneuert und seiner hohen Verdienste um unsere evangelische Landeskirche dankbar vor Gott gedacht werde.*

Um Schwierigkeiten auszuschließen, die bei der Behandlung des Königin-Geburtstags und des Brenzschen Todestags in einer Predigt entstehen konnten, wurde empfohlen, in den Kinderlehren oder in den Nachmittags- und Abendgottesdiensten näher auf Brenz einzugehen, wofür auch einschlägige Literatur angegeben wurde. Genannt wurde hier vor allem das Werk von Hartmann-Jäger und ein neuerdings von der Evangelischen Gesellschaft in Stuttgart herausgegebenes Schriftchen[23]. Ansonsten war noch ein Aufsatz im „Christenboten"[24] erschienen und – für ganz Eilige – eine kurzgefaßte *Uebersicht über das Leben des Reformators Johannes Brenz*[25]. Zweifellos wird mancher Pfarrer anderes zu tun gehabt haben, als sich eingehend mit Brenz zu befassen, denn kurz zuvor hatte der Deutsch-Französische Krieg angefangen und knapp vierzehn Tage vor dem Brenz-Gedenktag waren die entscheidenden Schlachten dieses Krieges geschlagen worden. Da hatte man sicher angesichts der Anforderungen, die diese Tage stellten, wenig Zeit, des württembergischen Reformators zu gedenken.

Für den 400. Geburtstag von Brenz im Jahre 1899 wurden ausführliche Anordnungen getroffen[26]. Der Johannistag, der Geburtstag von Brenz, galt damals noch als „halber"

kirchlicher Feiertag, deshalb konnte im Gottesdienst an diesem Tag *in angemessener Weise* auf den Gedenktag hingewiesen werden. Da die Gottesdienste an diesen Feiertagen üblicherweise nicht gut besucht waren, sollte die eigentliche kirchliche Feier im Hauptgottesdienst am Sonntag, 25. Juni, gehalten werden. In diesem Jahr mußte der Brenz-Gedenktag zwar nicht mit einem königlichen Festtag konkurrieren, doch war *das Gedächtnis an Joh. Brenz mit dem Hinweis auf die Übergabe der Augsburgischen Konfession zu verbinden.* Damit wurde, was sicher sinnvoll war, der Brenz-Geburtstag mit dem alten, seit 1739 üblichen württembergischen Termin des Reformationsfestes verbunden. Man hatte ja erst 1853 wegen der Übereinstimmung mit den übrigen deutschen evangelischen Landeskirchen das jährliche Reformationsgedenken auf den 31. Oktober verlegt[27].

Um auch der Schuljugend die Gestalt von Johannes Brenz vor Augen zu stellen war am 23. Juni 1899 *unter Ausfall des gewöhnlichen Unterrichts ... in den evangelischen Volksschulen eine Gedächtnisfeier zu halten.* Ferner wurde für den Gottesdienst am Sonntag die Empfehlung ausgesprochen, das Opfer den Gemeinden der beiden Brenz-Städte Schwäbisch Hall und Weil der Stadt zuzuwenden. In Stuttgart wurde am Dienstag, 27. Juni, im großen Festsaal der Liederhalle eine große öffentliche Gedächtnisfeier für Johannes Brenz abgehalten, die aber zum allgemeinen Bedauern nicht so gut besucht war, wie es diese evangelischen Abende sonst waren, zumal auch die *Majestäten zu ihrem Bedauern am Erscheinen verhindert* waren. Prälat Karl Burk entwarf ein Lebensbild von Brenz, Stadtpfarrer Christoph Kolb sprach über Brenz als den Organisator des württembergischen Kirchen- und Schulwesens. Zwischen den Vorträgen wurden Gesang, Musik und Gedichte geboten[28]. Ähnliche Veranstaltungen fanden im ganzen Land, vor allem in den Schulen statt.

Das württembergische Reformationsdenkmal und das Reformationsjubiläum 1917

Die Lutherfeiern, die seit dem Lutherjubiläum 1883 jährlich in der Stuttgarter Liederhalle abgehalten wurden, gaben die Anregung zur Errichtung eines Stuttgarter Lutherdenkmals. Hierfür wurden die bei diesen Veranstaltungen angefallenen Opfer zurückgelegt, ohne daß aber zunächst konkrete Schritte unternommen wurden. Mit dem Blick auf die vierte Säkularfeier der Reformation 1917 wurden daraus Pläne für ein württembergisches Reformationsdenkmal[29] in Stuttgart. Auf Vorschlag des Architekten Theodor Fischer wurde nach längerer Suche 1903 der Platz bei der Hospitalkirche für die Aufstellung dieses Denkmals bestimmt. Doch erst im Herbst 1910 bildete sich ein Denkmalausschuß, der mit einem Aufruf *An das evangelische Volk Württembergs!* an die Öffentlichkeit trat. In dem Aufruf wurde bereits angegeben, wie das Denkmal aussehen sollte: *Unter dem Kreuz Christi soll Martin Luther, der deutsche Reformator, stehen, ihm zur Seite der Reformator Württembergs, Johannes Brenz.* In einem Wettbewerb, an dem 71 Künstler teilnahmen, fiel die Wahl auf den Stuttgarter Bildhauer Jakob Brüllmann[30].

Die öffentliche Diskussion über das Denkmal führte schließlich zu dem Ergebnis, daß nicht der Gekreuzigte, sondern der Auferstandene die Mitte des Denkmals bilden, und die beiden Reformatoren sitzend dargestellt werden sollten. Die auch nach dieser Grundsatzentscheidung weitergehende und zum Teil recht scharf geführte Diskussion befaßte sich in erster Linie mit der Darstellung des Auferstandenen und der Figur Luthers. Die Figur von Brenz als württembergisches Pendant zum deutschen Luther wird in der Diskussion nicht erwähnt, blieb also unbestritten. Bei der Gestaltung der Figur Luthers ergab sich eine interessante Parallele zum Stuttgarter Schillerdenkmal von Thorwaldsen, das ja seinerzeit deswegen enttäuschte, weil der Dichter nicht mit heroisch erhobenem Haupt, sondern mit nachdenklich gesenktem Kopf dargestellt ist. Man konnte sich Luther im Denkmal keineswegs über der Schrift sinnend vorstellen. Deshalb mußte er aufblickend, im Augenblick der reformatischen Erkenntnis über dem Römerbrief gezeigt werden.

Und Brenz auf der linken Seite: dem Propheten gegenüber ist er der treufleißige Jünger. Seine Gestalt ist nachdenkend wie eines Mannes, der mit zartem Gewissen manche Sorge tragen muß. Ein Barett, welches bei ihm zur Bildnisähnlichkeit gehört, überschattet seine Stirne; die eine Hand ist aufgestützt. Er wird nicht aufspringen, sondern bedächtig sich erheben, denn er hat an vieles zu denken. Die Schriftrolle in seiner Hand soll einer Landeskirche Recht und Ordnung auf Jahrhunderte geben, das ist große Verantwortung für einen treuen Diener des göttlichen Wortes.

4. Reformationsdenkmal in Stuttgart. Aufrißplan.

Das Denkmal wurde am Sonntag, 24. Juni 1917, im Beisein von König Wilhelm II., Königin Charlotte, sämtlicher Minister und zahlreicher anderer Würdenträger eingeweiht[31]. Damit lag auch diese Feier in der Nähe des alten württembergischen Reformationsfesttermins. Vor allem aber war es der Geburtstag von Brenz, wie ausdrücklich bemerkt wird, den man eigens dafür ausgewählt hatte. Nach dem Festgottesdienst in der Hospitalkirche fand die Denkmalweihe statt, bei der Prälat Johannes Merz, der aus Hall gebürtige spätere erste württembergische Kirchenpräsident, die Ansprache hielt und in wohlabgewogenen Formulierungen über Luther und Brenz sprach. Interessant ist die Bedeutung, die er Brenz als Integrationsfigur des evangelischen Württemberg zumißt: *Du gehörst dem Schwaben- wie dem Frankenland zu, dem Kreis der Reichsstädte wie dem fürstlichen Gebiet von Württemberg, das eben damals unter Herzog Christoph sich anschickte, das Herz des protestantischen Südens zu werden. Wir feiern heute deinen Geburtstag: in allweg*

18

5. Reformationsdenkmal in Stuttgart. Foto aus der Vorkriegszeit.

werde neu unter uns geboren ein ehrenfester Biedersinn, deine männliche Klugheit, deine Furchtlosigkeit und Treue!

Brenz war damit ein angemessener Platz im württembergischen Reformationsgedenken zugewiesen worden, wobei freilich auch eine Rollenverteilung vorgenommen wurde: Luther als der Prophet, Brenz als der *treufleißige Jünger* – aber doch auf gleicher Stufe. Reformation war damit als konkretes Geschehen in den Städten und Territorien des deutschen Südwestens begriffen worden. Obwohl in den Festreden die Tatsache anklingt, daß man *im dritten Jahr des entsetzlichsten Krieges* stand und die Friedenssehnsucht offen ausgesprochen wird, ist dies nicht ein Zeichen für einen etwaigen württembergischen Partikularismus. Vielmehr ist das Bewußtsein einer eigenen Reformationsgeschichte zweifellos ein Ergebnis der intensiven Forschungen der zurückliegenden Jahre.

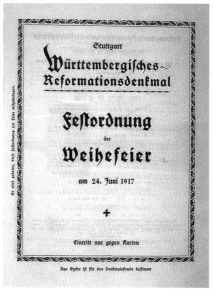

Stuttgart

Württembergisches Reformationsdenkmal

Festordnung

der

Weihefeier

am 24. Juni 1917

✠

Eintritt nur gegen Karten

Das Opfer ift für den Denkmalsfonds beftimmt

6. Festprogramm zur Einweihung des Reformationsdenkmals in Stuttgart 1917.

7. Brenzkirche in Stuttgart, 1933 von Alfred Daiber erbaut, im ursprünglichen Zustand.

Durch das Jubiläum 1899 war der Name von Brenz wieder so sehr ins Bewußtsein gerückt worden, daß nach ihm in Stuttgart ein in der Hohen Straße errichtetes Hospiz oder Lehrlingsheim genannt und an seinem Geburtstag 1901 eingeweiht wurde. Dieses Haus, das nach der Zerstörung im Zweiten Weltkrieg wieder aufgebaut worden ist, beherbergt seit einigen Jahren die von der Gesamtkirchengemeinde Stuttgart getragene Johannes-Brenz-Grundschule.

Schließlich erhielt auch noch eine der neuen Stuttgarter Kirchen, die im Zuge der weiteren Ausdehnung der Stadt auf den nördlichen Höhen, beim Weißenhof und Kochenhof entstand, den Namen von Brenz. Dort war 1927 im Rahmen einer Ausstellung des Deutschen Werkbunds eine ganze Siedlung errichtet worden, mit der namhafte Architekten aus aller Welt, wie Mies van der Rohe, Walter Gropius und Le Corbusier, neues Bauen vorführten. Im Stil der Neuen Sachlichkeit wurde dann auch beim Weißenhof die Brenzkirche nach Plänen von Architekt Alfred Daiber errichtet und am 12. März 1933 eingeweiht. Den Namen

von Brenz hatte die seit 1931 bestehende *Kirchengemeinde auf dem Weißenhof* schon vorher angenommen, ohne daß ein besonderer Grund dafür ersichtlich wäre.

Die Architektur der Weißenhofsiedlung hatte schon bei ihrer Entstehung manchen Spott von konservativer Seite auf sich gezogen, der 1933 in offene Anfeindung umschlug, unter der letztlich auch die Brenzkirche zu leiden hatte. Als 1939 auf dem Killesberg die Reichsgartenschau durchgeführt werde sollte, verlangte der Oberbürgermeister eine bauliche Änderung, da die Kirche *leider in auffallendem Masse liberalistische Baugesinnung der verflossenen Systemzeit erkennen lasse.* Die Gesamtkirchengemeinde gab diesem Verlangen nach und die Kirche wurde mit Satteldach auf Schiff und Turm sowie mit einem Turmhahn den üblichen Vorstellungen von einer Kirche angenähert[32].

Schwäbisch Hall

Schwäbisch Hall und die Familie Brenz

In Schwäbisch Hall wurde nach dem Tod von Brenz eine Gedächtnispredigt gehalten, die im Kapitelbuch überliefert ist. Man fühlte sich in der Schuld des Reformators, der 1548 die Stadt hatte verlassen müssen. Es mag daher für die Stadtväter einiges bedeutet haben, daß Johannes Brenz d.J. 1582 den von ihm herausgegebenen fünften Band[33] der Werke seines Vaters dem Haller Magistrat widmete. In dem Schreiben betont er die Rechtgläubigkeit der Haller Kirche und dankt für die erwiesenen Wohltaten, insbesondere dafür, daß man von Hall aus sein Studium bis zur Erlangung des Doktortitels unterstützt hatte. Diese Verpflichtung, die man in Hall gegenüber Brenz und seiner Familie fühlte, zeigt sich auch in der Anstellung seines Sohnes Joseph aus seiner zweiten Ehe als Stadtarzt in Schwäbisch Hall. Dr. Joseph Brenz, der sein Amt in Hall Ende 1586 / Anfang 1587 antrat, starb aber schon nach einem halben Jahr[34].

Als zweiter Nachkomme des Reformators wirkte von 1607 bis 1613 sein Enkel Johann Hippolyt Brenz in Schwäbisch Hall als Prediger und Dekan an St. Michael, also auf der Stelle des Großvaters. Johann Hippolyt[35], ein Sohn des Tübinger Professors und nachmaligen Abts zu Hirsau, verdankte seine Vornamen den beiden berühmten Großvätern, nämlich dem Reformator und dem württembergischen Rat und Kirchenratsdirektor Hippolyt Rösch. Johann Hippolyt Brenz war ein unruhiger Kopf, der es offenbar nur den Verdiensten der Vorväter verdankte, daß er, so lange es ging, in seinen verschiedenen Stellen gehalten wurde. Die Haller Stelle verlor er wegen Streitigkeiten mit seinen Kollegen, worauf er wieder in Württemberg angestellt, nach wenigen Jahren aber wieder entlassen wurde. Zuletzt war er Stiftsprediger in Ansbach, wo er 1629 starb.

Zum Ruhme der Familie Brenz und zur Rechtfertigung seiner Mißgeschicke hielt Johann Hippolyt Brenz 1622 in Ansbach eine *Jubelpredigt*[36], womit er die Tatsache feierte, daß drei Brenze, Vater, Sohn und Enkel, seit 100 Jahren ohne Unterbrechung im Predigtamt standen. Daß Johann Hippolyt sich als den letzten in dieser Reihe bezeichnete, will wohl nicht besagen, daß er der letzte männliche Brenz-Nachkomme sei. Da er selbst keine leiblichen Nachkommen hatte, heißt dies, daß die von ihm gefeierte Reihe von Predigern mit ihm aufhörte.

Mit Johann Hippolyt starb die Familie Brenz nämlich noch nicht aus. Der letzte Brenz war der Urenkel von Dr. Joseph Brenz, nämlich Johann Ezechiel Brenz, der 1670 im Alter von sieben Jahren in Schwäbisch Hall starb. Wenn es damit auch keine von dem Reformator abstammenden Namensträger Brenz mehr gab, so hat sich doch die Nachkommenschaft von Johannes Brenz über die Nachkommen der Töchter weit ausgebreitet.

Brenz und das Schwäbisch Haller Reformationsjubiläum 1717

Eine Besinnung auf die eigene Reformationsgeschichte fand in Schwäbisch Hall schon beim Reformationsjubiläum 1717 statt, womit Hall wohl die einzige Reichsstadt war, in der bei dieser Gelegenheit auch des Reformators der Stadt gedacht wurde[37]. Dies geschah bereits in dem obrigkeitlichen Dekret, mit dem die Feierlichkeiten angeordnet wurden, mit denen der Reformation *durch den theuren Rüstzeug, Hrn. D. Martinum Lutherum und andere erleuchtete GOttes-Männer, sonderlich aber allhiesiger Stadt ersten Evangel. Prediger, Hrn. Johannem Brentium,* gedacht werden sollte. Damit war Brenz ein Platz in diesen Feierlichkeiten angewiesen, wie schließlich auch anschaulich vor Augen geführt wurde. Die am Abend des Festtages aus der Michaelskirche kommende Gemeinde wurde nämlich durch eine Illumination[38] des Hauses von Stättmeister Johann Lorenz Drechsler am Marktbrunnen überrascht, die der Stättmeister selbst *inventiert* und auf eigene Kosten veranstaltet hatte. Zu sehen war oben *der Nahme JEHOVA,* dabei ein die Jahreszahl 1717 darstellendes Chronogramm, IgnIs In honoreM IVbILael LVtheranI haLLae arDens (In Hall brennendes Feuer zu Ehren des Lutherjubiläums), mit dem Stadtwappen. Es folgte ein Bild von Johann Hus mit seinem Namen bezeichnet. *Gegen über der Vogel Phoenix, wie er sich verbrandt, mit der Überschrifft: Cinis prole felix* (Durch Nachkommenschaft beglückte Asche). Dann Luthers Bildnis, ebenfalls mit seinem Namen versehen. *Gegen über etwas schwartze Wolcken, wordurch die Sonne hellscheinend bricht, mit der Überschrifft: Discussi tenebras* (Ich habe die Finsternis vertrieben). Schließlich folgte ein Bildnis von Johannes Brenz mit seinem Namen und den Worten: *Erster Evangelischer Prediger in Hall.*

Am zweiten Festtag, am Montag, 1. November, fand nachmittags um zwei Uhr ein festlicher Vespergottes-

8. Illumination des Hauses von Stättmeister Drechsler aus Anlaß des Reformationsjubiläums 1717. Von oben nach unten sind dargestellt: Johann Hus, Martin Luther und Johannes Brenz.

dienst[39] statt, in dem Diakonus Friedrich Peter Wibel über Nahum 2, 1, *Siehe, auf den Bergen kommen Füsse eines guten Boten, der da Frieden prediget, sprach. Und stellte daraus vor: Den ersten Evangelischen Prediger allhier, Johannem Brentium, als einen auf diesem Michaelitischen Kirchen-Berg erfreulichen Boten des Friedens. Er zeigte, wie er solche Botschafft recht herrlich hat verricht.* Hierauf las er den Lebenslauf von Brenz vor und stellte als Nutzanwendung dar, *was bey dem Andencken Lutheri und Brentii seye unsere Pflicht.*

Der erwähnte Lebenslauf von Brenz erschien seinerzeit im Druck unter dem Titel *Der als ein Palm-Baum grünende Gerechte*[40] und ist auch der großen Jubiläumsdokumentation von Cyprian[41] einverleibt. Ein Verfasser dieser für das Jubiläum gefertigten Lebensbeschreibung wird in keinem der Drucke genannt. Vermutet wird der Pfarrer und Prediger an St. Michael Johann Ludwig Seufferheld[42]. Der Lebenslauf von Brenz folgt im wesentlichen der Leichenrede von Heerbrand[43], legt aber besonderes Gewicht auf die Haller Wirksamkeit von Brenz. Anlaß zu längeren Ausführungen war die Widerlegung des von verschiedenen Historikern, zuerst wohl von Sleidan[44] erhobenen Vorwurfs, Hall habe *an Brentzen einen grossen Undanck begangen/ und den theuren Mann/ dem sie die Erkanntnus der Evangelischen Warheit zu dancken habe/ von sich ausgestossen.* Man mag sich fragen, wie diese zum Teil sehr gelehrten Darlegungen von den Gemeinden in Stadt und Land aufgenommen wurden. Doch bleibt festzuhalten, daß hier eine historische Einprägearbeit erfolgte, die jedem die Bedeutung von Brenz verdeutlichte, daß er – zumindest für Hall – unmittelbar neben Luther zu stellen sei. Daneben regte diese Arbeit nun auch schon zu wissenschaftlicher Erforschung des Lebens und Werks von Brenz an.

Die dritte Säkularfeier der Reformation 1817 stand dann unter ganz anderen Vorzeichen. Seit 1802 gehörte Schwäbisch Hall zu Württemberg, die Feier in der Stadt hatte daher so zu verlaufen, wie von Stuttgart aus angeordnet. Der Bericht des Haller Dekans vom 6. Februar 1818[45] bestätigt dies. Es ist zumindest nicht zu erkennen, daß man, wie hundert Jahre zuvor, neben Luther auch noch den eigenen Reformator Brenz gefeiert hätte.

9. Lebenslauf von Brenz, der in den Haller Kirchen aus Anlaß des Reformationsjubiläums 1717 verlesen wurde.

Das Brenzjubiläum 1899 und das Schwäbisch Haller Brenzhaus

Im *Konsistorialerlaß betreffend die Feier der 400sten Wiederkehr des Geburtstags von Johannes Brenz*[46] war empfohlen worden, *das Kirchenopfer ... einer dem Andenken an Joh. Brenz dienenden Bestimmung zuzuführen. Am besten wird dies geschehen durch Förderung eines kirchlichen Zweckes innerhalb der Gemeinden, mit deren Namen die Erinnerung an Brenz besonders verbunden ist. Als der Förderung und Unterstützung besonders würdig stellt sich hienach dar und wird für die Zuwendung des Kirchenopfers empfohlen das Brenzhaus in Schwäbisch Hall, dessen Grundstein am 24. Juni gelegt werden soll und das bestimmt ist, ebenso der evangelischen Gemeinde Hall als dem Andenken an Brenz zu dienen.*

Die doppelte Zweckbestimmung des in Schwäbisch Hall zu errichtenden Brenz-Hauses rührt davon her, daß es dort seit dem 15. Februar 1893 einen Evangelischen Verein für Erbauung eines Vereinshauses gab, der durch Sammlungen *mit langsam, aber stetig wachsendem Erfolg*

10. Brenz-Haus in Schwäbisch Hall, evangelisches Vereins- und Gemeindehaus, dessen Grundstein am Brenz-Geburtstag 1899 gelegt wurde.

die entsprechenden Mittel aufzubringen suchte. Es handelte sich dabei um eine Bestrebung, die um diese Zeit in vielen Städten festzustellen ist, die darauf abzielte, Räumlichkeiten für die unterschiedlichen Vereine zu schaffen, die sich damals im Rahmen der evangelischen Kirche gebildet hatten. Dabei waren diese Vereine, zu denen insbesondere der Christliche Verein junger Männer zählte, auf ihre rechtliche Selbständigkeit bedacht, so daß die errichteten Häuser in der Regel Vereinseigentum waren und erst 1933 wegen drohender Beschlagnahme durch den Staat von den Kirchengemeinden übernommen wurden.

Neben den Bestrebungen zur Errichtung eines Vereinshauses war in Schwäbisch Hall[47] im Winter 1895/96 auch der Gedanke aufgekommen, dem Reformator Brenz

11. Brenz-Büste des Stuttgarter Bildhauers Gäckle vom Schwäbisch Haller Brenz-Haus.

*12. Mitwirkende aus der Schwäbisch Haller Aufführung
des Brenz-Festspiels von Heinrich Gommel.*

anläßlich seines 400. Geburtstags ein Denkmal zu errichten, *und zwar ein Denkmal von großen Dimensionen auf
einem schönen, freien Platz, welches der Stadt zur Zierde
gereichen und Fremde zum Besuch herbeilocken würde.*
Da aber auch hierfür Sammlungen veranstaltet wurden,
die jene für das Vereinshaus behindern mußten, beschloß
man nach einiger Überlegung, *das zu erbauende Haus zu
einem würdigen Denkmal für den Reformator zu gestalten,*
nämlich als „Brenzhaus" zu errichten und so sein
Gedächtnis durch Förderung jeder Art evangelischen
Lebens, wie sie eben von einem Vereinshaus ausgehen
kann, zu ehren – gewiß schöner und segensreicher, als
durch ein bloßes Denkmal aus Stein und Erz!

Damit hatte die Vorstellung, daß ein solches Denkmal
auch einen unmittelbaren Nutzen zu bringen hatte, die
Oberhand gewonnen. Andererseits mußte das Haus als
Denkmal auch einen besonders schönen Bauplatz
bekommen und *ein würdiges, stilvolles Gebäude* werden.
Dieses sollte auch einen besonderen Raum erhalten *als
„Brenzmuseum" zur Aufnahme einer Sammlung von
Erinnerungsgegenständen, wie Brenz'sche Schriften, Bil-
der u. dgl., wozu bereits ein Grundstock vorhanden ist.* Die
Zweckbestimmung als Vereinshaus überwog natürlich,
und die Gedenkstätte sollte auf einen Raum beschränkt
werden.

Ein Sammlungsaufruf vom November 1897 hatte einigen Erfolg, so daß bereits ein gewisser Grundstock zur Errichtung des Brenz-Hauses vorhanden war. Doch waren noch beträchtliche Mittel vonnöten, so daß man das Brenzjahr 1899 benutzen mußte, um sich mit einem erneuten Aufruf an *das evangelische Württemberg* zu wenden, von dem man sich erhoffte, daß es *an einem seinem Reformator zu errichtenden Denkmal in Hall ... lebendigen Anteil nehmen würde.*

Am Vorabend des Brenz-Geburtstags 1899 hielt Professor Kolb in der Aula des Gymnasiums die Festrede, in der er die Bedeutung von Brenz für Hall darstellte. Am andern Morgen, dem 24. Juni, einem Samstag, zog man in festlichem Zug vom Gottesdienst in der Michaelskirche auf den Platz jenseits des Kochers, auf dem das Brenz-Haus errrichtet werden sollte. Nach der Festrede von Pfarrer Paul Erhardt von St. Katharina wurde der Grundstein des Hauses gelegt, in den eine zuvor verlesene Urkunde eingemauert wurde. Nach der feierlichen Zeremonie fand ein Festmahl im Gasthaus zum Ritter statt, wo die üblichen Tischreden gehalten und ein Huldigungstelegramm an den König abgesandt wurde.

Am Abend kam das Brenzfestspiel von Heinrich Gommel[48] zur Aufführung. In diesem *Reformationsfestspiel* wurde die Gestalt von Brenz, geschickt konzentriert auf die dramatischen Jahre seines Lebens mit Schmalkaldischem Krieg, Interim, Flucht und dem Aufenthalt auf dem Hornberg, vorgestellt. Am darauffolgenden Sonntag hielt Prälat Oskar Schwarzkopf in der Michaelskirche die Festpredigt über den vorgeschriebenen Text, in die er die Lebensgeschichte des Reformators einflocht, und mit dem Wunsche schloß, *daß die liebe Stadt Hall nicht bloß eine interessante Vergangenheit, sondern auch eine gesegnete Zukunft haben möge.* Am Nachmittag fand dann eine zweite Aufführung des Brenz-Festspiels statt, die wiederum, dieses Mal vor allem vom Lande, zahlreich besucht war[49].

Das Brenz-Haus konnte am 3. März 1901 eingeweiht werden[50]. Dieses evangelische Versammlungs- und Vereinshaus war nach Plänen des Oberamtsbaumeisters Berner an einem der Punkte errichtet worden, von dem man den schönsten Blick auf die Stadt hat. Vom Hauptportal blickte auf den Eintretenden eine Brenzbüste herab, geschaffen von dem Stuttgarter Bildhauer Gäckle und gestiftet von dem Schullehrer Dörner. Andere Mäzene, wie Kaufmann Chur in Hall und Professor Weissenbach, hatten

wertvolle Bücher und Bilder für das Brenzmuseum gestiftet. Stadtdekan Friedrich Braun von Stuttgart betonte, daß nun bald alle drei Brenz-Städte ein Brenz-Haus besäßen, denn in Stuttgart entstehe zur Zeit in der Hohen Straße das Vereinshaus zum Johannes Brenz, zu dessen Einweihung am kommenden Brenz-Geburtstag er einlud. Dem Haller Brenz-Haus wünschte man, *daß in diesem Versammlungshause immer im Geiste des Joh. Brenz, des großen Freundes der Jugend, der auf deren Erziehung eifrig bedacht war, gewirkt werden möge.*

Das nicht besonders solid gebaute, mehrfach renovierte Brenzhaus wurde im Jahr 1969 abgerissen und 1969/70 durch ein größeres, modernes, in seiner Architektur freilich umstrittenes Brenzhaus ersetzt (Architekt Gerhart Kilpper, Stuttgart).

Im Jahr 1955 hat die Kirchengemeinde im Haller Neubaugebiet Rollhof eine nach Johannes Brenz genannte neue Kirche gebaut – der erste Kirchenneubau in Hall nach der Reformationszeit (Architekt Hellmut Ammann, Schwäbisch Hall). Die dort entstandene neue Kirchengemeinde heißt seitdem zu Ehren des Haller Reformators Johannes-Brenz-Gemeinde.

Weil der Stadt

▬▬ Das Brenz-Geburtshaus in Weil der Stadt

Das Brenz-Gedächtnis in Weil der Stadt setzt unmittelbar nach dem Anfall der Reichsstadt an Württemberg im Jahre 1802 ein. Dieses Brenz-Gedenken konzentrierte sich zunächst auf das Haus, das als das Geburtshaus von Johannes Brenz bezeichnet wurde. Im späteren Verlauf wurde die Gestalt von Brenz zum Symbol für die Bestrebungen, in der ehemaligen katholischen Reichsstadt eine evangelische Gemeinde zu gründen und für diese auch eine Kirche zu errichten.

Das Geburtshaus von Brenz erscheint erstmals in der 1808 erschienenen Kleinen Chronik von Weil der Stadt[51], verfaßt von dem aus Pforzheim gebürtigen Siegmund Friedrich Gehres, Sekretär beim Großherzoglich Badischen Finanzministerium in Karlsruhe. Sein Werk ist ein frühes Beispiel für die romantische Landes- und Ortsgeschichtsschreibung, wie sie in der Folgezeit aufgeblüht ist. Das Buch ist auch ein Beispiel für die integrative Wirkung dieser Geschichtsschreibung, da der Verfasser sich bemüht, die Verbindungen Weils mit Württemberg hervorzuheben und zu zeigen, daß die ehemaligen Reichsstädter eigentlich schon immer gute Württemberger waren. In diesen Rahmen paßte Brenz sehr gut, weshalb der Darstellung seines Lebensganges breiter Raum gewidmet ist und sein Porträt als Frontispiz erscheint. Zwei weitere Söhne Weils werden jedoch mit gleicher Ausführlichkeit beschrieben, nämlich Johannes Kepler, der Astronom, und Josef Anton Gall, Bischof in Linz.

Die Chronik von Gehres enthält ein eigenes Kapitel[52] über das *beim vormaligen Franzosenbrand des Jahrs 1648 in der Vorstadt Weil ganz unversehrt gebliebene Geburtshaus des Johann Brenzen*. Seine dermaligen Besitzer sind die Bürger *Franz Jakob Wolff und Ferdinand Wachter*. Das Haus *steht in der sogenannten Raben- oder Krappen-Gasse, mit der HausNumer 115*. Es wird nicht deutlich, woher Gehres, der sich für sein Werk unter anderem auf örtliche Angaben und Mitteilungen stützte, die Nachricht vom Brenz-Haus hat. Das bescheidene Gebäude, das damals zwei winzige Wohnungen enthielt, ist für Gehres nicht etwa Anlaß zum Zweifel an der Richtigkeit dieser Angabe, sondern vielmehr ein Beleg für die Anspruchslosigkeit der Altvorderen.

Fortan galt es als verbürgt, daß es sich um das Geburtshaus von Brenz handelte. Die schlichte Krappengasse – nach der mundartlichen Bezeichnung für die Krähen – hatte schon Gehres in eine vornehmer klingende Rabengasse umbenannt. Dementsprechend wird in der Oberamtsbeschreibung[53] von 1852 als eine der Merkwürdigkeiten von Weil das Geburtshaus des Reformators Brenz in der *Rabengasse* genannt. In Klammer ist schon die Bezeichnung *Brenzen's-Gasse* beigefügt. Man war also um diese Zeit auf dem Wege, die Gasse endgültig nach dem Reformator zu benennen. Doch nicht nur damit wurde bekundet, daß Weil auch dieses Sohnes der Stadt gedachte, vielmehr hatte man am Haus ein Bildnis von Brenz angebracht, das allerdings vor 1852 bereits übertüncht worden war, anläßlich einer baulichen Veränderung, die wohl die neue Besitzerin, die Witwe des Burkhard Herrmann, hatte vornehmen lassen.

Im Blick auf die bevorstehende 300. Wiederkehr des Todestages von Brenz am 11. September 1870 bahnten sich dann Veränderungen für das Brenz-Geburtshaus

13. *Brenz-Geburtshaus in Weil der Stadt, Zustand vor dem Neubau 1887.*

Bitte um Beiträge
zum Ankauf des noch stehenden Geburtshauses des
Johannes Brenz in Weilderstadt.

Am 11. September 1570 starb der Reformator der württembergischen Kirche, Johannes Brenz. Wenn wir im Jahr 1868 es als Pflicht erkannten, das Gedächtniß des unvergleichlichen Herzogs Christoph an seinem Todestage zu begehen, so ziemt es sich gewiß auch, den Mann, welcher Christophs vornehmster Rathgeber und einflußreichster Diener im Kirchen- und Schulwesen war, zu ehren und in seinem Todesjahr ein dankbares Andenken an ihn unter unserem Volke zu beleben. Um darüber, wie solches geschehen möge, zu berathen, sind die Unterzeichneten zusammengetreten. Es wurde die Herausgabe einer Volksschrift über das merkwürdige Leben und segensreiche Wirken des Brenz in's Auge gefaßt. Diese Schrift wird in Bälde erscheinen. Ferner handelt es sich um die Aufrichtung einer Gedenktafel in der hiesigen Stiftskirche, deren vieljähriger Prediger Brenz war und worin er sich seine Ruhestätte zwischen Kanzel und Altar ausgesucht hat. Endlich wurde beschlossen, das Haus in der Brentiusgasse zu Weilderstadt, worin er im Jahr 1499 geboren und das ziemlich heruntergekommen ist, anzukaufen und womöglich für kirchliche oder Schulzwecke herzurichten. Der Ankauf ist bereits geschehen; die Herrichtung soll im Einvernehmen mit dem Verein für christliche Kunst bald erfolgen. Beides erfordert einen Gesammtaufwand von etwa 4000 fl. Diese Summe sollte doch wohl durch den Dank, welchen wir dem Manne schuldig sind, von dessen Segnungen wir bis auf den heutigen Tag zehren, zusammengebracht werden; ein Dank, den wir nicht blos mit Worten, sondern auch durch ein wenn auch noch so geringes Opfer zu bezahlen haben. In diesem Vertrauen bitten wir um Beiträge. Würde sich ein höheres Maß ergeben, so sollte der Ueberschuß als Grundkapital zum dereinstigen Bau eines Bethsaals oder Kirchleins für die bereits nahezu dreihundert Evangelischen zu Weilderstadt, welche bisher nach Merklingen eingepfarrt sind, dienen. Jeder von uns ist bereit, Beiträge anzunehmen.

Stuttgart, Mai 1870.

    C. Beringer, Fabrikant, Dorotheenplatz 4.
    C. W. Fischer, Fabrikant, Büchsenstraße 50.
    Rektor Frisch an der Realschule, Bergstraße 7.
    Prälat Gerok, Kanzleistraße 21.
    Dr. Grüneisen, untere Olgastraße 4.
    Josenhans, Johs., Kaufmann, Gemeinderath, Marktstraße 7.
    Prälat Dr. Kapff, Kanzleistraße 3.
    Neeff, Ad., Kaufmann, Marktplatz 15.
    Steinkopf, Fr., Buchhändler, Holzstraße 16.
        Diese alle in Stuttgart; sodann
    Nagel, Apotheker in Weilderstadt.

14. *Spendenaufruf zum Erwerb des Brenz-Geburtshauses aus Anlaß des 300. Todestages von Brenz, 1870.*

15. Das 1887 als evangelisches Pfarrhaus errichtete Brenz-Haus
in Weil der Stadt.

an[54]. Eine Gruppe Stuttgarter Honoratioren, denen sich noch der Apotheker Nagel in Weil zugesellt hatte, erließ im Mai 1870 eine *Bitte um Beiträge zum Ankauf des noch stehenden Geburtshauses des Johannes Brenz in Weilderstadt.* In dem Aufruf heißt es, daß das Gedächtnis des Herzogs Christoph an seinem 300. Todestag 1868 dazu verpflichte, auch den Todestag von Brenz würdig zu begehen. Das Erscheinen einer Schrift *über das merkwürdige Leben und segensreiche Wirken des Brenz* wurde angekündigt. *Endlich wurde beschlossen, das Haus in der Brentiusgasse zu Weilderstadt, ... das ziemlich heruntergekommen ist, anzukaufen und womöglich für kirchliche oder Schulzwecke herzurichten.* Der Ankauf war – offenbar im Vorgriff auf die zu erwartenden Beiträge – bereits erfolgt. Für den Fall, daß mehr Geld eingehen würde, als nötig, *sollte der Ueberschuß als Grundkapital zum dereinstigen Bau eines Betsaals oder Kirchleins für die bereits nahezu dreihundert Evangelischen zu Weilderstadt ... dienen.*

Damit war die Sache des Brenz-Geburtshauses mit der im Laufe des Jahrhunderts entstandenen evangelischen, nach Merklingen eingemeindeten Diaspora in Weil verknüpft. Diese evangelische Minderheit in Weil hatte sich durch den Eisenbahnbau 1868/69 spürbar vergrößert und erhielt schließlich vom katholischen Stiftungsrat die Genehmigung, alle vier Wochen Gottesdienste in der Spitalkapelle abhalten zu dürfen[55]. Im Laufe der Zeit strebte man natürlich die Gründung einer Gemeinde, die Errichtung einer Pfarrstelle und den Bau einer Kirche an, und man war zweifellos gut beraten, dies im Zeichen des Gedenkens an Brenz zu tun. Es waren daher namhafte Persönlichkeiten, die den Aufruf unterzeichnet hatten, wie der Prälat Karl Gerok, der Oberhofprediger Karl Grüneisen, der Kaufmann Johannes Josenhans und der Buchhändler und Verleger Friedrich Steinkopf. Trotz dieser Unterstützung reichten die ersammelten Mittel nur für den Kauf des Hauses, es konnte noch *ein Gelaß* hergerichtet werden, das man Besuchern hätte zugänglich machen können, doch gab es dort wohl nichts weiter zu sehen, so daß man den Raum nicht für diesen Zweck benützte.

Im Jahre 1885 bildete sich schließlich ein neues Komitee, das wiederum mit einem Spendenaufruf an die Öffentlichkeit trat, denn das Brenz-Geburtshaus war inzwischen *so baufällig geworden, daß es über kurz oder lang niedergerissen werden muß, wenn nichts Gründlicheres daran gethan wird.* Der Aufruf war auch durch ein wenig Konkurrenzdenken motiviert, denn das Gedächtnis von Brenz

16. Brenz-Statue von Richard Grüttner in der Gedächtnishalle des Melanchthonhauses in Bretten.

17. Brenzkirche in Weil der Stadt. Planzeichnung des Architekten Robert Reinhardt.

sollte *in dem katholischen Weil der Stadt nicht untergehen ..., wo dessen anderem großen Sohne, Johannes Kepler, ein so herrliches Denkmal gesetzt wurde.* Es wird hier also auf das Kepler-Denkmal angespielt, das 1870 auf dem Weiler Marktplatz aufgestellt worden war; ebenso wird aber auch verwiesen auf das unlängst wiederhergestellte Schiller-Geburtshaus in Marbach. Eben dies sollte auch mit dem *Brenzhäuschen* geschehen, das nicht nur *Wallfahrtsort für Verehrer* sein, sondern darüber hinaus der armen Diasporagemeinde *zu kirchlichen oder Schulzwecken* dienen könnte.

Durch königliche Entschließung vom 2. August 1887 wurde in Weil der Stadt ein evangelisches Stadtpfarramt errichtet, das vorerst durch einen ständigen Pfarrverweser versehen werden sollte[56]. Dieses Amt wurde dem Predigtamtskandidaten Friedrich Helbling übertragen. Da der ursprüngliche Plan, das Brenz-Haus zu einem evangelischen Schulhaus einzurichten, nicht durchgeführt worden war, hatte man an der Stelle des Brenz-Geburtshauses

1886/87 ein Pfarrhaus errichtet. Hierfür war nach dem 1885 ergangenen Spendenaufruf im Jahre 1887 noch ein weiterer erlassen worden. Das Brenzhaus konnte dann 1887 unter Anwesenheit von Prälat Karl Gerok eingeweiht und als Pfarrwohnung in Gebrauch genommen werden. Eine Inschrift am Haus weist dieses als Brenzens Geburtshaus aus. In den Besitz der evangelischen Kirchengemeinde ging es 1892 über, die sich verpflichtete, *es als Geburtsstätte des Reformators Brenz niemals zu veräußern, auch dasselbe nur für evangelisch-kirchliche Zwecke zu verwenden und dadurch seiner Bestimmung eines Gedächtnisdenkmals zu erhalten*[57]. Es zeigte sich aber bald, daß das Brenzhaus als Pfarrhaus unzureichend war, weshalb man 1910/11 bei der Kirche ein neues Pfarrhaus errichtete.

Die Entwicklung in Weil der Stadt hatte somit zu einem anderen Ergebnis geführt, als die nahezu gleichzeitig in Bretten verfolgten Bestrebungen, wo es ebenfalls darum ging, einem Reformator an der Stelle seines Geburtshauses ein Museum, das zugleich Gedenkstätte sein sollte, zu errichten[58]. Auch in Bretten war die Anregung dazu von außen gekommen, von dem Berliner Kirchenhistoriker Nikolaus Müller (1857-1912), dessen Bemühungen es zu verdanken war, daß der Grundstein des Melanchthonhauses am 16. Februar 1897, dem 400. Geburtstag von Melanchthon, gelegt, und das Haus dann 1903 eingeweiht werden konnte. Hervorzuheben ist, daß in der Gedächtnishalle des Melanchthonhauses überlebensgroße Statuen von sieben Reformatoren stehen. Eine davon ist ein Standbild von Brenz, geschaffen von dem Berliner Bildhauer Richard Grüttner – im übrigen eine der wenigen Statuen, die den württembergischen Reformator darstellen.

▨▨▨ Die Brenz-Kirche in Weil als Brenz-Denkmal[59]

Obwohl in dem Aufruf von 1870 schon von einem Betsaal oder Kirchlein für die Evangelischen in Weil die Rede war, erbrachte erst das Lutherjahr 1883 eine erste Beihilfe des Gustav-Adolf-Vereins zur Erbauung einer Kirche. Nun setzten sich wieder Stuttgarter Honoratioren für diese Sache ein, besonders engagierte sich Prof. Julius Hartmann, der Sohn des gleichnamigen Brenz-Biographen. Er ließ 1886 eine Schrift mit dem Titel *Denkwürdigkeiten der ehemaligen schwäbischen Reichsstadt Weil* erscheinen, die *Zum Besten des Baues einer evangelischen Kirche in Weil der Stadt* bestimmt war. Diese mit Abbildungen gut aufgemachte Schrift stellte nur eine der Werbemaßnahmen für Mittel zur einer evangelischen Kirche in Weil der Stadt dar. Ein Lokalkomitee hatte im Oktober 1885 einen Aufruf erlassen, der 1886, bereichert durch ein Gedicht von Karl Gerok *Zwei Sterne Schwabens*, abermals erschien. Diese zwei Sterne sind natürlich Kepler und Brenz, und der Dichter lädt dazu ein – nachdem Kepler ein Monument auf dem Marktplatz errichtet worden war – nun auch Brenz ein Denkmal zu weihen, nämlich:

Ein Kirchlein, drin zu hören
das lautre Gotteswort,
Dünkt uns zu seinen Ehren
Der beste Wallfahrtsort.

Wieder wird zu Spenden aufgerufen:

Ist niemand, der zu schenken
ein Scherflein übrig hat,
Herrn Brenz zum Angedenken,
Zur Zierde Weils der Stadt.
Und Gott dem Herrn zur Ehre
Der durch der Sterne Licht
Wie durch der Bibel Lehre
Zum Sohn des Staubes spricht?

Die Planung der zu erbauenden Kirche war dem Architekten Robert Reinhardt, Professor am Stuttgarter Polytechnikum, übertragen worden. Zunächst sollte die Weil der Städter evangelische Kirche nach dem Muster der von Reinhardt erbauten Kirche von Wimsheim errichtet werden. Der Gedanke einer Brenz-Gedächtniskirche, den auch der katholische Stadtschultheiß vertrat, verlangte aber eine monumentalere Bauweise, unter anderem einen steinernen Turmhelm anstelle des ursprünglich geplanten hölzernen. Mit diesen Ansprüchen stiegen natürlich auch die Baukosten. Obwohl die Zuschüsse für den Kirchenbau reichlich flossen, mußte die Gemeinde zuletzt doch noch einen namhaften Teil der Kosten selbst decken. Die Grundsteinlegung konnte am 27. Mai 1888 stattfinden, die Kirchweihe war am 28. Oktober 1889. An diesem Fest nahm unter anderen auch Prälat Karl Gerok teil, der beim Festmahl ein eigenes Gedicht vortrug.

Als Brenzkirche war das neue Gotteshaus nicht nur durch seinen Namen, sondern auch durch eine Büste von Brenz ausgewiesen, die von Karl Donndorf unter Mithilfe seines

18. Brenz-Büste von Karl Donndorf in der Brenzkirche in Weil der Stadt.

Vaters Adolf Donndorf entworfen und modelliert worden war[60]. Gegossen wurde sie in Stuttgart von Erzgießer Pelargus und dann im Chor der Kirche aufgestellt. Die Pfarrstelle wurde mit Brenz-Literatur versorgt, insbesondere durch die 1881 erfolgte Stiftung von Prof. Julius Hartmann und eine weitere Stiftung des Calwer Verlagsvereins. Diese Bibliothek, die rund 200 Bände umfaßte, wurde später im Vorraum der Kirche aufgestellt.

Die nun mit den wichtigsten Einrichtungen versehene Kirchengemeinde konnte den 400. Geburtstag von Brenz im Jahre 1899 würdig begehen. Eine festliche Gemeinde füllte die Brenzkirche an den Gottesdiensten am Samstag und Sonntag, bei denen die Brenzbüste mit Efeu von der Stadtmauer beim Brenzhaus geschmückt war. Am Sonntagnachmittag wurde im Garten der Gastwirtschaft zum „König von Württemberg" das vierte und fünfte Bild aus dem Brenzfestspiel von Heinrich Gommel, gespielt von einigen Gemeindegliedern, aufgeführt. Am 5. Juli fand eine besondere Feier des württembergischen Hauptvereins der Gustav-Adolf-Stiftung mit Festakt im Brenzhaus statt, zu dem die Teilnehmer des Gustav-Adolf-Festes in Calw nach Weil kamen und sich mit der Gemeinde zu einem Festgottesdienst in der Brenzkirche und einer geselligen Zusammenkunft im Saal des Gasthofes zur „Post" trafen, wo das dritte und vierte Bild des Festspiels von Gommel, der selbst anwesend war, aufgeführt wurde[61].

*19. Brenz-Ausstellung in der Hospitalkirche
in Schwäbisch Hall 1970*

Besonders wertvoll war das Brenz-Jubiläum für die evangelische Kirchengemeinde in Weil dadurch, daß sie einen namhaften Teil des aus diesem Anlaß den Kirchen des Landes empfohlenen Opfers erhielt, weil auf ihr *von Erbauung der Kirche und des dortigen „Brenzhauses" her noch eine bedeutende Schuldenlast* ruhte[62]. Die Pfarrbeschreibung von 1907[63] schließt den Bericht über dieses Jubiläum mit den Worten: *Die Wiederkehr von Jubiläumsfeiern des Reformators dürfte der Gemeinde immer wieder zum Anlasse besonderen Gedenkens ... werden.*

Das Brenz-Jubiläum 1970

Die 400. Wiederkehr des Todestages von Johannes Brenz im Jahre 1970 setzte neue Akzente, obwohl die lokalen Ausprägungen nicht so stark waren wie etwa 1899. Wichtige Träger des Brenz-Gedenkens waren jetzt vor allem Vereine, besonders der Verein für württembergische Kirchengeschichte, der zusammen mit dem Historischen Verein für Württembergisch Franken am 26. und 27. April 1970 in Schwäbisch Hall eine Tagung veranstaltete, die Johannes Brenz gewidmet war. Hierbei referierten Martin Brecht über die erste evangelische Kirchenordnung von

Brenz-Ausstellung
noch bis Sonntag geöffnet

Einzigartige Dokumentation - Bisher schon mehr als 1000 Besucher

Vor wenigen Wochen erschien ein Führer durch die St.-Michaels-Kirche. Pfarrer i. R. Marstaller, von 1935 bis 1962 zweiter Pfarrer an St. Michael, beschreibt auf 33 Seiten die Kirche und ihre sehenswerten Kunstdenkmäler. Dieser Führer hätte nicht geschrieben zu werden brauchen, wenn nicht in den entscheidenden Reformationsjahren in der ersten Hälfte des 16. Jahrhunderts d e r Mann an St. Michael gewirkt hätte, dem die große Gedächtnisausstellung in der Hospitalkirche gewidmet ist: Johannes Brenz. Brenz hat im Jahre 1525 dem Vordringen der Zwinglianischen Reform in Süddeutschland energisch Halt geboten. Zusammen mit 13 weiteren fränkischen Theologen verfaßte und publizierte Brenz das sogenannte „Schwäbische Syngramma", eine theologische Erklärung, in welcher sich die betreffenden Männer eindeutig auf die Seite Martin Luthers stellen. Hätte in Hall und in Süddeutschland die Reformation Zwinglis die Oberhand behalten, dann wären damals auch die Kirchen in Hall und im Hällischen von allem menschlichen Kunst- und Machwerk „purifiziert, das heißt gereinigt worden. Wir haben also die Erhaltung unserer schönen spätgotischen Altäre und Bildwerke in und um Schwäbisch Hall Johannes Brenz zu verdanken. Wer Brenz war und was er für unsere Stadt und später für das Herzogtum Württemberg und darüber hinaus für den Gesamtprotestantismus Deutschlands geleistet hat, das zeigt an Hand von vielen Originalhandschriften, Büchern und Bildern in anschaulicher Weise die von Stadt und Evangelischer Kirchengemeinde Schwäbisch Hall getragene und vom Stadtarchiv Hall in Zusammenarbeit mit dem Württembergischen Hauptstaatsarchiv Stuttgart aufgebaute Gedächtnisausstellung anläßlich der 400. Wiederkehr des Todestages von Johannes Brenz.

Brenz' erste Predigten aus dem Jahre 1523 sowie die Hauptschriften Luthers und Brenz' zum Bauernkrieg 1525 liegen neben den zwölf Artikeln der Bauernschaft in Schwaben im Originaldruck vor; die ersten Katechismen von Brenz und Luther aus den Jahren 1528 und 1529, Kirchenordnungen, Bibelauslegungen von Brenz und viele Handschriften der Hauptreformatoren und Fürsten des Reiches werden erstmalig der Öffentlichkeit gezeigt. Durch die rund 200 Ausstellungsstücke führt der 85 Seiten umfassende Katalog, der mit Recht als neueste Brenz-Literatur angesprochen werden kann (mit 11 Bildern und einem Lebensabriß von Johannes Brenz aus der Feder von Dr. Martin Brecht). Die Ausstellung wird ihrer überregionalen Bedeutung wegen ab 31. Oktober in Stuttgart im Hauptstaatsarchiv für vier Wochen gezeigt werden.

Bisher haben schon weit über 1000 Personen aus Stadt und Land die Brenz - Ausstellung besucht. Auch in weiterer Umgebung von Nürnberg bis Stuttgart hat die Ausstellung Beachtung erfahren und Besucher angelockt, darunter immer wieder direkte Nachfahren von Johannes Brenz. In unserer Stadt bleibt die Ausstellung noch bis zum Sonntag, dem 27. September. Sie ist täglich geöffnet von 10 bis 12 Uhr und von 15 bis 18 Uhr. Am Sonntag wird von 11 bis 12 Uhr eine öffentliche Führung durch die Ausstellung stattfinden.

20. Zeitungsartikel über das Brenzjubiläum 1970

Schwäbisch Hall, Gerd Wunder und Kuno Ulshöfer über den Rat der Reichsstadt Hall zur Zeit von Brenz und über das Verhältnis der Reichsstadt zum Schmalkaldischen Bund. Am zweiten Tag sprachen Theodor Mahlmann über die Christologie und Christoph Weismann über die Katechismen von Brenz[64].

Das Brenz-Gedenken hatte also damit einen ausgesprochen wissenschaftlichen Charakter angenommen. Während das Jubiläum 1899 nur kleine und volkstümliche Publikationen hervorgebracht hatte, war das jetzt anders. 1970 erschien der erste Band einer Werkausgabe von Brenz[65], die die fast 400 Jahre zuvor erschienenen *Opera* ergänzen sollte. Der Band 70 (1970) der *Blätter für württembergische Kirchengeschichte* war ausschließlich Brenz gewidmet und stellt gewissermaßen den Ertrag der Forschung auf das Jubiläumsjahr dar.

Während man 1899 in Schwäbisch Hall durch Errichtung des Brenzhauses mit einem Gedächtnisraum und zuvor schon in Weil der Stadt durch Stiftung einer Brenz-Bibliothek versucht hatte, dem Brenz-Gedenken eine museale Dauer zu verschaffen, zeigte sich 1970 ein anderer Zugang bei der Präsentation originaler Zeugnisse. In Zusammenarbeit des Hauptstaatsarchivs Stuttgart und des Stadtarchivs Schwäbisch Hall war eine Ausstellung entstanden, die zahlreiche Dokumente, Bücher und Bilder von Brenz und aus seinem Umfeld präsentierte. Die Ausstellung wurde vom 12. bis 27. September 1970 in der Hospitalkirche in Schwäbisch Hall und vom 2. November bis zum 4. Dezember im Hauptstaatsarchiv in Stuttgart gezeigt und fand an beiden Orten regen Zuspruch. Der zur Ausstellung erschienene Katalog[66] hat zwar einen bescheidenen Umfang, gibt aber eine gute Dokumentation des für die Ausstellung bearbeiteten umfangreichen Materials.

Auch die Kirchengemeinden der Brenz-Städte gedachten des Reformators. In Schwäbisch Hall fand am 11. September 1970, Brenzens Todestag, in der Michaelskirche eine Feier statt, bei der Landesbischof Helmut Claß und Privatdozent Dr. Martin Brecht sprachen. Auch in Stuttgart wurde am 30. Oktober in der Stiftskirche eine solche Brenz-Feier veranstaltet und in Weil der Stadt wurde eine kirchliche Woche abgehalten, bei der – ebenso wie in Stuttgart – Martin Brecht referierte.

1 Christoph Kolb, Die Jesuiten in der Stuttgarter Stiftskirche 1635ff. In: BWKG 2 (1898) S. 38 – 44.
2 Th. Musper, Haben die Jesuiten das Brenzbild verbrannt? In: Schwäbisches Heimatbuch 1935, S. 22 – 25.
3 Hermann Mosapp, Die Stiftskirche in Stuttgart, Stuttgart 1887, S. 37. Von den Epitaphien für Bidembach und den anderen verlautet in dieser Arbeit, die sich eingehend mit den Grabdenkmälern der Stiftskirche befaßt, jedoch nichts.
4 Übersetzung nach Hartmann, Johannes Brenz. Leben und ausgewählte Schriften, Elberfeld 1862, S. 317f.: Dem besten und größten Gott geweiht: Johannes Brenz, seiner Abstammung nach ein Schwabe, geboren zu Weil, der hochberühmte Gottesgelehrte, Propst zu Stuttgart, Rat der durchlauchtigsten Herzoge zu Württemberg, war einer der ersten Wiederhersteller der gereinigten Kirche. Die prophetischen und apostolischen Schriften hat er auf hohen Schulen, in Predigten, auf Reichstagen und durch gründliche Werke erläutert und verteidigt, des Bekenntnisses wegen standhaft die Verbannung erduldet, mit seinem Rat die Kirche und das gemeinsame Vaterland unterstützt, durch sein unbescholtenes Leben seinem Stand Ehre gemacht. Nachdem er in dieser seiner Laufbahn über 50 Jahre zum großen Nutzen der Kirche gearbeitet, ist er sanft in Christus entschlafen und unter größter Trauer aller Frommen hier begraben worden, den 11. September 1570, nachdem er sein Leben gebracht auf 71 Jahre, 2 Monate, 17 Tage.
5 Übersetzung nach Hartmann (wie Anm. 1) S. 318:
Brenz durch Rede und Schrift, durch frommen Glauben, Geradheit hochberühmt; dies Bild stellet sein Antlitz dir dar.
6 Heerbrand S. 51.
7 Johannes Brenz [d. J.], Responsio ...ad calumnias sacramentariorum, quibus, Ioannis Brentii Patris, p.m. authoritate et scriptis, errorem suum de Coena Domini, tueri et propagare conantur. Tübingen: Georg Gruppenbach 1582, S. 127.
8 Kolb (wie Anm. 3) S. 43.
9 Christoph Kolb, Das Stift in Stuttgart während der Okkupation durch die Jesuiten 1634 – 1648. In: BWKG 22 (1918) S. 42 –109, hier S. 83f.
10 Wo liegt Johannes Brenz begraben? In: Schwäbischer Merkur (Kronik) Nr. 288, 24. Juni 1899, S. 1472. Diesem nur mit -rth. gezeichneten Artikel widersprach C[hristoph] K[olb], Das Grab von Johannes Brenz. In: Schwäbischer Merkur (Kronik) Nr. 298, 30. Juni 1899, S. 1529, vor allem auch mit dem Argument, daß es nicht erwiesen sei, daß das gefundene leere Grab das von Brenz war.
11 Konrad Gottschick, Umbettung der Gebeine von Johannes Brenz. In: Evangelisches Gemeindeblatt für Württemberg, 50. Jg., Nr. 51, vom 18. Dez. 1955; S. 9.
12 Musper (wie Anm. 4).
13 Köhler 541 – 544, 546, 554, 558, 568, 571.
14 Erhard Cellius, Imagines Professorum Tubingensium 1596, ND hrsg. von Hansmartin Decker-Hauff und Wilfried Setzler, Sigmaringen 1981.
15 Übersetzung: Johannes Brenz lebte 71 Jahre, 2 Monate, 18 Tage, starb in Stuttgart im Jahre [15]70 am 12. September. – Hier ist zu bemerken, daß der 12. September der Tag der Beisetzung von Brenz war, der am Vortag, also am 11. September verstorben war. Der 11. September geht auch aus der Beschreibung von Heerbrand S. 49f. hervor, der demzufolge Brenz' Lebenszeit um einen Tag niedriger ansetzt. Wilhelm Bidembach, der bei Brenz' Tod anwesend war, schreibt darüber an Jakob Andreae: D. Brentius ... 11 septembris ... post horam 12 meridianam pie et placide in d[omi]no obdormivit ... Postridie

s[e]q[uenti] 12 septemb[ris] honorifice in Ecclesiae collegiatae templo inter suggestum et altare maximo omnium luctu sepultus; Eduard Schmid, Ein Brief an Jacob Andreä über Brentius Tod. In: Zeitschrift für historische Theologie NF 10 (1846) S. 492 – 494, hier S. 492.

16 Friedrich Jacob Beyschlag, Versuch einer vollständigern Lebens-Beschreibung Ioh. Brentii des Aeltern, Schwäbisch Hall 1735.

17 Johann Sleidan, De Statu religionis et rei publicae Carolo Quinto Caesare commentariorum libri XXV, Straßburg 1555.

18 Ludwig Melchior Fischlin, Memoria Theologorum Wirtembergensium, Bd. 3 Supplementa, Ulm 1710, S. 358 – 364.

19 Hauptstaatsarchiv Stuttgart J 1 Nr. 13, S. 577 – 585.

20 Ernst Salomo Cyprian, Hilaria Evangelica oder Theologisch-Historischer Bericht vom andern Evangelischen Jubel-Fest, Gotha 1719. Das Herzogtum Würtemberg erscheint hier im XXI. Cap., S. 367 – 391.

21 Reyscher, Bd. 9, S. 389 – 407.

22 Amtsblatt des württembergischen evangelischen Consistoriums und der Synode, Bd. 4, S.1791f.

23 Nicht zu ermitteln.

24 C. G., Johann Brenz. In: Der Christenbote 40 (1870) S. 115 – 118, 123 – 125.

25 Evangelisches Kirchen- und Schulblatt für Württemberg 31 (1870) S. 281 – 283.

26 Amtsblatt des württembergischen Evangelischen Konsistoriums und der Synode, Bd. 11, S. 5281f. – Die aus Anlaß des Jubiläums 1899 erschienene Literatur verzeichnet Köhler S. 350f.

27 G. A. Süskind, G. Werner, Repertorium der evangelischen Kirchengesetze in Württemberg, Bd. 3, Stuttgart 1867, S. 246.

28 Schwäbischer Merkur (Kronik) Nr. 295, 28. Juni 1899, S. 1617.

29 LKA, Akten des Vereins für christliche Kunst. Hiernach die folgenden Ausführungen, insbesondere aufgrund eines 1912 als Manuskript gedruckten Berichts über die Arbeit am Reformationsdenkmal.

30 Jakob Brüllmann (1872 – 1938) gebürtig aus der Schweiz, war an der Stuttgarter Kunstakademie tätig; Allgemeines Lexikon der bildenden Künstler des XX. Jahrhunderts, hg. von Hans Vollmer, Bd. 1, Leipzig [1953] S. 331.

31 Schwäbischer Merkur (Kronik), Nr. 291, 25. Juni 1917, S. 4.

32 LKA Altregistratur Kirchengemeinden: Stuttgart, Brenzkirche.

33 Köhler 554.

34 Rentschler, Brenz, S. 64 – 67.

35 Rentschler, Brenz, S. 56f.; Pfarrerbuch Württ. Franken, Tl. 2, S.55; Siegfried Greiner, Aus dem Leben Johannes Hippolyt Brenz'. In: Ludwigsburger Geschichtsblätter 24 (1972) S. 75 – 95.

36 Johann Hippolyt Brenz, Brentzische Jubelpredigt und Relation, darinnen gründlich beschrieben wird dreyer Brentzen Leben/ Beruff und Lehr, Nürnberg 1627.

37 Cyprian (wie Anm. 20) S. 737 – 752.

38 Cyprian (wie Anm. 20) S. 743.

39 Cyprian (wie Anm. 20) S. 743f.

40 Der Als ein Palm-Baum grünende Gerechte/ In dem Leben des um die gantze Evangelische Kirche Hochverdienten Theologi, M. Joh. Brentzen/ Gewesenen ersten Evangelischen Predigers und Decani in löbl. des Heil. Reichs-Stadt Schwäb. Hall/ Bey Gelegenheit des An. 1717. den 31. Octobr. einfallenden zweyten Evangel. Jubel-Festes ... kürtzlich entworffen/ Und an gedachtem Jubel-Fest in der Nachmittags-Stunde In denen Evangel. Kirchen in Stadt und Land Hall/ ...zu danckbarer Erinnerung der durch diesen theuren Mann/ von GOTT veliehenen Wolthaten abgelesen. Schwäbisch Hall: Georg Michael Mayer [1717].

41 Cyprian (wie Anm. 20) S. 745 – 751.

42 Pfarrerbuch Württ. Franken, Tl. 2, S. 425.

43 Wie Anm. 6.

44 Sleidan (wie Anm. 17) lib. XX.

45 LKA A 26, 545, 1.

46 Amtsblatt des württembergischen Evangelischen Konsistoriums und der Synode, Bd. 11, S. 5281f.

47 Evangelisches Kirchenblatt für Württemberg 60 (1899) S. 180f. Danach das folgende.

48 Heinrich Gommel, Johannes Brenz. Ein Reformationsfestspiel, Schwäbisch Hall [o. J.]. – Gommel (1867 –1933) war 1898-1905 Pfarrer in Wälde-Winterbach bei Ravensburg. Sein Brenz-Festspiel erntete einiges Lob, denn *in Handlung und Reden treten uns die Kämpfe, Sorgen und Hoffnungen einer bewegten Zeit lebendig, fesselnd und ergreifend entgegen; dabei ist das Werk in schöner poesiereicher Sprache geschrieben, so daß sowohl die Lektüre als die Darstellung einen erhebenden Eindruck machen und einen edlen Genuß gewähren,* Evangelisches Kirchenblatt für Württemberg 60 (1899) S. 28. Vgl. auch G. Lenckner, Zwei Brenz-Dramen. In: Der Haalquell 15 (1963) S. 31f.

49 Schwäbischer Merkur (Kronik) Nr. 291, 26. Juni 1899, S. 1491, wo noch weitere Haller Aufführungen nachgewiesen sind.

50 Schwäbischer Merkur (Kronik) Nr. 105, 4. März 1901, S. 6.

51 Siegmund Friedrich Gehres, Weil's, der Stadt, kleine Chronik, Stuttgart 1808.

52 Gehres (wie Anm. 51) S. 100 – 103.

53 Beschreibung des Oberamts Leonberg. Hrsg. von dem Kgl. statistisch-topographischen Bureau, Stuttgart 1852, S. 255.

54 Das folgende – falls nichts anderes bemerkt – nach der Pfarrbeschreibung Weil der Stadt 1907, LKA A 29, 5051.

55 Evangelisches Kirchen- und Schulblatt für Württemberg, 30. Jg. (1869) S. 245.

56 Amtsblatt des württembergischen Evangelischen Konsistoriums und der Synode, Bd. 8, S. 3628.

57 Pfarrbeschreibung (wie Anm. 54) S. 205.

58 Stefan Rhein, Gerhard Schwinge (Hg.), Das Melanchthonhaus Bretten. Ein Beispiel des Reformationsgedenkens der Jahrhundertwende, Bretten 1997.

59 Pfarrbeschreibung (wie Anm. 54); 100 Jahre Johannes-Brenz-Kirche Weil der Stadt, hrsg. vom Kirchengemeinderat der Johannes-Brenz-Gemeinde Weil der Stadt, Weil der Stadt 1989.

60 Adolf Donndorf (1835 – 1916) hatte als Schüler von Rietschel am Wormser Reformationsdenkmal mitgewirkt und wurde dann Professor an der Stuttgarter Kunstakademie. Sein Sohn und Schüler Karl Donndorf (1870 – 1941) schuf ebenfalls zahlreiche Plastiken; Thieme-Becker, Bd. 9, S. 445-447.

61 Schwäbischer Merkur (Kronik) Nr. 309, 6. Juli 1899, S. 1589.

62 Amtsblatt des württembergischen Evangelischen Konsistoriums und der Synode, Bd. 11, S. 5281f.

63 Wie Anm. 54, S. 67f.

64 Vereinsnachrichten. In: BWKG 72 (1972) S. 255.

65 Brenz, Frühschriften Tl. 1.

66 Johannes Brenz. 1499 – 1570. Eine Gedächtnisausstellung zum 400. Todesjahr des Reformators [Ausstellungskatalog: Schwäbisch Hall und Stuttgart 1970].

2 *Herkunft und Ausbildung*

Die Familie Heß-Brenz

Johannes Brenz[1] wurde am 24. Juni 1499 in der Reichsstadt Weil der Stadt geboren und erhielt deshalb den
Namen des Tagesheiligen, Johannes des Täufers[2]. Seine
Eltern waren Martin Heß genannt Brenz und Katharina
geborene Hennig. Martin Heß führte also, wie andere seiner Verwandten auch, den Beinamen Brenz, der dann zum
Familiennamen geworden ist, wie es in einer Zeit, die noch
keine festen Familiennamen kannte, öfters geschah. Über
den Beruf von Martin Heß ist nichts bekannt; sein Bruder
Andreas war Goldschmied in Weil und übte somit ein in
der Stadt traditionelles Gewerbe aus. Ein weiterer Bruder
von Martin Heß besaß seit 1484 eine Kaplaneipfründe in
Weil und erscheint 1485 und 1487 als Johannes Brenz in
den Matrikeln der Universität Heidelberg[3]. Er wird noch
1511 als *Pfaff Brenz* in Weil erwähnt.

Martin Heß war von 1511 bis 1531 Schultheiß der Reichsstadt Weil. Da dies ein Ehrenamt war, muß er über hinrei-
chenden Wohlstand verfügt haben, zumal er auch drei
Söhne studieren ließ. Der Schultheiß war Vorsitzender des
Stadtgerichts und hatte auch Verhandlungen auf dem
Gebiet der freiwilligen Gerichtsbarkeit zu leiten. Es ist
wohl anzunehmen, daß die juristischen Interessen und
Kenntnisse, die sich bei Johannes Brenz finden, von dieser richterlichen Tätigkeit seines Vater herkommen.

Johannes war der älteste Sohn von Martin Heß und seiner
Frau Katharina. Von den weiteren Geschwistern kennen
wir drei Brüder mit Namen: Wendel, der ebenfalls in Heidelberg studierte und dann in den württembergischen
Verwaltungsdienst ging, ferner Bernhard, der in Wittenberg und Tübingen studierte und bis zu seinem Tod 1547
Pfarrer im württembergischen Neuffen war; zuletzt Martin,
der keine akademische Ausbildung erhielt und 1552 als
Wirt zum „Wolf" in Stuttgart starb[4].

Martin Heß hat in seinen späteren Jahren als Schultheiß
eine bewußt evangelische Haltung eingenommen. In den

21.
*Siegel des Schult-
heißen Martin Heß
genannt Brenz,
des Vaters von
Johannes Brenz.*

1520er Jahren sah es nämlich so aus, wie wenn sich die
Reichsstadt ganz der Reformation zuwenden würde. Der
Rat mochte sich aber nicht entscheiden. Schultheiß Heß
stand so im Mittelpunkt der religiösen Auseinandersetzungen in Weil. Er wurde deswegen beim Reichskammergericht in Esslingen verklagt und verlor daraufhin, wohl
1531, das Schultheißenamt, blieb aber in Weil ansässig.
Angeblich sollen Martin Heß († Februar 1537) und seine
Frau Katharina, die wohl um 1535 starb, in ungeweihter
Erde bestattet worden sein. Nach 1534 sorgte der politische Druck, den Herzog Ulrich auf Weil ausübte, dafür,
daß die Reichsstadt die bewußte Anlehnung an Habsburg
suchte. Weil blieb daher katholisch, wenn sich auch bis
weit in den Dreißigjährigen Krieg hinein eine starke evangelische Minderheit in der Stadt halten konnte.

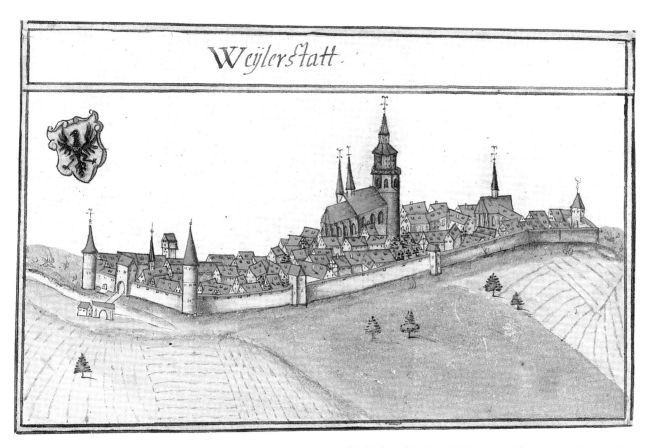

22. Weil der Stadt. Ansicht aus dem Kieserschen Forstlagerbuch aus dem Ende des 17. Jahrhunderts.

Die Reichsstadt Weil

Johannes Brenz hat sich stets als Reichsstädter gefühlt; noch auf seinem Grabmal in der Stuttgarter Stiftskirche wird diese Herkunft betont: *natione Suevus, patria Wilensis* (nach Geburt ein Schwabe, seine Vaterstadt war Weil). Weil der Stadt[5] war eine der kleinsten Reichsstädte und hatte im 16. Jahrhundert etwa 200 Bürger, also rund 1000 Einwohner. Die Stadt war eine staufische Gründung auf Besitz des Klosters Hirsau und konnte trotz schmaler territorialer Grundlage die Reichsfreiheit ausbauen und erhalten. Diese Stellung war bedroht durch die unmittelbaren Nachbarn, die aufstrebenden Grafen von Württemberg, deren Gebiet schließlich das der Reichsstadt ganz umschloß. Einer der Höhepunkte der Gefährdung durch Württemberg war die Schlacht von Döffingen am 23. August 1388, in der die vereinigten Reichsstädte dem Grafen Eberhard dem Greiner von Württemberg unterlagen, und nicht weniger als 66 Bürger von Weil das Leben verloren. Dieser Opfer hat man bis zum Ende der Reichs-

stadtzeit alljährlich gedacht, und ihr gottesdienstliches Gedächtnis war eine der reichsstädtischen Traditionen, mit denen Brenz aufgewachsen ist.

Der Kaiser oder König als Stadtherr war vertreten durch den Schultheißen, der ursprünglich dem zwölfköpfigen Rat vorsaß. Seit dem 14. Jahrhundert nahmen die Bürgermeister den Vorsitz im Rat ein, und der Schultheiß wurde auf seine richterliche Funktion eingeschränkt. Im Zuge des Ausbaus der Reichsfreiheit gelang es Weil am Ende des 15. Jahrhunderts, dem Kaiser das Schultheißamt abzukaufen und dieses fortan in eigener Zuständigkeit zu besetzen. In diesem Zeitraum hat also der Vater von Johannes Brenz das Schultheißamt in Weil versehen. Die Zugehörigkeit Weils zum Schwäbischen Bund seit 1488 festigte die Stellung der Reichsstadt und ermöglichte es, das Verhältnis zu Württemberg auf eine andere Grundlage zu stellen. 1505 verbündete sich Weil durch Abschluß eines Schirmvertrags mit dem Herzog von Württemberg. Dieser Vertrag wurde 1515 erneuert.

Die Stadt Weil, die zum Bistum Speyer gehörte, wird auch heute noch überragt von der Pfarrkirche St. Peter und Paul. Insgesamt gab es in Weil 16 geistliche Pfründen, von denen ein Teil dem Kloster Hirsau inkorporiert war, das damit eine starke Stellung in Weil besaß, die nach der Reformation des Klosters von der herzoglichen Regierung in Stuttgart wahrgenommen wurde. 1478 war von den Bürgern eine Predigerpfründe gestiftet worden, die der Rat zu besetzen hatte. Die Stadtkirche wurde seit 1492, also während der Kindheit und Jugendzeit von Johannes Brenz, einem tiefgreifenden Umbau unterzogen. Zunächst wurde das Langhaus neu errichtet, 1519 wurde der Chor fertig, 1521 dessen Bemalung.

Seit 1294 gab es ein Kloster der Augustinerermiten in Weil, das 1482 reformiert worden war, sich also zu der strengen, regeltreuen Richtung des Ordens hielt, derselben, der dann auch Martin Luther angehörte. Eine wichtige Einrichtung war das schon 1358 genannte Spital, dessen Verwaltung vom Rat beaufsichtigt wurde. Wenn die Weiler Überlieferung richtig ist, daß Brenz' Elternhaus in der Nähe des Spitals stand, läßt sich heute noch gut vorstellen, in welcher Umgebung der junge Brenz aufgewachsen ist. Das Spital und die fast vollständig erhaltene Stadtbefestigung gehören zu den wenigen Baulichkeiten der Reichsstadt, die dem Stadtbrand im Jahre 1648, am Ende des Dreißigjährigen Krieges, entgangen sind.

Schulzeit in Weil, Heidelberg und Vaihingen

Über Kindheit und Jugend von Brenz ist nur das Wenige bekannt, das der Tübinger Theologieprofessor Jakob Heerbrand in seiner akademischen Gedächtnisrede auf Brenz überliefert hat. Brenz hat in seinen Schriften und Briefen seine Person stets hinter der Sache zurückgestellt, so daß wir von ihm selbst wenig über seinen Lebensgang erfahren. Nach Heerbrand wurde Johannes Brenz von seinen Eltern schon früh zur Frömmigkeit, und vom sechsten Lebensjahr an auch zum Lernen angehalten.

In Weil gab es einen deutschen und einen lateinischen Schulmeister[6]. Johannes Brenz wurde von seinen Eltern in die Lateinschule geschickt. Nach der damals üblichen Methode wurde nämlich von denjenigen, die für die gelehrte Bildung vorgesehen waren, Lesen und Schreiben zusammen mit der lateinischen Sprache erlernt. Die Lateinschüler hatten zuerst das Alphabet zu lernen, dann begannen sie mit dem Lesen anhand bekannter lateinischer Texte, wie des Vaterunsers, des Glaubensbekenntnisses oder von Gebeten. Eigentliches Schulbuch war der Donat, die aus der Spätantike überkommene Grammatik des Aelius Donatus. Eingeübt wurde das Lateinische durch Lesen und Auswendiglernen der Disticha Catonis, einer ebenfalls aus der Spätantike stammenden Spruchsammlung. Außerdem bot die Teilnahme der Schüler am Gottesdienst, insbesondere am Chorgesang, und darüberhinaus das Lateinischsprechen im täglichen Umgang genügend Gelegenheit, sich diese Sprache anzueignen.

Schon früh muß Brenz' Fleiß und seine Begabung aufgefallen sein. Wie er selbst erzählte, hat er in seiner Jugend nicht nur die Tage, sondern auch Nächte mit Lernen zugebracht. Er pflegte nämlich oftmals bald nach Mitternacht aufzustehen und zum Lernen in die Stube zu gehen. Dort war es im Winter noch warm und seine Geschwister blieben ungestört. Einer seiner jüngeren Brüder jedoch, der offenbar sehr an ihm hing, stand dann ebenfalls auf, nahm sein Kopfkissen und legte sich in der Stube zum Schlafen nieder, damit der lernende Bruder nicht allein sein mußte. Brenz zog sich aber durch diese Gewohnheit die Schlaflosigkeit zu, unter der er sein ganzes Leben litt, da er fortan nach Mitternacht nur wenig oder gar nicht mehr schlafen konnte.

Johannes Brenz blieb nicht lang in der Lateinschule im heimatlichen Weil. Es ist nicht recht ersichtlich, weshalb er – wie Heerbrand berichtet – 1510 nach Heidelberg geschickt wurde, um dort die Schule zu besuchen. Denn schon im folgenden Jahr kam er ins näher gelegene Vaihingen an der Enz. Dieser Wechsel mag vielleicht auch darin begründet sein, daß die Familie der Mutter von Johannes Brenz aus dem Vaihingen benachbarten Enzweihingen stammte. Immerhin war ein häufiger Wechsel der Schule nichts Ungewöhnliches in einer Zeit, die den „fahrenden Scholaren" kannte. In Vaihingen bestand die Schule des Magisters Johann Schmidlin[7], der einer der bedeutenderen Schulmänner der Zeit war, da er später von Vaihingen nach Esslingen, dann nach Ulm berufen wurde. In Schmidlins Vaihinger Lateinschule blieb Brenz, bis er zum Studium an die Universität Heidelberg ging, wo er sich am 13. Oktober 1514 als *Joannes Printz de Wyla* immatrikulierte[8].

Studium in Heidelberg

Die Wahl von Heidelberg als Studienort für Brenz – anstelle des näher gelegenen Tübingen – ist einerseits wohl darin begründet, daß sein gleichnamiger Onkel dort ebenfalls studiert hatte, zum anderen sind zu der Zeit auch noch weitere Weiler Bürgersöhne als Studenten in Heidelberg zu finden. Es war auch nicht ungewöhnlich, daß Brenz mit fünfzehn Jahren schon an die Universität ging, zumal die artistische Fakultät, in die jeder Studienanfänger eintrat, den Bildungsgang der Lateinschule unmittelbar fortsetzte. Darüber hinaus wohnten die Studenten in sogenannten Bursen zusammen, ähnlich heutigen Studentenwohnheimen, wo die älteren Studenten die jüngeren in ihren Studien anzuleiten hatten. Die Bursen waren dem philosophischen Wegestreit des Mittelalters entsprechend in die der Nominalisten und jene der Realisten eingeteilt. Zwar war dieser Streit inzwischen stark abgeflaut, aber wir finden Brenz später in der *Bursa Suevorum*, der Schwabenburse, die der realistischen Richtung zugehörte.

An der Artistenfakultät wurde das Studium der *artes liberales*, der sieben freien Künste, gepflegt. Diese bestanden zum einen aus dem sprachlich ausgerichteten Trivium mit Grammatik, Dialektik und der Rhetorik, wobei hier die Dialektik oder Logik, als Schule des Denkens, den Vorrang hatte. Zum andern enthielten die *artes* das Quadrivium mit den Realienfächern Mathematik, Geometrie, Astronomie und Musik. Für fast alle Fächer waren aristotelische Schriften von großer Bedeutung, so für die Logik. aber auch für die Fächer des Quadriviums, in denen etwa über die Physik des Stagiriten gelesen wurde.

Die akademischen Grade, die Brenz in der Artistenfakultät erwarb, zeigen seinen raschen Studienfortschritt. Am 20. Mai 1516, also anderthalb Jahre nach Studienbeginn, erhielt er die Würde eines Bakkalaureus, er hatte somit das Trivium durchlaufen. Schon im übernächsten Jahr, am Lukastag (18. Oktober) 1518, wurde er Magister und schloß damit den artistischen Studiengang ab. Damit stand ihm der Weg in eine der drei höheren Fakultäten, Theologie, Jura oder Medizin, offen.

Zu den Magistern, die an der Artistenfakultät unterrichteten, und bei denen Brenz studiert hat, gehört Theobald Gerlacher, der sich nach seinem Heimatort Billigheim in der Pfalz Billicanus nannte und 1517 Dekan der Artistenfakultät war[9]. Auch einen Landsmann aus Weil traf Brenz in Heidelberg an, nämlich Johannes Kneller, der schon

23. Eintrag von Johannes Brenz in der Matrikel der Heidelberger Universität 1514.

1512 von Tübingen nach Heidelberg gekommen war und 1518/19 das Dekanat bei den Artisten versah. Kneller hatte zu dem 1516 erschienenen Druck der Komödie Epirota des Thomas Medius eine Erklärung der schwierigen Wörter beigesteuert und veranlaßte wohl, daß auch Brenz ein zweizeiliges griechisches Epigramm für dieses Buch machte. Dies war Brenz' erste Veröffentlichung, die wir kennen. Kneller studierte die Rechte und wurde später Rat des Erzherzogs und Königs Ferdinand. Zu den Magistern der Artistenfakultät gehörte ferner Wenzel Strauß aus Alzey, der 1519/20 das Dekanat der Artisten inne hatte und später Hofprediger des Kurfürsten, nach 1534 Pfarrer im württembergischen Urach wurde. Philipp Melanchthon, mit dem Brenz lebenslang ein freundschaftliches Verhältnis verband, traf Brenz nicht mehr in Heidelberg an. Dieser war schon 1512 nach Tübingen gegangen. Vielleicht hat ihn aber Brenz schon während seines Schulaufenthalts in Heidelberg kennengelernt.

Die aus dem mittelalterlichen Universitätsbetrieb überkommene Einteilung des artistischen Studiums war in Heidelberg unter dem Einfluß des Humanismus schon längst zugunsten der Sprachen modernisiert worden. Zwar war die hohe Zeit des Heidelberger Humanismus, der freilich eine höfische, nicht eine universitäre Bewegung gewesen war, schon längst vorbei. Rudolf Agricola hatte nur wenige Monate in Heidelberg gewirkt und war 1485 gestorben; Johann von Dalberg, Bischof von Worms und kurfürstlicher Kanzler, hatte sich daraufhin in seine bischöfliche Residenz Ladenburg zurückgezogen und starb 1503. Wohl keiner aus dem Humanistenkreis, den diese beiden begründet hatten, war mehr am Leben, als

24. Magisterpromotion. Holzschnitt des Petrarcameisters.

25. Johannes Oekolampad

Brenz nach Heidelberg kam. Gleichwohl wird deutlich, daß die Anregungen des Humanismus fortwirkten, denn Brenz lernte neben dem Lateinischen, das ohnehin Grundlage jeglicher Wissenschaft war, auch noch Griechisch bei Johannes Oekolampad und sogar Hebräisch bei einem getauften Juden Dr. Matthäus Adriani, der Brenz und Oekolampad privatim unterrichtete.

Auch sonst zeigt sich, daß Brenz diesem Heidelberger Humanismus zugetan war. Das beste Zeugnis ist seine Handschrift, eine klare Humanistenkursive, die sich über Jahrzehnte hinweg kaum verändert hat. Wie es üblich war, versuchten die jungen Gelehrten mit den Geistesgrößen der Zeit in einen Briefwechsel zu treten. So ist von Brenz ein verehrungsvoller Brief erhalten, den er 1514 an den Nürnberger Humanisten Willibald Pirckheimer schrieb, und in dem er diesen bat, ihm einen Platon und Suidas zu schicken[10]. Die humanistischen Kreise, in denen sich Brenz bewegte, werden deutlich in dem im Frühjahr 1518 in Oppenheim am Rhein gedruckten *Calendarium Romanum Magnum*, dem bedeutenden Werk des Tübinger Mathematikers Johann Stöffler. Zu diesem Buch über die Zeitrechnung hat eine Reihe von Humanisten Gedichte verfaßt. Das Gedicht von Brenz, eine Lobrede auf die beiden Häupter der Christenheit, Papst Leo X. und Kaiser Maximilian, und den Autor Stöffler, folgt unmittelbar auf die Epigramme des Tübinger Humanisten Brassican und Ulrichs von Hutten. Auf Brenz folgen die Heidelberger Freunde Martin Frecht und Theobald Billikan.

Die Studiengenossen von Brenz haben in seinem späteren Leben eine wichtige Rolle gespielt. Johannes Oekolampad von Weinsberg wurde bereits genannt. Ihm half Brenz bei der Erarbeitung eines Index zu der Hieronymus-Ausgabe des Erasmus von Rotterdam. In einem Brief vom 27. März 1517 äußerte sich Oekolampad gegenüber Erasmus lobend über Brenz' Mitarbeit. Wenige Jahre später mußten Brenz und Oekolampad erkennen, daß sie sich über der Frage des Verständnisses des Abendmahls nicht einig werden konnten. Auch mit anderen Studiengenossen kam Brenz später zusammen oder korrespondierte mit ihnen. Zu ihnen gehören Erhard Schnepf von Heilbronn, Martin Frecht von Ulm, Johann Eisenmenger (oder Isenmann) von Schwäbisch Hall, Franciscus Irenicus von Ettlingen, Martin Bucer von Schlettstadt, Martin Germanus von Cleebronn und Paul Fagius von Rheinzabern.

Der Magistergrad, den Brenz 1518 erworben hatte, verpflichtete dazu, mindestens zwei Jahre lang die Fächer des artistischen Grundstudium zu lehren, gleichzeitig konnte man an einer der höheren Fakultäten weiterstudieren. Brenz war wohl – vermutlich nach dem Vorbild seines gleichnamigen Onkels – von seinen Eltern zur Theologie bestimmt worden. Er wandte sich daher nach dem Erwerb des Magistergrads, neben seinen Verpflichtungen in der Artistenfakultät, diesem Fach zu. Die Professoren der theologischen Fakultät[11] waren Jodocus Brechtel genannt Sartoris, damals schon hochbetagt, zugleich Stiftsdekan und Pfarrer der Heidelberger Heiliggeistkirche, der 1520 starb. In fortgeschrittenem Alter war auch Daniel Zangenried aus Memmingen, der gleichzeitig Stiftsprediger an der Heiliggeistkirche war. Zu nennen ist noch Markus Stieß, ferner Peter Scheibenhart, der damals mehrere Jahre das Amt des Dekans der theologischen Fakultät versah und zusammen mit Billikan und Brenz bei Oekolampadius Griechisch lernte. Zu den jüngeren Professoren gehörten Lorenz Wolf und Georg Schwarz genannt Nigri. Der letztere genoß einiges Ansehen, da er schon in jungen Jahren Karriere gemacht hatte.

26. Gedicht von Brenz aus dem 1518 gedruckten Calendarium Romanum Magnum des Tübinger Professors Johannes Stöffler.

Luthers Heidelberger Disputation 1518

Wenige Wochen nach dem Erscheinen des Stöfflerschen Werks trat ein Ereignis ein, das dem Lebensplan manches der bereits genannten Heidelberger Studenten und Magister, darunter auch Brenz, eine neue Richtung gab[12]. Ende April 1518 kam Martin Luther nach Heidelberg, wo ein Generalkapitel seines Ordens gehalten wurde. Doch galt sein Besuch nicht nur den Ordensbrüdern, vielmehr wurde der durch seine 95 Thesen wenige Monate zuvor so berühmt gewordene Wittenberger Professor auch auf dem kurfürstlichen Schloß ehrenvoll empfangen. Auf Ersuchen der Augustiner stellte die Artistenfakultät ihren Hörsaal für eine Disputation Luthers zur Verfügung, die am 26. April stattfand, und bei der auch die Professoren der theologischen Fakultät teilnahmen. Luther sprach hier nicht über den Ablaß, sondern stellte in 28 theologischen und 12 philosophischen Thesen seine neue Theologie vor. In den theologischen Thesen ging es um die Klärung der Frage, ob der Mensch von sich aus die Gerechtigkeit vor Gott bewirken kann, oder ob der Versuch, dies zu tun, Sünde sei. Luthers Ergebnis war, daß der Mensch an seiner Fähigkeit, das Heil zu schaffen, verzweifeln muß, um so bereit zu sein, die Gnade Christi zu empfangen. Damit wird klar, daß Gerechtigkeit, Heil und Leben allein von

27. Martin Bucer

41

28. Martin Luther als Mönch. Holzschnitt von Hans Baldung Grien nach Lukas Cranach.

Gott kommen. Hintergrund dieser Disputationsthesen Luthers ist die augustinische und die paulinische Theologie, insbesondere die von Paulus herkommende Theologie des Kreuzes. In ihr finden Gesetz, Werk und Glauben ihren Zusammenhang. Damit geriet aber die christliche Theologie in Gegensatz zur aristotelischen Philosophie, weshalb Luther seinen theologischen auch noch philosophische Thesen angehängt hat, die sich mit dem richtigen Gebrauch der Schriften des Aristoteles befassen. Es war ihm hier aber nicht um eine pauschale Verwerfung der Philosophie des Stagiriten zu tun, vielmehr ging es ihm im Sinne seiner theologischen Thesen darum, den verderblichen Einfluß des Aristotelismus auf die scholastische Gnadenlehre aufzuzeigen.

Die Heidelberger Professoren der Theologie verhielten sich höflich, aber deutlich ablehnend gegenüber Luthers Ausführungen. Nur Georg Schwarz soll ausgerufen haben: „Wenn die Bauern das hörten, würden sie Euch steinigen und töten." Die Studenten, von denen einige die Disputation mitschrieben, äußerten hingegen Zustimmung. Ein Bericht Martin Bucers von der Disputation ist erhalten. Demnach suchte er, begleitet von Brenz, Luther anderntags noch einmal auf, um sich weiter mit ihm zu besprechen. Dies war der Beginn einer lebenslangen engen Verbindung zwischen Luther und Brenz[13], zugleich aber auch das Ereignis, das Brenz zum künftigen Reformator machte.

Von Heidelberg nach Hall

Inzwischen hatte sich Brenz' Universitätslaufbahn gut angelassen. Er war am 20. Juli 1519 Regens der Schwabenburse geworden, eines Studentenwohnheims unmittelbar neben dem Heidelberger Augustinerkloster. Wahrscheinlich hat Brenz schon seit Anfang seines Studiums in dieser Burse gewohnt. Wohl in seiner Funktion als Regens bat Brenz am 1. August 1521 den Speyerer Domvikar Maternus Hatten brieflich um eine Unterstützung für einen Studenten Johann Porticus, damit dieser seine Studien vollenden könne[14]. In jener Zeit kam auch Brenz' jüngerer Bruder Wendel zum Studium nach Heidelberg und wurde am 7. Juli 1519 immatrikuliert. Wendel Brenz erwarb 1521 die Würde eines Bakkalaureus[15].

Johannes Brenz erhielt 1520 eine Vikarie am Heidelberger Heiliggeiststift und war damit an der Universität angestellt und finanziell einigermaßen abgesichert. Als die Artistenfakultät beschloß, zur Förderung der Studien in Heidelberg eine neue Aristoteles-Ausgabe herauszubringen und auf ihre Kosten drucken zu lassen, damit sie in den Bursen an die Studenten verkauft werden könnte, wurde Johannes Brenz zusammen mit Theobald Billican und drei weiteren Mitgliedern der Fakultät damit beauftragt, den Druck der lateinischen Aristoteles-Übersetzung des Argyropoulos zu besorgen[16].

Dieser verantwortungsvolle Auftrag zeigt, daß Brenz bereits eine geachtete Stellung an der Universität einnahm. Die Nachrichten, die wir von seinem Studiengang haben, belegen, daß er dem humanistischen Ideal des vir trilinguis nachstrebte, der alle drei biblischen Sprachen, Latein, Griechisch und Hebräisch, beherrscht. Daneben hatte er die hergebrachte philosophische Literatur kennengelernt, von Plato und Aristoteles bis zu Petrus Hispanus, desgleichen auch die Kirchenväter, wie die Arbeit an der Hieronymus-Ausgabe bezeugt. Neben den Vorlesungen an der Artistenfakultät begann er schließlich – wohl nach Luthers Disputation – auch Vorlesungen über biblische Bücher zu halten und erklärte das Matthäusevangelium, vielleicht auch die Offenbarung[17]. Diese unmittelbare Beschäftigung mit dem Bibeltext, die Brenz ein Leben lang betrieb, dürfte auf Luthers Anregung zurückgehen, insbesondere auf dessen biblisch-exegetische Argumentationsweise bei der Heidelberger Disputation.

Brenz war in Heidelberg alsbald als Anhänger Luthers bekannt. Nach dem Wormser Edikt 1521, durch das der Kaiser die Lehre Luthers verbot, sah sich auch Kurfürst Ludwig II. von der Pfalz veranlaßt, in der Universität nach dem Rechten zu sehen und erließ am 20. August 1522 ein Verbot gegen Winkelpredigten und Vorlesungen an unüblichen Orten[18]. Dieser Erlaß kann natürlich auch mit der vom Kurfürsten angestrebten und in jenem Jahr durchgeführten Universitätsreform zusammenhängen. Jedenfalls teilte die Universität diesen Erlaß den Magistern Johannes Brenz und Theobald Billikan mit, die antworteten, daß sie in dem Schreiben überhaupt nicht namentlich genannt seien, auch nicht in Winkeln, sondern öffentlich lesen würden und über ihre Vorlesungen Rechenschaft ablegen könnten. Damit war die Sache für die Universität erledigt, aber auch für Brenz und dessen Freund Billikan. Brenz hielt nämlich am 8. September 1522 seine Probepredigt in Schwäbisch Hall, Billikan ging nach kurzem Aufenthalt in Weil der Stadt, wohin ihn wohl Brenz empfohlen hatte, nach Nördlingen, wo er begann, die Reformation einzuleiten. Zweifellos waren die beiden die hervorragendsten Vertreter der Lehre Luthers an der Heidelberger Universität gewesen, doch scheint der Vorfall für sie nicht gerade eine Gefährdung ihrer bislang so erfolgreichen Universitätslaufbahn bedeutet zu haben. Vielmehr wollten die beiden jetzt im praktischen Kirchendienst für die Erneuerung der Kirche wirken.

1 Friedrich Wilhelm Kantzenbach, Der junge Brenz bis zu seiner Berufung nach Hall im Jahre 1522. In: Zeitschrift für bayerische Kirchengeschichte 32 (1963) S. 53 – 73.

2 Rentschler, Brenz, S. 35f.

3 Gustav Töpke (Hg.), Die Matrikel der Universität Heidelberg von 1386 bis 1602, Bd. 1, Heidelberg 1884, S. 379.

4 Hermann Ehmer, Der Stuttgarter Wirt Martin Brenz, ein Bruder des Reformators. In: BWKG 77 (1977) S. 164 – 166.

5 Volker Press, Weil der Stadt. Reichsstadt im späten Mittelalter und in der frühen Neuzeit. In: ZWLG 54 (1994) S. 11 – 32.

6 Gesch. des humanist. Schulw., Bd. 1, S. 449.

7 Otto Mayer, M. Johannes Schmidlin, der Lehrer von Johannes Brenz in Vaihingen. In: BWKG 3 (1899) S. 176 – 180.

8 Töpke (wie Anm. 3); Gesch. des humanist. Schulw., Bd. 1, S. 497.

9 Hermann Weisert, Die Rektoren der Ruperto Carola zu Heidelberg und die Dekane ihrer Fakultäten 1386 – 1968, Anlage zu Ruperto-Carola 43 (1968).

10 Dieter Wuttke (Hg.), Willibald Pirckheimers Briefwechsel, Bd. 3, München 1989, Nr. 441, S. 103f.

11 Heinz Scheible, Die Universität Heidelberg und Luthers Disputation. In: ZGO 131 (1983) S. 309 – 329.

12 Vgl. Scheible (wie Anm. 11); Karl-Heinz zur Mühlen, Die Heidelberger Disputation Martin Luthers vom 26. April 1518. In: Semper Apertus. Sechshundert Jahre Ruprecht-Karls-Universität Heidelberg 1386 – 1986, Bd. 1, Berlin u.a. 1985, S. 188 – 212.

13 Hermann Ehmer, Johannes Brenz und Martin Luther. In: Luthers Wirkung. Festschrift für Martin Brecht, Stuttgart 1992, S. 97 – 109.

14 Pressel, Anecdota, S. 1.

15 Töpke (wie Anm. 3) S. 518.

16 Eduard Winkelmann (Hg.), Urkundenbuch der Universität Heidelberg, Heidelberg 1886, Bd. 1 Nr.160, S. 213; Bd. 2, Nr. 697, S. 75.

17 Johannes Brenz, Commentarii in Apocalypsin. Das erste Zeugnis seiner Theologe. Hg. von Karl Berger und Martin Brecht. In: BWKG 78 (1978) S. 24 – 45.

18 Winkelmann (wie Anm. 16) Bd. 2 Nr.715, S. 78.

3 Der Prediger von Hall

Anno 1522 ist Herr Johan Brentius, Regens Burschae Realium zu Heidelberg, durch M[agister] Johann Eysenman einem Erbarn Raht zu Hall commendirt und ihr Prediger worden. Sein Probpredig gethan uff Nativitatis Mariae im 24. Jar seins Alters und gleich darauf bestelt worden, und für die Besoldung etlich Jar 80 fl. Dieser hat mich gleich aus dem Babstumb zum gnadenreichen Evangelio bracht und mir Unterweysung väterlich gethan und mir die höchsten Gutthaten erzeigt, und, dieweil er als ein gelerter Man auch gottselig bey uns gelebt und in seinem Celibat züchtig gehalten, ist ime im 1530. nach dem großen Reichstag zu Augspurg mein liebe Schwester Margareth Greterin, so vorhin Hans Wetzeln gehabt, vertrawt worden, mit der er fynff Töchter, Barbara, Katharina, Sophia, Agatha und Rebecca, und ein Son Johannes ehlichen gezilt hat[1]. Der Schreiber dieser Zeilen, Michel Gräter, war seit 1521 Pfarrer zu St. Katharina, deren Patronat noch in den Händen des Abtes von Murrhardt lag, und hatte am Dienstag nach Michaelis 1521 Besitz von seiner Pfarrei genommen (die Einführung war durch Georg Widman, öffentlicher Notar und Pfarrer von Gelbingen, geschehen). Allerheiligen [1. November] kam er aus seiner vorherigen Pfarrei Zell bei Alzey nach Hall. Drei Kapläne hatte er in seiner Kirche vorgefunden: Leonhart Feyerabet, Arnold Engel und Michel Hess[2]. 1523 wurde Johann Isenmann (vorher an der Universität in Heidelberg) vom Haller Rat zum Pfarrer von St. Michael berufen[3]. *Und was D[ominus] Brentius gelert und die Abusus und ander Ding, so wider Gottes Wort gewesen, das haben sie* [Brenz, Isenmann, Gräter, A.M.] *von Tag zu Tag abgethan, biß der Tüfelsdreck sehr aus der Kirchen gefegt, und zuletzt zu einer reinen christlichen Ordnung in allen Kirchen bracht wurde, wie dann dieselbig Kirchenordnung gedruckt und als die hällische Kirchenordnung noch für Augen ist, und Anno [15]43 gedruckt worden*[4].

Zwischen 1521 und 1523 waren die drei für die Haller Reformation entscheidenden Personen auf die Stellen gekommen, die sie mindestens bis 1548 – bis zur großen Krise des Protestantismus – bekleiden sollten. Die Lebensbeschreibung Gräters benennt zugleich einige

Personen, deren Stellung zur evangelischen Sache nicht so eindeutig war: den Gelbinger Pfarrer Georg Widman und die drei Kapläne von St. Katharina, und weist implizit auf ein Problem der Haller Reformation hin: die Patronate über städtische und vor allem ländliche Kirchen lagen nicht in den Händen des Haller Rats, die Stellenbesetzung konnte also nur mit Einschränkungen von der Reichsstadt aus geschehen. Und schließlich betont Gräter, wie lange es dauerte, bis der *Teufelsdreck* aus der nunmehr evangelischen Kirche gefegt war, wie schwierig also die Umgestaltung der Stadt Schwäbisch Hall in eine protestantische Gemeinde war. Erst die Kirchenordnung von 1543 markiert für Gräter einen definitiven Einschnitt und das Ende der ersten Phase der Reformation. Andere Zeitgenossen sahen das aber anders: der Chronist Johann Herolt hob die entscheidende Bedeutung des Jahres 1524 hervor, der Haller Rat sah 1529 die wesentlichen Reformen verwirklicht. Zusammenfassend wird zu sagen sein, daß die Reformierung der Haller Kirche bis 1543 ein gleitender Prozeß war, in dem jedes der genannten Jahre nur eine Etappe, keines einen definitiven Einschnitt bedeutete.

Hall um 1520

Um 1520 war die Stadt Schwäbisch Hall mit geistlichen Einrichtungen gut versehen. Zu den Pfarreien St. Michael, St. Katharina und St. Johann war im Laufe des Spätmittelalters eine Vielzahl von Stiftungen getreten, die Ausdruck einer starken und lebendigen Frömmigkeit waren. Schon der glanzvolle Neubau von St. Michael, der zu Beginn des 16. Jahrhunderts seiner Vollendung entgegenging, zeigt die Verankerung der spätmittelalterlichen Kirche in der Bevölkerung[5]. Allerdings wies diese Kirche auch in Hall eine Reihe von Schwachstellen auf, die sie für Kritik anfällig machte. Dazu zählte ihre Unfähigkeit, neue religiöse Bedürfnisse zu befriedigen, ihr Reichtum, der kaum für die Stadt nutzbar gemacht werden konnte,

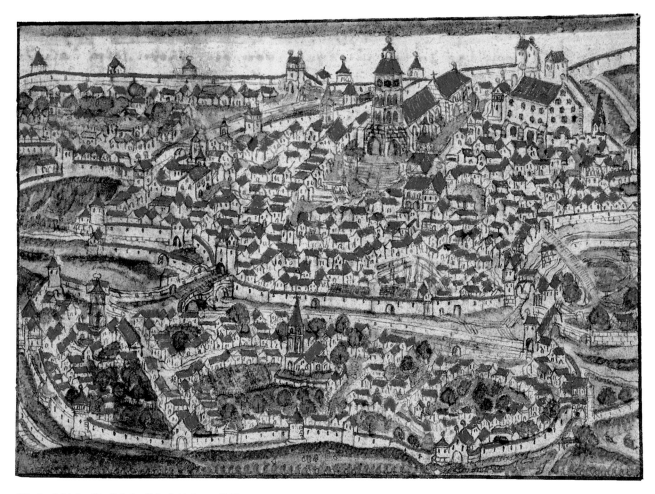

29. Ansicht der Stadt Schwäbisch Hall um 1600.
Federzeichnung aus einer Haller Chronik.

und ihre überlokale Verankerung, die sie fast zum Fremd-körper innerhalb der Stadt werden ließ.

1502 war die Prädikatur, das Predigtamt, von der Stadt selbst gestiftet worden, offenbar weil die Bürger und ihre Vertreter mit den Predigtleistungen der Franziskaner von St. Jakob nicht mehr zufrieden waren[6]. Seit 1483 hatte sich der Rat an der Reformierung des Minoritenklosters versucht: er wollte die Unterstellung unter den strengen Zweig der Franziskaner, die Observanten, erreichen. Den Mönchen war es aber gelungen, die Einführung dieser rigiden Regel abzuwenden[7]. Erster Haller Prediger war der 1513 verstorbene Sebastian Brenneysen[8], ihm scheint bis 1515 Hans Dolde (oder Tholde) gefolgt zu sein. Er war in der Folge zumindest eine Zeitlang Pfarrer von St. Michael, unterschrieb allerdings 1520 nur als Organist und Kaplan. Auf jeden Fall suchte die Stadt 1515 und 1516 einen neu-en Prediger, denn es wurden Geistliche aus verschiede-nen umliegenden Orten eingeladen, sich probeweise in

Hall hören zu lassen. 1517 schließlich schien ein geeigne-ter Kandidat gefunden: Bernhard Baur aus Nagold, der in Tübingen studiert hatte. Baur amtierte mindestens bis 1519. Ob er der unmittelbare Vorgänger von Johannes Brenz war, ist unklar[9].

Zahlreich war das geistliche Personal: um 1500 gab es 12 Kirchen und Kapellen mit zusammen ungefähr 24 Pfrün-den und den entsprechenden Benefiziaten. Noch 1535 werden in den Beetlisten 16 Personen mit der Berufsbe-zeichnung „Pfaff" oder „Priester" aufgeführt. Unter diesen befanden sich auch die beiden bekannten Haller Chronis-ten Johann Herolt (Pfarrer in Reinsberg) und Georg Wid-man (Pfarrer in Gelbingen), aber keiner der drei Haller Reformatoren. Von den von Michel Gräter genannten drei Kaplänen der Katharinenkirche erscheinen Arnold Engel und Lienhardt Feierabend[10]. Eine Ordensniederlassung – außer den bereits erwähnten Minoriten – unterhielten die Johanniter. Frauen hatten sich zu einer religiösen Gemein-

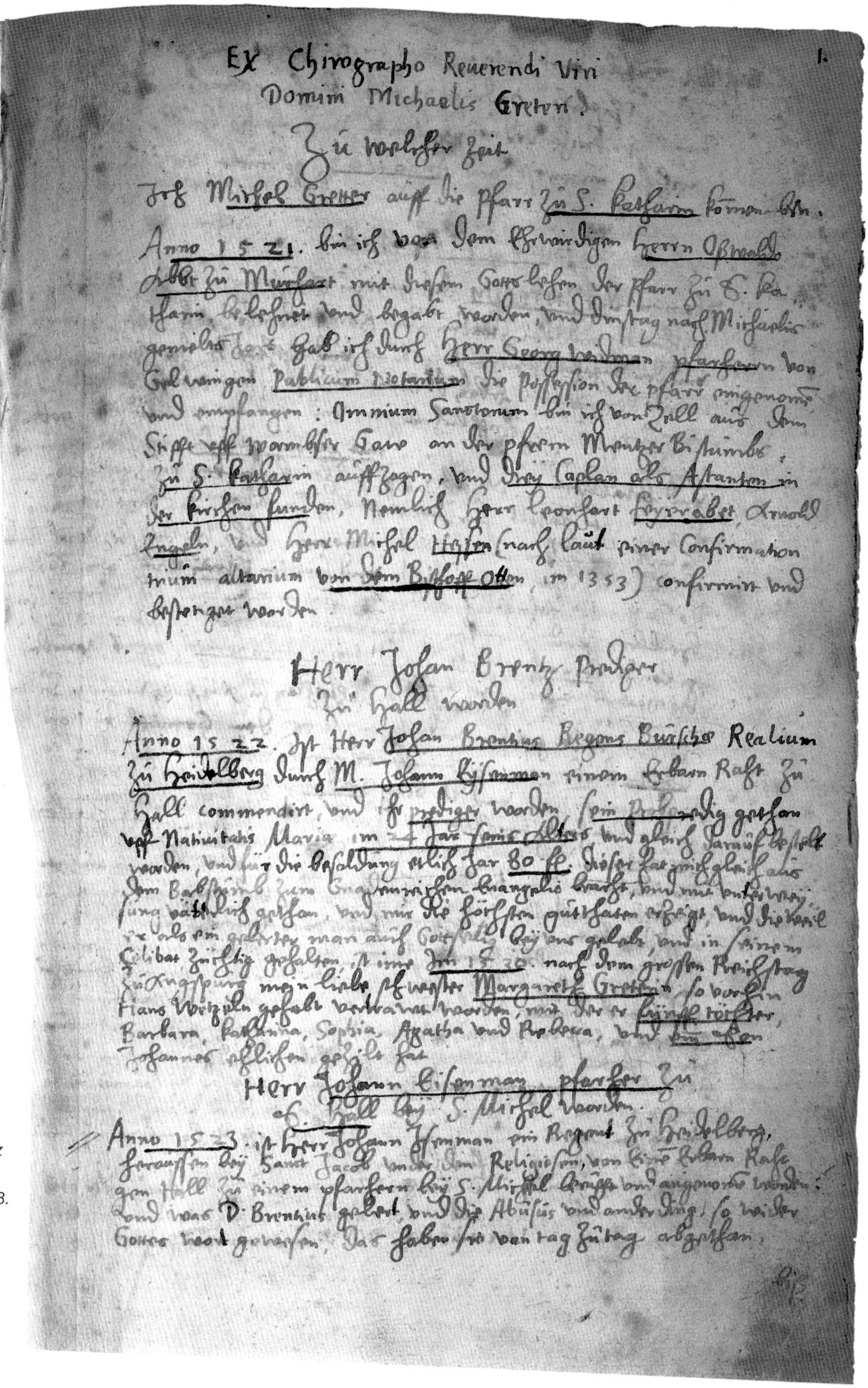

EX Chirographo Reuerendi Viri
Domini Michaelis Greteri

Zu welcher Zeit

Ich Michel Greter auff die pfarr zu S. Katharin komen bin.

Anno 1521. bin ich von dem Ehrwirdigen Herrn Oßwald
Abbt zu Murhart mit diesem Gottslehen der pfarr zu S. Ka...
tharin belehnet vnd begabt worden, vnd dinstag nach Michaelis
gemelts ... hab ich durch Herr Georg ... pfarherrn von
Ellwangen Publicum Notarium die Possession der pfarr angenom...
vnd empfangen. Omnium Sanctorum bin ich von Hall auß dem
Stifft ... warmbser Gaw an der pfarrn Mentzer Bistumb,
zu S. Katharin auffzogen, vnd drey Caplan als Astanten in
der kirchen funden, Nemlich herr leonhart Beyrabet, Arnoll
... vnd Herr Michel ... (nach laut einer Confirmation
... altarium von dem Bischoff Otten, im 1353) confirmirt vnd
bestetiget worden.

Herr Johan Brentz Prediger
Zu Hall worden

Anno 1522. Ist Herr Johan Brentius Regens Bursche Realium
zu Heidelberg durch M. Johann Eisenman einem Erbarn Rath zu
Hall commendirt, vnd ist prediger worden, sein Probtwerdig ...
vff Nativitatis Maria im ... Jar seines Alters vnd gleich darauff bestelt
worden, ... für die Besoldung etlich Jar 80 fl. Dieser hat ...
dem ... zum ... Evangelio bracht, vnd mit ...
... gelitten, vnd nur die höchsten guttaten erzeigt vnd ...
... als ein gelerter man auf Gottslob ... ... gelebt, vnd in seinem
Celibat züchtig gehalten, ... im Jar 1530. nach dem großen Reichstag
zu Augspurg mein liebe schwester Margarete Greterin so vorhin
Hans Wetzeln gehabt verheirat worden, mit der er fünff töchter,
Barbara, Katharina, Sophia, Agatha vnd Rebecca, vnd ein sohn
Johannes ehlichen gezilt hat.

Herr Johann Eisenman pfarher zu
S. Hall bey S. Michel worden.

Anno 1523. ist Herr Johan Henman ein Regent zu Heidelberg,
herausser bey Sant Jacob vmb der Religion, von einer Erbarn Rath
gen Hall zu einem pfarherrn bey S. Michel Größe vnd angenom worden:
vnd was D. Brentius gelert vnd die Abusus vnd anderding, so wider
Gottes wort gewesen, das haben sie von tag zu tag abgethan.

30. Erste Seite des Protokoll-
buchs des Haller Kapitels mit
den kurzen Lebensläufen von
Michael Gräter, Johannes Brenz
und Johann Isenmann aus der
Feder Michael Gräters, ca. 1548.

46

schaft im Beginenhaus zusammengeschlossen[11]. Die Mehrzahl dieser Geistlichen war von der Steuer befreit und nur eingeschränkt für bürgerliche Lasten heranzuziehen.

Geistliche und Pfründen waren in hohem Maße dem Zugriff der Stadt entzogen. Der Rat konnte im wesentlichen nur über die Prädikatur und seit 1508 auch über die Pfarrstelle von St. Michael, die vorher Filialkirche von Steinbach gewesen war, verfügen. Die Steinbacher Kirche wiederum war dem Chorherrenstift Comburg inkorporiert, d.h. der Pfarrer konnte aus den Reihen der Stiftsherren bestellt werden. 1504 hatte der damalige Pfarrer Michael Molitor seine Stelle in die Hände des Rates niedergelegt, was völlig widerrechtlich war. In dem anschließenden Prozeß, der 1508 geschlichtet wurde, setzte sich die Stadt durch: St. Michael wurde von der Steinbacher Pfarrkirche getrennt, das Patronat ging an die Stadt, ebenso das Präsentationsrecht für die zwei Pfründen St. Nikolaus (in St. Michael) und St. Ottilie (im Spital). Comburg wurde mit Geld abgefunden[12]. Dem Haller Rat war damit eine gewichtige Erweiterung seiner Einflußmöglichkeiten auf die Kirche geglückt.

Der Rat der Reichsstadt Schwäbisch Hall bestand seit 1340 aus 26 Mitgliedern, den zwölf Richtern und den 14 anderen Ratsherren. 1522 gehörten elf dieser 26 Ratsherren dem Rat schon länger als zehn Jahre an, hatten also schon vor 1512, als eine kaiserliche Kommission die Haller Verfassungsstreitigkeiten geschlichtet hatte, diesem Gremium angehört, wenn auch einige zeitweise ihren Sitz verloren hatten[13]. Sechs der Ratsherren gehörten zum Adel, zwei weitere waren mit adligen Damen verheiratet. Wenn 1512 der Stadtadel auch die exklusive Verfügung über die Macht in Hall verloren hatte, so hatte er doch 1522 immer noch ein gewichtiges Wort mitzureden. Die Haltung der einzelnen Ratsherren zur Reformation läßt sich nicht definitiv feststellen, aber mit Sicherheit verlief die Trennungslinie nicht zwischen (katholischen) Adligen und (protestantischen) Nichtadligen. Der nichtadlige Hermann Büschler, Promotor der Verfassungskämpfe von 1510-1512, etwa scheint zeitlebens dem Protestantismus kritisch gegenübergestanden zu haben[14].

Die vorreformatorische Frömmigkeit war wie überall in Europa geprägt durch die intensive Sorge für das eigene Seelenheil und das von Vorfahren und Angehörigen nach dem Tod. Seelenmessen und Heiligenverehrung, Wallfahrten und Stiftungen sollten dazu dienen, das Los der Ver-

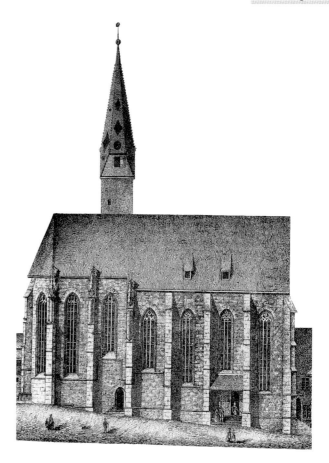

31. Die Marienkapelle in der Schuppach. Zeichnung der Werkmeister Kolb und Dötschmann von 1812, unmittelbar vor dem Abriß.

storbenen zu erleichtern[15]. In einzelnen Fällen kam es zu einer Häufung von „Hilfsmitteln", die nur noch auf Quantität setzten. Beispiele lassen sich in den vorreformatorischen Testamenten Haller Bürgerinnen und Bürger finden.

Ulrich von Münkheim z.B. wünschte 1503 auf dem Kirchhof von St. Michael unter dem Stein, unter dem auch sein Vater begraben worden war, beigesetzt zu werden. Zu seinem Begräbnis sollten so viele Priester und sonstige Geistliche (an ihrer Spitze der Pfarrer von St. Michael) gerufen werden als möglich. Am ersten, siebten und dreißigsten Tag nach seinem Begräbnis sollten Seelenmessen und Vigilien gehalten werden. Alle Glocken waren zum Begräbnis selbst zu läuten. Für das Totengedenken sollten die Altäre mit Wachskerzen geschmückt werden, an drei Tagen nach seinem Tod so viele Priester als möglich Seelenmessen lesen. Die Gedenktage sollten auch in den reformierten Barfüßerklöstern von Heilbronn und Pforzheim begangen werden. Mit Stiftungen bedacht wurden die Pfarrkirchen St. Michael und St. Katharina; St. Johann

32. Turm von St. Michael mit der großen Treppe.

33. Dreikönigsaltar in St. Michael.

erhielt ein Meßgewand, die Schuppachkapelle einen Kelch und ein Meßgewand. Die Pfründe in der Schuppachkapelle, die er 1490 gestiftet hatte, wurde um 300 Gulden aufgestockt, das Seelhaus erhielt 100 Gulden. In der Barfüßerkirche sollte ein Jahrtag zugunsten seiner selbst und seiner Eltern eingerichtet werden. Zwei Schüsseln wurden dem Reichalmosen neu gestiftet, 100 Gulden gingen an die Sondersiechen zu St. Nikolaus und 100 Gulden an die Syphilis- und Pestkranken. Seine Leibeigenen ließ er frei. Die Dienerschaft wurde reichlich bedacht, besonders Engelin Schnewin, seine Dienerin, die die gesamte Fahrnis und 250 Gulden erhielt, weil er – Ulrich – sie entjungfert hatte[16].

Ähnliche Stiftungen – wenn auch von geringerem Umfang – finden sich in vielen Testamenten dieser Zeit. So stiftete 1503 Anna Rotter einen Jahrtag[17]. Georg Müller schrieb 1506 das Leichenbegängnis am siebten und dreißigsten Tag nach seiner Beerdigung fest, wollte allerdings beim Zeremoniell es so gehalten wissen wie bei Standesgleichen üblich[18], wie 1507 auch Gabriel Kriech, der allerdings zusätzlich noch einen Jahrtag stiftete[19]. Einen Jahrtag in der Katharinenkirche, in der er auch begraben war,

errichtete Hans Neyffer, Kaplan in Limpurg, für sein eigenes Seelenheil und das seiner Vorfahren[20].

Charakteristisch sind die Formeln, die die Testamente einleiten und die Rückschlüsse auf die individuellen Glaubensüberzeugungen zulassen. Jörg Gockenbach und seine Frau Margarethe Sterklin zu Untermünkheim riefen zunächst die Mutter Gottes und alle Heiligen um Beistand an, schrieben dann die üblichen Totengedächtnisse am siebten und dreißigsten Tag nach dem Begräbnis fest und stifteten zugunsten des Predigtamtes, des Sakramentsaltars, des Kirchenbaus von St. Michael und des Reichalmosens. Ein Sechstel ihres Nachlasses schließlich sollte der Pfarrei zugute kommen, in der sie lebten und begraben wurden (d.i. wohl Untermünkheim)[21]. Einen neuen Akzent setzte Adelhait Hawnlochin 1514: Sie empfahl ihre Seele der grundlosen Barmherzigkeit Gottes, nicht den Heiligen[22]. Daniel Senft kombinierte 1516 beide Empfehlungen: Seine Seele wurde Gott, der Mutter Gottes und allen Heiligen in ihre *grundtlose Barmhertzigkeit* anempfohlen[23]. In den Grundzügen ähnlich waren die Testamente des Sixt Marckhart von 1516, des Jörg Seifferheld und seiner Ehefrau Margaretha 1517, der Anna Bender 1517[24]. 1519 wollte Margaretha Decker in St. Johann bestattet

34. Innenansicht von St. Michael.

werden und stiftete dort einen mit drei Priestern zu haltenden Jahrtag. Ihre Seele wurde dem allmächtigen barmherzigen Gott, in das Verdienst des bitteren Leidens und Sterbens unseres Herrn Jesu Christi und der Fürbitte der hochgelobten Jungfrau Maria und aller lieben Heiligen empfohlen[25]. Die Begine Katharina Wetzel ließ ihr ganzes Vermögen im gleichen Jahr dem Beginenhaus zugute kommen, was sie mit Streitigkeiten innerhalb ihrer Familie begründete[26]. 1518 hatte das Beginenhaus von der Erbschaft der Margaretha Feyerabend profitiert: Ihr waren von ihren Eltern ein Viertelsieden und eine Gült hinterlassen worden, die – da sie selber vermögenslos blieb – an den Nonnenhof fielen[27]. Auch weitere Testamente der Jahre 1519 und 1523 blieben bei der Empfehlung der Seele an die Heiligen und verlangten Jahrzeiten[28].

Auch außerhalb der Testamente engagierten sich die Bürger für die Mehrung von Altären und Pfründen. Noch 1520 war ein weiterer Altar in St. Michael gestiftet worden: der Dreikönigsaltar. Stifter und 1524 Kaplan dieses Altars war der Vikar des Würzburger Domstifts, Kilian Kempfenagel[29].

Die Pflege der Frömmigkeit, die durch solche Stiftungen zum Ausdruck kam, schien allerdings schon vor der Reformation nicht mehr auszureichen. Mit Mandaten und Dekreten griff die weltliche Obrigkeit ein, um das Verhalten von Bürgern und Untertanen zu regeln.

Schon vor der Reformation waren Mandate gegen Fluchen, Gotteslästerung und Zutrinken erlassen worden. Beispielhaft sei eine undatierte Ordnung zitiert, die wahrscheinlich aus den Anfangsjahren des 16. Jahrhunderts stammt: *Item welchs, es sey gleich Mann oder Weib, Jung oder Alt, Arm oder Reich, inn der Statt oder uffm Landt, bey Gott, seiner allerseeligsten Marter, Wunden, Glidern, Sacrament, Tauff oder inn annderer dergleichen Wegen schwüre, oder seinner werden Mutter Maria unnd den lieben Hailigen Schmache oder Unehr zufüegte, der oder dieselben sollen von jedem Uberfarn und Fluch besonders, so offt das beschicht, geben zu Buß 2 Schilling Heller*[30]. Verboten wurden Flüche mit und ohne Nennung von Gott, das Zutrinken (für das auch die Gastwirte, wenn sie es tolerierten, bestraft wurden), der Wirtshaus- oder Badstubenbesuch an Sonn- und Feiertagen vor und während der Predigt, das Spazierengehen auf Markt und Friedhof, auf dem Unterwöhrd und in den Stadtgräben während der Gottesdienste an Sonn- und Feiertagen. Auch das Herumlaufen bei Nacht nach 10 Uhr ohne Licht,

das Zechen in Wirts- und Privathäusern nach 9 Uhr abends und das Feilbieten von Waren an Feiertagen waren untersagt[31].

Ein heikler Bereich waren schließlich die Gebühren, die für seelsorgerliche Handlungen erhoben werden durften. Sie wurden schon um 1500 von der weltlichen Obrigkeit festgelegt[32]. Ein Beispiel für die Streitigkeiten, die sich bei Mehrforderungen von seiten des Pfarrers ergaben, stammt von 1487. In diesem Jahr klagten Hans Schrack und Peter Eber zu Lorenzenzimmern gegen ihren Pfarrer: Von altersher hätten sie dem Pfarrer ein Drittel dessen, was an St. Lorenz und an St. Veit dem Heiligen zugefallen sei, gegeben. Nun aber wolle der Pfarrer ein Drittel all dessen, was im ganzen Jahr dem Heiligen gehöre. Er habe auch die Kirchenschlüssel an sich genommen, so daß Gefahr bestünde, er werde sie bei Streitigkeiten aus der Kirche aussperren. Schließlich habe er verlangt, daß die Heiligenpfleger ihm geloben sollten, was einer nicht tun wollte. Überhaupt bezeichne er sie, wenn sie nicht tun wollten, was er wolle, als Schalken und Bösewichter. Sie bäten nun den Rat zu entscheiden. Der Rat schärfte ihnen ein, sie sollten dem Pfarrer nur das geben, was er von früher her gewohnt sei zu empfangen[33].

Berufung von Johannes Brenz

1522, bei der Berufung von Johannes Brenz, stellte sich für die Ratsherren die Frage, ob die Haller Kirchen in lutherischem Sinne zu reformieren seien oder nicht, sicher noch nicht in voller Schärfe, obwohl sich zumindest die führenden Männer – Michel Schletz, Konrad Büschler oder Anton Hofmeister – über die Zugehörigkeit von Brenz zum Lager der Reformatoren im klaren gewesen sein müssen[34].

Auf jeden Fall begann Johannes Brenz nach seiner Ankunft in Schwäbisch Hall recht schnell, im Sinne der Reformation zu predigen. Zum Jakobitag 1523, dem 25. Juli, verfaßte er seinen Sermon von den Heiligen. An Jakobi fand einer der sieben traditionellen Haller Jahrmärkte statt. Laut der Jahrmarktsordnung von 1518 durfte der Jakobimarkt zwei Tage dauern, länger ausgedehnt war lediglich die dreitägige Messe an Michaelis (29. September). Entsprechend zahlreich war die Menschenmenge, die sich an diesem Tag in Schwäbisch Hall versammelte[35]. Die Heiligenpredigt wendet sich in leidenschaftlichen

35. Die Gebäude Am Markt 4 und 5 waren ursprünglich Teil des Franziskanerklosters.

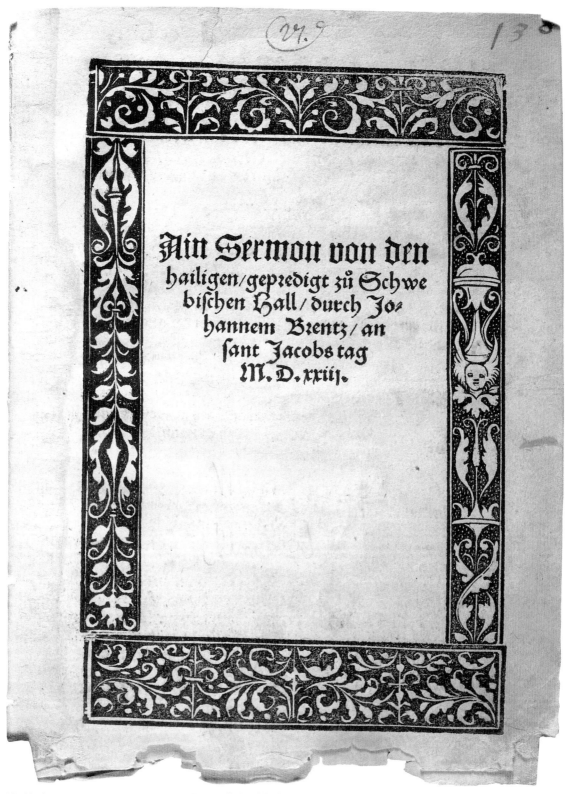

Ain Sermon von den hailigen/gepredigt zů Schwebischen Hall/durch Johannem Brentz/an sant Jacobs tag M.D.xxiij.

36. *Ain Sermon von den Hailigen, gepredigt zuo Schwebischen Hall durch Johannem Brentz an sant Jacobstag MDXXIII: Titel-seite.*

Worten gegen den bisher gebräuchlichen Heiligenkult[36]: *Von den verkerten, aygennützigen, unverstendigen, ja gottloßen Menschen* werde es so dargestellt, als ob *nit mer in den Hailigen das Vertrawen und Glauben wirdt gebrysen, sonder sy selbs uns für Got für gehalten, auff die wir unser Vertrawen sollen setzen als Nothelffer sy anzurueffen, als die, so aynig wirdig seyen, uns für Gott zuo vertretten. Kurtzumb der yetzig Hayligendienst gar enlich ist der Abgoetterey.* In den Heiligen werde etwas gesucht, was diese selbst niemals für sich in Anspruch genommen hätten. Und so werde aus St. Wendel ein Säuhirt, aus St. Ulrich ein *Ratzenhirt*, aus St. Margaretha oder einer anderen Heiligen eine Hebamme. Die Heiligen bei Krankheit (wie Sebastian bei der Pest oder Valentin bei Epilepsie) anzurufen, sei nichts anderes, als die Heiligen gegen Gott auszuspielen, auf dessen Willen diese Krankheiten zurückgingen. Aller angebliche Verdienst der Heiligen komme Jesus Christus zu. Ehre erweise man den toten Heiligen nicht mit Fasten, Opfern oder Wallfahrten. Diese Ehren solle man vielmehr den Lebendigen erweisen: Fasten müsse man für sich selber, wenn man ein Heiliger werden wolle, damit der *alt Schalck* nicht zu *gayl* werde; mit Geld solle man den jetzt lebenden Heiligen, die man in den Armen und Unterdrückten finden könne, helfen. Gottes Willen zu vollbringen, sei Verehrung für das ganze *hymelisch Heer*. *Wildt du recht warlich dem hymmlischen Heer zuo Tantz schlahen, darfst du nit mit Wallen, Feyren, Opfferen oder dergleichen pfeyffen, sondern pfeyff mit Besserung deines Lebens nach dem Willen Gotes.* Immerhin scheint es gegen Predigten dieser Art Widerstände gegeben zu haben; Brenz geht auf Reaktionen, die keineswegs in seinem Sinne waren, ein: *Man prediget und sagt, wie Gott zuo eeren sey, so erwischt diß die Vernunfft und deutet das auff ir aygne Satzung als Kirchen bauwen, Jarzeyt styfften, Wallen, das hayßt die Vernunfft Got eeren. Herwiderumb so man sagt, wie das nit der recht Gots dienst sey, spricht sy, syhe der verbeut guotte Werck, sagt man soll nichts Guots thuon, so man doch das Guott nit verbeut, sondern recht leert, was guott sey*[37].

Zwei Monate vor der Heiligenpredigt war Johannes Brenz – wahrscheinlich am 30. Mai 1523 – in Weil der Stadt zum Priester geweiht worden. An diesem Tag scheint er seine erste feierliche Messe, die Primiz[38], in seiner Heimatstadt gefeiert zu haben[39]. Aus diesem Jahr 1523 stammt noch eine weitere Predigt, die von der Kirche, der Schlüsselgewalt und dem Priesteramt handelt[40], und sich ebenfalls gegen die römische Kirche und deren Auffassung vom Priesteramt wendet: *Diesen Priester, welche alle war*

rechtglaubig Christen seind, ist der Schlüssel der Kirchen bevolhen worden, ... und *Was seynd aber die yetzigen Priester? Sy solten der rechten waren Priester Diener seyn ... und tragen ein zwifach Ampt: predigen das Wort Gottes und die Sacrament raychen, welche zway wesenliche Stuck seyn ains bestoelten Priestern, nit Platten, Kappen, oder Meßlesen. Dann do Christus seyne Junger außgeschücket, sagt er nit: geet hyn, beschert euch, tragt lang Roeck, habt kain Eeweyb, sonder gehet hyn, taufft und predigt das Ewangelium des Reychs, welches verleych uns der Herr Jhesus Christus*[41].

Das Jahr 1524 schien zumindest für den Chronisten Johann Herolt einen Einschnitt zu markieren. Er vermerkt: man habe *die papistischen Ceremonien von Tag zu Tag fallen lassen, aber anno 1527 die Kirchen reformirt, die papistischen Mesz abgethon*[42]. An anderer Stelle schreibt er lakonisch: *die Kirchen zu Hall reformirt Anno Domini 1524*[43]. An Entscheidungen, die in diesem Jahr gefallen seien, führt er an: die Priester hätten ab diesem Jahr den Bodenschatz (eine Steuer auf eingelagerten Wein) geben müssen wie alle anderen Bürger auch; falls sie Besitz in der Stadt erwarben, hätten sie Bürger werden müssen; die Konkubinen seien ihnen verboten worden bzw. sie hätten ihre Lebensgefährtinnen ehelichen müssen. Der ehemalige Pfarrer Nikolaus Henckhelin sei aus der Stadt gewiesen worden, nachdem es wegen der Lehre von Johannes Brenz zu tätlichen Auseinandersetzungen mit dem Mesner auf dem Kirchhof gekommen war. Henckhelin wandte sich an das Reichskammergericht und verlangte, daß ihm die Rückkehr in die Stadt gestattet werde[44]. 1525 wurde ein weiterer Gegner von Brenz – der Pfarrer Georg Ulmer von Haßfelden – wegen Gotteslästerung in den Turm gelegt[45].

1524 hätten die Minoriten außerdem ihr Kloster *libere* dem Rat *resignirt*, d.h. übergeben[46]. Etliche der Mönche hätten Geld angenommen und sich nach Inhalt der evangelischen Lehre verheiratet, andere hätten Herrenpfründen im Spital (und zusätzlich Geld für Kleider) erhalten. Im Kloster sei eine Lateinschule eingerichtet worden; da die Lehrer vom Einkommen des Klosters besoldet worden seien, habe der Schulbesuch kein Schulgeld gekostet[47]. 1534 sei ein Teil des Klosters schließlich abgerissen worden[48].

In seinen drei erhaltenen Predigten zu den drei ersten Adventssonntagen des Jahres 1524 sprach Brenz dann über das Kommen des Königs Jesus, die durch Naturphänomene ausgelöste Weltuntergangsstimmung und

Johannes den Täufer, der den sich selbst lobenden Mönchen gegenübergestellt wird[49]. Also scheinen selbst zum Jahresende 1524 die Auseinandersetzungen mit den Mönchen noch nicht ganz vorüber gewesen zu sein, sofern man der Predigt einen lokalen Bezug unterstellt. Tatsächlich markiert das Jahr 1524 so wenig einen Einschnitt wie die früheren oder späteren Jahre. Noch war kein protestantisches Abendmahl gehalten worden, und bis zur Abschaffung der katholischen Messe sollte noch einige Zeit vergehen[50]. 1525 aber traten zunächst andere Probleme in den Vordergrund.

Brenz und der Bauernkrieg von 1525

Gründe des Bauernkriegs

Die Gründe des Bauernkriegs sucht die Forschung in verschiedenen Entwicklungen, die für die Bauernschaft insgesamt eine Verschlechterung ihrer Lage verursachten. Die Landbevölkerung wuchs, ohne daß sich die Erträge verbesserten; die Lebensverhältnisse des einzelnen verschlechterten sich[51]. Parallel dazu entwickelte sich allmählich der moderne Territorialstaat, der den Bauern ihre traditionelle Selbstverwaltung nahm und in alle Lebensbereiche regulierend eingriff. Die Steuern stiegen, verstärkt durch die Neigung auch des Haller Magistrats, einseitig die Landbevölkerung zu belasten[52]. Daneben läßt eine Analyse der bäuerlichen Beschwerden Probleme der Grundherrschaft und vor allem die „unchristliche" Leibeigenschaft als Krisenherde hervortreten[53]. Ein direkter Zusammenhang zwischen Reformation und Bauernkrieg wird weitgehend abgelehnt[54]. Zwar spielte die aus dem reformatorischen Gedankengut abgeleitete Idee des „göttlichen Rechts", mit der die Bauern das Evangelium als Basis für soziale und politische Forderungen nahmen, eine zentrale, mobilisierende Rolle[55]. Die Reformatoren lehnten dies aber fast einhellig als Mißbrauch und Verfälschung ab.

Der Bauernkrieg im Haller Territorium

Auch im hällischen Land herrschte schon im Winter 1524/25 Unruhe; man sagte, *es wurde khein gut thon,*

man hub dan ain Hauffen an[56]. Obwohl der Rat den Bauern versprechen ließ, sie würden erhalten, *was andere Baurn gewinnen,* wenn sie still blieben, brach am 1. April in der Braunsbacher Mühle *hinder dem Wein* der Aufstand aus. *Nachdem sie gnueg getrunckhen,* verbanden sich einige Bauern zur Bildung eines eigenen Haufens. Von Braunsbach aus besetzten sie zahlreiche Dörfer, nahmen die Pfarrer gefangen, brachten die Bauern zum Anschluß und holten sich Waffen aus den Kirch- und Landtürmen[57]. Am 3. April sammelten sich rund viertausend Mann auf der Weckriedener Heide, überzeugt, *die von Hall dörfften sich gegen so vil Baurn nit regen.* Der Rat hatte sich jedoch auf den Rat von Brenz hin – dieser meinte, *so man inen wilfare, werden sie mehr haben wöllen; man solle sich wehren, so starckh sie seyen*[58] – zum Widerstand entschlossen und rund 400 Bewaffnete an der Gottwollshäuser Steige postiert. Am Morgen des 4. April reichten einige blinde Kanonenschüsse dieses Trupps aus, um im überraschten Bauernhaufen eine Panik auszulösen und ihn zu zerstreuen[59].

Zwar unterwarf sich nun ein Teil der hällischen Bauernschaft, viele andere schlossen sich jedoch den Haufen der Nachbarschaft an. Unter anderem nahmen sie mit dem Neckartal-Odenwälder Haufen an der Belagerung des Würzburger Marienbergs oder mit dem Gaildorfer Haufen an der Verbrennung Lorchs und des Hohenstaufens teil. Der Rat verfolgte eine Hinhaltetaktik. Die Stadt selbst wurde militärisch abgesichert, nach außen verhielt man sich passiv und versuchte, die Bauern mit verbalen Zugeständnissen zu beschwichtigen. Geplante Angriffe der Aufständischen auf Hall unterblieben; Drohungen und Bitten brachten den Rat nicht zur Annahme der „Zwölf Artikel"[60].

Ende Mai 1525, als sich allgemein die Niederlage der Aufständischen abzeichnete, erzwangen die Haller mit Drohungen, aber ohne Gewaltanwendung die Unterwerfung ihrer Bauern; am 17. Juni erhielten sie von Kaiser Karl V. auch den Auftrag, *alle abgefallen und auffrurischen Paurschafften* der Nachbarschaft niederzuwerfen[61]. Die Reichsstadt wurde belohnt, weil sie sich im Gegensatz zu den Herren der Umgebung unbeugsam gezeigt hatte. Diese mußten sich in Hall dem Schwäbischen Bund unterwerfen und dulden, daß die Stadt in ihrem Territorium von den Bauern eine zur Strafe verhängte Schatzung einzog[62]. Wie damals üblich, wurden die Strafen gegen die „Aufrührer" im Hinblick auf abschreckende Exempel gefällt, weshalb teils mit großer Härte, teils mit demonstrativer Milde

37. Einige blinde Kanonenschüsse versetzten den hällischen Bauernhaufen am 4. April 1525 an der Gottwollshäuser Steige in Panik und zerstreuten ihn. Links unten das Weilertor, ganz rechts die fliehenden Bauern. Federzeichnung aus einer Haller Chronik.

verfahren wurde. Der Rat verhängte acht Todes- und acht Verstümmelungsurteile sowie 19 geringfügige Haftstrafen. Teils erhebliche Bußgelder und Verbote von „Wehr und Wirtshaus" kamen hinzu. Insgesamt waren die Folgen des Bauernkriegs für Stadt und Land weit geringer als in den meisten anderen Reichsstädten, nicht zuletzt, weil es keine nennenswerten Kämpfe und Strafaktionen gab und auch die sonst häufige innere Spaltung der Stadtgemeinde ausblieb.

Johannes Brenz und der Bauernkrieg

In einer an die Bauern gerichteten Predigt aus dem März 1525 äußert sich Brenz erstmals zu diesem Konflikt. Seine Auffassung von der Obrigkeit als Gottes Ordnung läßt ihn Auflehnung gegen diese kompromißlos ablehnen; wiewohl sie Unrecht tue, *so ist doch der Underthon schuldig zu leyden, wie unbillig im geschehe, will er christenlich oder götlich fahren.* Eine gerechte Obrigkeit bekomme

man nicht *mit Bochen, Auffrüren und Schwerdtzucken, sonder mit fleyssigem, ernstlichen Gebet gegen Gott und mit williger Gehorsam. Der Aufrührer tregt seyn Urtayl schon auf dem Rucken, nemlich das er mit dem Schwerdt soll zugrund geen*[63].

Von derselben Grundlage geht Brenz auch in seinem Gutachten über die „Zwölf Artikel"[64] aus, das er Anfang Juni 1525 für Kurfürst Ludwig von der Pfalz verfaßte[65]. Ansatzpunkt für deren grundsätzliche Ablehnung ist ihr Anspruch, die bäuerlichen Forderungen biblisch zu begründen. Wer die göttliche Herrschaft anerkenne, müsse aber auch der weltlichen Obrigkeit gehorsam sein, *nit wie der gemein Hauff schreyt, man wol kein Herrn mer haben, Got sey allein unser Herr*[66]. Christlich begründeter Aufruhr ist Gotteslästerung, der Aufständische ein eigennütziger Heide[67]. Auch die Herren werden ermahnt, denn *Unrecht leyden wurt gebotten einem Cristen. Aber Unrecht thon im verbotten.* Für Brenz ist der Bauernkrieg auch eine Folge obrigkeitlichen Fehlverhaltens, eine Strafe Gottes für die Mißachtung seiner Gebote[68]. Vom pragmatischen Standpunkt des Gemeinen Nutzens her hält er

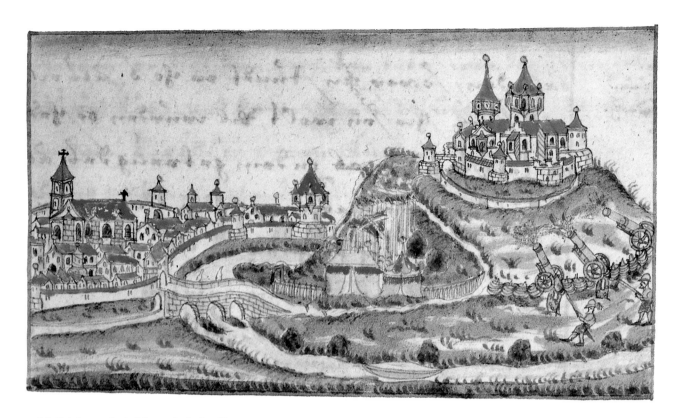

38. Bei dem verlustreich gescheiterten Sturm-
angriff auf den Würzburger Marienberg am 15.
Mai 1525 fielen rund 20 hällische Bauern, die
sich dem vereinigten Bauernheer angeschlos-
sen hatten. Federzeichnung aus einer Haller
Chronik.

39. Todesurteil gegen vier Teilnehmer des
Bauernkriegs vom 23. Juni 1525. Johannes
Brenz hatte eine Amnestie für alle „Aufrüh-
rer" gefordert.

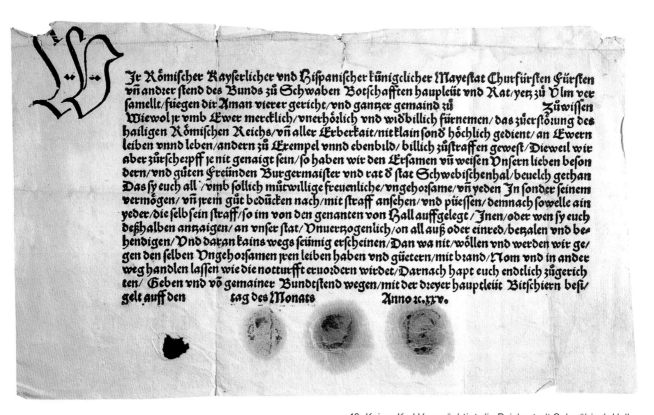

Ir Römischer Kayserlicher vnd Hispanischer künigclicher Mayestat Churfürsten Fürsten
vñ andrer stend des Bunds zü Schwaben Botschafften haupleüt vnd Rat/yetz zü Ulm ver
samellt/fügen dir Aman vierer gericht/vnd gantzer gemaind zü   Zü wissen
Wiewol ir vmb Ewer mercklich/vnerhörlich vnd widbillich fürnemen/das zü zerstörung des
hailigen Römischen Reichs/vñ aller Erberkait/nit klain sond höchlich gedient/an Ewern
leiben vnnd leben/andern zü Exempel vnnd ebenbild/billich zü straffen gewest/Dieweil wir
aber zü scherpff ie nit genaigt sein/so haben wir den Ersamen vñ weisen Vnsern lieben beson
dern/vnd güten Freünden Burgermaister vnd rat d stat Schwebischenhal/beuelch gethan
Das sy euch all /vmb sollich mütwillige freuenliche/vngehorsame/vñ yeden In sonder seinem
vermögen/vñ irem güt bedücken nach/mit straff ansehen/vnd püessen/demnach sowelle ain
yeder/die selb sein straff/so im von den genanten von Hall auffgelegt/Jnen/oder wen sy euch
deßhalben anzaigen/an vnser stat/Vnuerzogenlich/on all auß oder einred/bezalen vnd be-
hendigen/Vnd daran kains wegs seümig erscheinen/Dan wa nit/wöllen vnd werden wir gegen den selben Vngehorsamen iren leiben haben vnd güetern/mit brand/Nom vnd in ander
weg handlen lassen wie die notturfft eruordern wirdet/Darnach hapt euch endlich zü gerich
ten/ Geben vnd võ gemainer Bundtstend wegen/mit der dreyer haupleüt Bitschiern besi
gelt auff den   tag des Monats   Anno ꝛc. xxv.

40. Kaiser Karl V. ermächtigt die Reichsstadt Schwäbisch Hall
zum Einzug einer Strafsteuer bei den Bauern der Umgebung.
Johannes Brenz kritisierte diese „Schatzungen" scharf.

die bäuerlichen Forderungen in einigen Punkten jedoch für berechtigt. Unter anderem befürwortet er eine Beteiligung der Gemeinde an der Pfarrerwahl, Verbesserungen beim Zehnteinzug oder die Abschaffung des Hauptrechts, allerdings als freiwillige Gnade der Obrigkeit, nicht als einklagbares Recht der Untertanen.

Ebenso entschieden, wie er sich gegen den Aufstand wandte, tritt Brenz für Milde gegenüber den Bauern ein; in diesem Sinne ist seine im Juni 1525 entstandene *Ermanung* an den Haller Rat gehalten. *Ohn Forcht des strengen Urtail Gottis* darf er den Bauern nicht Gleiches mit Gleichem vergelten[69]. Die Unbeugsamkeit gegenüber dem Aufruhr war richtig. Nun aber *muß all Unbarmhertzikait auß sein.* Wenn *die Oberkait nit allain in die vorigen Beswerd kein Einsehens thue, sonder mer Straff und Plag den Underthonen aufleg,* werde es zuletzt *uber irn aigen Halß geraten.* Der Rat solle als Zeichen des Dankes gegen Gott Milde zeigen und die Übeltäter begnadigen. Nicht die Untertanen allein haben gesündigt; *die Oberkait ligt auch zum Tail fast in disem Spital kranck, sie hat auch nit alweg Seyden gespunen*[70]. In allgemeinerer Form, an die Adresse des deutschen Adels, wiederholt Brenz diese Ermahnungen in der bekannten Schrift *Von Milterung der Fürsten gegen den auffrurischen Bauren* und übt vorsichtig Kritik an Luthers berüchtigter Polemik *Wider die Mordischen und Reubischen Rotten der Bauren*[71].

Es ist fraglich, ob Brenz den Rat nennenswert beeinflussen konnte. Die von ihm geforderte Amnestie unterblieb; mehrfach sah er sich genötigt, gegen weitere Schatzungen zu intervenieren, die den Bauern auferlegt werden sollten. Hierbei argumentiert er nicht nur theologisch, sondern weist auch auf die volkswirtschaftlichen Schäden durch übermäßige Besteuerung hin. *Wen straft man darmit? Niemands anders dan die Stat;* die Bauern können weniger Geld ausgeben und müssen höhere Preise verlangen. Stadt und Bürgerschaft schädigen sich so selbst. Der Gemeine Nutzen erlaube, die Schafe zu scheren, nicht aber, *die Haudt abziehen. Sie seyen schon geschorn; was man darüber thut, das ist Schinden*[72]. Die Enttäuschung, die aus seiner 1526 mit ätzender Schärfe formulierten *Ermanung und Warnung* spricht, läßt vermuten, daß man seine Einwände nicht berücksichtigt hat; die Ratsherren scheint die Drohung, daß durch die Schatzungen ihrer *Selen Nachtail und Verderpnus, auch gemeins Nutz ... großer Schaden entstee*[73], wenig beeindruckt zu haben.

1 StadtA Schwäb. Hall DekA 14, S. 1; vgl. auch ebd., S. 242 (Leichenrede auf Johannes Brenz in St. Michael am 24. 9. 1570).
2 StadtA Schwäb. Hall DekA 14, S. 1.
3 StadtA Schwäb. Hall DekA 14, S. 1.
4 StadtA Schwäb. Hall DekA 14, S. 1f.
5 Bemerkenswert sind Stiftungen von Bürgerinnen und Bürgern zugunsten des Kirchenbaus: s. z.B. das Testament des Jörg Gockenbach und seiner Frau Margarethe Sterklin zu Untermünkheim: StadtA Schwäb. Hall 6/5.
6 Rücklin-Teuscher S. 151.
7 Rücklin-Teuscher S. 34f.
8 Brenneisen war laut Herolt gleichzeitig Pfarrer von St. Michael. Nachfolger Brenneisens in der Pfarrei wurde nach derselben Quelle Hans Dolch – nach einem kurzen Zwischenspiel Niclaus Henkens, der dann mit einer Pfründe in der Schuppachkirche abgefunden wurde. (Herolt-Chronik S. 109f).
9 Georg Lenckner, Zur Geschichte des Predigtamts in Hall. In: WFr 46 (1962) S. 54f; vgl. a. StadtA Schwäb. Hall 6/12 (Testament der Katharina Wetzel, 1519, das von Baur mitbezeugt wird). S. Wunder, Haller Rat und Johannes Brenz, S. 56.
10 Auswertung der Beetliste diesen Jahres.
11 Rücklin-Teuscher S. 10f, 138f.
12 Rücklin-Teuscher S. 17f. Herolt-Chronik S. 108-109.
13 Wunder, Haller Rat und Johannes Brenz, S. 56f. Zur Zwietracht s.a. Gerd Wunder, Die Haller Ratsverstörung von 1509 bis 1512. In: WFr NF 30 (1955) S. 57-68; Widman-Chronik S. 102.
14 Wunder, Haller Rat und Johannes Brenz, S. 57f.
15 Die Schöntaler Kapelle besaß z.B. Ablaßbriefe von 1407 und 1408: StadtA Schwäb. Hall 5/652, die Schuppachkapelle einen von um 1500 und einen von 1511: StadtA Schwäb. Hall 17/492 und 17/555.
16 StadtA Schwäb. Hall 6/3. Vgl. Widman-Chronik S. 214; Herolt-Chronik S. 75; Gmelin S. 327; Haußer, Die Marien- oder Schuppachkirche in Hall. In: WFr 8,2 (1869) S. 323f.
17 StadtA Schwäb. Hall 6/1.
18 StadtA Schwäb. Hall 6/2.
19 StadtA Schwäb. Hall 6/4.
20 Urkunden St. Michael Nr. 13 v. 4. Juli 1510.
21 StadtA Schwäb. Hall 6/5.
22 StadtA Schwäb. Hall 6/6.
23 StadtA Schwäb. Hall 6/7.
24 StadtA Schwäb. Hall 6/8, 6/9, 6/8 1/2. Anna Bender stiftete den Beginen ein Altartuch (zusätzlich zu gleichartigen Stiftungen nach St. Michael und in die Pfarrkirche von Gundelsheim).
25 StadtA Schwäb. Hall 6/13.
26 StadtA Schwäb. Hall 6/12.
27 Mutter des Beginenhauses 1518 war Anna Krieglerin (Urkunde Elbel Nr. 5). Vgl. StadtA Schwäb. Hall 4/139, fol. 599V-R.
28 StadtA Schwäb. Hall 6/10 (Eberhard Teufel und seine Frau), 6/11 (Barbara Müller), 6/15 (Michel Hußer).
29 Urkunden des Historischen Vereins H 10, 25. 10. 1524; Urkunden des Historischen Vereins H 9, 21. 4. 1520. Weihe durch Johannes, Bischof von Nikopolis, Generalvikar des Bischofs von Würzburg. Die Urkunde lautet aber auf einen Altar zu Ehren der Jungfrau Maria, aller Heiligen und des Hl. Stephan, nur laut Beilage Weiheurkunde des Dreikönigsaltars. Eduard Krüger, Schriftdenkmale am Michaels-Münster zu Schwäbisch Hall. In: Wfr 47 (1963) S. 63; Gerd Wunder, Personendenkmale der Michaelskirche in Schwäbisch Hall, Schwäbisch Hall 1987, S. 41.
30 StadtA Schwäb. Hall 4/490, fol. 140V.

31 StadtA Schwäb. Hall 4/490, fol. 140V-141R.

32 StadtA Schwäb. Hall 4/490, fol. 40V-41V, s.a. fol. 289V-295R. S.a. StadtA Schwäb. Hall 5/602 (Abschrift).

33 StadtA Schwäb. Hall 4/490, fol. 301V-R. Seit 1486 hatte der reichsstädtische Rat das Recht, die Kirchenpfleger in allen ihm untergebenen Orten einzusetzen und die Vogtei über alle Güter, Hintersassen und Eigenleute der Geistlichen und der kirchlichen Institute in der Stadt; Rücklin-Teuscher S. 23.

34 Wunder, Haller Rat und Johannes Brenz, S. 56, 58.

35 StadtA Schwäb. Hall 4/490, fol. 51V-R.

36 Brenz, Frühschriften 1, S. 4-15.

37 *Ain Sermon von den hailigen, gepredigt zuo Schwebischen Hall durch Johannem Brentz, an sant Jacobstag 1523*, ohne Paginierung; Köhler 1.

38 Primiz = die erste Messe, die ein Priester nach seiner Weihe mit der Gemeinde feiert. Die Primiz wird als eine Art geistlicher Hochzeit aufgefaßt (Lexikon für Theologie und Kirche, Bd. 8, Freiburg[2] 1963, Sp. 765).

39 Wunder, Haller Rat und Johannes Brenz, S. 59; Friedrich Wilhelm Kantzenbach, Johannes Brenz. Der Prediger von Schwäbisch Hall und Reformator in Württemberg. In: Wfr 46 (1962) S. 67.

40 Brenz, Frühschriften 1, S. 15-22.

41 Brenz, Frühschriften 1, S. 15, Zitate S. 21 und 22.

42 Herolt-Chronik S. 189.

43 Herolt-Chronik S. 110.

44 Herolt-Chronik S. 114. Zu Henckhelin s. ebd., S. 109 (ursprünglich Pfarrer zu St. Michael, dann Pfründner in der Schuppach; habe *ein bösz unnütz Maul, trüg Lügen hin und her*).

45 Herolt-Chronik S. 114-116. Vgl. zu beiden Fällen ein Brenz-Gutachten über die Bestrafung eines Priesters und Pfarrers, der sich der Gotteslästerung schuldig gemacht hatte, bei Walther Köhler, Brentiana und andere Reformatoria IV. In: Archiv für Reformationsgeschichte 11 (1914) S. 280-282.

46 Herolt-Chronik S. 43.

47 Herolt-Chronik S. 43f. 1525 wurden zunächst fremde Landsknechte im Kloster einquartiert (Stadtschreiber Herman Hoffmans Bauernkrieg um Schwäbisch Hall. In: Herolt-Chronik S. 324); dann wurde die Haller Beute aus dem Bauernkrieg im Barfüßerkloster zwischengelagert: Herolt-Chronik S. 214. Erster Lehrer der *jungen München* wurde Johannes Waltz, der sich im Bauernkrieg auf seiten der Bauern engagierte, aber von Brenz den Herren von Gemmingen empfohlen wurde (Herolt-Chronik S. 199).

48 Herolt-Chronik S. 43f, 141f, 255. 1533 wurde die Küche des Klosters zur Vorbereitung für die Fastnachtsfeierlichkeiten mit den Grafen von Hohenlohe genutzt: Herolt-Chronik S. 254. S. zum Abbruch a. den Bericht bei Widman-Chronik S. 370-372.

49 Brenz, Frühschriften 1, S. 23.

50 Aus den Jahren 1524-1526 stammt die *Underrichtung der zwispaltigen Artickel cristenlichs Glaubens*, in der sich Brenz mit der katholischen Lehre auseinandersetzt und vieles vorwegnimmt, was sich 1526/1527 im Gutachten zur Kirchenordnung wiederfindet. S. Brenz, Frühschriften 1, S. 55-111.

51 Peter Blickle, Unruhen in der ständischen Gesellschaft 1300-1800 (Enzyklopädie deutscher Geschichte 1) München 1988, S. 31.

52 Dieter Kreil, Der Stadthaushalt von Schwäbisch Hall im 15./16. Jahrhundert. Eine finanzpolitische Untersuchung (Forschungen aus Württembergisch Franken 1) Schwäbisch Hall 1967, S. 170-172. Die Stadtbevölkerung wurde bei Schatzungen entweder gar nicht oder geringer belastet.

53 Peter Blickle, Die Revolution von 1525, München/Wien[2] 1981, S. 23-24 u. 39ff.

54 Horst Rabe, Deutsche Geschichte 1500-1600. Das Jahrhundert der Glaubensspaltung, München 1991, S. 287.

55 Blickle, Unruhen (wie Anm. 51) S. 28ff.

56 StadtA Schwäb. Hall 4/478, fol. 32V: Urfehde Veit Lang.

57 Herolt-Chronik S. 200-203.

58 Herolt-Chronik S. 203-204.

59 Stadtschreiber Herman Hoffmans Bauernkrieg um Schwäbisch Hall. In: Herolt-Chronik S. 284; Herolt-Chronik S. 205.

60 Herolt-Chronik S. 211; Hoffman. In: Herolt-Chronik S. 303-305, 309.

61 Staatsarchiv Ludwigsburg (StAL) B 114, Bü 1660-12.

62 Hoffman. In: Herolt-Chronik S. 327ff, 346-349. Mit Schatzung ist eine fallweise verordnete, nicht regelmäßige Steuer gemeint.

63 Brenz, Frühschriften 1, S. 129.

64 Die in Memmingen entstandenen „Zwölf Artikel" wurden überregional aufgegriffen und gewannen als Artikulierung bäuerlicher Forderungen zentrale Bedeutung. Vgl. Blickle, Revolution (wie Anm. 53) S. 90ff.

65 Brenz, Frühschriften 1, S. 132-174; Frédéric Hartweg, Die Schriftbeweise der „Zwölf Artikel" der Bauernschaft und ihre Widerlegung durch Johann Brenz. In: Siegfried Hoyer (Hg.), Reform, Reformation, Revolution, Leipzig 1980, S. 193-211.

66 Brenz, Frühschriften 1, S. 143.

67 Ebd., S. 143.

68 Ebd., S. 172-173.

69 Ebd., S. 176

70 Ebd., S. 178-179.

71 Ebd., S. 180-187. Brenz hat die Anfang Juni 1525 entstandene Schrift dem ihm eng verbundenen Kraichgauer Adligen Dietrich von Gemmingen gewidmet.

72 Ebd., S. 191.

73 Ebd., S. 193.

4 *Die Ordnung der evangelischen Kirche in Hall*

Das Projekt einer Kirchenordnung: Glauben und Lieben

Der Abschluß des Reichstages von Speyer 1526, in dem jedem Reichsstand anheimgestellt wurde, sich in den Fragen, die vom Wormser Edikt betroffen waren, so zu verhalten, wie er es gegen Gott und Kaiser verantworten könne, lieferte die Begründung für den Eingriff der Reichsstände in kirchliche Angelegenheiten. Diese Ermächtigung schloß sowohl die Abschaffung der im Widerstreit zum Evangelium stehenden Einrichtungen wie die Begründung neuer Institutionen und Ordnungen ein[1].

Die neuen Glaubensgrundsätze erforderten eine Neuausrichtung des Verhältnisses von weltlicher und geistlicher Macht und der Beziehung von Obrigkeit und Untertanen. Untertanen waren ja auch christliche Mitbrüder, für deren *Seelseligkeit* ihre Amtsoberen Sorge zu tragen hatten. In der Vorrede zu seinem Reformationsgutachten von Ende 1526 oder Anfang 1527 erläuterte Johannes Brenz seine Vorstellungen: *So sein allein zwey Ding und wesenlich Stuck gotlichs Dinsts einem igklichen Cristen notig, nemlich Glauben und Lieben. Glauben gegen Got, Liben gegen dem Nechsten. Die zwey Stuck sein also nottig zur Selseligkeit, das ain Crist schuldig ist, sie zu halten, wan er mitten in der Turckey wonete. Aber dieweyl Got unser Seligmacher den Cristen ein solch Gnade bewißen, das sie aigen Land, Stet und Flecken in weltlichen Gewalt inhaben unnd besitzen, so ist die Oberkait als cristenliche Glider und Mitgenoßen der Kindtschafft Gottes bey ir Selseligkeit und Ampts halben zu furdern schuldig, antzurichten, zu ordnnen irn Underthonen (weltlichem Gewalt nach) und irn Mitbrudern Cristo nach, dan sie auch der ewigen Miterben mit inen sein zu Gut und Fromen alles, was Cristus in einer cristenlichen Versamlung offentlich zuthon bevolhen*[2].
Drei Dinge versammelten die Christen: die Predigt, die Taufe und das Abendmahl[3].

▥ **Predigt: Einformig cristenlich Predig**

Es gebe nichts *Heiligeres, Erbaulicheres, Friedsameres und Fruchtbares* als die Predigt des *reinen und lauteren* Wortes Gottes. Entsprechend schwerwiegend seien die Nachteile, wenn es mit *Unverstand* und *menschlichem Zusatz* verkündet werde. Zu allererst müsse deshalb für eine solche Predigt in allen Kirchen der Landschaft gesorgt werden, damit die armen irrigen Gewissen allein aus dem Wort Gottes unterrichtet werden könnten und auf ihre Irrtümer hingewiesen würden. Allerdings sei für die Einhelligkeit solcher Predigten zu sorgen, denn zweisinnige Predigten machten Sekten, und Sekten stifteten Unfrieden (*Zank und Hader*)[4].

41. Die Predigt war das Kernstück des Gottesdienstes nach der Reformation, wie hier auf dem Titelblatt eines Druckes der Brenzschen Katechismus-Erklärung (Wittenberg 1570) zu sehen.

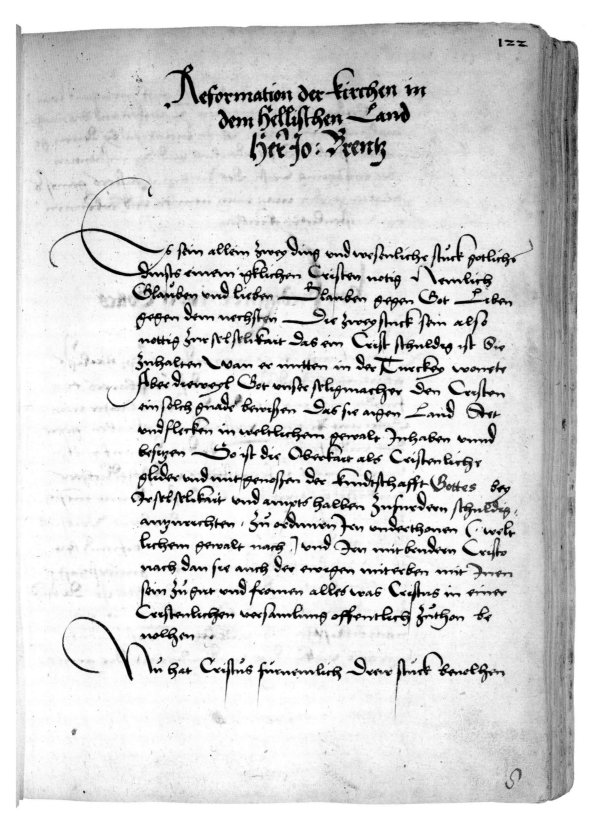

Reformation der kirchen in dem Hellischen Land
Her Jo: Brentz

Es sein allein zwey ding vnd vorneme stuck zu Gotlichem
dienste einem yeglichen Cristen notig Nemlich
Glauben vnd liebe Glauben gegen Got Liebe
gegen dem nechsten Die zwey stuck sein also
notig zur seligkait das ein Crist schuldig ist Sie
zuhalten Wann er mitten in der Turckey wonet
Aber dieweyl Got vnder seligmacher den Cristen
ain sölch gnade beweisen Das sie aigen Land Stat
vnd flecken in weltlichem gewalt Inhaben vnnd
besetzen So ist die Oberkait als Cristen kirchen
glider vnd mitgenossen der kindschafft Gottes by
Jrer seligkait vnd ampts halben Jnsonders schuldig
anzurichten Zu ordinen Jren vnderthanen (weltlichem gewalt nach) vnd Jren mitkindten Cristo
nach dan sie auch der ewigen miterben mit Jnen
sein Zu gut vnd frumen alles was Cristus in einer
Cristenkirchen versamlung offentlich Zuthon bevolhen ...

Nu hat Cristus fürnemlich Drey stuck bevolhen

42. *Reformation der Kirchen in dem Hellischen Land von*
Johannes Brenz, 1526/1527: erste Seite.

Kein Kinderwerck und Spil: die Taufe

Die Taufe sei bislang für ein *Kinderwerck und Spil* gehalten worden. Sie sei aber eine überaus ernste Angelegenheit. Zwar sei es richtig, daß jede Person zu jeder Zeit und an jedem Ort getauft werden und taufen könne, aber wenn keine Notlage vorhanden sei, solle doch die Ordnung eingehalten werden. Die Taufe solle nicht in der Heimlichkeit vollzogen werden, sondern, wenn keine Gefahr bestünde, möglichst auf den nächsten Feiertag verschoben werden, damit das allgemeine christliche Gebet, das zugunsten des Kindes stattfinde, *stattlicher* vollbracht werden könne. Die Taufsprache solle deutsch sein, denn das Lateinische werde ja nicht von allen verstanden[5].

43. Abendmahlskelch aus St. Michael. Er wurde 1516 von Kilian Kempfenagel, Vikar des Domstifts Würzburg und Kaplan am Dreikönigsaltar der Michaelskirche, gestiftet.

Abendmahl und Gottesdienst: die Ehre Gottes

Aus dem Abendmahl sei bisher fast eine Abgötterei gemacht worden, durch die Opferung für die Toten und die Lebenden, durch Anbeten und durch „Suchen" von etwas in der Messe, was doch allein in Gottes Wort gesucht werde könne. Jede christliche Obrigkeit sei deshalb gehalten, dem Zorn Gottes durch die Abschaffung des lästerlichen Gebrauchs der Messe zu begegnen: *Darmit nit die entpfangne Gnad, von Got in dem vergangnen bewerischen Krieg dem hellischen Land, Statt und Oberkait gnediglich bewissen, verschut wurde und auff das nit solch Undanckberkait in unachtsamer Furderung gotlicher Ere und Geduldung offentlicher erkantner Gotslesterung fur andere grossern Zorn Gottes mit Zweyhungen und Verderbung Land und Lewt erwecke*[6]. Gott belohne diejenigen, die um die Rettung seiner Ehre eifrig bemüht waren, er räche sich dagegen an denen, die seiner Ehre durch eigene menschliche Satzungen Abbruch getan haben[7]. *Es wil wol gar nahe der groß Hauff im teutschen Land nit glauben, was greulichen Zorn der Herr über das gantz Landt des erschrockenlichen Missbrauchs der Messen halben entpfangen habe, aber die zukünfftig Straff wurt es ydermann leren*[8]. Für die Obrigkeit stelle sich allerdings die Alternative zwischen dem Zorn des Kaisers, der noch *nit bericht ist, was Grawes hinter der romischen Meß steck,* und dem Gottes, der sie mitsamt ihren Untertanen der Gefahr der ewigen Verdammnis aussetze[9].

Die Reichsstädte genössen nun aber Privilegien, die es ihnen ermöglichen, das, was zum Frieden ihrer Untertanen und zu *guter Pollicey* dient, anzuordnen. So hielt es die Stadt Schwäbisch Hall für nötig, *in irer Underthon Kirchen den Gotzdienst, dem hailigen Wort Gottes gemeß, dem Gebrauch der ersten christenlichen Kirchen enlich, zu ordiniren, zu vergonnen, darmit dem Zorn Gottes gewert und gute burgerliche Pollicey durch Gnad Gottes erhalten wurde*[10]. Der seitherige Gottesdienst sei nicht vom Kaiser eingeführt oder bestätigt worden, sondern im Laufe der Zeit entstanden. Die Stadt Schwäbisch Hall begehe also keinen Ungehorsam dem Kaiser gegenüber, wenn sie ihn verändere.

Nach Klärung dieser grundsätzlichen Fragen macht Brenz Vorschläge für die Abhaltung des Gottesdienstes, insbesondere die Einbeziehung der Gemeinde und der Schüler. Der Gottesdienst solle wie folgt eingerichtet werden: Nach der Predigt singt zunächst der Schulmeister mit seinen Schülern und Helfern einen lateinischen Psalm. Das Latei-

44. „Versehkästchen", das Johannes Brenz bei Kranken-
besuchen benutzte und in dem Hostien und ein Kelch
verwahrt wurden. Dem Behältnis sind verschiedene hand-
schriftliche liturgische Texte (u.a. die Zehn Gebote, das
Glaubensbekenntnis und das Vaterunser) beigebunden.

nische sei die Basis zum Verständnis der Heiligen Schrift, und auch die Schüler müßten sich darin üben. Es solle also nicht aus dem Gottesdienst verschwinden. Danach intoniert die ganze Gemeinde kniend das *Kyrie leyson*, wobei das Knien nur die Disziplin und Ordnung zum Ausdruck bringen solle (und nicht eine besondere Reverenz Gott gegenüber). Darauf folgt das Gloria, wobei Brenz hoffte, daß die Gemeinde mit der Zeit deutsche Psalmen singen lernen werde. Es schließen sich die Gebete an, auf die ein lateinisch gesungenes Evangelium folgt, das anschließend der Gemeinde deutsch vorgelesen wird. Zum Abschluß intoniert der Chor das Credo und das Patrem, die Gemeinde den *Glauben*. Dieser Ablauf sei nur die Einleitung zum Abendmahl und kein göttliches Gebot. Er könne jederzeit verändert werden. Es folgt das Abendmahl (Frucht und Nutzung des Todes Christi – Sündenbekenntnis – Dankgebet – Segnen von Brot und Wein durch Diakon oder Pfarrer – Austeilen des Sakraments, unter

dem der Chor lateinisch, die „Kirch", d.h. die Gemeinde, deutsch singen soll – Ermahnung der Gemeinde – Chor singt: Grates nunc omnes reddamus Domino – Segen)[11]. Einige weitere Bemerkungen zeigen die Lebensnähe von Brenz: Die bisherigen Nachmittagsgottesdienste seien immer genau zu der Zeit abgehalten worden, zu der die Leute ihren Mittagsschlaf hielten. Deshalb seien auch mehr Leute in der Predigt schlafend als wach gefunden worden. Im Sommer laufe außerdem einer dem Schießen, der andere dem Garten zu. Diese Predigt solle deshalb besser auf den Abend verschoben werden, was den Nebeneffekt habe, daß die Bürger nicht mehr beim Wein sitzen könnten und ihr Hab und Gut verschwendeten[12].

45. Armut aufgrund von Krankheit, Arbeitslosigkeit und Mißernten war auch für die Reformatoren ein Problem. Die Einrichtung von Armenkästen sollte gegensteuern. Holzschnitt von Hans Weidlitz.

Feiertage, Strafen und Armenfürsorge

Außer Predigt, Taufe und Abendmahl waren für ein evangelisches Kirchenwesen eine Reihe weiterer Neuerungen durchzuführen, die den Bruch mit der alten Kirche deutlich markieren sollten. So gebe es bei den Christen keinen von Gott gebotenen Feiertag wie den Sabbat bei den Juden, denn das Leben der Christen sei von der Taufe an ein einziger ewiger Feiertag, an dem kein unrechtes Geschäft vollbracht werden dürfe. In einer christlichen Versammlung sollen aber zur *eusserlichen Noturft* und gemäß der natürlichen Vernunft Feiertage eingehalten werden. An diesen solle jeder die Möglichkeit haben, sich von seiner Arbeit zu lösen, Gottes Wort zu hören, zum Abendmahl zu gehen und körperliche Ruhe zu genießen. Brenz schlug die Beibehaltung folgender Feiertage vor: alle Sonntage, alle Aposteltage, Weihnachten einschließlich des St. Stefanstages, Neujahr, Hl. Dreikönige, Lichtmeß (2. Februar), Mariae Verkündigung (25. März), Ostern samt Ostermontag, Himmelfahrt, Pfingsten samt Pfingstmontag, Johan-

nes der Täufer (24. Juni), Heimsuchung Mariae (2. Juli), Maria Magdalena (22. Juli). Diese Feiertage aber seien kein Gebot Gottes, sondern könnten nach Willen der Obrigkeit verändert werden[13]. Fronleichnam solle durch ein Erntedankfest abgelöst werden[14].

Da sich voraussichtlich nicht alle Haller freiwillig an die neuen Grundsätze halten würden, blieb die Bestrafung von Übeltätern zu bedenken. *Ein weltlich Oberkait, sie sey haidnisch oder cristenlich, ist ein Gots Ordnung, zur Straff der Bossen und Furderung der Guten eingesetzt, auff das ein erberlich burgerlich und fridlich Wesen ausswendig gefurt und nit der Gut von dem Bossen uberlangt wurde. Darumb erfordert das Ampt der selbigen Oberkait irm billichen Gesatz nach die Ubelteter, Uffrurer, Morder, Rauber, Dieb, Ebrecher, Gotzlesterer, Leudtschender, Mainaidig etc. zu straffen*[15]. Die Obrigkeit strafe allerdings nicht alle Delikte gleichmäßig. So würden die Schwängerer von Jungfrauen, die Ehebrecher, die Gotteslästerer, die Trunkenbolde, die Spieler, Hurer, Wucherer oder Neider nur mit geringen Strafen belegt, da durch diese Delikte kein gemeiner Unfriede entstehe. Es wäre also wünschenswert, daß die Obrigkeit zu Pfarrer und Prediger einige redliche Personen aus der Bürgerschaft verordne, wie es bisher schon bei Ehesachen geschehen sei, und diese beauftrage, die Unchristen zu ermahnen: *Es wurde darumb auss der Stat kein Closter, sonder ein zuchtige Burgerschafft*[16].

Zwar litten die Armen in Schwäbisch Hall keine Not, da es das Spital, das Siechenhaus und das Reichalmosen gebe, aber dennoch werde von Zeit zu Zeit eine Kindbetterin gefunden, die von nirgendwoher Hilfe bekomme, und es kämen fremde Arme nach Hall, die unterstützt werden müßten. Hierfür schlug Johannes Brenz nach Nürnberger Vorbild die Einrichtung eines Armenkastens vor, zu dessen Gunsten nach der Predigt gesammelt werden solle. Auch die Aussteuer von armen Töchtern oder von redlichen Handwerksgesellen solle von diesem Fonds übernommen werden. Nach Wegfall der Priesterpfründen und anderer Stiftungen könne deren Kapital dem Armenkasten zugute kommen[17].

Die Abstellung von Mißbräuchen

Bislang habe man für die Toten Vigilien und Messen gehalten, was nur scheinbar in den Gebräuchen der frühen Kirche begründet sei. Damals sei die Totenwache nur ein Zeichen der Liebe dem Verstorbenen gegenüber gewesen, erst später sei sie als nötig zu seiner Erlösung aus dem Fegefeuer interpretiert worden. Auch die Reichung des Abendmahls habe mit dem Totengedenken nichts zu tun. In Zukunft solle die christliche Gemeinde die Toten zur letzten Ruhestätte begleiten – wie es auch die bürgerliche Nachbarschaft erfordere, anstatt Vigilien oder *Selmessen* zu finanzieren[18].

Auch gebe es noch immer einige Priester, die die Messe läsen und weder göttlichen Weisungen noch Ratschlägen folgten. Da die Obrigkeit es nicht tolerieren könne, daß ein solches den Zorn Gottes erregendes Ärgernis fortbestehe, sie auf der anderen Seite aber niemand mit Gewalt von seinem Glauben drängen und seiner *zeitlichen Nahrung* berauben solle, könne sie die Meßpriester vorladen, ihnen bedeuten, daß die Messe Gottes Zorn über die Gemeinde heraufbeschwören werde, und bitten, daß sie auf das Messelesen verzichten sollten. Ihre Pfründen sollten ihnen auf jeden Fall bleiben, gleichgültig, ob sie Messe läsen

oder damit aufhörten. *Denn es ist vil cristenlicher, solich Lewt mit Guthat zu glauben dem Wort Gottes zu locken und reytzen, dan mit Ubelthat ye mer und mer abschreken*[19].

Die Pfarreien auf dem Land

Da die Stadt die Obrigkeit über zahlreiche Dörfer und Flecken habe, dürfe sie sich nicht nur auf die Kirchen in der Stadt konzentrieren, sondern müsse auch die Landpfarreien berücksichtigen. Bislang sei zu beklagen, wie sehr die Obrigkeit auf einen guten Hauptmann oder Schultheiß, auch auf redliche Heiligenpfleger achte, sich aber nicht um Pfarrer und Seelsorger kümmere. *Man findet wol Herschaften so by irn Underthonen solich Pfarrer gedulden, denen sie schwerlich die Schwein zu huten oder sunst das geringst Ampt vertrawten, und vertrawen inen doch die Selen der Underthon*[20]. Daraus folge doch wohl, daß man die Bauern geringer achte als die Säue. Deshalb strafe Gott hin und wieder die Obrigkeit an den Bauern. Solange sie den materiellen Nutzen von den Bauern hätten, scheine es vielen Obrigkeiten gleichgültig, ob der Teufel die Bauern hole oder nicht. Damit nicht auch die Stadt Schwäbisch Hall in einen solchen Ruf gerate, sei es nötig, sich die Patronate der Pfarreien, die bei fremden Herrschaften liegen, zu sichern (das würde es zugleich erleichtern, Bürger oder Landeskinder, die man in der Schule aufgezogen habe, mit solchen Pfarreien zu versorgen). Auch wenn dies Kosten verursache, komme es der Stadt und dem Land doch langfristig zugute. Auch wenn die Patronate nicht von der Stadt erworben werden könnten, könne sie die Pfarrer beschicken und ihnen befehlen, ab sofort nichts als das heilige, lautere, klare Evangelium zu predigen, wie es auch der vor einem Jahr in Speyer gehaltene Städtetag verordnet habe[21].

Der Gottesdienst in den Landpfarreien könne natürlich nicht so ausgestaltet werden wie der in St. Michael – aus Mangel an Schülern und Helfern, aber man könne sich an die Formen anlehnen, in denen er in St. Katharina ablaufe. *Es wurt nit vil Not mit denselbigen bedorffen, wan nur die Hauptpfar zu St. Michel recht vorordnet wurd*[22].

46. *Johanniterkirche und Henkersbrücke, ca. 1950 – 1955.*
In der Johanniterkirche wurde bis 1534 Messe gelesen.

Gesamtwertung der Kirchenordnung

Wieviel von diesen Vorschlägen umgesetzt wurde, läßt sich nicht sagen. An Weihnachten 1526 feierte Brenz das erste Abendmahl mit der Gemeinde[23]. Die Messe in den beiden Kirchen, die dem Patronat des Rates unterstanden, also St. Michael und St. Katharina[24], wurde wohl 1527 abgeschafft[25]. In St. Johann und der Schuppachkirche dagegen wurde bis 1534 Messe gelesen, bis der Rat den *Pfaffen* dieses verboten und die Kirche zugeschlossen habe. Vorher allerdings seien viele von den alten Geschlechtern und auch sonst etliche aus der Stadt hinaus nach St. Johann zur Messe gegangen[26]. Besetzt wurde die Pfarrei St. Johann aber erst 1543, nachdem sich in den Jahren zuvor der Johanniterkomtur hartnäckig geweigert hatte, einen Pfarrer einzusetzen[27]. Erster Pfarrer wurde Jacob Gräter[28]. In der Schuppachkirche erhielt 1548 der Sohn des Schulmeisters Sebastian Coccyus eine Pfründe, die ihm von Comburg verliehen wurde[29].

Das Vorgehen des Rates bei der Reformierung dieser beiden Kirchen zeigt, wie vorsichtig er agierte, wenn er mit Widerstand auswärtiger Herrschaften rechnen mußte. Der Stadtschreiber wurde nach Nürnberg geschickt, um dort den Rat einzuholen, wie man bei der beabsichtigten Abschaffung der Messe in St. Johann und der Schuppach verfahren könne: *dieweill geliche zwispeltige Leer und Sisma in ainer Comun nit zu leiden, dan aus demselbigen Secten, aus welichen dan Neid, Haß und Unainigkhait und dem gewisliche Uffrur mit der Zeit nachvolgen*[30]. Nürnberg riet, die „Pfaffen", die in der Schuppach Messe hielten, vorzubescheiden, ihnen mitzuteilen, daß der Rat bis auf weiteres die Suspendierung der Messe beschlossen habe und daß das Stiftungsvermögen in besondere Verwahrung genommen werden sollte. St. Johann unterstand nach Meinung der Nürnberger Herren sowieso der Administration des Rates, so daß keine Probleme zu erwarten seien[31].

Brenz verstand in seinem Entwurf die Kirchenordnung nur als *Zucht*, nicht als *Not* oder *Zwangknus*, weshalb sie auch vom Rat vermehrt, gebessert oder vermindert werden durfte[32]. Sie war offen für Weiterentwicklungen.

47. Schulszene aus der Reformationszeit. Der Lehrer ist mit Narrenkappe dargestellt. Holzschnitt von Hans Weidlitz.

Schule: Zucht und Künste

Im Gutachten von 1526/1527 wurde auch die Neueinrichtung des Schulwesens thematisiert. Es wurde mit der Reformation zu einem der zentralen Bereiche, um die sich die weltliche Obrigkeit – zumindest nach Meinung von Johannes Brenz – zu kümmern hatte. Allerdings wurden auch hier Ansätze von vor der Reformation aufgegriffen und weitergeführt.

Schon der Vergleich zwischen den Anstellungsverträgen des Thoman Ruscher von 1471 und des Bartholomäus Stich von 1513 zeigt, wie sehr die Reichsstadt Schwäbisch Hall den Bereich, den sie zu regeln für nötig hielt, schon im Spätmittelalter ausgedehnt hatte. Die Taxordnung von ca. 1520 brachte eine weitere Vereinheitlichung. Eine detaillierte Ordnung für die lateinische Schule stammt von 1543, Unterrichtsinhalte für die deutsche Schule dagegen wurden erst in der zweiten Hälfte des 16. Jahrhunderts fixiert, wobei es sich immer noch nicht um städtische Regelungen, sondern um Ausarbeitungen und Willenserklärungen des Schulmeisters selbst handelte. Der Dreischritt – Eingriffe der städtischen Obrigkeit

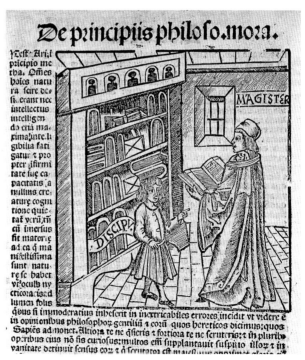

48. Schüler und Lehrer im Spätmittelalter. Der Holzschnitt stammt aus dem weit verbreiteten Lehrbuch Margarita philosophica, mit dem auch Brenz in seiner Schulzeit Bekanntschaft gemacht haben dürfte.

zunächst in Personalangelegenheiten, gefolgt von der Festlegung von Gebühren und Besoldungen und drittens das Festschreiben von Inhalten -, der sich hier am Schulwesen beobachten läßt, war nicht untypisch für das Vorgehen der städtischen Politiker zwischen 1470 und 1570, denen so die Ausdehnung ihres Einflußbereiches gelang.

Einen konkreten Einblick in das Schulwesen unmittelbar vor der Reformation gibt eine Taxordnung von ca. 1520[33]. Der Schulmeister erhielt von jedem Knaben, den er bei sich in der Kost hatte (*der sein Cost hat*), als Lehrgeld vier Schilling im Vierteljahr. Von Anfang des Winters bis Weihnachten hatte jeder Schüler einen Böhmischen für die Heizung der Schulstube zu bezahlen, von Weihnachten bis Ostern war ein weiterer Böhmischer fällig, sofern der Schüler nicht jeden Tag einen Scheit Holz mitbrachte, wie es vor Erlaß dieser Ordnung schon gebräuchlich war. Am Palmabend mußten die Schüler eine oder zwei Bretzeln, die einen Pfennig wert waren, dem Schulmeister übergeben (oder den entsprechenden Geldbetrag)[34]. Abgegeben werden mußten außerdem sechs Heller für Licht (drei Heller vor Weihnachten, drei danach bis Ostern). Alternativ konnten auch drei Lichter im Wert von drei Pfennigen mitgebracht werden. Der *Calefactor* (eine Art Hausmeister) erhielt insgesamt drei Pfennige, die Hälfte vor Weihnachten, die andere danach. Im übrigen erzielte der Schulmeister noch bei Leichenbegängnissen und Hochzeiten Einnahmen. Der Kantor erhielt von jedem Schüler, *er sey groß oder clein*, vier Schillinge im Jahr und von den Lateinschülern, die sich mit dem „Donat" auseinandersetzen mußten, zwei Pfennige zusätzlich pro Vierteljahr. Außerdem mußten alle Schüler in des *Cantors und Locaten Letzen*[35] den Winter über drei Heller Lichter abgeben. Der Schulmeister zu St. Michael übernahm die Hochämter und die Frühmessen, der Cantor alle übrigen Messen, wofür er einen Böhmischen erhielt. Die Entlohnung des Schulmeisters für die Hochämter ist nicht festgehalten[36]. Während für das vorreformatorische deutsche Schulwesen kaum Informationen vorliegen, ist das lateinische Schulwesen durch die Anstellungsverträge der Schulmeister besser belegt. Der wichtigste ist der Revers des Schulmeisters Magister Bartholomäus Stich von 1513. Stich sollte die reichen und armen Knaben nach der Ordnung, die ihm vom Rat gegeben wird, im Singen, Schreiben und Lesen unterrichten, auch *zuo erbern züchtigem Wesen* erziehen und in lateinischer Sprache mit ihnen reden. Seine Helfer (Cantor und Locat) stellte er selbst ein. Es wurde ihm erlaubt, fremde Schüler, deren Zahl aber vom Rat gebilligt werden mußte, in Kost und Logis aufzu-

nehmen. Die Besoldung erhielt er zu einem beträchtlichen Teil als Gegenleistung für die Teilnahme an kirchlichen Feiern. Ansonsten war er auf das Schulgeld (16 Schilling im Jahr) und die Naturalien, die die Schüler reichten (u.a. Bretzeln am Palmabend – wie in der zitierten Taxordnung – und Kirschenkerne) angewiesen[37]. Von Stich stammt auch eine lateinische Schulordnung von ca. 1514, der sich Klasseneinteilung und Lehrplan entnehmen lassen[38].

Was sollte sich mit der Reformation verändern? Ein Kapitel von Brenz' Gutachten zur Kirchenordnung war, wie erwähnt, Schulfragen gewidmet: *Ein gemeine Schul, darin man Zucht und Künsten lert für die Jugent, ist ein großer nützlicher, ja notiger Grundt einer christenlichen erbern Gemeind unnd Kirchen.* Selbst die Heiden und die Juden hätten Schulen zur Erziehung der Jugend unterhalten, um so mehr sei dies Pflicht der Christen, die sie allerdings bislang sträflich versäumt hätten. Man habe wohl auch seither Kinder in die Schule geschickt, aber nicht der „Zucht und Kunst" halber, sondern damit sie Geistliche werden und Pfründen erhalten könnten. *Warumb lassen sie sich nit vil mer bewegen, die Ere Gottes, die Zucht, der gantz gemein Nutz, dem ein zuchtig wol auffgezogen Kindt mit der Zeyt dienstlich sein mocht, dieweyl nu der Eltern in dißem Fall ire Kinder zu einem großen Nachtail des zukunfftigen Alters und nachkumender Burgschaft verseumen, auch vil Burger seyen, so von Armut wegen ire Kinder nit vermogen, in die Schul zu schicken. So felt solch Sorg als all ander Geschefft dem gemeinem Nutz furderlich auff die Oberkait, der nu Amptz halben schuldig ist, Weys und Ordnung anzurichten, damit in Züchten und Kunsten die Kinder werden ufferzogen.* Die Jungen seien ja der größte Schatz einer jeden Bürgerschaft.

Geschickte und redliche Bürger wüchsen nicht auf den Bäumen, sie werden erzogen. Besser als alle Mauern seien gute Bürger. *Man hat bald Land uberkumen, rechtgeschaffen Lewd seyen nit bald zu uberkomen. Wil man nu Lewt haben, muß man warlich sie selbs auffziehen, die Fremden werden es nicht thon. Darumb geburt es einer christenlichen Oberkait, hierin müglichen Fleys antzukern, damit nit gemein Stadt und Land eusserlich zunem und aber die Nachkomenden, denen Stat und Land gespart, abnemen.*

Nach dieser allgemeinen Einleitung folgen die konkreten Vorschläge für die Einrichtung der Schule, die nicht in einen deutschen und einen lateinischen Zweig getrennt wird. Zunächst einmal sei ein geschickter Schulmeister samt einem Kantor oder Provisor auf öffentliche Kosten anzustellen, damit die Eltern nicht finanziell belastet würden. Der Lehrer sei der Aufsicht der Geistlichkeit zu unterstellen, damit die feste Besoldung nicht zu Unfleiß und Nachlässigkeit führten. Sollten Prediger und Pfarrer den Eindruck gewinnen, der Schulmeister erledige seine Aufgaben nicht korrekt, könne der Rat ihn jederzeit entlassen.

Die Einrichtung eines öffentlichen Schulwesens solle dann von der Kanzel herab der Bürgerschaft verkündigt werden, die ermahnt werden müsse, die Kinder fleißig in die Schule zu schicken. Damit nun der Schulunterricht nicht mit der Ausbildung der Jungen in den Handwerken kollidiere, sollten die ältesten Knaben früh am Morgen eine Stunde in die Schule gehen, danach aber zu ihren Vätern heimgeschickt werden. Anschließend um acht Uhr sollten die jüngeren Knaben ebenfalls eine Stunde lang die Schule besuchen. Nachmittags sollten wiederum zuerst die älteren, dann die jüngeren Knaben je eine Stunde lang unterrichtet werden, so daß also jede Altersgruppe zwei Stunden Unterricht pro Tag genösse. *Dan es nicht Nutz ist, das man die Jungen ein gantzen Tag zwing, by einander zu sitzen, so ist es auch nit fruchtbarlich, das man sie mit vil Letzen uberschüt, gleych wie es geschieht, so man ein Trechterlein in einer Flaschen steckend uberschüt, so rindt es doch neben ab. Also auch mit den Jungen geschiehts, so man sie uberledt, das sie keins recht lernen. Dartzu mecht ein igklicher Knab seiner Eltern Gelegenhait nach, dennocht ein Handtwerck lernen, daran er der zweyen Stund halb nit vil verseumpt. Laßt man doch sie lenger auff der Gaßen umblauffen im Winter zu steltzen oder Sleyffen, im Sumer auff dem Underwerdt mit Mutwillen, so laß man sie zwo Stund in die Schul geen. Und wan es ye mit allen Jungen an Werktagen nit gesein mocht, so kan man es doch uff den Feyertag auch verordnen, das der Schulmaister zwo Stund mer oder minder Schul halt.* Schließlich amüsierten sich die Jungen an den Feiertagen ja auch, so daß sie alternativ auch gut in die Schule gehen könnten.

Habe ein Knabe die Buchstaben gelernt, sollten Schulmeister und Geistliche darauf achten, ob er tauglich sei, das Lateinische zu erlernen. Latein sei nicht für die Messe wichtig (schließlich könne kaum jemand weniger Latein als die Meßpriester), aber man müsse doch gelehrte Leute in Stadt und Land haben.

Drittens wäre es auch für die Mädchen gut, eine geschickte Frau zu bestellen, die sie am Tag zwei Stunden lang wie der Schulmeister die Knaben im Lesen und Schreiben unterrichten könne. *Die Geschrift hort ye nit den Mannen zuo allein, sie gehort auch den Weybern zu, so mit den Mannen gleych ein Himel und ewig Leben warten*[39].

Unmittelbare Frucht der Bemühungen von Johannes Brenz um die Erziehung und Unterrichtung der Kinder und Jugendlichen dürfte der Haller Katechismus von 1527/1528 sein. Der Katechismus war zweigeteilt in einen *Catechismus minor* für die Kinder und einen *Catechismus maior* für die Erwachsenen. Beide Katechismen sind in Frage-und-Antwort-Form gehalten, wie schon der Titel *Fragstück* belegt[40].

Leider läßt sich kaum sagen, wieviel von den Vorschlägen des Gutachtens unmittelbar darauf in die Praxis umgesetzt wurde. Aus der Zeit von Johannes Brenz sind nur die Namen von zwei deutschen Schulmeistern überliefert: Peter Neff, der ab 1515 bis 1551 im Amt gewesen zu sein scheint, und Lorenz Seyfried (oder Seufferheldt), der zwischen 1526 und 1536 belegt ist. Neff zahlte 1535 vier Schilling sechs Heller Beet, Seyfried vier Schilling[41].

Die erste erhaltene Ordnung für eine deutsche Schule in Hall stammt vom Schulmeister Friedrich Hoffmann und wurde ca. 1574 verfaßt[42]: *Vertzaichnuß, wie ich Friedrich Hoffmann mein Schul inn Ordnung gepracht unnd wie dieselbige durch mich regiert und versehen wurdt*[43]. Auf jeden Fall war in der zweiten Hälfte des 16. Jahrhunderts das Pensum in den deutschen Schulen in hohem Maße durch den Katechismus festgelegt: *Darumb erfordert die ehehafft Not, das die Jugent beid inn Heusern von denn Haußvätern und inn der Kirchen von denn Pfarherrn im Catechismo (das ist) imm rechten Grundt deß Christlichen Glaubens auff daß fleissigst underricht, auch zu warhafftiger Erkanntnus unnd Forcht Gottis mit Ernst gezogen werd. Damit aber die Jugent ein gewissen Grundt der christlichen Leer und nicht durch mancherley weitleuffige Leer verwirret, auch nicht auff das Ungewis gefüret werde, sol man sie denn folgenden Catechismum leeren und sie anhalten, den selben von Wort zu Wort außwendig zu lernen*[44].

Hier war die Aufgabe, die Kinder und Jugendlichen im Katechismus zu unterrichten, zwar noch den Hausvätern und den Pfarrern zugewiesen, aber, wie die Hoffmannsche Schulordnung zeigt, wurde dies doch recht schnell von den Schulen übernommen[45].

49. Familienleben. Der Hausvater, die Hausmutter und neun Kinder aller Altersstufen bevölkern die abgebildete Stube. Die Neuregelung des Ehe- und Familienrechts, die vor der Reformation von der Kirche geregelt worden waren, gehörte zu den wichtigsten Herausforderungen für eine protestantische Stadt. Holzschnitt von Hans Weidlitz.

Das lateinische Schulwesen scheint 1527 tatsächlich neu geordnet worden zu sein. Auf jeden Fall wurden neue Lehrkräfte eingestellt[46]. Vom Februar 1543 stammt eine Schulordnung für die lateinische Schule, die von Sebastian Coccyus verfaßt worden war. Sie äußert sich im wesentlichen zu Klasseneinteilung und lateinischer Lektüre, aber auch zum Unterricht im Griechischen und im Katechismus[47]. Wenn Brenz 1526 noch für eine Verbindung von deutscher und lateinischer Schule plädiert hatte, so findet sich in der Schulordnung von 1543 davon keine Spur mehr. Die deutschen Schulen und die lateinische waren von Anfang an getrennt[48]. Coccyus spricht von einem, zwei oder maximal drei Lehrkräften, die die 180 bis 200 Schüler der lateinischen Schule zu unterrichten hätten[49]. Der Haller Rat dagegen erwähnte im April 1543, er besolde fünf „Schuldiener" und Helfer, womit vielleicht die Gesamtzahl der Lehrkräfte an der deutschen und der lateinischen Schule umschrieben ist[50].

Ehe und Familie

Fragen des Ehe- und Familienrechtes waren vor der Reformation von der Kirche geregelt worden. Mit der Lösung aus der geistlichen Jurisdiktion wurden eigenständige Regelungen dringend, die von der weltlichen Obrigkeit, d.h. dem Rat der Stadt Schwäbisch Hall, zu erlassen waren[51]. Brenz setzte sich in einer ganzen Reihe von Gutachten und Stellungnahmen mit den anstehenden Problemen auseinander, bis 1529 in seiner Schrift *Wie in Ehesachen ... nach goetlichem billichem Rechten christenlich zuo handelen sey* ein gewisser Abschluß erreicht war[52].

Themen, die schon im Entwurf einer Eheordnung von vor 1527 angeprochen wurden, waren das Verbot heimlicher Eheschließungen, d.h. von Heiraten ohne Zustimmung der Eltern, das auch vom Umfang her im Vordergrund steht, die Ehescheidung, die Wiederverheiratung

50. Der sich hier anbahnende Ehebruch war ein
Scheidungsgrund und sollte nach Brenz' Auffassung hart
bestraft werden. Holzschnitt von Hans Weidlitz.

Geschiedener und die auf Ehebruch zu setzende Strafe[53].
Weitere Gutachten beschäftigen sich mit der Bigamie, die
für die Reformatoren ein heikles Problem war, da Mehrehe
im Alten Testament ja erlaubt war und vor Gericht unter
Umständen damit zu rechnen war, daß ein Angeklagter
oder eine Angeklagte auf diese Beispiele verweisen würde[54]. Sanktionen übernimmt Brenz in der Regel aus dem
kaiserlichen Recht, nicht aus der Bibel. Die Bestrafung
kommt der weltlichen Obrigkeit zu, die Pfarrer haben nur
ein Mitwirkungsrecht bzw. können durch Bann oder
Exkommunikation die weltlichen Maßnahmen flankieren[55].

Heimliche Ehen, d.h. Verlöbnisse ohne Zustimmung der
Eltern, verstießen gegen das Gebot, Vater und Mutter zu
ehren, waren deshalb nicht von Gott gestiftet und somit
ungültig. Der Vater soll das Recht erhalten, eine solche
Verbindung für null und nichtig zu erklären[56]. Allerdings
durften die Eltern ihre Machtbefugnisse nicht tyrannisch
mißbrauchen, sondern sollten, sofern trotz Ermahnung ein
Sohn oder eine Tochter sich nach eigenem Gefallen verheiraten wollte, zur Verhütung von Schlimmerem eine solche Ehe zulassen[57]. Verweigerten die Eltern (d.h. der
Vater) dennoch ihren Konsens, mußte das Kind gehorchen[58]. Unterließen es Vater oder Vormund aber, überhaupt für Eheschließungsmöglichkeiten zu sorgen, durfte
das Kind sie ermahnen, was, wenn immer noch keine
Reaktion erfolgte, ihm dann auch die Heirat ohne Konsens
erlaubte[59]. Sollte ein Sohn oder eine Tochter gänzlich
gegen den eigenen Willen mit einer Partnerin oder einem
Partner verheiratet werden, den er oder sie überhaupt
nicht wollte, sollte die Obrigkeit einschreiten und solche
Zwangsehen verbieten[60]: *Auch wurde derohalben keinem
Vatter gebüren, sein Kind dahin zuo zwingen, sich zuo verheyraten, da in keinerley Weg weder Lust, Will noch eheliche Begird were*[61].

Heiraten unter Verwandten sollten unterbleiben. Im Unterschied zu den früheren Regelungen (die recht verschieden waren) faßt Brenz die verbotenen Grade der Verwandt- und Schwägerschaft recht eng. So wollte er anfangs Eheschließungen zwischen Vettern und Kusinen oder zwischen Schwager und Schwägerin (nach dem Tod des ersten Ehepartners) zulassen[62], später aber die Heirat zwischen einem Mann und der Schwester seiner vorherigen Frau z.B. unter Berufung auf das kaiserliche Recht, das solches verbot, nicht mehr akzeptieren[63].

Zwangsehen lehnte Brenz ab, auch wenn die Frau schwanger war. Niemand solle nach Auskunft des kaiserlichen Rechtes zur Ehe gezwungen werden. Allerdings solle der Pfarrer dem Schwängerer zureden, die Frau zu ehelichen: *Und ob in wol hierzuo kein weltlicher Gewalt mit dem Schwert zwinge, so sol in doch selbs die christlich Lieb und Erbarkeit darzuo zwingen*[64]. Erweise sich der Geselle als halsstarrig, solle er von der weltlichen Obrigkeit mit der vorgesehenen Strafe belegt werden[65].

Die Möglichkeit zur Ehescheidung bestand bei Impotenz und Ehebruch[66]. Geschiedene durften sich wiederverheiraten, wobei der ehebrecherische Teil von der Obrigkeit mit harten Strafen belegt werden sollte[67]. Ehen sollten aber nur von den von der Obrigkeit eingesetzten Richtern getrennt werden, nicht etwa auf Eigeninitiative der Betroffenen[68].

Ehebruch und Hurerei, zwei Delikte, die nach Meinung von Brenz vor der Reformation nur selten von der Obrigkeit bestraft worden waren, erforderten härtere Strafen. *Im Handel des Eebruchs und Hurerey haben Gottis Gericht und das weltlich ein grossen Underschied. Dan vor Got wurt nit allein diser, so eins andern Eegemahels beslafft, sonder auch derjhennig, so ein ledige oder gemein Weyp beschlaft, ja das wol mer ist, so in seinem Hertzen eins fremden Weybs begert, fur ein Eebrecher und Hurer angezogen und verurtailt. Darumb wurt durchs gotlich Wort inen zugleich die Verdamnus der Selen, wo sie sich nit bessern, zugesprochen*[69]. Die Bestrafung des Delikts hänge aber nach den weltlichen Rechten nicht vom Stand des Mannes, sondern von dem der Frau ab. Handele es sich z.B. um eine Ehefrau, würden beide Delinquenten als Ehebrecher angesehen, egal ob der Mann ledig oder verheiratet sei. Wenn die Frau dagegen unverheiratet sei, werde der Mann – verheiratet oder nicht – nicht für einen Ehebrecher gehalten[70]. Die Obrigkeit solle alle diese Straftat-

bestände nach dem Vorgang des kaiserlichen Rechtes bestrafen, das auf Ehebruch z.B. den Tod setze[71].

Allerdings war es nicht immer einfach zu entscheiden, ob ein Ehebruch vorlag oder nicht. Auf keinen Fall sollte die Obrigkeit sich auf Hörensagen verlassen[72]. Der Fall der Elsa Sommer (ca. 1527) zeigt die Probleme, mit denen die Obrigkeit sich bei strenger Verfolgung des Ehebruchs konfrontiert sah[73]: *Dan in allen, aber furnemlich in peinlichen Sachen muß nit allein erkant werden, was fur ein Straff auff ain igklich Laster in Sonderheit gehore, sonder auch, ob dasselb Laster auff den Beschuldigten bewert und bezeugt sey; und hat darmit noch kein End oder Beschluß, sonder obschon ein Laster mit Zeugen bewert wurt, so erfordert das richterlich Ampt, das allererst ein newer Fleys auff der Zeugen Person und Sagen, ob dieselben rechtmessig und gnugksam seyen, furgewendet werd*[74].

Elsa Sommer war einer „Buhlschaft" mit dem „Lang Jorgen" beschuldigt worden. Zahlreiche Zeugen waren aufmarschiert und hatten ihre Version der Dinge zu Protokoll gegeben[75]. Johannes Brenz aber formulierte zunächst einmal die Ansprüche, denen ein Zeuge genügen mußte, bevor seine Aussage zur Grundlage eines Urteils gemacht werden konnte. Geachtet werden solle auf den Leumund des Zeugen, auf die Abhängigkeitsverhältnisse, in denen er sich befinde, auf sein Leben, auf seinen Vermögenszustand (um Bestechung auszuschließen!), auf seine Haltung dem Beklagten gegenüber und auf seine Verbindung mit denen, für die er Zeugnis ablegt. Außerdem sollten Alter, Geschlecht (Frauen sollten kein Zeugnisrecht erhalten) und Anzahl der Zeugen eine Rolle spielen[76]. Schließlich müsse auch die Art, in der die Zeugen ihre Aussage machten, berücksichtigt werden (Erbleichen, Widerwärtigkeit anderen Zeugen gegenüber)[77].

Aufgabe des Ehegerichts, das möglicherweise im Jahr 1526 in Schwäbisch Hall eingerichtet wurde, war es – wie Brenz schon in seiner Eheordnung schrieb –, *fleyssig und ernstlich betrachten ..., was Got zusamenfuge mit Gehorsam oder der Sathan durch Jugend, Wein, Betrugerei, Unverstand, Kuplerin oder ander Buberey. Es ist ye ein Wort Gots: Was Got zusammenfugt, sol der Mensch nit schaiden, so volgt von noten daruß, was der Teufel durch Hinderlist on Wussen und Willen der Eltern zusammenfug, das es von Got und vor Got nit zusamengefugt sey*[78].

Türken

Die militärischen Erfolge des Osmanischen Reiches im 15. und zu Beginn des 16. Jahrhunderts und die überall kursierenden Berichte über Grausamkeiten lösten Ängste aus, die sich oft mit einer Endzeitstimmung verbanden. Die Kirchen griffen diese Ängste auf und interpretierten sie. Martin Luther z.B. deutete die Türken als die in der Offenbarung des Johannes erwähnten gottesfeindlichen Völker Gog und Magog und somit als Vorboten der Apokalypse. Auch Johannes Brenz befaßte sich in Predigt und Schrift häufig mit den Osmanen.

Von 1529 oder 1530 stammt ein Gutachten von Brenz zur Türkengefahr. Es betrifft die von der Stadt zu ergreifenden Maßnahmen gegen die Türken. An der Spitze steht die Mahnung, Gottes zu gedenken. Das helfe besser als alle Kriegsrüstung. Besondere Messen und Prozessionen seien abzulehnen, denn sie seien gerade Ursache des Zornes Gottes und der Türkengefahr. Bußgottesdienste etwa seien in St. Michael anläßlich der Belagerung Wiens eingeführt worden. Zu ihrem Besuch solle das Volk von der Kanzel aus fleißig ermahnt werden. Der Gang die große Treppe hinauf sei Prozession und Kreuzgang genug. In den Gebeten habe man seither der Türken allerdings nicht mit Namen gedacht, dem solle nun abgeholfen werden. Da nicht alle wegen dringender Geschäfte die Betstunden besuchen können, solle während des Gesanges und Gebetes die Glocke geläutet werden – nicht aus Aberglauben, sondern um die nicht Anwesenden zu erinnern und zu ermahnen.

An die Forderung nach Abhaltung des Kirchengebetes schließt Brenz den Wunsch nach strenger Handhabung der Sittenzucht an, wie sie schon in den Mandaten des Haller Rates gegen Trinken, Fluchen und Tanzen zum Ausdruck gekommen war. Namentlich auf den Dörfern herrschten noch schlimme Zustände. Da die Mehrzahl der

51. *Türkischer Kriegszug. Die Greuelbilder sind typisch für die Wahrnehmung des Osmanischen Reiches im 16. und 17. Jahrhundert. Anonymer Holzschnitt.*

Frauen am Feiertag nur einmal in die Kirche gehe und die Bauern am Nachmittag nicht daheim auf den Dörfern blieben, solle das Türkengebet am Vormittag nach der Predigt vorgelesen und die Glocke dazu geläutet werden[79].

Da ein Kirchengebet aber eine Verspottung Gottes sei, wenn man bete, aber unzüchtig lebe, solle der Haller Rat die Verordnungen gegen das Zutrinken und Fluchen mit großer Strenge durchsetzen, die öffentlichen Tänze und Freudenfeste begrenzen, so wie man es während der Belagerung von Wien gemacht habe. Besonders nötig sei dies auf dem Land, wo des unzüchtigen Trinkens, des Fluchens und Schwörens kein Ende sei. Besonders das junge Gesinde benehme sich wie die *Riffianer*[80].

Die Türken ließen sich trefflich als Argument zur Durchsetzung der Reformation und zur Sittenzucht einsetzen. Die katholische Messe und die Prozessionen erregten ebenso Gottes Zorn wie das Trinken und Fluchen. Gottes Zorn verlieh den Osmanen den Sieg, also waren die katholischen Gebräuche abzustellen und die Unzucht zu bekämpfen, um den Christen – die dann als evangelische Christen gedacht werden müssen – den Sieg zu verleihen. Zum Unglück für Brenz und die Reformation war aber das Haupt der Christenheit, das den Kampf gegen die Türken als seine Aufgabe ansah, Karl V. – katholisch und durchaus kein Feind von Messen und Prozessionen. Das führte zu gewissen Argumentationsschwierigkeiten, die Johannes Brenz aber elegant umschiffte.

1532 bat Karl V. die Stadt Schwäbisch Hall um Hilfe gegen die Türken, sein Mandat sollte von den Kanzeln verlesen werden. Brenz verfaßte eine Erklärung zum kaiserlichen Mandat, in der er die kaiserliche Gedankenwelt ein wenig reformierte: Die Gläubigen, die dem Mandat und der Erklärung in St. Michael gelauscht haben, dürften die feste Überzeugung gewonnen haben, Karl V. sei ein Lutheraner[81].

Die skizzierten Interpretationen vertiefte Brenz in seinem Türkenbüchlein von 1531: Die Türken seien eine Strafe Gottes für die Sündhaftigkeit der Christenheit. Buße und Umkehr sind deswegen in seinen Augen die wichtigsten „Waffen" im Kampf gegen die Türken – mit der Besänftigung von Gottes Zorn sei auch die aus diesem resultierende Türkengefahr abgewendet. Bemerkenswert ist aber immerhin, daß Brenz die Türken zwar als Gottesfeinde bezeichnet, jedoch die Pflicht zum Widerstand nicht damit, sondern mit der Ungerechtigkeit und Grausamkeit

ihrer Angriffe begründet. Der Türkenkrieg war für Brenz also kein Glaubenskrieg, sondern die Abwehr eines Aggressors, eines Aggressors, der sich allerdings nicht an Naturrecht und göttliches Recht hielt. Darüber hinaus aber gab es noch andere wichtige Gründe, die für einen Krieg gegen die Türken sprachen: Zum ersten verkündige Gott durch den Propheten Daniel klar, daß der Türke Gottes Feind sei, so daß alle Christen sich zu hüten hätten, unter das Regiment des Türken zu kommen. Denn wer in ein solches Regiment einwillige, mache sich teilhaftig aller Gotteslästerung und Sünden, die das türkische Gemeinwesen auszeichneten. Zum andern solle es die Christen trösten, denn da sie wüßten, daß das türkische Reich Gottes Feind sei, wüßten sie auch, daß Gott die Christen nicht werde untergehen lassen.

Die Obrigkeit im Verständnis von Johannes Brenz

Die Obrigkeit und ihre Bedeutung ist ein Thema, mit dem sich Johannes Brenz immer wieder beschäftigte. Konflikte wie der Bauernkrieg und die Auseinandersetzung mit Kaiser Karl V. verliehen diesen staatsrechtlichen Überlegungen Gewicht.

Basis seines Konzepts von Obrigkeit und Untertan ist die Vorstellung einer Identität von politischem Gemeinwesen und der Gemeinschaft der Christen. Demzufolge werden Rechte und Pflichten beider von einem ausschließlich christlichen Standpunkt her beschrieben. Brenz folgt im wesentlichen Luthers Ideen, die etwas irreführend als „Zwei-Reiche-Lehre" bezeichnet werden[82].

Die weltliche Obrigkeit ist für Brenz eine Ordnung Gottes[83]; sie nimmt eine göttliche Funktion wahr, wirkt dem Chaos entgegen, das Folge der Sünde ist, und hat somit „nahezu Heilsbedeutung"[84]. Ihre Hauptaufgabe ist die Wahrung des Gemeinen Nutzens und des Gemeinen Friedens. Die Erhaltung des Friedens ist ein göttliches Gebot. Daher hat ihn die Obrigkeit zu fördern, notfalls zu erzwingen. Rechtsbruch und Aufruhr verstoßen gegen das Friedensgebot und müssen unterdrückt werden; das *Schwerdt gehört allain der Oberkait zu*[85]. Brenz faßt den Friedensbegriff sehr weit und ordnet ihm auch die Einhaltung moralischer Normen zu; Friedensverletzungen sind nicht nur Aufruhr und Krieg, sondern auch Gotteslästerung, Zutrinken oder Tanzveranstaltungen[86].

Wie sich Prediger vnd Leyen halten sollen/ so der Turck das deutsche land vberfallē würde/ Christliche vnd notturfftige vnterricht/ Johannis Brentÿ Predigers zu Hall in Swaben. Anno M. D. xxxj.

Wittemberg.

52. Titelblatt der 1531 in Wittenberg gedruckten Türkenschrift von Johannes Brenz: Wie sich Prediger und Leyen halten sollen, so der Turck das deutsche Land uberfallen würde. Christliche und notdurfftige Unterricht Johannis Brentii Predigers zu Hall in Swaben Anno MDXXXI.

53. *Der über dieser Ratsversammlung dargestellte Christus deutet die Bedeutung der Obrigkeit als gottgesetzte Ordnung an. Anonymer Holzschnitt des 16. Jahrhunderts.*

Die Gewährleistung des Gemeinen Nutzens erfordert von der Obrigkeit, auf einen gnädigen Gott und willige und treue Untertanen hinzuarbeiten[87]. Die Obrigkeit ist diesen so verpflichtet wie der Knecht seinem Herrn und hat für ihr Wohlergehen zu sorgen. Die Verantwortung reicht über den materiellen Bereich hinaus; da *ein gemeiner Nutz durch ein fridlich und gotlich Leben der Underthon am hochsten gefurdert wurt, so fordert ye das Amt einer Oberkait, das sie das gotlich Wort und die Predig des Evangeliums, dardurch ein erber und gotlich Leben angericht wurt, den Underthonen zuschaffe und verordne*[88]. Brenz entwickelt die Vorstellung einer christlichen Obrigkeit, die Werkzeug des Handelns Gottes ist und somit eine enorme Verantwortung trägt – sie ist für die Durchsetzung der Gebote Gottes und das Seelenheil ihrer Untertanen verantwortlich[89]. Dem Herrscher, der diesen sehr weitgehenden Ansprüchen nicht gerecht wird und seine Macht mißbraucht, droht das göttliche Gericht. Brenz verbindet diese Anforderungen mit zahlreichen konkreten Ratschlägen zur Amtsführung und Kritik am faktischen Verhalten der Fürsten und Räte[90]. In diesem wird offenbar, daß der Teufel, der die Obrigkeit der Welt ist, auch in den Magistraten regiert[91].

Der Untertan ist zu Gehorsam verpflichtet, *die Oberkait fare gleych tyrannisch oder freüntlich*[92]. Dies gilt sogar gegenüber dem Türken[93]. Aufruhr gegen die weltliche Obrigkeit als gottgesetzte Ordnung ist – mit welcher Begründung auch immer – Aufruhr gegen Gott selbst. Gegen unrechtmäßige religiöse Forderungen ist passiver Widerstand, und die mit dem Erdulden der deshalb auferlegten Strafen verbundene Verweigerung nicht nur erlaubt, sondern Pflicht[94]. Ungerechte weltliche Forderungen hingegen, *unbilliche Schatzung und andere Beschweer*[95], hat der Christ zu erfüllen, denn es ist ihm verboten, dem Übel zu widerstreben[96]. Fleißiges, ernstliches Gebet ist das wirksamste Mittel gegen eine ungerechte Obrigkeit[97]; umgekehrt gilt: *Wan Got straffen wil, so hetzt er Wolff an Wolff, ain boße Oberkait an boße Unterthon*[98].

Obwohl Brenz zwischen geistlichem und weltlichem Regiment trennt, wird an diesem Beispiel deutlich, daß sich für ihn geistliche und weltliche Sphäre gegenseitig bedingen und durchdringen; Handlungen in der „geistlichen Welt" beeinflussen die politische Welt und umgekehrt. Gott reagiert mit „weltlichen" Strafen und Belohnungen direkt auf das religiöse Verhalten von Obrigkeit und Untertan. Nicht nur sein privates Seelenheil nötigt den Herrscher, bei sich

54. Strafjustiz: verschiedene Hinrichtungsmethoden
sowie Verstümmelungs- und andere Körperstrafen.
Anonymer Holzschnitt.

und seinen Untertanen ein Gott wohlgefälliges Verhalten zu gewährleisten; es ist auch eine Erfordernis des Staatswohls, da die Strafe Gottes nicht nur das falsch handelnde Individuum trifft, sondern das Kollektiv.

Strafrecht und Justiz

Immer wieder wurde Brenz um Gutachten in Rechtssachen gebeten. Er äußerte sich hierzu nur widerstrebend; dies erfordere einen *wolerfarnen Man*, wohingegen er *im Verstand gantz gering, auch in der Erfarnus ungeübt sei*[99]. Anlaß waren meist konkrete Fälle (wie der erwähnte der Elsa Sommer), an die Brenz grundsätzliche Überlegungen knüpfte. Als Jurist wurde er nicht tätig; er „versuchte, von der Theologie her kommend, den Einklang zwischen dem Worte Gottes und dem weltlichen Gesetz aufzuzeigen. Auf dieser Basis wandte er die weltlichen Gesetze auf die ihm

zur Begutachtung vorgelegten Fälle an"[100]. Seine Rechtsauffassung entspricht dem damals üblichen Denken; seine Äußerungen lassen Vertrautheit mit der juristischen Literatur erkennen. Als Rechtsquellen dienen kaiserliches Recht sowie die Bibel, letztere als Maßstab für eine christliche Interpretation des ersteren[101]. Da beides übereinstimme, müsse das kaiserliche Gesetz *ein Ordnung Gottes seyn und demnach Jedermann zur underthenigen Gehorsam verpflichtet*[102]. Mit dem Begriff des „kaiserlichen Rechts" ist das gesamte römische Recht gemeint[103]. Demgegenüber spielt das päpstliche Recht eine geringe Rolle. Brenz ist wohl der Ansicht, daß erst neue Gesetze vorhanden sein müßten, bevor man dieses ganz verwerfen könne, vermeidet aber seine direkte Anwendung, setzt sich kritisch mit seinen Satzungen auseinander und reduziert es zur *althergebrachten Gewonnheit*[104]. Bei Differenzen zwischen Bibel und kaiserlichem Recht entscheidet sich Brenz bemerkenswerterweise für zweiteres[105].

55. Ansicht der Michaelskirche, ca. 1720.

Das Strafrecht und seine Anwendung sind gerechtfertigt durch der Aufgabe der Obrigkeit, *gemeinen Frid zu erhalten. Dem Gesatz volgt nach, daß sie das Ubel straff. Darum sol sie das Ubel straffen nach Maß und Regel des ersten Gebots, nemlich sovil gemeinen Nutz und Frid dienstlich ist*[106]. Sie hat zu entscheiden, ob eine Straftat den Gemeinen Frieden verletzt; andernfalls muß sich der Geschädigte selbst Genugtuung verschaffen[107]. Bei der Bemessung der Strafen *sol nicht gesehen werden uff die Schwer des begangen Ubels, sondern man soll fleyssig acht haben, wievil Straff und Pen gnugsam sy, nit der Sun-*

de, sonder dem Exempel, daran sich die andern stossen[108] – ihr Sinn ist also die Abschreckung potentieller Nachahmer, nicht die Bestrafung des Fehlverhaltens. Dies ist Sache Gottes. Wolle man das, dürfte beispielsweise kein Jude am Leben bleiben, da *Unglaub das hochst Ubel und die Hauptschalkhait*[109] ist. Wenn es der Besserung der Untertanen und dem Gemeinen Frieden diene, könnten Strafen auch vermindert, gegebenenfalls auch verschärft werden. Bei allen ihren Urteilen soll sich die Obrigkeit jedoch vom Grundsatz der Milde und Güte leiten lassen[110].

Johannes Brenz und die Wiedertäufer

Ein Problem, in dem sich theologische und juristische Fragen begegneten, war der Umgang mit der 1523 – 1525 im Umfeld Zwinglis in Zürich entstandenen Täuferbewegung[111]. Gegenüber den Reformatoren gab es grundlegende theologische Differenzen. Besonders anstößig war diesen die „Wiedertaufe". Der Auffassung der Täufer nach hatte sich der Christ vom weltlichen Regiment fernzuhalten. Konsequenterweise vertraten sie einen strikten Pazifismus, lehnten staatliche und kommunale Ämter ab und verweigerten die Eidesleistung. Ein Teil praktizierte Gütergemeinschaft[112].

Die Ablehnung durch die Reformatoren war einhellig, umstritten jedoch die Vorgehensweise. Johannes Brenz wurde mit diesem Problem erstmals 1528 durch eine Anfrage aus Nürnberg konfrontiert[113]. In seinem berühmt gewordenen Gutachten untersucht er, ob Wiedertäuferei mit dem Tod bestraft werden könne und inwieweit der die Todesstrafe fordernde Artikel des „Corpus Iuris Civilis" gelte, mit dem ein entsprechendes kaiserliches Mandat begründet wurde.

Die Zwei-Reiche-Lehre ist Basis seiner Antwort. Brenz unterscheidet geistliche und weltliche Sünden. Die Bestrafung letzterer – etwa Mord, Raub u.a. – ist Aufgabe des weltlichen Regiments; geistliche Sünden wie Irrglaube und Ketzerei können nur durch die Predigt überwunden werden. Weltliche Strafen bestätigten die Ketzer lediglich *dester hefftiger in yhrer Yrrung*[114]; wer sie tötet, nimmt ihnen auch die Möglichkeit, ihre Seelen durch Umkehr zu retten[115]. Wenn *ein Ungläubiger oder Ketzer sunst ein bydermennischs, redlichs Leben vor der Welt fueret ..., so hat das weltlich Schwert kein Gewalt, yhn zu straffen. Was geht sie der Unglaub und die Ketzerey an? Sie lug zu, das sie weltlich Frid und Erbarkeit erhalte*[116]. Solle man *eins Irrsals halben umb das leibliche Leben bringen, wen wil man leben lassen*[117]? Äußerstenfalls könne man mit ihren Irrtümern die Landesverweisung begründen, denn mit der Eidverweigerung schlössen die Täufer sich selbst aus der Bürgergemeinschaft aus[118].

Den Todesstrafen-Artikel des „Corpus Iuris Civilis" entkräftet Brenz auf eigenwillige Weise. Da Kaiser Honorius ein frommer Mann war, habe er im Schema der Zwei-Reiche-Lehre gedacht; deshalb müssen mit der Wiedertaufe heute unbekannte, die Todesstrafe rechtfertigende Verbrechen verbunden gewesen sein. Seinen Argumenten

wohl selbst nicht trauend, meint er schließlich, der Kaiser sei zu dieser unchristlichen Bestimmung durch die *blutdurstigen Bischoff* genötigt worden; deshalb brauche man sich darum nicht zu kümmern[119]. Die Wiedertäufer sind ihm keine Aufrührer, sondern einfältige Menschen, die ihre Lehren aus dem Mißverstand einiger Schriftstellen ableiten, ausgesprochen friedliebend sind und einen tadellosen Lebenswandel führen[120].

Diese Schrift ist keinesfalls ein frühes Beispiel religiöser Toleranz. Brenz wollte nicht die Duldung von Täufergemeinden erreichen, sondern verhindern, daß Irrglaube mit dem Tode bestraft wurde[121]. Damit setzte er sich in Gegensatz zu Melanchthon, der aufgrund alttestamentarischer Tradition die Hinrichtung falscher Propheten verlangte, und zu Luther, der Gotteslästerung als todeswürdiges Delikt sah[122]. Um 1528 hatten beide allerdings eine Brenz ähnliche Haltung vertreten und erst später ein härteres Vorgehen befürwortet[123].

Nicht wegen des Glaubens, sondern um des gefährdeten bürgerlichen Friedens willen verlangt Brenz die Bestrafung von Wiedertäufern. Wie alle Theologen seiner Zeit fürchtet er, daß ungleiche Predigt zwangsläufig Zwietracht innerhalb der Bürgerschaft verursacht. Ein geordnetes Nebeneinander verschiedener Konfessionen ist zwar möglich, muß jedoch auf tradiertes Recht zurückgehen, kann also nicht neu geschaffen werden. Die Obrigkeit hat die Pflicht, von ihr nicht berufene Prediger an der Predigt zu hindern[124]. Der einzelne Täufer kann im Land leben, solange er sich ruhig verhält – täuferische Predigt und Gemeindebildung bekämpft Brenz mit Entschiedenheit; die schärfsten Mittel sind ihm hierbei Dauerhaft und Landesverweisung.

Diesen Grundlinien, einer strikten Ablehnung der Todesstrafe, der Belehrung durch Geistliche, gegebenenfalls Haft und Ausweisung für hartnäckige Wiedertäufer, ist Brenz sein Leben lang treu geblieben; er hat sie sowohl in Schwäbisch Hall – wo die Wiedertäufer offenbar erst in den Jahren 1544/1545 zum Problem wurden[125] – als auch später in Württemberg vertreten[126].

Trotz der oben gemachten, notwendigen Einschränkung gehört das Gutachten von 1528 durch seine Wirkung „deutlich in die Vorgeschichte des Toleranzgedankens"[127]. Sebastian Castellio, ein früher Vorkämpfer religiöser Toleranz, übernahm es 1558 in sein aufsehenerregendes Werk „De Haereticis an sint persequendi" und

PASSIO.

Das Leiden vnnd Sterben vnsers Herren Jesu Christi/für die sünden der gantzen Welt/ Nach beschreibung der Vier Euangelisten/verteutscht/Inhalts der Auflegung/predigen vnd homilien des Ehrwirdigen Hochgelerten Herrn

Johann Brentzen.

Getruckt zu Franckfort/Bei Christian Egenolffen.

56. Ein Beispiel für die Publikationstätigkeit von Johannes Brenz mit besonders schönem Titelblatt ist seine Schrift Passio. Das Leiden und Sterben unsers Herren Jesu Christi für die Sünden der gantzen Welt. Nach Beschreibung der vier Evangelisten verteutscht, Frankfurt/Main 1554.

würdigte Brenz als einen Mann, der *vil grimmig Wieten und Verfolgung mit seinem Schreiben abgestellt hat, das vil weniger getödet sind worden*[128]. Auch wenn die Ideen des Reformators nicht unserem heutigen Toleranzgedanken entsprechen, hat sein Wirken zweifellos zahlreichen Menschen das Leben gerettet.

Hall um 1530/1535

1529 schien dem Haller Rat ein entscheidendes Jahr zu sein. Er mußte begründen, warum er auf dem Reichstag zu Speyer nicht protestiert hatte, tat dies aber unter Verweis auf die zahlreichen Neuerungen, die vor diesem Datum in der Haller Kirche stattgefunden hätten.

Schwäbisch Hall wolle keineswegs von der Verkündung des heiligen Evangeliums, die schon eine Zeitlang in der Stadt stattgefunden habe, abstehen – wie offenbar von manchen unterstellt. Denn in diesem Fall hätten sie leicht Prediger und Pfarrer abfertigen können. Man habe aber nicht nur die Predigt von Gottes Wort zugelassen, sondern auch göttliche und christliche Ordnungen in der Kirche und andere Ordnungen nach der Anweisung des Evangeliums aufgerichtet. Man habe den Abfall vom Wort Gottes nie geplant. Vielmehr habe man geglaubt, daß weitere Neuerungen unterbleiben könnten, da die Haller Kirche schon in hohem Maße nach dem Wort Gottes eingerichtet sei. Der Rat habe sich folglich vom ersten Artikel des Reichstagsabschieds, der weitere Neuerungen verbot, für nicht betroffen gehalten. Außerdem habe man geglaubt, mit dem Protest bis zur Zusendung des Reichstagsabschieds warten zu können[129].

Im gleichen Jahr kam es zu einer Veränderung des Rates, die mit der Reformation in Verbindung gestanden haben könnte. Vier Ratsherren mußten weichen: der Adlige Volk von Roßdorf, der Metzger Reinhard Truchtelfinger, der Salzsieder Michel Seyboth und der Tucher Jos Sulzer[130]. Laut Johann Herolt hatte *Prentz ... inen* [d.h. dem gesamten Rat, A.M.] *den Harnisch wol gefegt*, weil Hall auf dem Reichstag von Speyer mit den *Bäbstlern* unterschrieben hatte[131]. 1530 wurden drei weitere Ratsherren nicht wieder gewählt[132]. Die meisten der 1529 und 1530 abgewählten Herren kamen wenige Jahre später wieder in den Rat[133]. Aber auch 1530 unterschrieb Hall nach dem

57. Epitaph der Sybilla Egen in St. Michael (Nordwand). Die Inschrift über dem Epitaph erinnert an ihren zweiten Ehemann, den Stättmeister Anton Hofmeister.

Reichstag von Augsburg bei keiner Partei, sondern berief sich auf das künftige Konzil und ließ weiterhin – wie bisher schon – das Evangelium predigen[134].

Die Aussage von 1529, daß man glaube, weitere Neuerungen unterlassen zu können, kann wohl auch als Begründung für die lange Verzögerung bis zum Erlaß einer Kirchenordnung dienen, die ja bekanntlich erst 1543 erfolgte. Dem Rat genügte der Zustand von 1529, weitere durchgreifende Reformen schienen nicht mehr nötig zu sein. In den nächsten Jahren beschränkte er sich auf den Erhalt des Erreichten.

Zugleich spricht aus dieser Haltung die Rücksichtnahme auf die Verhältnisse im Reich und auf die Altgläubigen in der Stadt. Johannes Brenz war in den folgenden Jahren ebenfalls weniger mit Haller Angelegenheiten als mit denen des Reiches befaßt. 1530 allerdings demonstrierte er seinen ganz persönlichen Bruch mit der alten Kirche auch nach außen, indem er Margaretha Gräter, die Witwe des Ratsherrn Hans Wetzel, heiratete[135].

Um 1530 prägte der Protestantismus die Glaubenshaltung der Bevölkerung. In den Testamenten hatte sich seit 1525 der Tonfall geändert: Seiffrid Blannck empfiehlt seine Seele nur mehr der grundlosen unaussprechlichen Barmherzigkeit Gottes und bezeugt, im rechten, wahren, christlichen Glauben sterben zu wollen. 200 Gulden aus seinem Vermögen gingen an die Armen[136]. Die gleichen Formeln gebrauchten Barbara Kückenlaub 1528 und Jörg Hoffmann 1530[137]. Auch die weiteren, eindeutig protestantischen Testamente blieben bei diesen Empfehlungen, so z.B. das der Ursula Kraus 1547, die ihre Seele dem ewigen barmherzigen Gott empfahl[138], der Barbara Breuninger 1548[139], des Friedrich Bauer und seiner Ehefrau Anna Laidig 1548[140], oder des Ulrich Reichart 1550[141].

Ausführlicher sei das Testament der Anna Büschler, der Witwe des Michel Planck, von 1545 zitiert, in dem in diesen Jahren die protestantische Haltung sehr gut zum Ausdruck kommt. Sie empfahl 1545 ihre Seele demütig dem „barmherzigen, ewigen" Gott. Ihr toter Körper solle christlich begraben werden. Sie vergab einige Stiftungen an die Armen: So sollte ein schwarzes Tuch ihr auf die Bahre gelegt werden, danach aber zerschnitten und an die hausarmen Leute verteilt werden. Und sie stiftete zehn Gulden, die gleichfalls an die Hausarmen zu verteilen waren. Die restlichen Legate gingen an Verwandte[142].

Einige Testamente allerdings unterscheiden sich deutlich von diesem Muster. Der deutlichste Fall ist der der Sybilla Egen. In ihrem Testament vom 19. September 1531 empfahl sie ihre Seele dem allmächtigen Gott (nicht dem barmherzigen!), der Jungfrau Maria und der gesamten himmlischen Hierarchie. Sie verlangte ein Begräbnis in St. Michael oder der Schuppachkapelle (nicht auf dem Nikolaifriedhof)[143]. Gleichzeitig machte sie zwar ihre bekannten Stiftungen, deren Annahme dem Rat aber nicht problemlos erschien: zum einen, weil das ursprüngliche Stiftungskapital nicht ausreichte, die Ausgaben zu decken, zum anderen aber eben aus religiösen Gründen: Sybilla verlangte die Wiederherstellung der Messe, die der Rat doch abgeschafft hatte, und reservierte den Genuß ihrer Studienstiftung für die Mitglieder der Geschlechter, was dem Rat auch nicht gefiel[144]. Auch in den Jahren danach

scheint sich am katholischen Bekenntnis der Sybilla Egen nichts geändert zu haben: 1538 legierte sie ein „hölzernes Jesuskindlein" an eine Verwandte (Jungfrau Katharina Egen)[145]. Über die Anfertigung ihres Testamentes 1533 liegt im übrigen ein Notariatsinstrument von Georg Widman vor, dessen ablehnende Haltung der Reformation gegenüber bekannt genug ist[146]. Sybilla modifizierte später die Stiftungen, die ursprünglich auf Hieronymus Egen zurückgingen, und ließ sie einem Studenten aus der Gemeinde zukommen[147]. Weitere Empfänger ihrer Mildtätigkeit waren fromme Jungfrauen, Gesellen und arme Witwen mit einer Heiratsgutstiftung, drei Knaben mit der Stiftung von Lehrgeld, zwei Hebammen in Bibersfeld (oder Michelfeld) und in Lorenzenzimmern, die inmitten des Haller Landes dienstbereit sein sollten. Für die Bestreitung der Stiftungsausgaben gab Sybilla 145 Gulden 12 Schilling jährliche Einnahmen her[148]. Am 5. Mai 1533 erfolgte die Bestätigung dieser Stiftung durch die Stadt[149]. Mindestens die Lehrgeldstiftung funktionierte schon vor dem Tod Sybillas: Sie hatte die Bezahlung des Lehrgelds (8 Gulden) für Hänslin, Sohn des Burkhardt Straub, übernommen, der bei Niclaus Schmidel das Schneiderhandwerk erlernen sollte[150].

Schwäbisch Hall war also in der Mitte der 1530er Jahre eine weitgehend protestantische Stadt – mit einem katholischen Bevölkerungsteil, dem bis 1534 zwei Kirchen zur Verfügung standen: St. Johann und die Schuppachkirche. Das evangelische Kirchenwesen war zwar durch eine Fülle von Einzeldekreten befestigt, eine Kirchenordnung aber bestand noch nicht.

Das Haller Kirchenwesen entwickelte eine Ausstrahlung weit über die Grenzen der Stadt hinaus. Dies wurde auch dadurch erleichtert, daß seit 1536 ein Drucker in der Stadt ansässig war. Peter Braubach hatte zuvor sein Gewerbe in Hagenau ausgeübt, wo er unter anderem zahlreiche Werke von Johannes Brenz gedruckt hatte. Die Verbindung zu Brenz veranlaßte ihn vielleicht zur Übersiedelung nach Schwäbisch Hall. In den vier Jahren bis zu seinem Weggang nach Frankfurt am Main 1540 brachte er mindestens 40 Druckwerke heraus. Sein Nachfolger wurde 1543 – 1545 Pancratius Queck, der 1543 die erste Haller Kirchenordnung druckte[151].

1 Ludwig Richter, Geschichte der evangelischen Kirchenverfassung in Deutschland, Leipzig 1851, S. 28f.

2 StadtA Schwäb. Hall 4/54, fol. 122V: Vorrede zur „Reformation der Kirchen im hellischen Land". Auch abgedruckt bei Richter, Kirchenordnungen, S. 40 – 49.

3 Richter, Kirchenordnungen, S. 40.

4 Richter, Kirchenordnungen, S. 40. Die geforderte Einhelligkeit weist auf einen Beschluß des Städtetages von Speyer im September 1525 zurück: s. Georg Schmidt, Der Städtetag in der Reichsverfassung. Eine Untersuchung zur korporativen Politik der freien und Reichsstädte in der ersten Hälfte des 16. Jahrhunderts (Veröffentlichungen des Instituts für europäische Geschichte Mainz. Abteilung Universalgeschichte, Bd. 113) Stuttgart 1984, S. 490; Heinrich Richard Schmidt, Reichsstädte, Reich und Reformation. Korporative Religionspolitik 1521 – 1529/30 (Veröffentlichungen des Instituts für europäische Geschichte Mainz, Bd. 122) Stuttgart 1986, S. 238 – 242, vgl. a. ebd., S. 220 – 225 zum Städtetag in Speyer im Juli 1524 mit ähnlicher Aussage.

5 Richter, Kirchenordnungen, S. 40f. S.a. die Taufordnung von ca. 1530: Walther Köhler, Brentiana und andere Reformatoria II. In: Archiv für Reformationsgeschichte 9 (1912) S. 95 – 107.

6 Zit. nach Richter, Kirchenordnungen, S. 41.

7 Richter, Kirchenordnungen, S. 41.

8 Richter, Kirchenordnungen, S. 42.

9 Richter, Kirchenordnungen, S. 42.

10 Richter, Kirchenordnungen, S. 42.

11 Richter, Kirchenordnungen, S. 43f. Zum Abendmahl s.a. Württembergische Landesbibliothek Stuttgart, Cod. theol. fol. 297, fol. 49V – 54R: Wer nicht glaubt, findet im Abendmahl nur schlichtes Brot und schlichten Wein.

12 Richter, Kirchenordnungen, S. 44.

13 Richter, Kirchenordnungen, S. 44f.

14 1524 hatte Brenz sich bei Oekolampad, dem Basler Reformator, über die Kritik der Haller an der neuen Art, Fronleichnam zu begehen, beklagt: Maurer/Ulshöfer S. 48.

15 Richter, Kirchenordnungen, S. 45.

16 Richter, Kirchenordnungen, S. 46. Ein Haller Ratsmandat von 1527 bestrafte Gotteslästerung, Zutrinken, Frühstück, langwierige Abendzechen und Verkuppeln (Brenz, Frühschriften 2, S. 317) und setzte zwei Aufpasser in jeder Hauptmannschaft ein, die offenbar schnell sehr unpopulär waren (Brenz, Frühschriften 2, S. 317, 319 – 321). Im Entwurf einer Sendordnung von 1531 versuchte Brenz noch einmal, eine autonome Strafgewalt der Kirche durchzusetzen: W.Köhler, Brentiana (wie Anm. 5) S. 83.

17 Richter, Kirchenordnungen, S. 46f.

18 Richter, Kirchenordnungen, S. 47.

19 Richter, Kirchenordnungen, S. 47f.

20 Richter, Kirchenordnungen, S. 49.

21 Städtetage in Speyer, auf die hier Bezug genommen wird, fanden im Juli 1524 und im September 1525 statt: G. Schmidt, Städtetag (wie Anm. 4) S. 483 – 491. Danach wäre das Gutachten zur hällischen Kirchenordnung auf den Herbst 1525 oder 1526 zu datieren. Das Gutachten verweist auf eine Abendmahlsfeier am „nechst vergangen Cristag" (Richter, Kirchenordnungen, S. 43), wofür der Weihnachtstag 1525 oder 1526 in Frage kommt. Vgl. Brenz, Frühschriften 1, S. 281. Die zeitliche Abfolge könnte also sein: 1) Städtetag in Speyer Juli 1524, Abendmahlsfeier 25. 12. 1525, Gutachten Anfang 1526; 2) Städtetag September 1525, Abendmahl 25. 12. 1525, Gutachten Herbst 1526; 3) Städtetag September 1525, Abendmahl 25. 12. 1526, Gutachten Anfang 1527. Die erste Möglichkeit hat den

Nachteil, daß ein Rückbezug auf den Städtetag in Speyer vom Juli 1524 den zweiten, mittlerweile in Speyer veranstalteten Städtetag vom September 1525 überspringen würde, der bei dieser Datierung erst vier oder fünf Monate zurücklag. Die zweite Möglichkeit löst die enge Verbindung von Abendmahlsfeier und Gutachten auf, zumal mittlerweile an Ostern 1526 ein weiteres Abendmahl hätte stattfinden müssen, auf das bei Ausarbeitung des Gutachtens doch wohl rekurriert worden wäre. Die dritte bietet keine Probleme, außer daß der Städtetag schon eineinhalb Jahre zurücklag. Zur Datierung der Abendmahlsfeier s. unten.

22 Richter, Kirchenordnungen, S. 49.

23 Brenz, Frühschriften 1, S. 281; StadtA Schwäb. Hall 4/54, fol. 159V – 160R. Das Schriftstück ist eindeutig auf 1526 datiert. Da für Hall aber Datierung nach dem Weihnachtsstil, d.h. Jahresbeginn an Weihnachten, angenommen werden könnte (Friedrich Pietsch, Die Urkunden des Archivs der Reichsstadt Schwäbisch Hall, Bd. 1, Stuttgart 1967, S. 35*: Weihnachtsstil 1497 bis 1539), käme auch 1525 in Frage. Die auf der Grundlage von zwei Belegen gewonnene apodiktische Aussage von Pietsch läßt sich aber nicht halten: 1523 ist ein Eintrag in den Ratsprotokollen eindeutig nach Neujahrsstil datiert (Sonntag Johann Evangelista 1523, d.h. 27. 12. 1523, 1524 war Johann Evangelista ein Dienstag). Die Frage der Datierung des Abendmahls scheint mir damit endgültig zugunsten des Weihnachtstages 1526 gelöst. Auch Brenz datierte nach Neujahrsstil: s. seine Schreiben v. 28. 12., 30. 12. und 31. 12. 1546 bei Pressel, Anecdota, S. 259 – 262. Nach Krüger, Schriftdenkmale (wie S. 58 Anm. 29) S. 63 soll Brenz das erste Abendmahl am Dreikönigsaltar mit dem Kelch des Kilian Kempfenagel gespendet haben.

24 Das Patronat über St. Katharina hatte der Haller Rat zu Beginn des Jahres 1526 vom Kloster Murrhardt erworben, das sich durch den Bauernkrieg in arg zerrütteten Verhältnissen befand: StadtA Schwäb. Hall 17/611 C 6, 16. 2. 1526 und 5/623.

25 Datum nach Herolt-Chronik S. 189.

26 Herolt-Chronik S. 189 (hier gibt er das Datum 1534), S. 112 steht 1539. Widman-Chronik S. 369f gibt kein Jahresdatum (in den vorherigen Einträgen ist aber von 1533, im nachfolgenden von 1534 die Rede), verbindet aber die Schließung von St. Johann und der Schuppach miteinander. In StadtA Schwäb. Hall 4/469, fol. 116V – 117V befindet sich ein Bericht des Haller Stadtschreibers über Konsultationen in Nürnberg, die unter anderem auch die Schließung der Schuppach und St. Johanns für den katholischen Gottesdienst betrafen. Diese Beratungen fanden in der Margarethenwoche (also Mitte Juli) 1534 statt.

27 StadtA Schwäb. Hall 5/609, Schr. v. 20. 7. 1543. Hintergrund des folgenden Streits war die Frage, wer diesen Pfarrer zu besolden hatte. Die Stadt Hall hatte die Zehnten der Kommende 1543 zugunsten des neuen Pfarrers eingezogen. Man einigte sich schließlich auf einen Betrag von 40 Gulden jährlich, die die Kommende zum Unterhalt des Pfarrers beisteuern sollte. Von 1589 bis 1593 verweigerte der Schaffner des Komturhauses aber die Bezahlung: StadtA Schwäb. Hall 5/609, Schr. v. 7. 7. 1592 und 1. 8. 1593.

28 Pfarrerbuch Württ. Franken, Bd. 1, S. 20f; ebd., Bd. 2, S. 128f. Jacob Gräter war ein Neffe von Johannes Brenz, Michael Gräter und Johann Isenmann!

29 StadtA Schwäb. Hall 5/653b. 1534 war Georg Widman eine Pfründe in St. Michael vom Würzburger Bischof verliehen worden. Die Altarpfründen waren also offenbar noch lange nicht aufgehoben und wurden sogar nach dem Tod ihrer katholischen

Inhaber nochmals verliehen, obwohl die mit den Stiftungen verbundenen Aufgaben nicht mehr wahrgenommen wurden: s. Christian Kolb, Des Haller Chronisten Georg Widman Leben. In: WFr NF 6 (1897) S. 34.

30 StadtA Schwäb. Hall 4/469, fol. 116V.

31 StadtA Schwäb. Hall 4/469, fol. 116V – R.

32 Köhler, Brentiana (wie Anm. 5) S. 81f.

33 StadtA Schwäb. Hall 4/490, fol. 40V – 44V. Abschrift ebd., fol. 289V – 295R. Vgl. Kuno Ulshöfer, Zum Bestattungswesen der Reichsstadt Hall. Mit einer Gebührenordnung aus der Zeit um 1520. In: Wolfgang Schmierer, Günter Cordes, Rudolf Kieß, Gerhard Taddey (Hg.), Aus südwestdeutscher Geschichte. Festschrift für Hans-Martin Maurer. Dem Archivar und Historiker zum 65. Geburtstag, Stuttgart 1994, S. 325 – 341.

34 *Am Palmabent von ainem jeden Schueler ain oder [zwei] Pretzen, die [ainen] [Pfennig] gelten oder [ainen Pfennig] darfür.* Später gestrichen. StadtA Schwäb. Hall 4/490, fol. 42V. Ulshöfer, Bestattungswesen (wie Anm. 33) S. 332 interpretiert die Bestimmung so, als ob den Knaben die Bretzel zugestanden hätte. Vgl. aber auch den Revers von Bartholomäus Stich!

35 Letzen = Lektionen.

36 2 Heller = 1 Pfennig; Böhmischer = böhmischer Groschen.

37 StadtA Schwäb. Hall 17/564a: 27. Oktober 1513. S.a. den Revers von Thoman Ruscher vom 19. Juli 1471, in dem nur die Kündigungsfrist und die Anerkennung des hällischen Gerichts vereinbart ist: StadtA Schwäb. Hall 17/316a. Vgl. Wilhelm Kolb, Schola latina und Gymnasium illustre in Schwäbisch Hall, Nachdruck der Ausgabe von 1916, Schwäbisch Hall 1980, S. 12f; Gerd Wunder, Die Bürger von Hall. Sozialgeschichte einer Reichsstadt 1216 – 1802 (Forschungen aus Württembergisch Franken 16) Schwäbisch Hall 1980, S. 114; Karl Hermann Kern, Schwäbische Schulordnung vom Jahre 1543 und ihre Beziehung zu der Württemberger Schulordnung 1559 (Beilage zum Jahresbericht des K.B. Progymnasiums Kitzingen für das Schuljahr 1900/01, Kitzingen 1901, S. 1; Abdruck der Paktverschreibung Ruschers bei Johannes Müller, Vor- und frühreformatorische Schulordnungen und Schulverträge in deutscher und niederländischer Sprache. 2. Abteilung: Schulordnungen etc. aus den Jahren 1505 – 1523 nebst Nachträgen vom Jahre 1319 an, Zschopau 1886, S. 321 – 322 (mit falschem Namen: Thoman Vischer!).

38 S. Christian Kolb, Zur Geschichte des alten Haller Gymnasiums. In: Festschrift des Königlichen Gymnasiums Schwäbisch Hall zur Feier des fünfundzwanzigjährigen Regierungsjubiläums Sr. Majestät des Königs Karl, zugleich Programm für das Schuljahr 1888/89, Schwäbisch Hall 1889, S. 8 – 11 und S. 49 – 52 (Abdruck dieser Ordnung). Vgl. Kolb, Schola latina (wie Anm. 37) S. 14 – 16. Abdruck der Paktverschreibung bei Johannes Müller, Vor- und frühreformatorische Schulordnungen und Schulverträge in deutscher und niederländischer Sprache. 2. Abteilung: Schulordnungen etc. aus den Jahren 1505 – 1523 nebst Nachträgen vom Jahre 1319 an, Zschopau 1886, S. 175 – 180.

39 StadtA Schwäb. Hall 4/54, fol. 145R – 149R; Richter, Kirchenordnungen, S.48.

40 Weismann, Katechismen, S. 39 – 232.

41 Auswertung der Beetlisten 1521, 1535 und 1549. Vgl. Wunder, Bürger (wie Anm. 37) S. 111; Gerhard Wunder, Georg Lenckner, Die Bürgerschaft der Reichsstadt Schwäbisch Hall von 1395 bis 1600 (Württembergische Geschichtsquellen 25) Stuttgart, Köln 1956, S. 472, 529.

42 StadtA Schwäb. Hall 5/939a.

43 StadtA Schwäb. Hall 5/939a.

44 StadtA Schwäb. Hall 5/567: Haller Kirchenordnung von 1543.

45 StadtA Schwäb. Hall 5/939a: Der erste Teil der Schulordnung ist dem Auswendiglernen des Katechismus gewidmet.

46 Weismann, Katechismen, S. 52f.

47 Kern, Schwäbische Schulordnung (wie Anm. 37) passim. S.a. Kolb, Schola latina (wie Anm. 37) S. 21 – 26.

48 Vgl. Kern, Schwäbische Schulordnung (wie Anm. 37) S. 52.

49 Kern, Schwäbische Schulordnung (wie Anm. 37) S. 51f. Namentlich belegt sind für die Jahre 1525 bis 1548 maximal drei Lehrer nebeneinander an der Lateinschule: Pfarrerbuch Württ. Franken, Bd. 1, S. 17f.

50 Kern, Schwäbische Schulordnung (wie Anm. 37) S. 52, 66 (mit den Angaben zur Besoldung: 100, 50, 46, 36 und 14 Gulden, letzterer hatte außerdem eine Herrenpfründe im Spital); Wunder, Bürger (wie Anm. 37) S. 114; Kolb, Schola latina (wie Anm. 37) S. 26.

51 Brenz, Frühschriften 2, S. 213f.

52 Brenz, Frühschriften 2, S. 213.

53 Brenz, Frühschriften 2, S. 214f.

54 Brenz, Frühschriften 2, S. 217, 245 – 249, 277 – 280.

55 Brenz, Frühschriften 2, S. 214 – 222.

56 Brenz, Frühschriften 2, S. 227. Diese Befugnis, eine heimliche Ehe rückgängig zu machen, wurde schon im *Statut, dadurch heimliche Vermehelung ... verhindert werden mag* der Obrigkeit übertragen: ebd., S. 234.

57 Brenz, Frühschriften 2, S. 228.

58 Brenz, Frühschriften 2, S. 228.

59 Brenz, Frühschriften 2, S. 229.

60 Brenz, Frühschriften 2, S. 229. S.a. das Ehegutachten von 1529: ebd., S. 257 – 269. Vgl. Köhler, Brentiana IV (wie S. 58 Anm. 45) S. 241 – 268.

61 Brenz, Frühschriften 2, S. 266.

62 Brenz, Frühschriften 2, S. 230 (Eheordnung), S. 269 – 276 (Ehegutachten).

63 Brenz, Frühschriften 2, S. 275.

64 Brenz, Frühschriften 2, S. 277.

65 Brenz, Frühschriften 2, S. 277.

66 Brenz, Frühschriften 2, S. 231, 280f (Ehebruch als Ehescheidungsgrund), S. 290 – 296 (andere Ehescheidungsgründe).

67 Brenz, Frühschriften 2, S. 231 – 233, 281 – 289.

68 Brenz, Frühschriften 2, S. 289f.

69 Brenz, Frühschriften 2, S. 249.

70 Brenz, Frühschriften 2, S. 250f.

71 Brenz, Frühschriften 2, S. 252f. Vgl. Köhler, Brentiana IV (wie S. 58 Anm. 45) S. 269f.

72 Brenz, Frühschriften 2, S. 252.

73 Brenz, Frühschriften 2, S. 318.

74 Brenz, Frühschriften 2, S. 322.

75 Brenz, Frühschriften 2, S. 328 – 330.

76 Brenz, Frühschriften 2, S. 322 – 327.

77 Brenz, Frühschriften 2, S. 327f. Vgl. zum gesamten Text: Köhler, Brentiana IV (wie S. 58 Anm. 45) S. 276 – 279.

78 Brenz, Frühschriften 2, S. 229f.

79 Walther Köhler, Brentiana und andere Reformatoria III. In: Archiv für Reformationsgeschichte 10 (1912/1913) S. 166 – 168.

80 Köhler, Brentiana III (wie Anm. 79) S. 169. Riffianer = Lotterbube, Hurenjäger.

81 Walther Köhler, Brentiana und andere Reformatoria XIII. In: Archiv für Reformationsgeschichte 26 (1929) S.255 – 258.

82 S. Martin Brecht, Martin Luther, Bd. 2: Ordnung und Abgrenzung der Reformation, Stuttgart 1986, S. 118 – 122.

83 Wiebke Schaich-Klose, Die Rechtsordnung bei Johannes

Brenz. In: BWKG 70 (1970) S. 101.

84 Martin Brecht, Brenz als Zeitgenosse. In: BWKG 70 (1970) S. 20.

85 Brenz, Frühschriften 1, S. 131.

86 Schaich-Klose, Rechtsordnung (wie Anm. 83) S. 104.

87 Ebd., S. 102.

88 Ebd., S. 102.

89 S. James Martin Estes, Church Order and the christian Magistrate according to Johannes Brenz. In: Archiv für Reformationsgeschichte 59 (1968) S. 1 – 24.

90 Ein Beispiel ist sein Gutachten *Von etlich Regimenten und was sich ein Amtmann darin verhalten und befleißigen solle* (StadtA Schwäb. Hall 4/53, fol. 1V – 13R).

91 Brecht, Brenz als Zeitgenosse (wie Anm. 84) S. 21.

92 Brenz, Frühschriften 1, S. 126.

93 Ebd., S. 127. Andernorts verlangt er allerdings, sich der Türkenherrschaft zu entziehen, da man sich sonst deren Gotteslästerung und Sünden teilhaftig mache.

94 Brenz, Frühschriften 1, S. 127, mit Verweis auf Apg. 5, 29: „Man soll Gott mehr gehorchen als den Menschen."

95 Ebd., S. 128.

96 Ebd., mit Verweis auf Matth. 5, 38 – 41 (Bergpredigt).

97 Ebd., S. 130.

98 Ebd., S. 173.

99 Zit. nach Schaich-Klose, Rechtsordnung (wie Anm. 83) S. 100.

100 Ebd., S. 117.

101 Ebd., S. 114.

102 Ebd.

103 Ebd., S. 109 – 110, 116. Häufig werden das „Corpus iuris civilis" und die „Constitutio Criminalis Bambergensis" zitiert, letztere ohne Nennung.

104 Ebd., S. 115.

105 Etwa bei der Zulässigkeit von Ehen.

106 Schaich-Klose, S. 113.

107 Ebd., S. 112. Ihm steht dafür der privatklageähnliche Akkusationsprozeß offen.

108 StadtA Schwäb. Hall 4/53, fol. 290R.

109 Ebd.

110 Schaich-Klose, Rechtsordnung (wie Anm. 83) S. 114.

111 Ein wichtiger Exponent der Täuferbewegung war der Haller Kürschner Melchior Hofmann. Zu ihm s. u.a. Klaus Deppermann, Melchior Hofmann. Soziale Unruhen und apokalyptische Visionen im Zeitalter der Reformation, Göttingen 1979.

112 Heinold Fast, Täufer. In: Die Religion in Geschichte und Gegenwart, Tübingen[3] 1962, Bd. 6, Sp. 601 – 604.

113 Gottfried Seebaß, An sint persequendi haeretici? Die Stellung des Johannes Brenz zur Verfolgung und Bestrafung der Täufer. In: BWKG 70 (1970) S. 43 – 45. Das Gutachten wurde wohl nicht durch den Rat, sondern durch Stadtschreiber Lazarus Spengler erbeten, einen entschiedenen Gegner der Todesstrafe für Täufer.

114 Brenz, Frühschriften 2, S. 482.

115 Brenz, Frühschriften 2, S. 483.

116 Brenz, Frühschriften 2, S. 487.

117 Brenz, Frühschriften 2, S. 491.

118 Seebaß, Haeretici (wie Anm. 113) S. 45.

119 Seebaß, Haeretici (wie Anm. 113) S. 46 – 47, Brenz, Frühschriften 2, S. 497.

120 Seebaß, Haeretici (wie Anm. 113) S. 48.

121 Ebd. S. 53.

122 Ebd. S. 98.

123 Ebd. S. 51.

124 Ebd. S. 98.

125 Ebd. S. 80 – 81; Georg Lenckner, Täufer im Gebiet der Reichsstadt Schwäbisch Hall. In: WFr 48 (1964) S. 16 – 28. Es handelte sich meist um Württemberger, die auf dem Weg nach Mähren aufgegriffen wurden. Ein Beispiel in StadtA Schwäb. Hall 4/79, S. 117.

126 Seebaß, Haeretici (wie Anm. 113) S. 97.

127 Brenz, Frühschriften 2, S. 474.

128 Brenz, Frühschriften 2, S. 475.

129 Württembergische Landesbibliothek Stuttgart, Cod. theol. fol. 297, fol. 244V – 245R. Vgl. Brenz, Frühschriften 2, S. 161 – 168.

130 Wunder, Haller Rat und Johannes Brenz, S. 60.

131 Herolt-Chronik S. 252f; Wunder, Haller Rat und Johannes Brenz, S. 60.

132 Wunder, Haller Rat und Johannes Brenz, S. 60.

133 Wunder, Haller Rat und Johannes Brenz, S. 60.

134 Herolt-Chronik S. 252f.

135 Vgl. Rentschler, Brenz S. 36f.

136 StadtA Schwäb. Hall 6/17.

137 StadtA Schwäb. Hall 6/18 und 6/19.

138 StadtA Schwäb. Hall 6/25.

139 StadtA Schwäb. Hall 6/26.

140 StadtA Schwäb. Hall 6/28.

141 StadtA Schwäb. Hall 6/32.

142 StadtA Schwäb. Hall 4/490, fol. 196V – 203R.

143 StadtA Schwäb. Hall 6/20.

144 StadtA Schwäb. Hall 6/20.

145 StadtA Schwäb. Hall 6/20.

146 StadtA Schwäb. Hall 6/20.

147 StadtA Schwäb. Hall 6/20. Vgl. StadtA Schwäb. Hall 17/642 und 17/643.

148 StadtA Schwäb. Hall 17/642, 2. 5. 1533.

149 StadtA Schwäb. Hall 17/643, 5. 5. 1533.

150 StadtA Schwäb. Hall, Bestand 7, unverzeichnet.

151 German, Buchdruckerkunst.

5 Die Krise der Reformation

Vor dem Schmalkaldischen Krieg

Die Stadt Schwäbisch Hall hatte seit Beginn der Reformation kaum eine Gelegenheit verstreichen lassen, ihre Treue gegen Kaiser und Reich zu betonen. Alle Maßnahmen, die als antikaiserlich hätten verstanden werden können, wurden nur sehr zögerlich und mit großer Vorsicht begonnen. Der Nürnberger Ratsschreiber Lazarus Spengler, den Schwäbisch Hall bei schwierigen Fragen konsultierte[1], hatte schon 1526 pessimistisch vermutet, daß den meisten Städten ein gnädiger Kaiser wichtiger sei als ein gnädiger Gott[2].

Deshalb wurde der Besuch des zum Reichstag nach Regensburg reisenden Kaisers im Jahre 1541 in Schwäbisch Hall mit einiger Unruhe gesehen. Man wußte nicht, ob er in die religiösen Angelegenheiten eingreifen würde: *Es besorgt sich gemaine Statt, man werdt inen etwas der Religion halbenn im Aydt zumutten*[3]. Diese Befürchtungen waren grundlos, Karl V. ließ die religiösen Streitpunkte unerwähnt, *wiewol ettlich Papisten gen Hall luffen in Hoffnung, sie wollten sehen, wie man dem Prediger Johann Brentzen, dem Pfarherrn, und andern die Köpff abschlag*[4]. Der Kaiserbesuch ging mit allem Prunk, dessen die Stadt fähig war, vorüber. Die Reformation wurde mit neuem Schwung vorangetrieben und durch den Erlaß einer Kirchenordnung zum Abschluß gebracht. Vermehrte Aufmerksamkeit galt den Landpfarreien. Dem Gelbinger Pfarrer Georg Widman, einem Gegner der Reformation, die für ihn nur *Lutterey* war[5], wurde schon 1540 verboten, weiter die Messe zu lesen. 1541 wurde er erneut ermahnt, endlich die Reformation in Gelbingen durchzuführen. 1542 schließlich verlor der Rat die Geduld und zitierte Widman, um Auskunft über sein Leben und seine Lehre zu geben. Widman erklärte bei diesem Verhör, er lehre das Evangelium und sei mit der Mutter seiner Kinder, Anna Groß aus Bühlertann, schon lange verheiratet[6]. Diese Serie von Verhören und Ermahnungen steht sicher mit der Durchführung der Reformation in den Haller Landgemeinden in Zusammenhang, in denen nun die katholischen Bräuche ebenfalls abgeschafft werden sollten. Von 1535 datiert z.B. eine Gottesdienstordnung für Bibersfeld. Da der damalige Pfarrer dieses Dorfes keineswegs bereit war, sich der neuen Lehre anzuschließen, ist es fraglich, ob

58. Porträt Kaiser Karl V. Holzschnitt.

59. Notariatssignet von Georg Widman, Pfarrer von Gelbingen und Erlach, 1533. Widman beurkundete das Testament der Sybilla Egen.

60. Revers von Johannes Brenz über seine Anstellung als
Prediger auf Lebenszeit, 1549.

61. Epitaph des Reinsberger Pfarrers und Haller Chronisten Johann Herolt, ca. 1562. Johann Herolt zählte unter den Landpfarrern zu den ersten und eifrigsten Anhängern der Reformation. Die Umsetzung der neuen Lehre durch den Haller Rat und Johannes Brenz schilderte er aus eigener Anschauung.

diese Ordnung jemals umgesetzt wurde. Erst 1542 konnte die Pfarrei mit einem Protestanten neu besetzt werden[7]. Auch in vielen anderen Pfarreien des Haller Landgebiets markieren die Jahre zwischen 1535 und 1542 den Übergang zur Reformation, so in Großaltdorf und Haßfelden, Enslingen, Geislingen und Gailenkirchen, Jungholzhausen und Michelfeld, Orlach und Tüngental, Untersontheim und Westheim. Vor 1530 scheint sich eine von Hall ausgehende Reformation lediglich in der Pfarrei Reinsberg durchgesetzt zu haben, wo Johann Herolt Pfarrer war. Rieden bildet einen Sonderfall, da es keine eigenständige Pfarrei war, sondern durch einen von Hall bestellten Vikar, der schon früh lutherisch war, versehen wurde. In Untermünkheim hatte sich die Reformation um 1530 etabliert; Ilshofen erhielt 1532 einen protestantischen Pfarrer. Die anderen frühen Reformationsversuche im ländlichen Raum gin-

gen auf andere Herrschaften zurück: Lorenzenzimmern war schon um 1520 von den Herren von Gemmingen reformiert worden, Oberaspach 1533 durch Brandenburg-Ansbach[8].

Das erste Dokument, das den Erfolg der Reformation auf dem Land belegt, ist das Gültbuch der Oberlandesheiligenpflege von 1535. Die Zentralisierung der ländlichen Stiftungsvermögen in Hall war durchgeführt worden[9]. Schon seit ca. 1526 waren die Heiligenrechnungen in Hall abgehört worden, nicht mehr auf dem Land, was selbst bei überzeugten Lutheranern wie Johann Herolt zu Widerständen führte[10].

1542 schloß der Rat die Neuorganisation der Haller Kirche ab: das Landkapitel wurde wiedererrichtet (erster Superintendent wurde Johann Isenmann). 1543 folgte als äußerlicher Ausdruck der Erlaß der Kirchenordnung: *das gleiche Zerimonien gehalten werden sollten*[11]. Inhalte und Formen des religiösen Lebens in Stadt und Land, unabhängig von den Fähigkeiten und Überzeugungen des jeweiligen Pfarrers, einheitlich zu gestalten, bildete das Hauptziel der Kirchenordnung. Nach einem Hinweis auf die Augsburgische Konfession als Glaubensgrundlage der hällischen Kirche folgen die Kapitel über die Taufe, die Nottaufe, den Katechismus, die Absolution und das Abendmahl. Daran schlossen sich die Texte des *gemeinen Gebeet* an, wobei auch Gebetstexte für Zeiten der Pest, der Teuerung und des Kriegs vorgesehen waren. Eine spezielle Litanei bezieht sich auf den Türkenkrieg. Den Eheleuten, dem Kirchengesang, der Kleidung in der Kirche (keine bestimmten Vorgaben, aber da die Kirche an den Gebrauch des Chorrocks gewöhnt ist, soll er beibehalten werden) und den Feiertagen (deren Liste sich mit der des Gutachtens zur Kirchenordnung von 1526/27 in etwa deckt)[12] galten weitere Abschnitte. Bis ins einzelne geregelt wurden die Ordnungen für die Gottesdienste an Sonn-, Feier- und Werktagen. Die seelsorgerlichen Aufgaben bei Krankheit und Tod bildeten den Abschluß der Kirchenordnung, deren Schlußzitat *Lasset alles züchtiglich und ordenlich zugehn,* noch einmal einen der reformatorischen Hauptgedanken betont[13].

Die Reformation konnte damit als abgeschlossen gelten. Johannes Brenz wurde zum lebenslangen Prädikanten der Stadt Schwäbisch Hall angenommen. Er erhielt freie Wohnung in der 1528 neu erbauten oder doch wesentlich vergrößerten Prädikatur[14] und eine Besoldung von 200 Gulden. Von allen Steuern (mit Ausnahme Bodenschatz

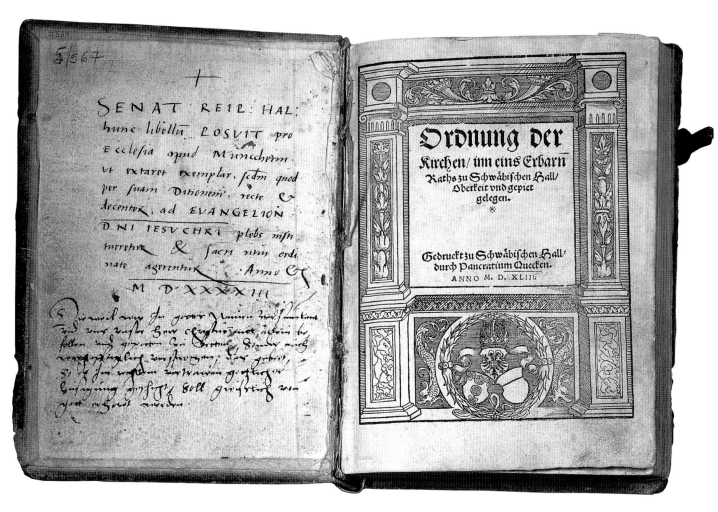

62. Kirchenordnung der Stadt Schwäbisch Hall von 1543: Titelblatt. Es handelt sich, wie der Vermerk auf der Einbandrückseite ausweist, um das Exemplar, das der Pfarrei Untermünkheim zur Verfügung gestellt wurde.

und Ungeld) auf sein eigenes Vermögen, wie er es 1543 besaß, wurde er befreit. Seinem Sohn wurde für die Dauer seines Studiums ein jährliches Stipendium von 50 Gulden zugesprochen[15].

Die Kirchenordnung, die *ordinatio ecclesiastica Hallensis*, galt auch der Haller Leichenrede von 1570 als einer der Höhepunkte von Brenz' Schaffen – neben dem Katechismus[16]. Auf den Höhepunkt folgte allerdings zunächst eine Krise: *Hispanorum adventus in urbem metum et terrorem incussit omnibus* (die Ankunft der Spanier in der Stadt trieb alle in Furcht und Schrecken)[17].

Der Weg zum Krieg

Das Scheitern des Wormser Reichstags von März bis August 1545, der ohne Einigung in der Religionsfrage und mit einer Blockade in anderen dringenden Problemen geendet hatte, ließ die Gefahr eines Krieges offensichtlich werden. Johannes Brenz machte sich über die Chancen einer Lösung wenig Illusionen, hoffte aber auf den Kaiser, den er für einen sehr milden Fürsten hielt[18].

Während die Protestanten, die durch den Tod Martin Luthers am 18. Februar 1546 ihre führende Persönlichkeit verloren hatten, bis in den Sommer 1546 keine Anstalten unternahmen, sich auf den absehbaren Konflikt vorzubereiten, hatte der Kaiser Schritt für Schritt die Voraussetzungen für den Krieg gegen die Schmalkaldener geschaffen. Ein Friedensschluß mit Frankreich und ein Waffenstillstand mit den Osmanen machten ihm den Rücken frei; neben katholischen Verbündeten konnte er auch protestantische Fürsten auf seine Seite ziehen, deren bedeutendster Herzog Moritz von Sachsen war.

Schmalkaldischer Krieg und Flucht

▬ Krieg, Niederlage und Unterwerfung

Der am 5. Juni 1546 in Regensburg eröffnete Reichstag machte den Weg endgültig frei für den Krieg. Die Katholiken wollten die Religionsfrage nur noch auf dem im Dezember 1545 eröffneten Trienter Konzil beraten, während die Protestanten ein freies Konzil in Deutschland verlangten. Die Reichsacht gegen den Kurfürsten von Sachsen und den Landgrafen von Hessen vom 20. Juli bestätigte nur den bereits bestehenden Kriegszustand. Als Kriegsgrund wurde der Friedensbruch gegenüber dem in Hessen gefangengehaltenen Herzog Heinrich von Braunschweig genannt – dies sollte den Charakter eines Religionskrieges verwischen. Neben der Niederwerfung der Protestanten ging es Karl auch um eine Ausweitung der kaiserlichen Macht.

Das zögerliche Vorgehen der schmalkaldischen Truppen, die durch das Fehlen eines einheitlichen Oberbefehls und grundsätzliche Bedenken gegen einen Kampf mit dem Kaiser geschwächt wurden, verhinderte einen möglichen Erfolg der Protestanten. Schauplatz des Feldzugs war zunächst der Donauraum, wo man ohne größere Kampfhandlungen hin und her manövrierte. Schwäbisch Hall hatte nicht weniger als 400 Mann ins Feld gestellt. Wie bei Feldzügen dieser Zeit üblich, verursachten Hunger, Regen, Kälte und Schmutz im schmalkaldischen Feldlager bei Giengen an der Brenz bald ein Massensterben. Als Ersatz bot man Landsassen auf; auch 150 hällische Bauern traf dieses trübe Schicksal. Schließlich zwang das Eingreifen von Moritz von Sachsen Kurfürst Johann Friedrich zum Abmarsch nach Norden. Das demoralisierte und dezimierte Heer der Schmalkaldener löste sich im November auf[19]. Der Kaiser zwang nun systematisch die süddeutschen Bundesangehörigen zur Unterwerfung, bevor er sich im folgenden Jahr gegen Kurfürst Johann Friedrich von Sachsen wandte.

Während sich noch hessische Truppen in der Stadt Hall befanden, die 300 Tote zurückließen und vom Reichsstift Comburg 1000 Gulden Brandschatzung[20] erpreßten, schickte der Haller Rat am 2. Dezember 1546 in realistischer Einschätzung der Lage einen Boten an den Kaiser, um die Unterwerfung der Stadt mitzuteilen. „Der Kaiser nahm Hall in Gnaden an; aber von der Erhaltung der Privilegien und über die religiösen Verhältnisse kein Wort", beschrieb Brenz das Ergebnis[21] – der Sieger enthielt sich zur vielfachen Verwunderung der Unterlegenen zunächst jeder Regelung der religiösen Frage.

Der Rat ließ aus Furcht vor der marodierenden Soldateska des von Kirchberg her anmarschierenden Kaisers die Landheg bei Wolpertshausen mit 100 Bauern besetzen, um erst Karl V. einzulassen. Dieses naive Unternehmen endete damit, daß der hällische Hauptmann mit sechs Bauern erstochen und der Rest verjagt wurde[22].

Am 16. Dezember hielt Karl V. mit 20.000 Soldaten seinen Einzug in Hall. Der Rat übergab dem Stadtherrn ein goldenes Gefäß mit 1000 Goldstücken; einen Fußfall der Ratsherren nahm die im Hause Philipp Büschlers, dem heutigen Hotel „Adelshof", residierende Majestät nicht an. Allerdings hatten die Haller insgesamt rund 60.000 Gulden Strafgelder zu zahlen und die Quartierlasten zu tragen. Mit dem Kaiser kamen auch Gesandte protestantischer Stände, um sich dem Sieger zu unterwerfen. Sowohl Kurfürst Friedrich von der Pfalz als auch die Botschafter Ulms mußten eine demütigende Behandlung über sich ergehen lassen, bevor sie begnadigt wurden[23].

Unter den überall in Hall und Umgebung lagernden Soldaten brach eine unbekannte Seuche aus; manche der Kranken fielen in die großen Feuer, die man auf den Gassen angezündet hatte, und verbrannten darin. In verschiedenen Häusern wurden Lazarette eingerichtet – die gesamte Ausstattung, Essen und Medizin hatten die Haller beizusteuern. Das Spital wurde durch die Soldaten *vergifft*, so daß dessen Pfründner wohl *halben sein daraus gestorben*[24]. Allein in der Stadt starben mindestens 600 Spanier. Auf dem Land fanden die vor den plündernden Besatzern geflohenen Bauern bei ihrer Rückkehr *vil dotter Spanier underm Hay und Stro ligend*[25], die sie hinter den Hecken verscharrten. Den ungeschickten Versuch eines Weckriedener Bauern, sich für Plünderungen durch Dieb-

63. *Marodierende Landsknechte plündern in einer Stadt.*
Schwäbisch Hall litt schwer unter den kaiserlichen Besatzungen.
Holzschnitt von Hans Weidlitz.

stahl an einem Offizier schadlos zu halten, ließ der Kaiser drakonisch bestrafen[26]. Zwei Spanier, die ihren Fähnrich ermordet hatten, wurden auf dem Marktplatz auf einen *Metzler-Schragen* gelegt und *abgestochen*[27].

Am 23. Dezember verließ Karl V. mit dem Hauptteil seiner Truppen die Stadt in Richtung Heilbronn. Einquartierungen waren aber auch weiterhin zu erdulden. 1547 hatte die Stadt zwei Monate lang 10 Fähnlein italienische Reiter zu ertragen, „ein böses, gottloses Volk, ... die thaten allhier großen Schaden, sie pflegten wenig gut zu machen und zu bezahlen, sondern die bedrängte Stadt Hall und das Land mußten allen Aufgang bezahlen"[28].

Erste Flucht und Rückkehr

Johannes Brenz hatte sich in Wort und Schrift als entschiedener Gegner der kaiserlichen Politik bewiesen. Eine Einigung auf der Basis des Trienter Konzils lehnte er ab. Das Papsttum sei ein Antichristentum; man könne sich mit ihm ebensowenig vergleichen wie Josua und die Israeliten mit den Kanaanitern[29]. Gegenüber dem Markgrafen von Ansbach hatte er betont, daß es zulässig sei, dem Kaiser die Hilfe zu verweigern, falls dieser die Protestanten angreife[30]. Unter dem Eindruck des Krieges hatte er schließlich geäußert, daß die Verteidigung nicht ungerecht und keine Verletzung des Glaubens sei. Dies vertrat er auch öffentlich in seinen Predigten[31]. Er hatte so allen Grund, die Einmarschierenden zu fürchten und zumindest die belastenden Papiere zu beseitigen; doch er vertraute auf die Begnadigung der Stadt und das althergebrachte Recht der Geistlichen, vor Einquartierung verschont zu bleiben.

Möglicherweise kam es zu einer direkten Begegnung zwischen Brenz und Karl V.. Einem Brief Philipps von Hessen zufolge wurde ersterer beinahe durch spanische Soldaten ermordet. Als der Kaiser von dem Zwischenfall hörte, gab er ihm eine Leibwache. Brenz hielt vor Karl V. eine Predigt, die diesem so gut gefiel, daß er seine Pläne nach dem Sieg andeutete. Dann wolle er *allenthalben die Gelerten zusamen erfordern, sie von Glaubens Sachen reden lassen unnd darnach darin verordnen, was recht und der Schrifft gemesz sein werde*[32] – ein Hinweis auf das „Interim" von 1548. Brenz selbst verschweigt diese Episode. Ihm zufolge wurde er von randalierenden Soldaten aus dem Haus gejagt. Diesen folgte am Tag danach ein spanischer Bischof, der die Schreibpulte aufbrechen ließ und sich seiner Briefe und Predigten bemächtigte. Deren Inhalte wurden „entstellt und vergrößert" vor den Kaiser gebracht, was ihn zur sofortigen Flucht zwang.

Brenz versteckte sich zunächst in der Stadt, verließ diese aber auf Drängen seiner Freunde am 20. Dezember. Man fürchtete die Erklärung der Reichsacht über den Theologen und ernste Konsequenzen für die Stadt, wenn sie ihn noch beherberge[33]. Frau und Kinder mußte er zurücklassen. „Ich hatte aber fremde Kleider an, und zwar mehr schmutzige Lumpen als ordentliche Kleider, irrte die ganze Nacht auf den Feldern umher, nur mit einem Begleiter und kaum gegen die heftige Kälte geschützt. Dieses Umherirren war mir bitterer als der Tod", berichtete er. Neben der Sorge um seine Familie und der Angst vor den überall in der Nähe lagernden Spaniern bekümmerten ihn auch die Gefahren für seine Freunde, die sich aus dem Verlust seiner Briefschaften ergaben[34]. Einige Meilen von der Stadt entfernt versteckte er sich unter freiem Himmel auf ansbachischem Territorium[35].

Die Art und Weise, wie man ihn, der „in Hall 24 Jahre lang das Evangelium Christi mit der Hilfe Gottes und mit nicht geringem Fleiß gepredigt und um der Bürger von Hall willen so viele und so ehrenvolle Berufungen ausgeschlagen" hatte, zur Flucht gezwungen hatte, daß „die ganze Stadt so vielen gottlosen Buben offen stand", während

ihm „nicht einmal das kleinste, engste Räumlein" gegönnt wurde, scheint ihn tief verletzt zu haben. Hinzu kam, daß offenbar eine katholische Partei – Brenz schrieb von der „Unverschämtheit, Ruhmredigkeit und Prahlerei der Gottlosen, die das Evangelium Christi verachten" – die Gelegenheit nutzte, offen gegen die Reformation aufzutreten. Der Reformator erklärte sich auf das Drängen des Rates hin zur Rückkehr bereit, hatte dazu jedoch wenig Lust[36].

Interim und endgültige Flucht aus Schwäbisch Hall

Am 5. Januar 1547 war Brenz wieder in Schwäbisch Hall. Sein Groll gegen die Haller war wohl verflogen; sonst hätte er Berufungen nach Leipzig und Straßburg nicht abgelehnt[37].
Nach dem Schluß des „geharnischten" Augsburger Reichstags wollte der Kaiser bis zur endgültigen Entscheidung der Religionsfrage eine für alle Stände gültige Zwischenlösung festlegen. Am 15. Mai 1548 verlangte er von den Reichsständen die Rückkehr zum katholischen Glauben oder die Unterwerfung unter das „Interim". Den Protestanten wurden darin lediglich Laienkelch und Priesterehe zugestanden; in den theologischen Fragen – etwa der Rechtfertigungslehre – wurden katholische Positionen vertreten.

Zwar gelang es Karl V. durch massiven Druck, die weitgehende Annahme des Interims zu erzwingen; aus Überzeugung beugte sich so gut wie niemand. Stattdessen brach im deutschen Protestantismus „ein Widerstand auf, dessen Leidenschaftlichkeit und Härte alle Erwartungen übertraf". Die meisten evangelischen Theologen lehnten das Interim strikt ab und verließen lieber Amt und Land, statt sich zu fügen. Hinzu kam ein breiter Widerstand in der Bevölkerung[38].

Auch Johannes Brenz erwies sich als kompromißloser Gegner des Interims. Aus dem „Interim" (lat.: inzwischen) könne ein „Interitus" (lat.: Untergang) der evangelischen Kirche werden[39]. Mit Johann Isenmann zusammen verfaßte er ein Gutachten für den Haller Rat, in dem er die Lehren des Interims Punkt für Punkt widerlegte. Ihrer Auffassung nach bedeuteten sie die Wiedererrichtung der *Abgötterey*. Man könne *wol den getrewen Dienern göttliches Worts das leibliche Leben nemen. Man kan aber*

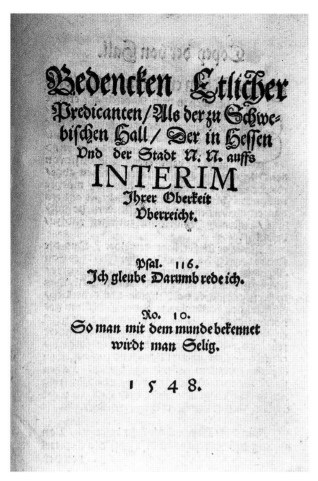

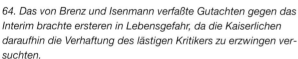

64. Das von Brenz und Isenmann verfaßte Gutachten gegen das Interim brachte ersteren in Lebensgefahr, da die Kaiserlichen daraufhin die Verhaftung des lästigen Kritikers zu erzwingen versuchten.

65. Titelblatt des Interim.

nimmermehr rechtmessige götliche Ursach finden, die abgethanen Missbreuch ... widerumb anzurichten. Welche Schlußfolgerungen daraus gezogen werden müßten, sei für die Räte offensichtlich: *Diese Sach ist wichtig und gross und gilt eim jedem sein selbst Seeligkeit odder Verdammnisse.* Statt das Interim anzunehmen, solle man der Majestät die *Beschwerden inn einer Supplication* anzeigen und eine Milderung der Auflagen erreichen. Die beiden verwiesen auch auf die *kummerlichen Schmertzen und Schaden* durch die Einquartierungen; die Bevölkerung müsse das Interim so verstehen, als raube man ihnen erst die zeitlichen, dann die ewigen Güter. Nachgeben könne man hingegen in Fragen der kirchlichen Güter und Pfründen[40]. In dieser Weise äußerte sich Brenz auch gegenüber anderen Ratsuchenden wie dem Herzog von Württemberg – diesem schlug er vor, die Widersprüche

des Interims auszunutzen, um es von innen her auszuhöhlen[41] – und in seinen Predigten.

Der Rat war mutig genug, den Gutachtern zu folgen. Drei Gesandte sollten dieses Anliegen in Augsburg beim Kaiser vertreten. Man könne das Interim *mit gutem Gewissen nit annemen. Eher wolten sie darob leiden, was Gott ihnen zufüget.* Sobald sich aber als Antwort aus Heilbronn und Wimpfen spanische Truppen in Richtung Hall in Marsch setzten, endete die Leidensbereitschaft. Es *ward eilends hernach geschickt, das Interim anzunemen,* um die Spanier nicht in der Stadt zu haben[42].

Mittlerweile zirkulierte das Gutachten unter den Vertretern der Stände in Augsburg und geriet auch in die Hände des

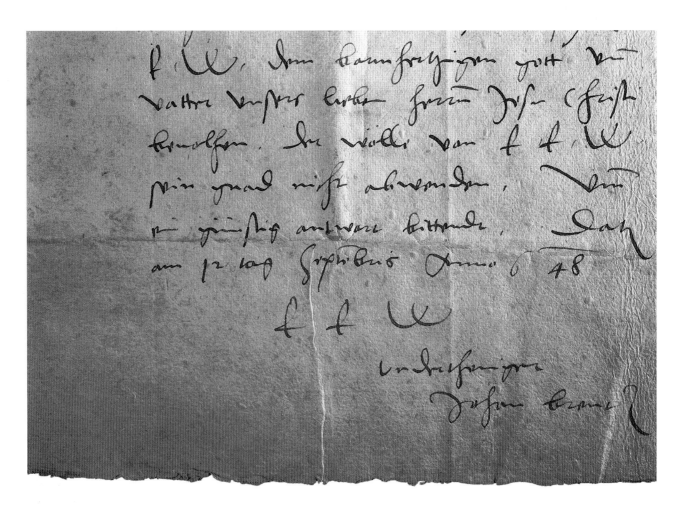

66. Unterschrift des auf der Flucht befindlichen Johannes Brenz unter einen Brief vom 12. September 1548, in dem er den Haller Rat um Fürsorge für seine verlassene Familie bittet.

spanischen Kanzlers Granvella. Offenbar sagte man Brenz auch Schmähungen gegen Kaiser und Reichsfürsten nach[43]. Der erzürnte Vertreter des Kaisers ließ kurzerhand zwei der Haller Gesandten als Bürgen festhalten und schickte den dritten, Stättmeister Leonhard Feuchter, nach Hall zurück, um den lästigen Kritiker gefangenzunehmen und gebunden nach Augsburg auszuliefern[44]. Am 24. Juni 1548, seinem 49. Geburstag, kam für Johannes Brenz die Stunde des endgültigen Abschieds von Schwäbisch Hall. Von seinem Abendessen wurde er in den Pfarrhof gerufen, *da stund ein ehrlich Mann, gab ihm hernider auff den Boden ein klein Zettelin, da stund geschrieben: Domine Brentii, Cito fuge fuge* (lat.: Herr Brenz, fliehe schnell, fliehe)[45]. Ohne den Grund zu kennen, verließ er sofort die Stadt, ohne Abschied von seiner Frau Margarethe und seinen Kindern. Er hoffte zunächst noch auf eine baldige Rückkehr, sobald er einmal den Grund der Flucht kannte[46]. Frau und Kinder folgten ihm wohl in die Fremde, wurden aber im September nach Hall zurückgeschickt.

Granvella äußerte auf die Nachricht von der erfolgreichen Flucht angeblich: *Die weil ihr D[ominum] Brentium nit bracht, sollt ihr die Spanier darfür halten*[47]. Er vermutete, daß die Haller Brenz absichtlich hatten entwischen lassen; zur Strafe und zur Durchsetzung des Interims wurden spanische Truppen nach Hall verlegt, die Stadt und Land besetzt hielten und die Bürger drangsalierten. Alle Pfarrer, die die Annahme des Interims verweigerten, wurden vertrieben.

67. Während ihr Ehemann auf der Flucht vor den Spaniern war, starb Margarethe Brenz am 18. November 1548 in Schwäbisch Hall. Ihr Epitaph befindet sich in der Michaelskirche.

D. O. M. S.

MARGARIS EXIMI CONIVNX GENEROSA MARITI
HIC POSVIT CORPVS. SPIRITVS ASTRA TENET.
BRENTIVS HAC HABVIT. SED HABET NVC CHRIST IVLIS
QVEM SANCTE COLVIT IVSTIFICANTE FIDE.
D. IOANNES BRENTIVS IVNIOR CHARISS:
MATRI SVÆ. F. C.

Seinem Freund Erasmus Alber beschrieb der Flüchtling seine Lage: „Der Götzendienst wird in meiner Kirche wiederhergestellt, ich und meine Collegen irren als Verbannte umher, mein Weib kann vor Schwäche kaum auf den Füßen stehen ... Wohin ich komme, heißt man mich fliehen, weil ein Preis auf meinen Kopf gesetzt sei. In dieser so großen Noth tröstet mich mildiglich und stärkt mich der Herr, der bei Denen wohnt, die demüthigen Geistes und zerschlagenen Herzens sind"[48]. Sein zehnjähriger Sohn Johannes wurde von Freunden versteckt, damit er nicht statt des Vaters verschleppt würde[49].

Trotz des Abzugs der Spanier mußte Brenz den Gedanken an Rückkehr aufgeben, da die hilflose Stadt ihm keinen Schutz bieten konnte. In dieser Notlage bat Brenz aus seinem Versteck heraus am 15. September 1548 den Rat, sich seiner kranken Frau – die kurz darauf sterben sollte – und seiner verlassenen Kinder anzunehmen und ihm sein Gehalt bis Michaeli (29. September) weiter zu bezahlen sowie die Vereinbarungen des Bestallungsbriefs von 1543 – Befreiung der Besitzungen seiner Kinder von allen bürgerlichen Lasten und ein Stipendium für seinen Sohn – zu bestätigen. Der Rat bewilligte dies und ließ schreiben, daß man den Prediger gerne weiterhin bei sich gehalten hätte, wenn es möglich gewesen wäre[50].

Währenddessen hatten spanische Priester in St. Michael wieder die Messe eingeführt; am 15. Juli 1548 bot sich den Hallern das traurige Schauspiel des gefangenen Landgrafen von Hessen, der von seiner Wache durch die Stadt geführt wurde und notgedrungen an der katholischen Messe teilnahm. Das Fest ihres Nationalheiligen St. Jakob feierten die Spanier in St. Michael mit Orgeln, Feuerwerk, Brunnen und einem Kruzifix, aus dessen fünf Wunden Rotwein floß[51] – Johannes Brenz sprach verächtlich von „Gaukeleien", mit denen man „das Volk und die Kinder zum Götzendienst zu vermögen" glaubte.
Die „Interimspfarrer", die die Vertriebenen ablösten, nennt das Haller Kapitelbuch gottlose und ruchlose Männer, die mit ihrem Lebenswandel und ihrer Predigt den Magistrat plagten und die Bevölkerung verärgerten[52]. Die meist verbliebenen Landpfarrer wurden vor den Würzburger Bischof zitiert und – ohne Rückendeckung durch den Rat – *als abtrünnige Glieder der Kyrchen, und für verbandte und vermaledeyete Leüth verkündet*[53].

Mit der auf Drängen der Gemeinde erfolgten Wiedereinsetzung des Interimsgegners Michael Gräter als Pfarrer von St. Katharina am 4. August 1549 begann der langsa-me Prozeß der Aushöhlung des kaiserlichen Diktats, der jedoch erst mit der formellen Wiedereinführung der Brenzschen Kirchenordnung und Ablösung der letzten „Interimspfarrer" 1558/59 sein Ende fand[54].

1 Z.B. StadtA Schwäb. Hall 4/469, fol. 116V – 117V (Abschaffung der Messe in St. Johann und der Schuppachkapelle).
2 Zit. nach Schmidt, Städtetag (wie S. 83 Anm. 4) S. 491.
3 Herolt-Chronik S. 263.
4 Herolt-Chronik S. 263f.
5 Widman-Chronik S. 370.
6 Gerd Wunder, Georg Widmann, 1586 –1560, und Johann Herolt, 1490 – 1562, Pfarrer und Chronisten. In: ders., Lebensläufe. Bauer, Bürger, Edelmann, Bd. 2 (Forschungen aus Württembergisch Franken 33) Sigmaringen 1988, S. 103f. Vgl. Christian Kolb, Des Haller Chronisten Georg Widman Leben. In: WFr NF 6 (1897) S. 35f.
7 StadtA Schwäb. Hall 5/710; Christoph Weismann, Eine unbekannte Gottesdienstordnung von Johannes Brenz aus dem Jahr 1535. In: BWKG 88 (1988) S. 7 – 21.
8 Alle Angaben nach dem Pfarrerbuch Württ. Franken, Bd. 1, S. 21 – 32.
9 StadtA Schwäb. Hall 4/2252.
10 Herolt-Chronik S. 406f; Wunder, Georg Widmann und Johann Herolt (wie Anm. 6) S. 107. Nach einem Band mit historischen Notizen aus dem 18. Jahrhundert seien die Heiligenrechnungen seit 1523 in der Stadt abgehört worden (StadtA Schwäb. Hall, Bibliothek des Historischen Vereins 126/1, S. 62f). Herolt bezieht sich aber explizit auf die Zeit nach dem Bauernkrieg.
11 Herolt-Chronik S. 119.
12 Mariae Assumptio, St. Michael und Allerheiligen waren wieder dazugekommen.
13 StadtA Schwäb. Hall 5/567 (Exemplar für Untermünkheim); Köhler 123.
14 Freundliche Mitteilung von Albrecht Bedal.
15 StadtA Schwäb. Hall 17/742.
16 StadtA Schwäb. Hall DekA 14, S. 243.
17 StadtA Schwäb. Hall DekA 14, S. 243.
18 Brenz an Jonas, 5. 3. 1544. Hartmann-Jäger 2, S. 142.
19 Widman-Chronik S. 310 – 311.
20 Dieser Begriff bedeutet nicht, wie heute oft irrtümlich verwendet, das Verbrennen einer Ortschaft, sondern eine unter dieser Drohung erpreßte Geldzahlung.
21 Brenz an Bucer, 13. 12. 1546. Pressel, Anecdota, S. 258 (hier griech./lat.).
22 Widman-Chronik S. 314. Es muß betont werden, daß das rüde Verhalten der Landsknechte gegen die Zivilbevölkerung keine spanische Eigenheit war, sondern allgemein praktiziert wurde.
23 Widman-Chronik S. 316; Hermann Ehemann, Kaiser Karls V. Aufenthalt in Hall im Dezember 1546. In: WVjH 3 (1880) S. 67 – 73.
24 Widman-Chronik S. 316.
25 Widman-Chronik S. 318.
26 Widman-Chronik S. 317 – 318: *Warum Köberers von Weckhrieden Knecht und Schwester erhengt und ertrengt sein.*
27 Widman-Chronik S. 329.
28 Gmelin S. 782.
29 Hartmann-Jäger 2, S. 156.
30 Ebd.

31 Brenz an Major, undat., Hartmann-Jäger 2, S. 158.

32 Thomas A. Brady, Jr., Johannes Brenz und Kaiser Karl V. Eine neue Quelle zur kaiserlichen Besetzung von Schwäbisch Hall im Schmalkaldischen Krieg (Dezember 1546). In: WFr 66 (1982) S. 229 – 231. Diese Schilderung beruft sich auf einen Brief des Reformators an seinen Bruder Bernhard, der sich nicht erhalten hat.

33 Brenz an Michael Gräter, 28. 12. 1546. Hartmann-Jäger 2, S. 162.

34 Brenz an Major, ca. 20./23. 12. 1546. Hartmann-Jäger 2, S. 160. Tatsächlich wurden insbesondere Veit Dietrich und Andreas Osiander aufgrund der Briefschaften verfolgt. Ebd., S. 161.

35 Gmelin S. 782.

36 Brenz an Gräter, 28. 12. 1546. Hartmann-Jäger 2, S. 162.

37 Gmelin S. 782.

38 Horst Rabe, Deutsche Geschichte 1500 – 1600. Das Jahrhundert der Glaubensspaltung, München 1991, S. 422f.

39 Gmelin S. 785.

40 [Johannes Brenz u. Johann Isenmann]: Bedencken Etlicher Predicanten / Als der zu Schwebischen Hall / Der in Hessen Vnd der Stadt N. N. [Nürnberg] auffs Interim Ihrer Oberkeit Vberreicht, [Magdeburg] 1548, Bl. 6R – 8V; Köhler 162.

41 Maurer/Ulshöfer, S. 130.

42 StadtA Schwäb. Hall DekA 14, S. 2.

43 Brenz an Erasmus Alber, 1548. Hartmann-Jäger 2, S. 175.

44 StadtA Schwäb. Hall DekA 14, S. 2.

45 StadtA Schwäb. Hall DekA 14, S. 2. Angeblich soll ein mit der Verhaftung beauftragter kaiserlicher Kommissär die Ratsherren in einer Sitzung auf das Verschweigen seines Auftrags vereidigt haben; Philipp Büschler sei unbemerkt nach der Eidesleistung in die Ratsstube eingetreten und habe die Warnung geschickt. Da diese Episode weder im Kapitelbuch noch im Brief an Alber erwähnt wird, muß sie wohl als Legende gewertet werden.

46 Brenz an Alber, 1548. Hartmann-Jäger 2, S. 174.

47 StadtA Schwäb. Hall DekA 14, S. 2.

48 Brenz an Alber, 1548. Hartmann-Jäger 2, S. 176.

49 Hartmann-Jäger 2, S. 177–178.

50 Brenz an den Haller Rat, 15. 9. 1548; der Haller Rat an Brenz, 22. 9. 1548 (StadtA Schwäb. Hall 5/596).

51 Widman-Chronik S. 327.

52 StadtA Schwäb. Hall DekA 14, S. 41: *prophanis et impiis hominibus*.

53 StadtA Schwäb. Hall DekA 14, S. 45.

54 Gmelin S. 791 – 792.

68. Porträt von Johannes Brenz. Das Bild ist in eine Haller Chronik eingebunden, die bis in das späte 18. Jahrhundert hinein fortgesetzt wurde. Es belegt die fortdauernde Erinnerung an den Reformator bis zum Ende der Reichsstadtzeit.

6 Politik und Religion

Brenz und die Reformation im Kraichgau[1]

Die Wirksamkeit des Predigers von Hall reichte schon früh über die Mauern der Reichsstadt und über die Haller Landhege hinaus. Brenz hat sicher nicht danach gestrebt, auch außerhalb von Schwäbisch Hall Aufgaben zu finden, vielmehr wurde er schon früh von vielen Seiten um Rat angegangen, in erster Linie in kirchlichen und theologischen Fragen. Ein frühes Feld der auswärtigen Wirksamkeit von Brenz ist der Kraichgau, das Gebiet zwischen unterem Neckar, Zaber, Pfinz und Rhein. Dieses Gebiet war seit der Stauferzeit eine typische Adelslandschaft mit Besitzungen zahlreicher Familien des niederen Adels, die ihre Reichsunmittelbarkeit behaupteten, aber dennoch mit den benachbarten Territorialfürsten, insbesondere zur Kurpfalz, in vielfältigen Beziehungen standen. Diese Adligen waren schon früh für die Reformation aufgeschlossen, sie stellten deshalb auch lutherisch gesinnte Prediger und Pfarrer an.

Einer dieser der Kirchenreform aufgeschlossenen Adligen ist Dietrich von Gemmingen, der in seiner Burg Guttenberg über dem Neckar solche Geistliche aufnahm, die aufgrund des Wormser Edikts von 1521 vertrieben worden waren. Zu ihnen gehörte Erhard Schnepf von Heilbronn, der 1520 als Nachfolger von Johannes Oekolampad Prediger im württembergischen Weinsberg geworden war, aber 1522 von dort weichen mußte. Ebenfalls seit 1522 weilte Kaspar Gräter, der aus dem nahen Gundelsheim stammte und dessen Vater gemmingenscher Amtmann gewesen war, auf der Burg Guttenberg. Gräter hatte seit 1519 in Heidelberg studiert, wo er sicher mit dem lutherisch orientierten Kreis um Johannes Brenz bekannt geworden ist.

Schnepf und Gräter haben sehr wahrscheinlich auch die Pfarrei des zur Burg Guttenberg gehörigen Neckarmühlbach versehen. Ihr Nachfolger wurde Johann Walz von Brackenheim. Die lutherischen Sympathien Dietrichs von Gemmingen beschränkten sich daher nicht auf die Asyl-

gewährung, vielmehr konnte er auch konkrete reformatorische Maßnahmen in seinem Herrschaftsbereich durchführen.

Dietrich stand mit seiner reformatorischen Gesinnung nicht allein, sondern wußte seine beiden Brüder Philipp und Wolf an seiner Seite. Philipp hatte aus dem väterlichen Erbe Fürfeld, Bonfeld und das halbe Ittlingen erhalten. In Fürfeld war wohl schon seit 1520 Martin Germanus als Pfarrer tätig, der aus Cleebronn im Zabergäu stammte und seit 1515 in Heidelberg studiert hatte.

Wolf von Gemmingen, der das Dorf Gemmingen geerbt hatte, setzte dort schon 1513 Bernhard Griebler von Kempten auf eine von seinem Vater gestiftete Pfründe. Griebler ging frühzeitig ins reformatorische Lager über und predigte in Gemmingen und Berwangen evangelisch; er war der erste Leiter der in Gemmingen gegründeten Lateinschule. Als Grieblers Nachfolger wurde 1531 Franciscus Irenicus (eigentlich Franz Fritz) von Ettlingen als Prediger in Gemmingen angestellt. Auch Irenicus hatte zu den Heidelberger Studenten gehört, die bei Luthers Disputation anwesend waren. Er war Hofprediger des Markgrafen Philipp I. von Baden gewesen und von diesem 1531 wegen seiner reformatorischen Gesinnung entlassen worden. Wolf von Gemmingen stellte ihn dann als Pfarrer in Gemmingen und Leiter der dortigen Lateinschule an.

Die Gemminger Brüder blieben mit ihrer bewußten Hinwendung zur Reformation nicht allein. Ebenso wie sie handelten auch die Göler von Ravensburg. Bernhard Göler stellte 1522 Johannes Gallus von Nördlingen in Sulzfeld als Pfarrer an, der hier die Reformation durchführte. Auch Gallus war Heidelberger Student gewesen und mit Brenz befreundet.

Auch die Herren von Flehingen holten 1522 mit Nikolaus Trabant von Heubach am Main einen Heidelberger Studenten aus dem Freundeskreis von Johannes Brenz als

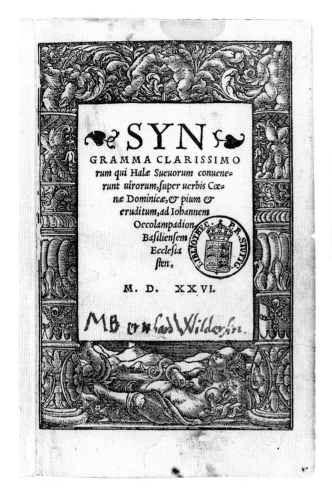

69/70. Syngramma Suevicum. Titelblätter des lateinischen und des deutschen Drucks.

Pfarrer nach Flehingen, der dort in evangelischem Sinne predigte. Ebenso wurde Johann Rudolph von Öhringen, der gleichfalls in Heidelberg studiert hatte, 1525 von den Herren von Mentzingen in Menzingen angestellt.

Eine der bedeutendsten Familien des Kraichgaus waren die Herren von Neipperg, die mit dem unfern ihrer namengebenden Burg gelegenen Schwaigern ein städtisches Gemeinwesen besaßen. 1525 erscheint als reformatorischer Geistlicher ein *Ulricus Vuissacensis Suigerus*, dessen latinisierter Name wohl als „Ulrich von Weissach zu Schwaigern" verstanden werden muß. Er ist vermutlich identisch mit dem 1508 in Heidelberg immatrikulierten Ulrich Anshelm von Weissach und muß der erste reformatorische Prediger in Schwaigern gewesen sein. Ebenfalls 1525 erscheint Bernhard Wurzelmann am Ort, der aus einer namhaften Familie der Reichsstadt Wimpfen

stammte und Chorherr im Stift Wimpfen im Tal war, wo er allerdings wegen seiner lutherischen Neigungen hatte weichen müssen. Wurzelmann war seit 1530 Pfarrer von Schwaigern, seine Schwester Margarete war seit 1525 mit Erhard Schnepf verheiratet, sein Bruder Maternus war Stadtschreiber in Schwäbisch Hall und daher mit Brenz gut bekannt[2].

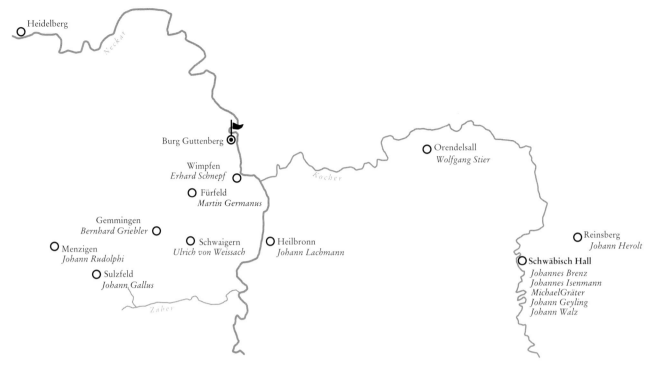

Heidelberg

Burg Guttenberg

Wimpfen
Erhard Schnepf

Fürfeld
Martin Germanus

Gemmingen
Bernhard Griebler

Menzigen
Johann Rudolphi

Schwaigern
Ulrich von Weissach

Heilbronn
Johann Lachmann

Sulzfeld
Johann Gallus

Orendelsall
Wolfgang Stier

Reinsberg
Johann Herolt

Schwäbisch Hall
*Johannes Brenz
Johannes Isenmann
MichaelGräter
Johann Geyling
Johann Walz*

71. Die Unterzeichner des Syngramma Suevicum 1525

Der Abendmahlsstreit und das Syngramma Suevicum

Neben den reformatorisch gesinnten Kraichgaurittern wird somit eine Theologengruppe deutlich, die vorwiegend in Heidelberg ihre Ausbildung genossen hatte und Johannes Brenz als ihr Haupt anerkannte. Besonders gut faßbar wird diese Theologengruppe anläßlich des Abendmahlsstreits, der die Reformation in ein lutherisches und ein zwinglisches Lager spaltete. Die Einflußgebiete von Luther in Wittenberg und Zwingli in Zürich stießen in Südwestdeutschland aneinander; der Kraichgau war eine der ersten Stellen, wo es zur einer Entscheidung kommen mußte.

Ein wichtiger Vertreter der symbolischen Abendmahlsauffassung Zwinglis war Johannes Oekolampad von Weinsberg, Brenz′ Freund und Studiengenosse in Heidelberg, der von Basel aus, wo er ein Pfarramt übernommen hatte, im September 1525 eine Auslegung der Einsetzungsworte des Abendmahls erscheinen ließ. Diese Schrift war betitelt: *De genuina verborum Domini: Hoc est corpus meum iuxta vetustissimos authores expositione liber.* Im Nachwort zu dieser Schrift, die das symbolische Abendmahlsverständnis mit Zitaten aus den Kirchenvätern zu untermauern suchte, wandte sich Oekolampad an die Brüder, die *per Sueviam* Christus verkündeten, und bat diese um ihr Urteil über seine Schrift. Damit waren die Geistlichen im Kraichgau, in Heilbronn und Schwäbisch Hall gemeint, die Oekolampad zum größten Teil von der gemeinsamen Studienzeit in Heidelberg kannte, und die er in der beginnenden Auseinandersetzung mit Luther für die Schweizer Abendmahlslehre zu gewinnen hoffte.

Anders als Oekolampad wohl gedacht haben mochte, trat ihm von seiten der Adressaten Widerspruch entgegen in Gestalt einer Schrift, die seit ihrem ersten Druck den Titel *Syngramma Suevicum* trägt[3]. Als deren Hauptverfasser muß Johannes Brenz in Hall angesehen werden, doch wurde sie von 13 weiteren namentlich genannten Predigern verantwortet, die sie bei einer Zusammenkunft in Schwäbisch Hall am 21. Oktober 1525 verabschiedet hatten. Von diesen Predigern kommen fünf sicher aus dem Kraichgau, nämlich Bernhard Griebler von Gemmingen, Martin Germanus von Fürfeld, Johannes Gallus von Sulzfeld, Johannes Walz von Gemmingen und Johannes Rudolph von Menzingen. Der sechste, der mit *Ulricus Vuissacensis Suigerus* unterzeichnete, ist – wie schon erwähnt – sehr wahrscheinlich der Schwaigerner Prediger. Zum weiteren Umkreis dieser Kraichgauer Prediger muß man noch Schnepf in Wimpfen und Lachmann in Heilbronn rechnen, so daß die Hälfte der Unterzeichner des Syngrammas hierher, die andere Hälfte zum Haller Bereich zählt. Zu den letzteren gehört auch Johann Geyling von Ilsfeld, der sich um diese Zeit wohl in Hall aufhielt, ferner Wolfgang Taurus in Orendelsall und die Haller Geistlichen Johann Isenmann und Michael Gräter.

Das Syngramma lehnt die tropologische Deutung der Abendmahlsworte durch Oekolampad ab, vielmehr sind die über den Elementen gesprochenen Einsetzungsworte das die Gegenwart seines Leibes und Blutes schaffende Wort Christi. Das Abendmahl ist demnach Vergegenwärtigung der Heilsgabe, nicht Symbol der Gemeinschaft[4]. Damit war die schweizerische Auffassung eindeutig abgewiesen, weshalb Martin Luther hoch erfreut war. Allerdings wurde von Straßburg aus im Kraichgau weiterhin für das zwinglische Abendmahlsverständnis geworben. Brenz schlug daher ein Zusammentreffen der Theologen beider Seiten in Gemmingen vor. Die Straßburger Prediger wandten sich daraufhin an die Brüder Dieter, Wolf und Philipp von Gemmingen und legten ihre Stellung im Abendmahlsstreit dar, den sie für einen Streit um Worte hielten. Die Herren von Gemmingen nahmen für ein Antwortschreiben nach Straßburg die Hilfe von Brenz in Anspruch, den wir damit zum ersten Mal in näherem Kontakt mit den Brüdern von Gemmingen sehen[5].

In verwandtschaftlichen Beziehungen zu den Gemmingen stand Hartmut von Kronberg, dem die Gemmingen offensichtlich den Briefwechsel mit den Straßburgern zugänglich gemacht hatten. Kronberg, ein ehemaliger Freund und Parteigänger Franz von Sickingens, hielt sich damals in Basel auf und wandte sich wegen der Abendmahlsfrage und der Prädestinationslehre über Bernhard Griebler in Gemmingen an Brenz. Dieser gab ihm im Frühjahr 1526 schriftlich Auskunft und rückte Kronbergs Anschauung, der die Prädestination mit der Glaubensgewißheit verknüpfte, zurecht, indem er die Unerforschlichkeit des Ratschlusses Gottes betonte, aber auch darlegte, daß Gott in Christus den Menschen geoffenbart hat, was ihnen zu wissen notwendig ist[6].

In seiner Antwort an die Straßburger hatte Brenz die Auffassung vertreten, daß es in diesem Streit nicht nur um das Abendmahl, sondern vor allem um die Glaubwürdigkeit des Wortes Gottes geht. Die Realpräsenz des Leibes und Blutes Christi im Abendmahl ist in den Einsetzungsworten gegründet. Zwingli und Oekolampad lehren

anders davon, entgegen den Versicherungen der Straßburger. Gleichwohl erschien eine Verständigung noch möglich, wenn man sich darauf einigen konnte, daß das Brot im Abendmahl für den Gläubigen der Leib Christi ist.

Es kam daraufhin nach Weihnachten 1525 auf der Burg Guttenberg zu einem Gespräch über das Abendmahl, bei dem die Straßburger durch den Heidelberger Humanisten Simon Grynaeus vertreten waren. Ungewiß ist freilich, wer außer Brenz noch von seiner Seite teilgenommen hat. Doch ist die Guttenberger Abendmahlsdisputation ein Vorläufer des Marburger Religionsgesprächs, das im Oktober 1529 zwischen Luther und Zwingli abgehalten wurde. Aber auch dieses Gespräch auf dem Marburger Schloß endete wie jenes auf der Burg Guttenberg ohne Einigung in der Abendmahlsfrage; das Abendmahlsproblem trennte nach wie vor die beiden Richtungen der Reformation. Das Syngramma hatte freilich bewirkt, daß der ursprünglich weit nach Süddeutschland hineingehende Einfluß von Zwingli eingedämmt worden war.

Auch in der Reichsstadt Reutlingen gab es Tendenzen hin zur zwinglischen Abendmahlslehre, weshalb man sich auch von dort an Brenz um Rat gewandt hat[7]. Während hier der Grund der Anfrage bei Brenz klar ist, bleibt der Anlaß des Schreibens, das er am 15. Mai 1526 an die Evangelischen in Esslingen richtete, einigermaßen im Dunkeln. Offensichtlich herrschte Zwietracht in der Gemeinde, die Brenz zu schlichten versuchte. Durch ein Begleitschreiben an den beim Reichskammergericht in Esslingen tätigen Juristen Ludwig Hierter wird aber deutlich, daß dieser es war, der Brenz zu seiner Ermahnung veranlaßte, da die beiden sich offenbar vom Studium in Heidelberg kannten[8].

Der Abendmahlsstreit läßt die führende Stellung, die Johannes Brenz bei den Kraichgauern einnahm, klar hervortreten. Dieser hat dann 1527 den Brüdern im Kraichgau, „die Christus aufrichtig und beständig predigen", seinen Kommentar zum Johannesevangelium gewidmet, den er auf deren Bitten im Druck erscheinen ließ[9]. Die Verbundenheit der Haller mit den Kraichgauern zeigt sich besonders daran, daß im Widmungsschreiben auch Johannes Isenmann und die anderen Brüder Grüße bestellen ließen. Ganz offensichtlich blieb also die Zusammenarbeit zwischen Brenz und den Kraichgauern nicht auf den einmaligen Anlaß der Verabschiedung des Syngrammas beschränkt.

72. Grabmal des 1526 verstorbenen Dietrich von Gemmingen und seiner Frau Ursula von Nippenburg bei der Kirche in Neckarmühlbach unterhalb der Burg Guttenberg.

Die Frage des Widerstandsrechts

Ein anderer Adliger des Kraichgaus, Hans Landschad zu Neckarsteinach, hatte Jakob Otter als Prediger angestellt, der aus dem vorderösterreichischen Kenzingen vertrieben worden war. Jakob Otter wurde aber auch an diesem Zufluchtsort verfolgt, denn Erzherzog Ferdinand verlangte von Hans Landschad, den Prediger zu entfernen. Auch Kurfürst Ludwig von der Pfalz übte deswegen Druck auf Landschad aus. In dieser Situation wandte sich Hans Landschad an Brenz um Rat, um zu erfahren, ob er den Fürsten Gehorsam schuldig, oder ob er zum Widerstand berechtigt oder gar verpflichtet sei. Brenz verfaßte für Landschad seine Schrift *Wie man sich in mitelmessigen*

stucken (der Cerimonien) halten sol[10], in der er darlegt, daß man in Glaubensdingen nicht hinter die einmal erkannte Wahrheit zurückgehen könne, denn das hieße Christus verleugnen. Der Kurfürst beharrte weiterhin auf seinem Willen, und ließ, weil sich Landschad standhaft weigerte, Otter mit Gewalt vertreiben.

Es scheint, daß Bernhard Göler – und wohl auch andere der Kraichgauer Ritter – ähnlichen Pressionen ausgesetzt war, denn Brenz rühmt in dem 1534 verfaßten, an Bernhard Göler gerichteten Widmungsschreiben seiner Erklärung der Bücher Richter und Ruth[11], daß dieser sich weder durch Schmähungen Mächtiger noch durch Gefahren der Verfolgung von dem Bekenntnis zu Christus und seinem Evangelium habe abbringen lassen. Im Kraichgau stellten sich also schon zu einem frühen Zeitpunkt wichtige Fragen, die anderwärts erst später zutage traten. Dies gilt nicht nur für den Abendmahlsstreit, sondern auch für das Problem des Widerstandsrechts, das für die Protestanten 1529 nach dem Speyerer Reichstag und vollends durch den Schmalkaldischen Krieg akut werden sollte.

Neben dieser Beratung, die Brenz den Adligen des Kraichgaus in politischen Dingen zuteil werden ließ, stand er ihnen auch als Seelsorger bei. Dietrich von Gemmingen muß offenbar längere Zeit krank gewesen sein, weshalb Brenz ihm seine Auslegung des Buches Hiob[12] widmete. Ausgehend von dem im Hiob-Buch gestellten Problem der Theodizee, der Frage nach dem Ursprung des Bösen in der Welt, versuchte Brenz in seinem vom 3. Dezember 1526 datierten Widmungsbrief an Dietrich eine Antwort auf die Frage zu geben, wie der Christ in Leiden und Kreuz bestehen könne. Brenz zeigt, daß das Leiden in die Gemeinschaft mit Christus führt, daß Gott uns im Leiden am nächsten ist.

Dietrich von Gemmingen starb noch im Dezember 1526. Johannes Brenz hielt ihm die Grabrede über die christliche Hoffnung nach 1. Thess 4, 13[13]. Diese Predigt ist somit ein frühes Beispiel für eine reformatorische Leichenpredigt. Ein Grabmal auf dem Friedhof von Neckarmühlbach erinnert noch heute an Dietrich von Gemmingen und seine Frau. In der Inschrift des Grabmals wird er gekennzeichnet als ein *from[m]er erlibe[n]der gotzforchtiger man ein libhaber gotlichs wortz und fürderer ewangelischer [c]hristlicher ler.*

Brenz und die Reformation in der Markgrafschaft Brandenburg und der Reichsstadt Nürnberg[14]

Während die Kontakte in den Kraichgau zu einem gewissen Teil eine Fortsetzung der Heidelberger Studienbekanntschaften waren, konnte Brenz durch seine Mitwirkung an der Reformation in der Markgrafschaft Brandenburg und in der Reichsstadt Nürnberg neue Beziehungen knüpfen, wurde aber auch in wesentlich größere Verhältnisse hineingestellt. In den beiden fränkischen Markgrafschaften Brandenburg-Ansbach und Brandenburg-Kulmbach gab es seit 1521 eine evangelische Bewegung, deren Wortführer der markgräfliche Sekretär Georg Vogler, der Ansbacher Stiftsprediger Johann Rurer, der Crailsheimer Pfarrer Adam Weiß und der Prior des Heilsbronner Zisterzienserklosters Johann Schopper waren. Markgraf Kasimir, der beide Fürstentümer regierte, stand dieser Bewegung unentschlossen gegenüber, griff dann aber, als verschiedene Verhandlungen nicht zu einem Ergebnis führten, zu Maßnahmen der Unterdrückung.

Markgraf Kasimir starb 1527 und wurde von seinem Bruder Georg beerbt. Dieser nahm einen entschiedenen evangelischen Standpunkt ein und ordnete 1528 eine reformatorische Visitation des Fürstentums an. Hierbei stellte sich heraus, daß dabei eine Zusammenarbeit mit der Reichsstadt Nürnberg, dem unmittelbaren Nachbarn, von Vorteil sein könnte.

Die volkreiche und mächtige Reichsstadt Nürnberg war schon früh ein Zentrum der evangelischen Bewegung gewesen, die sich von dort über Süddeutschland ausbreitete. Somit wurde für Nürnberg die enge Beziehung zur Wittenberger Reformation wichtig. Da sich sowohl im Rat wie in der Bürgerschaft schon früh eine reformatorisch gesinnte Mehrheit fand, konnte alsbald zu entsprechenden Maßnahmen geschritten werden. Mit Andreas Osiander wurde ein Mann an die Lorenzkirche berufen, der der führende reformatorische Theologe in der Stadt wurde. Neben ihm berief man 1535 Veit Dietrich als Prediger an St. Sebald, während vor allem der Stadtschreiber Lazarus Spengler die Reformation im Magistrat vertrat. 1524 wurde die Deutsche Messe eingeführt und die hergebrachte Messe 1525 verboten, die Klöster teilweise aufgelöst.

Die bisher wesentlich auf die Stadt konzentrierten reformatorischen Veränderungen der Nürnberger konnten 1528/29 in Zusammenarbeit mit den markgräflichen Beamten und Theologen auch auf das Landgebiet der Reichsstadt ausgedehnt werden. Diese Zusammenarbeit, die vor allem von Lazarus Spengler und dem nunmehrigen Ansbacher Kanzler Georg Vogler angestrebt wurde, war deswegen ungewöhnlich, weil die Markgrafen seit Jahrzehnten mit der Reichsstadt im Streit lagen, und dieser Streit gelegentlich auch zu kriegerischen Auseinandersetzungen geführt hatte. Im Zeichen der Kirchenreform kam es nun zu einer engen Zusammenarbeit, denn Nürnberg und der Markgraf von Brandenburg schlossen sich auf dem Reichstag zu Speyer 1529 der Protestation an, und beide unterzeichneten auf dem Augsburger Reichstag 1530 das dem Kaiser dort übergebene Bekenntnis.

Johannes Brenz stand mit den markgräflichen Theologen in Verbindung – mit Adam Weiß in Crailsheim mindestens seit 1523[15] – und tauschte sich mit ihnen aus. Kanzler Vogler und Stadtschreiber Spengler wandten sich 1529 mit der Bitte um Beratung an Brenz. In der Markgrafschaft ging es um die Verwendung der reformierten Klöster und Stifte, und Brenz schlug vor, diese in Schulen umzuwandeln, aus denen dann eine Universität entwickelt werden könnte. Zwar wurde der Vorschlag von Brenz[16] tatsächlich umgesetzt, doch nur halbherzig, so daß die so geschaffenen Einrichtungen nach etlichen Jahren wieder eingingen. Dieses Gutachten von Brenz wurde somit zwar bedeutsam für das behutsame Vorgehen gegen die Klöster in der Markgrafschaft, entwickelte seine eigentliche Bedeutung aber erst viel später bei der 1556 im Herzogtum Württemberg durchgeführten Klosterreformation.

Lazarus Spengler hatte sich schon 1528 und erneut 1530 an Brenz um Beratung in der Täuferfrage gewandt, woraus sich ein längerer Schriftwechsel entwickelte[17]. Offiziell wurde Brenz dann beigezogen, als es um die gemeinsame, für die Reichsstadt und die Markgrafschaft zu erstellende Kirchenordnung ging[18]. Dies scheint auf ausdrücklichen Wunsch des Markgrafen erfolgt zu sein, der wohl über Adam Weiß mit Brenz bekannt geworden war. Besonderen Einfluß gewann Brenz in der Spätphase der Ausarbeitung der Kirchenordnung seit 1531, als die Zusammenarbeit der brandenburgischen Theologen mit den Nürnbergern schwieriger geworden war, und der Nürnberger Magistrat aus Rücksichtnahme auf den Kaiser die Sache nur noch zögernd behandelte. Zahlreich waren die Einzelfragen, in denen man eine Klärung herbeiführen mußte. War es notwendig, hierbei auch auswärtige Autoritäten zu hören, so waren dies Luther, Melanchthon und Brenz. Im November 1531 kam Brenz selber nach Ansbach, um mit den dortigen Theologen den Vorschlag zu

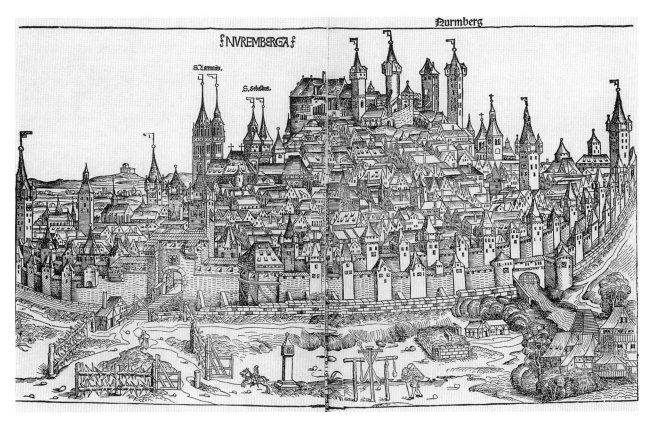

73. Nürnberg. Holzschnitt aus der Schedelschen Weltchronik von 1493.

begutachten, den die Nürnberger vorgelegt hatten. Auf Brenz dürfte die Anregung zurückgehen, der Kirchenordnung auch einen Katechismus beizufügen.

Wie die zögerliche Haltung Nürnbergs im Laufe des Jahres 1531 zeigt, war die Arbeit an der Kirchenordnung ein Politikum ersten Ranges. In der schwierigen Lage nach dem Augsburger Reichstag von 1530, an dem Brenz im Gefolge des Markgrafen Georg teilgenommen hatte, und der Bildung des Schmalkaldischen Bundes, dem weder Nürnberg noch der Markgraf beitraten, glaubte man auf den Kaiser Rücksicht nehmen zu müssen, der verlangte, daß vor Durchführung eines Konzils keine Neuerungen vorgenommen würden. Erst als 1532 der Nürnberger Anstand, ein Stillhalteabkommen zwischen dem Kaiser und den Protestanten, abgeschlossen war, konnte die Arbeit weitergehen. Schließlich reiste Brenz im September 1532 auch nach Nürnberg, um mit Osiander einen neuen Entwurf auszuarbeiten. Auf dem Rückweg traf er deswegen in Ansbach mit Kanzler Vogler zusammen. Die ansbachischen Theologen gaben daraufhin ihre Zustimmung zu dem vorgelegten Entwurf und nach der Überwindung weiterer Schwierigkeiten wurde die Kirchenordnung in

Nürnberg gedruckt und 1533 im Nürnbergischen wie im Brandenburgischen eingeführt.

Johannes Brenz hat also maßgeblich an der Entstehung der Kirchenordnung mitgewirkt. Diese enthält Credenda und Agenda, sie gibt nämlich über den Glauben Auskunft und macht Vorschriften für die kirchlichen Handlungen. Mit der Einführung dieser Ordnung bildete sich in der Markgrafschaft Brandenburg wie im Gebiet der Reichsstadt Nürnberg jeweils ein eigenes Kirchenwesen, da die zwischendurch geäußerte Hoffnung, eine gemeinsame evangelische, von Kursachsen ausgehende Kirchenordnung für alle Lutheraner einführen zu können, sich nicht erfüllte. Hingegen wirkte die Brandenburg-Nürnbergische Kirchenordnung als Vorbild für viele andere Territorien. Johannes Brenz hatte bei dieser Arbeit Erfahrungen gesammelt, die er später in Württemberg gleich zweimal, nämlich nach 1534 und nach 1550 nutzen konnte. Das Exemplar der Kirchenordnung, das er 1533 den Kraichgauer Brüdern zusandte, läßt mit seiner eigenhändigen Widmung doch etwas von dem Stolz und der Erleichterung verspüren, die Brenz nach getaner Arbeit haben mußte.

Abendmahlsstreit und Marburger Religionsgespräch[19]

Eine Beseitigung des tiefgreifenden Zwiespalts in der Abendmahlslehre, wie er sich durch das Syngramma gezeigt hatte, mußte nach wie vor als erstrebenswert erscheinen. Martin Luther verhielt sich jedoch schroff ablehnend gegenüber den „Sakramentierern", wie er sie nannte, die nicht das richtige Verständnis vom Abendmahl hatten. Landgraf Philipp von Hessen bemühte sich hingegen um ein Gespräch zwischen den namhaftesten Vertretern beider Seiten, da ihm aufgrund der Erfahrungen des Speyerer Reichstags 1529 ein politischer Zusammenschluß der Protestanten höchst notwendig erschien. Er lud deshalb Zwingli ein, der ohne weiteres annahm, weil eine Einigung seinen politischen Plänen entgegengekommen wäre. Luther hingegen wollte kein Gespräch, weil er dessen politischem Zweck ablehnend gegenüberstand. Inzwischen war auch Bucer von Straßburg eingeladen worden, desgleichen Andreas Osiander von Nürnberg und – auf Empfehlung von Markgraf Georg – auch Johannes Brenz von Schwäbisch Hall. Der Markgraf hatte Brenz als Prediger gewinnen wollen und zog ihn nun, da die Berufung nicht glückte, in der Folgezeit immer wieder zu Rate. Dem Landgrafen hatte er Brenz als vortrefflichen, gelehrten, sanftmütigen Mann empfohlen, mit dem sich auch Oekolampadius wegen des Syngrammas besprechen wolle.

Schließlich erklärten sich auch die Wittenberger bereit, zu erscheinen. Es kamen nicht nur Luther und Melanchthon, sondern auch noch einige weitere Theologen, wie Justus Jonas und Kaspar Cruciger. Zwingli reiste über Straßburg, wo sich ihm Bucer, Hedio und der Stättmeister Jakob Sturm anschlossen. Mit diesen Begleitern traf Zwingli einige Tage vor der Wittenberger Delegation in Marburg ein. Das Gespräch begann am 2. Oktober in Gegenwart des Landgrafen Philipp von Hessen und des Herzogs Ulrich von Württemberg. An diesem Tag waren auch die Süddeutschen nach Marburg gekommen, nämlich Osiander und Brenz sowie Stephan Agricola von Augsburg.

Das Gespräch, dessen Verlauf wir vor allem aus den von Brenz verfaßten Berichten[20] kennen, und dem 50-60 Personen beiwohnten, kam sofort auf die Abendmahlsfrage, wobei Luther auf dem Wortlaut der Einsetzungsworte „Hoc est corpus meum" bestand, die er mit Kreide vor sich auf die samtene Tischdecke geschrieben hatte. Die Diskussion bewegte sich nicht von der Stelle, da jede Sei-

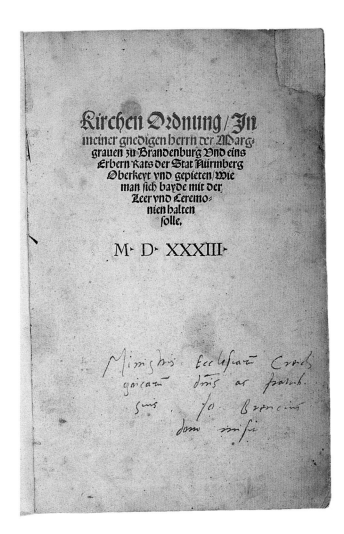

74. Brandenburg-Nürnbergische Kirchenordnung von 1533 mit eigenhändiger Widmung von Brenz an die „Brüder im Kraichgau".

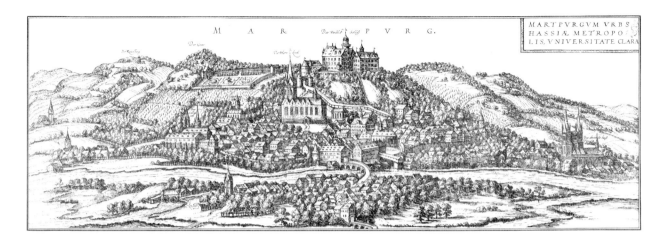

75. Marburg. Holzschnitt aus Braun-Hogenberg, Beschreibung der fürnehmsten Städte der Welt, 1572.

te bei den bekannten Argumenten blieb. Zwingli behauptete das symbolische Verständnis der Einsetzungsworte und war der Auffassung, daß das tatsächliche Essen des Leibes Christi dessen unwürdig sei, zumal Gott uns nichts Unbegreifliches zumute. Luther hingegen wollte nach wie vor bei den Worten der Einsetzung bleiben, an denen der Mensch nichts zu deuteln habe. Gleichwohl konnten einige Mißverständnisse behoben werden, die eine leichte, aber keine grundsätzliche Annäherung brachten. Man sah auf beiden Seiten nach zweitägigem Gespräch ein, daß eine Einigung in der Abendmahlsfrage unmöglich war.

Am 4. Oktober fanden noch private Unterredungen statt, so sprachen Bucer und Hedio mit Brenz und Osiander, wobei Bucer der Gegenseite so weit entgegen kam, daß er zugab, daß wenigstens den Gläubigen der Leib Christi gereicht werde, nicht aber den Ungläubigen. Diese Unterscheidung konnte aber erst bei späteren Verhandlungen in der Abendmahlssache Bedeutung gewinnen.

Landgraf Philipp wollte die Versammelten nicht ohne ein greifbares Ergebnis auseinandergehen lassen, weshalb Luther eine Reihe von Lehrpunkten aufstellte, auf die man sich einigen könne. Die 14 Sätze der Marburger Artikel[21], die die anwesenden Theologen, auch Brenz, unterzeichneten, bekunden das Einvernehmen beider Gesprächsparteien in den wichtigsten Punkten der christlichen Lehre. Auch im 15. Artikel vom Abendmahl wird insoweit Einverständnis erklärt, daß das Abendmahl unter beiderlei

Gestalt gereicht werden solle, daß die Messe abzulehnen und der Leib Christi geistlich zu genießen sei. Lediglich in der Frage, ob Leib und Blut Christi wirklich in Brot und Wein seien, stellte man Uneinigkeit fest. So ging man, freilich mit gemischten Gefühlen, auseinander.

Brenz hat in der Diskussion in Marburg offenbar nur einmal das Wort ergriffen, bezeichnenderweise als es um den Ort des Leibes Christi ging, um die Frage, wie der Leib Christi allgegenwärtig sein kann, was ja sonst von keinem Körper gesagt werden könne. Brenz sah sich, wie er nach seiner Rückkehr an den Reutlinger Kollegen Schradin schrieb, in Marburg als Beobachter, der seinen Nachbarn über das Gespräch berichten sollte. Er meinte allerdings auch, daß man den Weg nach Marburg größtenteils umsonst auf sich genommen habe.

▬Augsburger Reichstag 1530[22]

Mit seiner Teilnahme am Marburger Religionsgespräch war Brenz endgültig in den Kreis der wichtigsten reformatorischen Theologen eingetreten. Von jetzt an wurde er bei vielen Anlässen, bei denen die Religionsangelegenheit verhandelt wurde, beigezogen, so auch auf dem Reichstag in Augsburg 1530. Wieder war es Markgraf Georg, der ihn – mit einem Schreiben vom 16. Mai[23] – dazu einlud, da

Das Religionsgespräch zu Marburg.

1. Dionysius Melander.
2. Adam Kraft.
3. Ulrich, Herzog von Württemberg.
4. Philipp, Landgraf von Hessen.
5. Johann Feige.
6. Philippus Melanchthon.
7. Martin Bucer.

8. Dr. Martinus Luther.
9. Ulrich Zwingli.
10. Oswald Myconius.
11. Öcolompadius.
12. Osiander.
13. Dr. Joh. Brenzius.
14. Dr. Lonicerius.

15. Heinz von Lüdder.
16. Eobanus Hessus.
17. Kaspar Rudolphus.
18. Stephan Agricola.
19. Ehrhard Schnepf.
20. Kaspar Hedio.
21. Franciscus Lambertus.

22. Dr. Kaspar Cruciger.
23. Dr. Justus Jonas.
24. Dr. Johann Bugenhagen.
25. Dr. Stephanus.
26. Dr. Euricius Cordus.
27. Pistorius.
28. Asclepius Barbatus.

29. Wilhelm, Graf von Fürstenberg.
30. Eberhard von der Tann.
31. Ulrich Tune.
32. Jakob Sturm.
33. Menius.

76. Das Marburger Religionsgespräch. Phototypie des Ge-
mäldes von August Noack aus der zweiten Hälfte des 19. Jahrhunderts mit Erläuterung der dargestellten Personen.

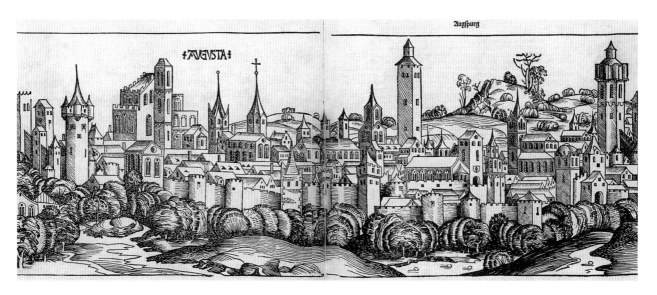

77. Augsburg. Holzschnitt aus der Schedelschen Weltchronik von 1493

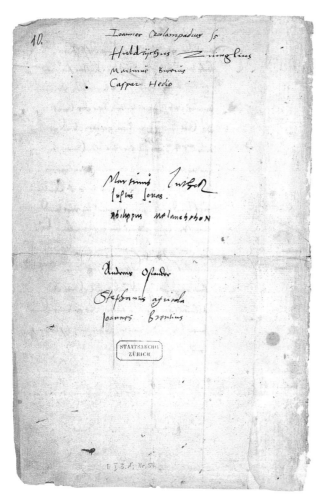

78. Unterschriften der Teilnehmer des Marburger Religionsgesprächs unter die „14 Artikel".

die Sache ja die ganze Christenheit betreffe. Zugleich hielt der Markgraf auch beim Haller Rat um Urlaub für seinen Prediger an. Brenz verfügte sich hierauf nach Ansbach, um sich dort dem Markgrafen zur Reise nach Augsburg anzuschließen. Er erkrankte aber unterwegs und mußte zurückbleiben, so daß er mit drei Tagen Verspätung in Augsburg eintraf. Dort erscheint er von Anfang an in enger Gemeinschaft mit Philipp Melanchthon; sie beide waren ja die bedeutendsten evangelischen Theologen auf dem Reichstag. Zunächst galt es, das von sächsischer Seite mitgebrachte Bekenntnis so zu überarbeiten, daß es im Namen möglichst vieler Reichsstände dem Kaiser vorgelegt werden konnte.

Die Briefe, die Brenz in dieser Zeit, vor allem an seinen Kollegen Isenmann in Hall schrieb, stellen eine wichtige Quelle für die Geschichte des Reichstags dar. Ihnen ist die große Anspannung zu entnehmen, unter der man in diesen entscheidenden Tagen stand, zumal es nicht nur um theologische Probleme der Bekenntnisformulierung ging, sondern ebenso auch um Politisches, wie zum Beispiel um die Bündnispläne des hessischen Landgrafen. Ihm erschien der von den Theologen so betonte und in Marburg unüberbrückbar gebliebene Unterschied in der Abendmahlslehre nicht so bedeutend. Für Melanchthon und Brenz hingegen war ein Bündnis mit den Schweizern und den Oberdeutschen dann undenkbar, wenn eine Einigkeit in der Lehre nicht möglich war. Darüber hinaus mußte nach ihrer Meinung ein solches Bündnis aber auch Gegenmaßnahmen des Kaisers hervorrufen und damit die evangelischen Kirchen in größte Gefahr bringen.

79. Übergabe der Augsburger Konfession mit Darstellung gottesdienstlicher Handlungen. Tafelbild aus der Stadtkirche in Schorndorf, entstanden um 1650 nach einer Nürnberger Vorlage von 1630.

Nach seinem Einzug in Augsburg am 15. Juni verfügte der Kaiser ein Verbot der evangelischen Predigten. In diesem Zusammenhang ereignete sich die Szene, in der Markgraf Georg dem Kaiser erklärte, sich eher den Kopf abschlagen zu lassen, als vom Worte Gottes zu lassen. Der Kaiser, der nur wenig Deutsch konnte, soll darauf geantwortet haben: „Ey nit koppa, nit koppa." Brenz war dafür, sich dem Predigerverbot nicht zu beugen, es sollte aber auch keine Gewalt angewendet werden, da die evangelischen Fürsten in Augsburg keine hoheitlichen Befugnisse besaßen. Die zweite Konfrontation mit dem Kaiser war, daß die evangelischen Fürsten seine Aufforderung, ihm in der Fronleichnamsprozession zu folgen, ablehnten. Die Stimmung auf dem Reichstag mußte den Evangelischen also von Anfang an als bedrohlich erscheinen.

Nach der Übergabe der Konfession am 24. Juni und deren Verlesung in Anwesenheit des Kaisers am 25. Juni bemächtigte sich der beiden verantwortlichen Theologen, Melanchthon und Brenz, die Unruhe über den ungewissen Ausgang der Sache. Melanchthon beschäftigte die Frage,

inwieweit man der Gegenseite nachgeben könne und bat Luther, der sich auf der Veste Coburg aufhielt, weil er nach wie vor in päpstlichem Bann und kaiserlicher Acht stand, brieflich um Auskunft deswegen. Luther tröstete die beiden mit Briefen vom 29. und 30. Juni[24] und zeigte sich verwundert über Melanchthons Frage. An Brenz schrieb Luther, daß der Ausgang der Sache nicht von ihren Bemühungen abhänge und belegte dies durch Beispiele aus dem Alten Testament, denen er das Exempel des Johannes Hus anschloß. Seinen Trost verband Luther mit der Bemerkung, daß dieser Trost bei Brenz eigentlich unnötig sei, da dieser in allen Dingen größer sei als er. Es ist dies eine der Stellen, an der Luther seiner Hochachtung vor dem Jüngeren Ausdruck verlieh.

Da Brenz nicht als Vertreter Halls in Augsburg war, mußte er sich bei den Kollegen daheim über die den Reichstag betreffenden Vorgänge in der Stadt und die Meinungsbildung des Magistrats erkundigen. Er selbst berichtet, daß Nürnberg und Reutlingen die Konfession unterschrieben, während die Haller Vertreter dies nicht getan hätten. Die

Begründung dafür war, daß man ja auch im Vorjahr die Speyerer Protestation nicht unterschrieben habe. Brenz mißbilligte dieses Verhalten, sowohl jenes in Speyer, wie auch dasjenige in Augsburg.

Inzwischen wartete man in Augsburg auf die Antwort, die die katholischen Theologen auf das Augsburger Bekenntnis verfassen sollten. Brenz weiß einiges über die Entstehung dieser „Konfutation" zu berichten und auch darüber, daß sie dem Kaiser mißfiel. Daneben ist der Gedanke an mögliche Maßnahmen des Kaisers und der katholischen Fürsten zu verspüren. Brenz unterrichtete deshalb den Haller Rat vorsorglich darüber, was zu tun und welche Rechtsmittel anzuwenden seien, wenn der Kaiser die evangelische Predigt verbiete.

Am 3. August wurde die Konfutation vor Kaiser und Reich verlesen. Brenz berichtet ironisch, daß der Kaiser bei dieser Verlesung ebenso geschlafen habe, wie bei jener der Konfession. Der Kaiser verweigerte nun aber die Aushändigung des Textes der Konfutation an die Evangelischen, weshalb Landgraf Philipp ohne Abschied abreiste, was nichts Gutes hoffen ließ. Doch es folgten nun Verhandlungen eines Ausschusses, in den Brenz zusammen mit Melanchthon, Schnepf und anderen als evangelische Mitglieder gewählt worden war. Deutlich ist hier, daß Brenz in diesen Verhandlungen mit der Gegenseite zwar höflich umging, aber klare Vorstellungen darüber besaß, was unverzichtbar war. Zusammen mit Melanchton war er bereit, gewisse Zugeständnisse zu machen, die denen, die daheim saßen, teilweise unverständlich vorkommen mochten. Was unbedingt verteidigt werden mußte, war die evangelische Lehre. War diese gesichert, konnte man auch die hergebrachte bischöfliche Leitung der Kirche anerkennen. Diese Haltung trug Brenz und Melanchthon manche Kritik ein.

Nach der Verlesung des vorläufigen Reichsabschieds am 21. September beriet Brenz den Haller Rat erneut, wie er sich zu verhalten habe. Die Protestanten verweigerten dann ihre Zustimmung zu diesem Reichsabschied und reisten ab, worauf der endgültige Abschied vom 19. November das Wormser Edikt, das Verbot der Lehre Luthers, wieder in Kraft setzte. Die Befürchtungen, die Melanchthon und Brenz gehegt hatten, daß es zu einer kriegerischen Auseinandersetzung kommen würde, waren vorläufig nicht eingetreten. Überdies wäre für die beiden ein gewaltsamer Widerstand gegen den Kaiser nicht in Frage gekommen. Letztlich ging es ihnen um

einen Freiraum für ihre Kirchen, nachdem die Verständigungsbemühungen erfolglos geblieben waren.

Brenz und die Reformation in Württemberg[25]

Am 11. Januar 1535 schrieb Brenz an den früheren Ansbacher Kanzler Georg Vogler in Nürnberg[26], daß er gehört habe, daß dieser nach Württemberg berufen worden sei. Brenz fährt dann fort: *Es ist yetz so in selben landt geschaffen, das es ewer und ewers gleichen als woll als das taeglich brott bedörffet. Unser Herrgot wölle das angefangen werck gnediglich erhallten.* Das in Württemberg begonnene Werk war die Reformation, zu der zwar nicht Vogler, aber alsbald Brenz berufen wurde.

Im Jahre 1534 war Herzog Ulrich von Württemberg, der 1519 aus seinem Land vertrieben worden war, wieder zurückgekehrt. Diese Rückkehr erfolgte gewissermaßen als bewaffneter Handstreich, denn nach verschiedenen mißlungenen Versuchen, sein Land aus eigener Kraft wieder zu gewinnen, hatte sich Ulrich 1526/27 nach Hessen zu Landgraf Philipp begeben, der die Sache des Herzogs zu der seinigen machte. Herzog Ulrich hatte sich schon früh der Reformation zugewandt und nahm auch 1529 am Marburger Religionsgespräch teil. Es war daher klar, daß er in Württemberg die Reformation einführen würde, sobald er wieder in den Besitz des Landes gekommen war. Die Wittenberger Reformatoren und der sächsische Kurfürst, denen Landgraf Philipp 1533 anvertraute, daß er nach gehöriger diplomatischer und militärischer Vorbereitung den Herzog nach Württemberg zurückführen werde, lehnten ein solches Unternehmen als Religionskrieg ab. Philipp ging es aber um die fürstliche Libertät, darum, daß der Kaiser dem württembergischen Herzogshaus das angestammte Land vorenthielt und glaubte sich berechtigt, das Recht Ulrichs – ebenso wie das seines Sohnes Christoph – notfalls mit Gewalt durchsetzen zu können.

Im Frühjahr 1534, als die Habsburger andere Interessen verfolgten, der Kaiser nämlich in Spanien weilte und König Ferdinand seine Ansprüche auf Ungarn durchzusetzen suchte, sammelte Philipp ein Heer, das von Hessen nach Württemberg zog. Den alten Feind Karls V., Franz I. von Frankreich, hatte man als Verbündeten und Kreditgeber gewonnen, die bayerischen Herzöge, die sich für die Ansprüche ihres Neffen Christoph einsetzten, verspra-

80. Gedenkblatt zur Übergabe der Augsburger Konfession mit
Porträtmedaillon von Brenz. Lithographie von Friedrich August
Fricke 1830.

81. Herzog Ulrich von Württemberg

chen in wohlwollender Neutralität zu verbleiben. Der habsburgische Statthalter in Württemberg, Pfalzgraf Philipp, blieb daher ohne Unterstützung; seine Truppen, die er dem Heer des Landgrafen und des Herzogs entgegenstellte, ergriffen beim ersten Zusammenstoß bei Lauffen am Neckar am 13. Mai 1534 die Flucht. Das Land stand offen und huldigte dem Herzog, lediglich die Festungen hielten sich noch einige Wochen. Nach verhältnismäßig kurzer Zeit anerkannte König Ferdinand in dem am 29. Juni 1534 abgeschlossenen Vertrag von Kaden, der – da es nicht nur um die württembergische Sache, sondern auch um andere Fragen ging – von Kurfürst Johann Friedrich von Sachsen ausgehandelt worden war, die neue Situation.

Herzog Ulrich konnte somit die Reformation in Württemberg einführen. Verschiedene Theologen waren ihm bereits für diese Aufgabe vorgeschlagen worden; sein früherer Hofprediger Johann Geyling, jetzt in Feuchtwangen, hatte Brenz empfohlen[27], der aber erst später beigezogen wurde. Als leitende Theologen wurden Erhard Schnepf aus Marburg und Ambrosius Blarer aus Konstanz berufen, die nun daran gingen, das Land zu reformieren.

Die Fülle der praktischen Aufgaben machte es den beiden Reformatoren aber unmöglich, auch noch die notwendige Kirchenordnung auszuarbeiten. Dafür forderte der Herzog im Juli 1535 Brenz aus Schwäbisch Hall an, um in Württemberg *christliche Ordnung anzurichten*[28]. Brenz, der mit der Brandenburg-Nürnbergischen Kirchenordnung bereits hinlängliche Erfahrung gesammelt hatte, weilte im August und September 1535 in Stuttgart und hat damals wohl den Entwurf einer Gottesdienstordnung ausgearbeitet. Über den weiteren Fortgang der Dinge ist wenig bekannt, immerhin lag die Kirchenordnung, die im wesentlichen eine Gottesdienstordnung ist, im Frühjahr 1536 im Druck vor. Bis es so weit war, kam es offenbar zu Auseinandersetzungen, vor allem mit Blarer. Einen großen Einfluß hat in dieser Sache auch Schnepf ausgeübt, auf den wohl letztlich die Gottesdienstform, nämlich ein schlichter Predigtgottesdienst – nicht die deutsche Messe, wie in Schwäbisch Hall – zurückgeht. Bemerkenswert ist, daß Brenz 1553, als er diese Ordnung zu überarbeiten hatte, diese Grundform des württembergischen Gottesdienstes beibehielt und nicht veränderte.

In der Frage eines Katechismus, die offenbar im Zusammenhang mit der Schaffung der Kirchenordnung erörtert worden war, setzte sich Brenz jedoch ohne weite-

82. *Landgraf Philipp von Hessen*

83. *Johann Geyling, früher Hofprediger Herzog Ulrichs, bietet diesem im Juni 1534 seine Dienste an. In der eigenhändigen Nachschrift bittet er den Herzog, auch Brenz zur Durchführung der Reformation in Württemberg zu berufen.*

res durch. Einen solchen Katechismus hatte er 1535 als *Fragstück des christlichen Glaubens für die Jugend* in Schwäbisch Hall veröffentlicht, der nun auch in Württemberg eingeführt wurde. Dieser Katechismus wurde in der Folgezeit – nach denen Luthers – das am weitesten verbreitete Buch für die evangelische Unterweisung im lutherischen Bereich und hat sich, wenn auch mit manchen Änderungen, bis in die Gegenwart gehalten[29].

Auch bei der Schaffung einer Eheordnung für das Herzogtum Württemberg war Brenz beteiligt, da er ja aus Schwäbisch Hall entsprechende Erfahrungen mitbrachte. Die 1535/36 entstandene Eheordnung verwirklichte die

Brenzschen Vorstellungen immerhin in den Grundzügen, etwa in dem von Brenz vertretenen Erfordernis der Zustimmung der Eltern der Brautleute. Auch diese Ordnung wurde 1553 überarbeitet, wobei die Vorstellungen von Brenz mehr als bisher berücksichtigt wurden[30].

Die Schaffung verschiedener Ordnungen für die Kirchen des Herzogtums stellte die Frage nach deren Durchsetzung. Brenz schlug dafür eine jährliche Visitation der Kirchen vor. Solche Visitationen fanden in Württemberg in der Folgezeit tatsächlich statt, doch nicht in der systematischen Art, wie Brenz sich dies vorstellte. Nach wie vor ging es im Herzogtum um die Bewältigung der Verände-

84. Ambrosius Blarer. Wiedergabe einer Denkmünze von 1539.

E.RHARDVS SCHNEPFIUS D.
THEOL. NAT₉ J. NOV. J495. OBIIT J558. DIE NATAL.

85. Erhard Schnepf

rungen auf den verschiedenen Gebieten, die durch die Reformation notwendig geworden waren. Erst nach dem Schmalkaldischen Krieg zeigt sich ein Ansatz dazu, das Visitationswesen weiterzuentwickeln, doch konnte dieser Anfang nach dem Erlaß des Interims nicht mehr fortgesetzt werden. Erst als Brenz Mitglied der Kirchenleitung wurde, konnte damit begonnen werden, die regelmäßigen Visitationen der Kirchen endgültig einzuführen.

Die Beteiligung von Brenz an der württembergischen Reformation erschöpft sich nicht in seiner Mitwirkung bei der Beratung der notwendigen Ordnungen. Auch mit der Reformation der Universität, insbesondere beim Aufbau einer evangelischen theologischen Fakultät, hatte es Schwierigkeiten gegeben, so daß es notwendig wurde, daß Herzog Ulrich den Haller Magistrat darum bat, ihm die Dienste von Brenz für diesen Zweck zu leihen. Für ein Jahr, von Anfang April 1537 bis Frühjahr 1538, weilte Brenz als Universitätslehrer in Tübingen. Aus dieser Lehrtätigkeit ist sein 1539 gedruckter Kommentar zum Buche Exodus[31] entstanden, außerdem hat er in Tübingen den Psalm 51 ausgelegt. Zusammen mit Joachim Camerarius, mit dem Brenz eine lebenslange Freundschaft verband, war er zugleich herzoglicher Beauftragter für die Universitätsreform, die mit den 1537 erlassenen Statuten der Universität einen vorläufigen Abschluß fand[32].

Im Zusammenhang mit Brenz' Wirksamkeit an der Universität Tübingen steht seine Teilnahme an einem theologi-

86. Brenz-Katechismus für die Jugend in Schwäbisch Hall 1528.

87. Brenz-Katechismus für Württemberg 1535.

schen Gespräch über die Bilder, dem alsbald sogenannten Uracher Götzentag am 10. September 1537[33]. Dieses Gespräch war notwendig geworden, weil es sich gezeigt hatte, daß die beiden Reformatoren Schnepf und Blarer eine unterschiedliche Praxis verfolgten. In Blarers Arbeitsgebiet, dem Herzogtum *ob der Steig*, also im südlichen Landesteil, wurden Heiligenfiguren, Tafelaltäre und dergleichen abgeschafft, während Schnepf diese radikale Linie nicht verfolgte. An dem Uracher Gespräch nahmen Schnepf und Blarer teil, ferner der Herrenberger Pfarrer Kaspar Gräter und der Uracher Prediger Wenzeslaus Strauß. Die Universität war vertreten durch Brenz und seinen Kollegen Paul Konstantin Phrygio. Aus Reutlingen war Matthäus Alber eingeladen worden, der seinen Kollegen Johannes Schradin mitgebracht hatte. Neben diesen Theologen waren noch einige hochrangige herzogliche Beamte anwesend.

Das Gespräch wurde vor allem unter den Theologen geführt und erschöpfte sich im wesentlichen in einem Austausch der Argumente für und gegen die Abschaffung der Bilder. Brenz versuchte hier zu vermitteln und forderte, darüber zu befinden, was abgeschafft werden sollte und was geduldet werden könnte. Im weiteren Gesprächsverlauf äußerte er, daß die Obrigkeit die Abschaffung der ärgerlichen Bilder anordnen könne, war aber weiterhin gegen die grundsätzliche Abschaffung, die Blarer forderte. Da angesichts Blarers Hartnäckigkeit eine Einigung nicht möglich war, forderten die Räte schriftliche Stellungnahmen der Theologen, damit der Herzog daraufhin entscheiden könne. Brenz, Schnepf und Strauß legten ihre Auffassung gemeinsam dar[34]. Der Herzog entschied sich allerdings für die Linie Blarers und ordnete die Abschaffung der Bilder an. Dies scheint jedoch nicht konsequent durchgeführt worden zu sein, denn der Befehl wurde 1540 wiederholt. Es sieht aber so aus, daß erst mit der Abschaffung des Interims nach 1552 die Entfernung der Bilder in den Kirchen des Herzogtum Württemberg vollends durchgeführt worden ist.

Schmalkaldische Bundestage, Reichstage und Religionsgespräche[35]

In der Lebensgeschichte von Brenz[36], die für das Reformationsjubiläum 1717 in Schwäbisch Hall im Druck erschienen war, heißt es nach der Erwähnung des Augsburger Reichstags: *Nach der Hand konte kein Zusammenkunfft oder Colloquium in Religions-Sachen gehalten werden/ Brentz muste dabey seyn.* Die erste dieser Zusammenkünfte, an der Brenz teilnahm, war der Schmalkaldische Bundestag im Februar 1537. Diese Beratung war deswegen notwendig geworden, weil Papst Paul III. auf den 8. Mai 1537 ein Konzil ausgeschrieben hatte, das in Mantua zusammenkommen sollte. Da die Protestanten schon lange ein Konzil gefordert hatten, war es notwendig, daß sie sich dazu äußerten. Ein entsprechendes Gutachten forderte Markgraf Georg von Brandenburg am 9. Januar 1537 bei Brenz an[37]. Am 2. Februar schrieb Brenz an Camerarius[38], daß er zusammen mit Vertretern der Stadt Schwäbisch Hall, die ja dem Schmalkaldischen Bund angehörte, nach Schmalkalden reisen müsse. Brenz dürfte hierbei unmittelbar vor Antritt der Reise gestanden haben, denn die Zusammenkunft war auf Lichtmeß, eben diesen 2. Februar, angesetzt worden.

Für den Fall, daß man das Konzil beschicken würde, verfaßte Luther die Schmalkaldischen Artikel, in denen die unverzichtbaren Hauptpunkte der evangelischen Lehre enthalten waren. Gleichzeitig hielt sich die Meinung, daß man das Konzil verwerfen müsse, weil es nicht frei entscheiden könne, sondern vom Papst bestimmt werde. Die Diskussion der Theologen in Schmalkalden ging deshalb einerseits um die Abendmahlslehre, andererseits um das Amt des Papstes. Brenz mußte jedoch aus unbekannten Gründen Schmalkalden verlassen, bevor die Beratungen geschlossen wurden, weshalb er Johann Bugenhagen beauftragte, stellvertretend für ihn seine Unterschrift zu leisten, falls dies nötig sein sollte. In der Tat hat Bugenhagen die Schmalkaldischen Artikel Luthers auch im Namen von Brenz unterzeichnet[39].

In der Folgezeit schien die Konfrontation zwischen dem Kaiser und den katholischen Fürsten einerseits und dem Schmalkaldischen Bund andererseits auf eine kriegerische Auseinandersetzung hinzutreiben. 1539 gelang es schließlich durch den „Frankfurter Anstand", daß der Kaiser den gegenwärtigen Anhängern des Augsburger Bekenntnisses einen 15monatigen Waffenstillstand zusicherte. Gleichzeitig versprach der Kaiser, zu einem Religionsgespräch einzuladen, auf dem die anstehenden Fragen geklärt werden sollten[40]. Trotz dieser Einigung traten weitere Schwierigkeiten auf, das Gespräch wurde verschoben und sollte zunächst in Speyer stattfinden, wurde dann aber auf Juni 1540 nach Hagenau einberufen. Zu den evangelischen Theologen, die zu diesem Gespräch geladen worden waren, gehörte neben Bucer, Schnepf und Osiander auch Johannes Brenz. Die Diskussion ging zunächst darum, was die Ausgangslage dieses Gesprächs sein sollte. Die katholische Seite unter Leitung des Wiener Bischofs Johann Fabri behauptete, daß man sich 1530 in Augsburg bereits über einige Dinge geeinigt habe, was die Protestanten bestritten und verlangten, daß man über das ganze Augsburger Bekenntnis sprechen müsse. In dieser Situation blieb nur noch der Ausweg, das Gespräch zu vertagen. Es sollte im Oktober 1540 in Worms fortgesetzt werden.

Über das Hagenauer Gespräch berichtete Brenz am 4. August 1540 an Kanzler Georg Vogler[41], *das ich zum teill mehr dann achttag daselbst kranck bin gewesen und hatt mich die Colera fast woll heimgesucht, So war ich auch so unlustig über das ungereimpt fürnemen diser handlung, das ich nicht möcht vill davon schreiben.* Sein Urteil war, daß *weniger dann nichts aussgericht worden sei* und schließt: *In summa, es ist den grossen herrn nicht ernst, das ein Christlich Reformacion werde. Es muss warlich ein yetlicher selbs zu seiner seelen sehen.*

Wenige Tage später, am 12.August 1540, schrieb Brenz an Joachim Camerarius[42]: *Macedo ille ... factus est Jason,* womit er auf die kurz zuvor geschlossene Doppelehe des Landgrafen Philipp von Hessen anspielt. Der Landgraf, der von seiner rechtmäßigen Frau getrennt lebte, hatte sich ein Gewissen wegen seines Verhältnisses zu einer Hofdame gemacht und ließ sich mit dieser auf Anraten von Bucer und unter Zustimmung Luthers in einer „heimlichen Ehe" trauen. Die Sache konnte selbstverständlich nicht geheim bleiben, vielmehr stand der Landgraf jetzt als Bigamist da. Für den Schmalkaldischen Bund war diese Handlung des Landgrafen, wie sich in der Folgezeit zeigen sollte, eine untragbare Belastung, selbstverständlich aber auch für das Religionsgespräch, das in Worms fortgesetzt werden sollte.

Am 27. Oktober 1540 erwartete Brenz in Schwäbisch Hall die Nürnberger Abgesandten, Andreas Osiander und Wenzeslaus Linck, um mit ihnen nach Worms zu reisen[43]. Schon vor seiner Abreise sprach sich Brenz skeptisch

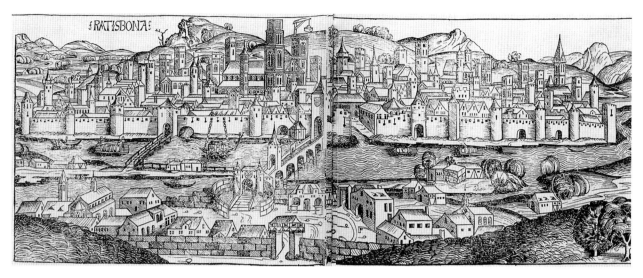

88. Regensburg, Holzschnitt aus der Schedelschen Weltchronik von 1493.

über das Ergebnis dieses Gesprächs aus. In der Tat beschränkte man sich im wesentlichen auf die Diskussion der Geschäftsordnung, ohne auch hier zu einem Ergebnis kommen zu können. Das Gespräch wurde deshalb auf den kommenden Reichstag, der im Frühjahr 1541 in Regensburg stattfinden sollte, vertagt.

Auch zu diesem Gespräch, das ebenfalls keinen Fortschritt erbrachte, war Brenz berufen worden. Bis zum 9. Juni blieb er in Regensburg, um dann wieder nach Hause zurückzukehren[44], ohne den Ausgang der Verhandlungen abzuwarten. Inzwischen war aber die Türkenfrage zum beherrschenden Problem geworden, da Sultan Soliman am 2. September 1541 Ofen erobert hatte. Die vom Kaiser geforderte Türkenhilfe wurde von den Protestanten zugesagt, doch gelang es nicht mehr, dafür politische Vorteile einzuhandeln, da Landgraf Philipp von Hessen wegen seiner Doppelehe gänzlich dem Kaiser ausgeliefert war.

Zuletzt wurde noch auf Januar 1546 ein Religionsgespräch in Regensburg angesetzt, an dem wiederum Brenz teilnahm. Er war schon am 29. November 1545 in Regensburg angekommen, einen Tag nach Erhard Schnepf, wie er dessen Schwager, dem Haller Stadtschreiber Maternus Wurzelmann am 21. Dezember berichtete[45]. Die Vorgespräche setzen aber erst Ende Januar ein, wobei die Protestanten auf einem zeitraubenden Verfahren bestanden, das die genaue Berichterstattung sichern sollte.

Als am Nachmittag des 26. Februar 1546 die evangelischen Teilnehmer des Gesprächs versammelt waren, erhielt Georg Major von Nikolaus Amsdorf die Botschaft vom Tode Luthers am 18. Februar. Diese Nachricht traf die Versammlung so tief, daß nur wenige die Tränen zurückhalten konnten, „Brenz aber, Maior und Schnepf", so schreibt einer der Teilnehmer, Graf Wolrad von Waldeck, „zeigten durch Weinen offen ihren Schmerz über den Tod ihres Lehrers und Vaters, weshalb an diesem Tage nichts beraten werden konnte"[46]. Da man sich auch auf diesem Religionsgespräch nicht über das Verfahren einigen konnte, wurde die Verhandlungen am 10. März abgebrochen und die Kolloquenten reisten ab. Über Nürnberg kam Brenz nach Hause, wo er wohl Ende März anlangte[47].

Seit Beginn des Regensburger Gesprächs gab es Gerüchte, daß sich der Kaiser für eine kriegerische Auseinandersetzung vorbereite. Aufgrund dieser sich alsbald verdichtenden Nachrichten schritt auch der Schmalkaldische Bund zu Kriegsvorbereitungen und führte dann den ersten Schwertstreich, indem seine Truppen am 10. Juli 1546 die Ehrenberger Klause bei Reutte, südlich von Füssen, einnahmen. Hieraus entwickelte sich der Schmalkaldische Krieg, der binnen weniger Monate bedeutende Veränderungen für den Protestantismus in Südwestdeutschland, aber auch für Johannes Brenz selbst herbeiführen sollte.

1 Hermann Ehmer, Die Kraichgauer Ritterschaft und die Reformation. In: Stefan Rhein (Hg.), Die Kraichgauer Ritterschaft in der frühen Neuzeit (Melanchthonschriften der Stadt Bretten Bd.3) Sigmaringen 1993, S. 173 – 195.

2 Vgl. z. B. den Brief von Brenz vom 5. März 1539 an den gerade in Frankfurt weilenden Maternus Wurzelmann; Georg Lenkkner, Autographa Brentiana. In: WFr 49 (1965) S.14f.

3 Brenz, Frühschriften 1, S. 222 – 278.

4 Martin Honecker, Die Abendmahlslehre des Syngramma Suevicum. In: BWKG 65 (1965) S. 39 – 68; Martin Brecht, Die frühe Theologie des Johannes Brenz (Beiträge zur historischen Theologie Bd. 36) Tübingen 1966, S. 73 – 89.

5 Brenz, Frühschriften 2, S. 367 – 393.

6 Brenz, Frühschriften 2, S. 98 – 108.

7 Brenz, Frühschriften 2, S. 393 – 401.

8 Brenz, Frühschriften 2, S. 188 – 197.

9 In D. Iohannis Evangelion, Ioannis Brentii Exegesis. Hagenau: Johann Setzer 1527; Köhler 22; Brenz, Opera Bd. 6, S. 777 – 1008.

10 Brenz, Frühschriften 1, S.111 – 122.

11 In librum Iudicum et Ruth. Commentarius, Hagenau 1535, Köhler 76; Brenz Opera 2, S. 87 – 186.

12 Hiob cum piis et eruditis Iohannis Brentii commentariis, Hagenau: Johann Setzer, 1527, Köhler 21; Brenz, Opera 2, S.1 – 191, der Widmungsbrief auf S.1.

13 Brenz, Frühschriften 2, S. 108 – 118.

14 Manfred Rudersdorf, Brandenburg-Ansbach und Brandenburg-Kulmbach/Bayreuth. In: Anton Schindling, Walter Ziegler (Hg.), Die Territorien des Reichs im Zeitalter der Reformation und Konfessionalisierung, Bd. 1, 2Münster 1992, S. 10 – 30; Anton Schindling, Nürnberg, ebd. S. 32 – 42.

15 Hans-Joachim König, Die Freundschaft zwischen Johannes Brenz und dem Crailsheimer Pfarrer Adam Weiß. In: WFr 55 (1971) S. 84 – 94.

16 Pressel, Anecdota, S. 33 – 39.

17 Gottfried Seebaß, An sint persequendi haeretici. Die Stellung des Johannes Brenz zur Verfolgung und Bestrafung der Täufer. In: BWKG 70 (1970) S. 40-99; Brenz, Frühschriften 2, S. 472 – 541.

18 Sehling, Bd. 11,1, Einleitung S. 113 – 125. Das die Kirchenordnung betreffende Material ist jetzt zusammengestellt in: Osiander GA 3, S. 468 – 606; 4, S. 219 – 256, 373 – 396. Die Ordnung selbst ist abgedruckt: Osiander GA 5, S. 37 – 181, die dazugehörigen Katechismuspredigten ebd. S. 182 – 334.

19 Walther Köhler, Das Marburger Religionsgespräch 1529. Versuch einer Rekonstruktion (Schriften des Vereins für Reformationsgeschichte 148), Leipzig 1929; Gerhard May (Hg.), Das Marburger Religionsgespräch 1529 (Texte aus Kirchen- und Theologiegeschichte 13) Gütersloh 1970; Brenz, Frühschriften 2, S. 401 – 428; Osiander GA 3, S. 391 – 444.

20 Brenz, Frühschriften 2, S. 415 – 428.

21 Druck: Osiander GA 3, S. 414 – 424.

22 Friedrich Wilhelm Kantzenbach, Johannes Brenz in markgräflichem Dienst auf dem Reichstag zu Augsburg. In: Jahrbuch des Historischen Vereins für Mittelfranken 82 (1964/65) S. 50 – 80; Martin Brecht, Johannes Brenz auf dem Augsburger Reichstag 1530. In: Rolf Decot (Hg.), Vermittlungsversuche auf dem Augsburger Reichstag 1530 (Veröffentlichungen des Instituts für Europäische Geschichte Mainz, Abt. Religionsgeschichte, Beiheft 26) Stuttgart 1989, S. 9 – 28.

23 Karl Schornbaum, Zum Briefwechsel des Joh. Brenz. In: BWKG 9 (1905) S.88 – 90.

24 WABr 5, Nr. 1609 (= MBW 946) und 1614.

25 Brecht-Ehmer, S. 195ff.

26 Pressel, Anecdota, S. 146f.

27 Katalog Reformation in Württ., Nr. 8.1, S. 104.

28 Brecht-Ehmer, S. 223 – 227.

29 Brecht-Ehmer, S. 228f.; Weismann, Katechismen.

30 Brecht-Ehmer, S. 234f.

31 Köhler 102; Martin Brecht, Die Reformation in der Tübinger Vorlesung von Johannes Brenz. In: Festschrift Reinhold Rau, Tübingen 1966, S. 13 – 16.

32 Hans Volz, Luthers und Melanchthons Beteiligung an der Tübinger Universitätsreform im Jahre 1538. In: Martin Brecht (Hg.), Theologen und Theologie an der Universität Tübingen (Contubernium Bd. 15) Tübingen 1977, S. 65 – 96.

33 Hermann Ehmer, Das Uracher Bildergespräch 1537. In: BWKG 90 (1990) S. 65 – 91.

34 Pressel, Anecdota, S. 192 – 196.

35 Brecht-Ehmer, S 274 – 280.

36 Der Als ein Palm-Baum grünende Gerechte/ In dem Leben des um die gantze Evangelische Kirche Hochverdienten Theologi, M. Joh. Brentzen, Schwäbisch Hall 1717, S. 12.

37 Pressel, Anecdota, S. 189f.

38 Pressel, Anecdota, S. 190f.

39 Die Bekenntnisschriften der evangelisch-lutherischen Kirche, 5Göttingen 1963, S. XXIV-XXVII; S. 462.

40 C. Augustijn, Die Religionsgespräche der vierziger Jahre. In: Gerhard Müller (Hg.), Die Religionsgespräche der Reformationszeit (Schriften des Vereins für Reformationsgeschichte 191) Gütersloh 1980, S. 43 – 53.

41 Pressel, Anecdota, S. 204 – 208.

42 Pressel, Anecdota, S. 208 – 211.

43 Brenz an Joachim Camerarius, 27. Oktober 1540, Pressel, Anecdota, S. 214f.

44 Pressel, Anecdota, S. 219.

45 Georg Lenckner, Autographa Brentiana. In: WFr 49 (1965) S.16 – 18.

46 Übersetzung nach: Victor Schulze, Das Tagebuch des Grafen Wolrad II. zu Waldeck zum Regensburger Religionsgespräch 1546. In: Archiv für Reformationsgeschichte 7 (1909/10) S. 135 – 184, 294 – 347, hier S. 315.

47 Am 1. April 1546 schrieb er von Hall aus an Melanchthon; MBW 4212.

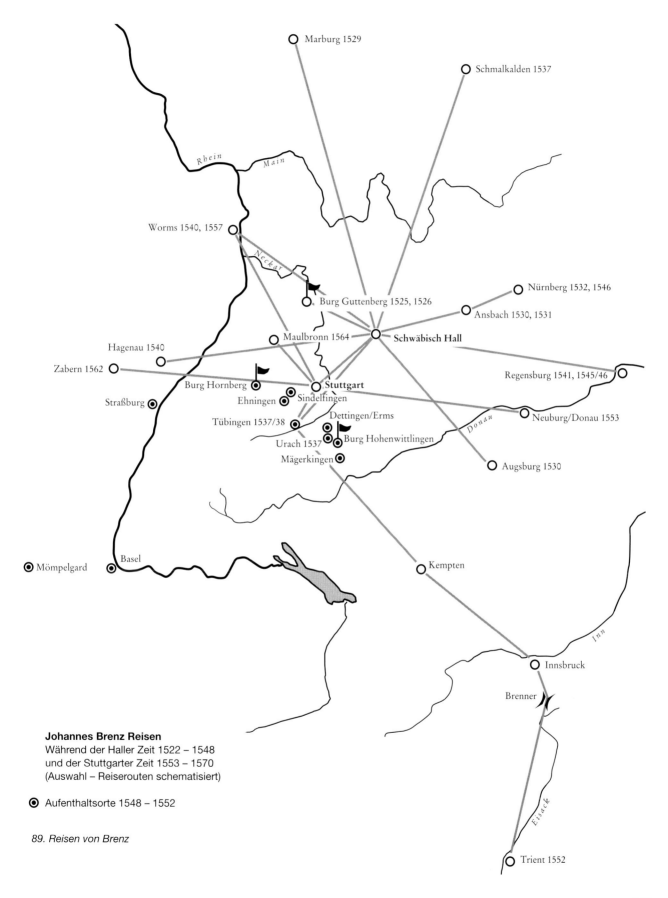

Marburg 1529

Schmalkalden 1537

Rhein

Main

Worms 1540, 1557

Neckar

Burg Guttenberg 1525, 1526

Nürnberg 1532, 1546

Ansbach 1530, 1531

Maulbronn 1564

Schwäbisch Hall

Hagenau 1540

Zabern 1562

Regensburg 1541, 1545/46

Burg Hornberg

Stuttgart

Ehningen

Sindelfingen

Straßburg

Dettingen/Erms

Tübingen 1537/38

Donau

Neuburg/Donau 1553

Urach 1537

Burg Hohenwittlingen

Mägerkingen

Augsburg 1530

Mömpelgard

Basel

Kempten

Inn

Innsbruck

Brenner

Johannes Brenz Reisen
Während der Haller Zeit 1522 – 1548
und der Stuttgarter Zeit 1553 – 1570
(Auswahl – Reiserouten schematisiert)

◉ Aufenthaltsorte 1548 – 1552

89. Reisen von Brenz

Eisack

Trient 1552

7 Stiftspropst in Stuttgart

Auf der Flucht

Unter dramatischen Umständen hatte Johannes Brenz an seinem 49. Geburtstag, am Sonntag, 24. Juni 1548, Schwäbisch Hall verlassen müssen, die Stätte seiner mehr als 25jährigen Wirksamkeit. Die kranke Frau mit den Kindern hatte er anfangs wohl mitgenommen, sandte sie aber später wieder nach Hall zurück, um seine Flucht allein fortzusetzen. Bei dieser Gelegenheit gab er offenbar seiner Familie den Abschiedsbrief an den Haller Rat vom 12. September 1548[1] mit, in dem er Frau und Kinder dessen Obhut empfiehlt, wohl auch in der Hoffnung, daß sich die Verwandtschaft ihrer annehmen werde.

Brenz hatte sich zunächst nach Württemberg begeben[2]; vermutlich hatte ihm der Herzog schon vorher ein Asyl zugesichert, zumindest konnte er aufgrund seiner früheren Tätigkeit im Land hoffen, daß der Herzog ihm helfen würde. Über sein weiteres Ergehen berichtete Brenz am 17. September 1548 dem Nürnberger Freund und Kollegen Veit Dietrich. Dieser und die folgenden Briefe[3] an Dietrich berichten von Brenz' Exil und sind bemerkenswert durch ihre konspirative Sprache, da manche Namen und Orte nur angedeutet werden, damit der Inhalt, falls diese Briefe aufgefangen wurden, nicht ohne weiteres verständ-

90. Hohenwittlingen

lich wäre. Die griechische Bezeichnung *autokrator* für den Kaiser ist noch am leichtesten zu verstehen. Herzog Ulrich von Württemberg hingegen nennt Brenz in diesen Briefen nur seinen Abdias; er vergleicht ihn also mit dem Hofmeister Obadja, der die Propheten des Herrn versteckte und versorgte, als sie von König Ahab und seiner Frau Isebel verfolgt wurden (1. Kön 18, 4).

Brenz sollte zuerst auf der Burg Württemberg untergebracht werden, „auf der Burg, von der das Land seinen Namen hat", wie er in seinem Brief den Ort umschreibt. Er wurde dann aber nach Hohenwittlingen, bei Urach auf der Schwäbischen Alb, gebracht. Hierfür soll Herzog Ulrich, wie Heerbrand[4] erzählt, seinem Sekretär den Auftrag gegeben haben, Brenz zu verstecken, jedoch ohne ihn den Bergungsort wissen zu lassen. Als der Kaiser am 22. August von Ulm nach Esslingen kam, ließ er die Burg Württemberg durchsuchen, nachdem Herzog Ulrich dies gestattet hatte, nicht ohne sich zuvor zu vergewissern, daß Brenz sich nicht auf dieser Burg befand. Offenbar war dem Kaiser zu Ohren gelangt, daß Brenz auf der Burg Württemberg versteckt sei. Da er sich aber auf Hohenwittlingen aufhielt, war er somit zum zweiten Mal einer großen Gefahr entronnen.

Der Kaiser hatte nämlich aus Ulm die dortigen Prediger, darunter Brenz' Studienfreund Frecht, in Ketten mit sich geführt, um sie in Kirchheim unter Teck unter Aufsicht der dortigen spanischen Besatzung gefangen zu halten. Ein ähnliches Schicksal hätte auch Brenz gedroht, der auf der abgelegeneren Burg Wittlingen sicherer war als an einem anderen Ort. Eine Erinnerung an seinen dortigen Aufenthalt im Sommer 1548 ist seine Erklärung des 94. und des 130. Psalms, die in Basel, wohl im Herbst 1548, unter dem Verfassernamen *Joannes Witlingius* gedruckt wurde[5]. Diese beiden Psalmen, nämlich „Herr, Gott, des die Rache ist, Gott, des die Rache ist, erscheine" und „Aus der Tiefe rufe ich, Herr, zu dir" zeigen die Stimmung des Flüchtlings, der *in das ellendt verjagt* worden ist und die *hoff farb* des Sohnes Gottes *von wegen seines evangelions* trug[6].

Weil Herzog Ulrich sich seiner angenommen hatte, konnte Brenz den Rufen nach Magdeburg, nach Preußen und Dänemark, die ihm offenbar von Veit Dietrich übermittelt worden waren, nicht Folge leisten. Wie Heerbrand[7] berichtet, soll ihm auch König Eduard VI. von England, bei dem später Martin Bucer Aufnahme fand, eine Stelle angeboten haben. Herzog Ulrich nahm aber Brenz in Pflicht, der ihm versprechen mußte, bis zum Ende des Winters niemandem seine Dienste anzubieten. Er sandte Brenz über Straßburg, wo er bei Bucer einkehrte, nach Mömpelgard,[8] der zu Württemberg gehörenden burgundischen Grafschaft, die zu dieser Zeit Herzog Christoph verwaltete. Von dort aus begleitete ihn der Ansbacher Kanzler Dr. Nikolaus Stadtmann nach Basel, wo sich Brenz beim Rat meldete und bat, ihm für eine Zeitlang den Aufenthalt zu gestatten. Für einige Monate wohnte er in Basel bei der Witwe des Simon Grynaeus, wo er den Kommentar zum Propheten Jesaja vollendete. Offenbar erwartete der Herzog, daß sich die Lage bald entspannen und es möglich sein würde, daß Brenz ein öffentliches Amt in Württemberg, sei es an der Universität, sei es in der Kirche, übernehmen könne. Brenz freilich bezweifelte, daß dies schon bald möglich sein würde, weshalb er sich mit dem Gedanken befaßte, nach Magdeburg oder Preußen zu ziehen. Lieber hätte er natürlich seine Dienste der heimischen Kirche gewidmet, zumal er deutlich spürte, daß die beiden vergangenen Jahre ihm viel an Lebenskraft und Munterkeit genommen hatten[9].

Im Februar 1549 schrieb Brenz nach Preußen, im März nach Magdeburg, daß er sich nach wie vor an seine Verpflichtung gegenüber dem Herzog von Württemberg gebunden fühle, der seine Dienste zwar nicht öffentlich, sondern privat für die Kirche gebrauche[10]. Es war aber nicht nur Herzog Ulrich, sondern auch dessen Sohn Christoph, für den Brenz tätig war[11]. Zwischendurch scheint Brenz in Württemberg gewesen zu sein, nicht zuletzt um nach seinen Kindern zu sehen, die nach dem Tod seiner Frau am 18. November 1548 völlig verwaist waren. Mit diesem Besuch in Stuttgart verbindet sich die Geschichte von Brenz, der sich wegen einer von den Spaniern in Stuttgart durchgeführten Haussuchung etliche Tage auf dem Dachboden eines Hauses verborgen haben soll, wo ihn – ähnlich wie die Raben den Propheten Elia am Bach Krith ernährten (1. Kön 17, 6) – eine Henne täglich mit einem Ei versorgt habe[12].

Im Frühjahr 1549 verließ Brenz Basel und reiste über Straßburg, wo er wieder Bucer traf, nach Württemberg zurück und schrieb am 5. März aus einem ungenannten Ort an Veit Dietrich[13]. In der Folgezeit scheint Brenz eine unstete und flüchtige Existenz geführt zu haben, von der nur einzelne Stationen bekannt sind. Am 21. Juli 1549 hielt er sich am württembergischen Hof auf[14], also vermutlich in Urach. Wahrscheinlich war dies der Uracher Aufenthalt, bei dem Brenz nach dem Zeugnis seines Sohnes sich im Hause

91. Straßburg, Holzschnitt aus der Schedelschen Weltchronik, 1493.

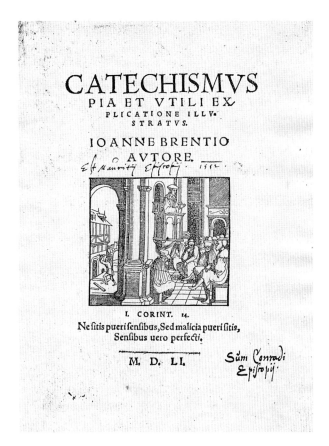

CATECHISMVS
PIA ET VTILI EX
PLICATIONE ILLV-
STRATVS.

IOANNE BRENTIO
AVTORE.

I. CORINT. 14.
Ne fitis pueri fenfibus, Sed malicia pueri fitis,
Senfibus uero perfecti.

M. D. LI.

92. Erstausgabe der großen lateinischen Katechismusauslegung, Frankfurt a.M.: Peter Braubach, 1551 (der Titelholzschnitt zeigt die Übertretung des 3. Gebots zur Feiertagsheiligung)

93. Burg Hornberg

seines Haller Kollegen Isenmann aufhielt, der inzwischen eine Anstellung in Urach gefunden hatte. Anfang Dezember weilte Brenz wohl in Mömpelgard am Hofe Herzog Christophs[15]. Im Frühjahr 1550 befand er sich an einem ungenannten Ort, von dem aus er am 12. März seine Tochter Barbara an Herzog Christoph schickte, mit der Bitte, sie aufzunehmen[16]. Brenz schreibt hier, daß Herzog Ulrich von ihm verlangt habe, daß er noch bis Johannis (24. Juni) an diesem Ort bleiben solle, damit er dann, falls möglich, im württembergischen Kirchendienst angestellt werden könne.

Es muß angenommen werden, daß es sich bei diesem Ort um die Burg Hornberg handelte, von der Heerbrand[17] erzählt. Von einem anderthalbjährigen Aufenthalt auf einer Burg, *in media eremo, inter montes et silvas, inter rupes et saxa*, mitten in der Einöde, zwischen Bergen und Wäldern, zwischen Klüften und Steinen, berichtet Brenz am 14. April 1551 dem Nürnberger Freund Hieronymus Baumgartner[18]. Den Aufenthalt auf der Burg teilte er, wie aus demselben Brief hervorgeht und auch Heerbrand berichtet, mit seinen Kindern, doch schien es ihm offenbar geraten, die 18jährige Barbara zu ihrer Ausbildung aus der Einsamkeit an den Hof des Herzogs Christoph nach Mömpelgard zu schicken.

Es ist umstritten, um welche Burg Hornberg es sich handelt, deren es nicht wenige gibt. Heerbrand nimmt Hornberg im Gutachtal an[19], doch dürfte diese wegen ihrer Lage an einer Durchgangsstraße ausscheiden. Wesentlich einsamer liegt die Burg Hornberg bei Zwerenberg im Amt Calw, doch scheint diese zu jener Zeit schon eine Ruine und unbewohnbar gewesen zu sein. Außerdem war diese Burg zur Hälfte badisch, was aber wohl kein Hinderungsgrund für einen Aufenthalt von Brenz gewesen wäre. Man könnte daher auch an die Burg Fautsberg über dem Tal der kleinen Enz denken[20], die Brenz später zu Lehen bekommen hat. Doch dann müßte aber der Name Hornberg, der allerdings auch von Johannes Brenz d. J. erwähnt wird[21], ganz fallengelassen werden. Man wird also doch an Hornberg bei Zwerenberg denken müssen.

Brenz' Aufenthalt auf dem Hornberg erinnert ganz an Luthers Existenz als Junker Jörg auf der Wartburg. Zwar führte Brenz den Titel eines Vogts, fiel aber dadurch auf, daß er die üblichen Untugenden dieser Leute, nämlich Fluchen und Trinken, nicht besaß. Heerbrand erzählt hier noch die Geschichte von dem Gutacher – oder doch eher Zwerenberger – Pfarrer, den Brenz wegen seiner zu langen

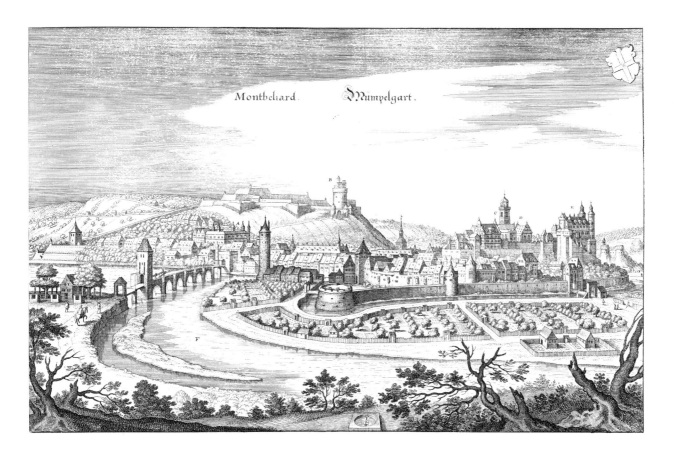

94. Mömpelgard. Kupferstich von Matthäus Merian.

95. Basel. Kupferstich von Matthäus Merian.

Predigten ermahnte, worauf ihn der Pfarrer mit der Bemerkung abfertigte, daß die Vögte nicht gerne lange in der Kirche, aber um so länger im Wirtshaus sitzen wollen. Schließlich erkannte aber der Pfarrer, daß Brenz kein richtiger Vogt war, weil dieser ihn in einer schweren Krankheit besuchte und ihn aus des Pfarrers eigenen Predigten tröstete.

Auf dem Hornberg hatte Brenz sein Pseudonym Huldrich Encaustius verdeutscht in Huldrich Engster. Er hatte aber mit den weltlichen Geschäften eines Vogts nichts zu tun, vielmehr hatte er hier Zeit und Gelegenheit, theologisch zu arbeiten. Nach Heerbrand soll er auf dem Hornberg den bereits in Schwäbisch Hall begonnenen Kommentar zum Propheten Jesaja, den er als den Begleiter in seinem Exil bezeichnete, vollends ausgearbeitet haben. Die Angabe von Johannes Brenz d. J., daß dieser Kommentar schon im Winter 1548/49 in Basel fertig geworden sei, hat aber einiges für sich, da dieses Buch bereits im September 1550 bei Peter Braubach in Frankfurt erschien[22]. Mit Sicherheit schrieb Brenz auf dem Hornberg seine Erklärung des Katechismus, die Braubach 1551 herausbrachte[23].

Brenz scheint sich also von Herbst 1549 bis Frühjahr 1551 auf dem Hornberg aufgehalten zu haben. Zwischendurch muß er aber gelegentlich unterwegs gewesen sein, denn im Herbst 1550 soll er in Mägerkingen bei dem Pfarrer Johannes Müller gewesen sein. Der Herzog hatte den Termin einer Anstellung immer weiter hinausschieben müssen und tat gut daran, Brenz weiter in Pflicht zu nehmen, denn Herzog Albrecht von Preußen trug ihm am 14. Juni 1550 das Bistum Samland an[24]. Brenz scheint aber gewiß gewesen zu sein, daß seine berufliche Zukunft im Herzogtum Württemberg lag, denn von Mägerkingen aus traf er offenbar die Vorbereitungen für seine zweite Eheschließung, die am 7. September 1550 in Dettingen an der Erms stattfand. Seine zweite Frau wurde Katharina, eine Nichte seines ehemaligen Haller Kollegen Johann Isenmann, der 1549 als Prediger an der Uracher Amanduskirche angestellt worden war. Katharina Isenmann hat Brenz in 20jähriger Ehe zwölf Kinder geboren, wovon zehn beim Tode des Vaters noch am Leben waren.

Nach seiner zweiten Heirat soll Brenz nach Sindelfingen gezogen sein, daraufhin nach Ehningen bei Böblingen[25]. Währenddessen starb am 6. November 1550 Herzog Ulrich auf dem Schloß in Tübingen. Unmittelbar nach dem Tode des Vaters übernahm sein Sohn, Herzog Christoph,

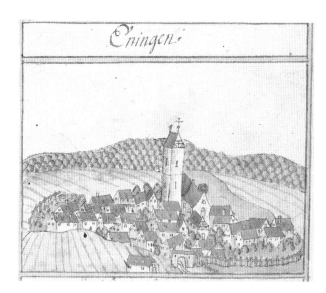

96. Ehningen bei Böblingen. Ansicht aus den Forstkartenwerk von Andreas Kieser.

die Regierung und zog für kirchliche Angelegenheiten sofort auch Brenz zu Rate. Dieser antwortete daher Herzog Albrecht von Preußen auf dessen Angebot, das Bistum Samland zu übernehmen, daß er derzeit in Württemberg unabkömmlich sei[26].

Alsbald veränderte sich durch den Reichsabschied vom 13. Februar 1551, der den Reichsständen auftrug, vor dem Trienter Konzil zu erscheinen, Brenz' Situation, denn nun war das Interim zum Verhandlungsgegenstand geworden. Er mußte deshalb nicht mehr eine Existenz im Verborgenen führen, wie er seinem Freund Camerarius am 7. April 1551 mitteilte[27]. Zuvor hatte er gelegentlich Briefe, wie jenen an Camerarius vom 23. Februar 1551, nicht mit seinem Namen unterschrieben, sondern mit der Formel *Tuus, quem nosti*, „der Deinige, den Du kennst". In demselben Brief schreibt er auch, daß er noch keinen festen Wohnsitz habe.

Brenz' Briefe datieren deshalb im Jahre 1551 entweder aus Stuttgart oder aus Sindelfingen. Er kam also, je nachdem es die Geschäfte erforderten, von seinem Wohnsitz in Sindelfingen oder Ehningen nach Stuttgart. Heerbrand erzählt aus dieser Zeit die Geschichte, daß die Räte des Markgrafen Georg Friedrich von Brandenburg Brenz in der Kanzlei in Stuttgart getroffen und bekundet hätten, daß sie diesen Mann aller Orten gesucht, aber nirgends finden konnten, da sie ihn zu sich holen wollten[28]. Doch um diese Zeit war Brenz wohl schon damit beschäftigt, das Württembergische Bekenntnis für das Konzil in Trient aus-

97. Sindelfingen. Ansicht aus den Forstkartenwerk von Andreas Kieser.

zuarbeiten. Gleichwohl hatte er noch keine feste Anstellung, weshalb Herzog Christoph auf das vom kaiserlichen Hof geäußerte Verlangen, Brenz aus Württemberg zu entfernen, antworten konnte, daß dieser nicht im Predigtamt stehe und man es ihm nicht verwehren könne, sich im Fürstentum aufzuhalten[29].

Das Württembergische Bekenntnis[30]

Das auf dem Reichstag in Augsburg 1548 vom Kaiser erlassene Interim[31], eine „vorläufig", d.h. bis zur endgültigen Entscheidung eines Konzils geltende Kirchenordnung, hatte das Ziel, die evangelischen Territorien in Lehre und Gottesdienst wieder der katholischen Kirche anzunähern. Das Interim war deshalb auf eine nahezu einhellige Ablehnung durch die evangelischen Theologen gestoßen. Auch Johannes Brenz und sein Kollege Isenmann hatten sich in diesem Sinne geäußert[32], und dies war auch der Grund, weshalb Brenz 1548 aus Hall fliehen mußte.

Im Herzogtum Württemberg mußte das Interim, das den Evangelischen nur wenige Zugeständnisse machte, wegen der spanischen Besatzung, die der Kaiser ins Land gelegt hatte, ohne irgendeine Milderung eingeführt werden. Da sich die meisten Pfarrer dieser neuen Ordnung verweigerten, mußte sie der Herzog entlassen. Die kirchli-

che Versorgung der Bevölkerung war damit weitgehend unmöglich; erst langsam konnte sie in der Folgezeit durch Einstellung von Geistlichen, den sogenannten „Interimisten", die sich der neuen Ordnung gemäß verhalten wollten, notdürftig wiederhergestellt werden. Nach einigen Monaten zeigte sich aber auch die Möglichkeit, die entlassenen Pfarrer als „Katechisten", die die Jugend im Katechismus unterrichteten und auch predigten, wieder anzustellen.

Mitten in dieser schwierigen Zeit starb Herzog Ulrich am 6. November 1550 in Tübingen. Sein Sohn Herzog Christoph trat ein schweres Erbe an. Dazu gehörten das Interim und die spanische Besatzung, aber auch die völlig ungeklärte rechtliche Situation des Landes. Herzog Ulrich hatte nämlich durch seine Beteiligung am Schmalkaldischen Krieg gegenüber König Ferdinand seinen Lehenseid gebrochen. Deshalb war ein Verfahren anhängig, das den Einzug des Herzogtums durch den König zur Folge haben konnte, aber letztlich vom Kaiser zu entscheiden war.

Der Abschied des Augsburger Reichstags vom 13. Februar 1551 hatte es den evangelischen Reichsständen zur Pflicht gemacht, auf dem Trienter Konzil, das seit 1547 unterbrochen worden war, am 1. Mai 1551 aber wieder eröffnet werden sollte, zu erscheinen und dort ihre Anliegen vorzubringen. Johannes Brenz, der für Herzog Christoph ein Gutachten in dieser Sache ausgearbeitet hatte, bezeichnete das Konzil als gottlos, nicht vertrauenswür-

Der Durchleuchtig Hochgeborn
Fürst vnd Herr/Herr Christoff/Hertzog zu Wurtembergk
vnd zu Teck/Graffe zu Mümpelgart/ꝛc.

98. Herzog Christoph von Württemberg. Holzschnitt von Jost Ammann in der 1564 in Frankfurt gedruckten deutschen Bibel.

dig und unfrei. Gleichwohl war er der Meinung, daß man dem kaiserlichen Befehl Gehorsam leisten und das Konzil beschicken müsse, um dort seinen Glauben zu bekennen. Aufgrund des Gutachtens von Brenz beschloß Herzog Christoph die Beschickung des Konzils; gleichzeitig war Johannes Brenz damit beauftragt worden, ein Bekenntnis zur Vorlage beim Konzil abzufassen. Hierfür erschien es geraten, mit den wichtigsten evangelischen Ständen Verbindung aufzunehmen. Dies mußte aber mit größter Vorsicht unternommen werden, um beim Kaiser nicht den Verdacht eines geheimen Bündnisses zu erwecken. Immerhin wurde eine Verständigung mit der Kurpfalz erzielt und Treffen der württembergischen Theologen mit denen Kursachsens und der Reichsstadt Straßburg veranstaltet. Das Ziel der Abfassung eines gemeinsamen Bekenntnisses konnte auf diesem Weg aber nicht erreicht werden; immerhin stellte man die Einhelligkeit des von Brenz verfaßten württembergischen Bekenntnisses mit dem kursächsischen, dessen Autor kein Geringerer als Philipp Melanchthon war, fest.

Das Württembergische Bekenntnis – auf lateinisch *Confessio Virtembergica* – wurde, wie Titel und Vorrede ausweisen, im Namen des Herzogs abgefaßt. Mit dem herzoglichen Wappen auf dem Titelblatt weist es sich als amtliches Dokument aus. Es knüpft beim Interim an und folgt auch weitgehend dessen Aufriß. Bemerkenswert ist aber, daß Brenz seit seiner schroffen Ablehnung des Interims eine Entwicklung durchgemacht hatte, die allerdings auch seiner versöhnenden und ausgleichenden Natur entsprach. Es ging ihm daher in dem Bekenntnis nicht darum, die evangelische Auffassung gegenüber der katholischen abzugrenzen, sondern zu den gemeinsamen Wurzeln des Glaubens, nämlich der Schrift und den drei altkirchlichen Bekenntnissen, zurückzugehen.

Insgesamt enthält das Bekenntnis 32 Artikel, von denen natürlich die zentralen über die Rechtfertigung und das Abendmahl besonders breit ausgeführt sind. In den einzelnen Artikeln wird zunächst die katholische Lehre dargestellt und dann gezeigt, wo die gegenwärtige Praxis der Kirche davon abgewichen ist. Diese Darlegungen werden dann nicht nur mit Schriftzitaten, sondern auch mit Väterzitaten belegt. Das heißt also, daß das reformatorische Schriftprinzip durch Lehre und Praxis der Alten Kirche erweitert wird. Auf diese Weise wurde eine Annäherung an die katholische Kirche und eine Anknüpfung an ihre Lehre versucht. Es war nun Sache des Konzils, dieses Gesprächsangebot aufzunehmen.

Brenz auf dem Konzil in Trient

Ende September 1551 schickte Herzog Christoph eine Botschaft nach Trient; dieser folgten später die Vertreter von Straßburg, im Januar dann die Kursachsens. Dies waren freilich nur vorläufige Botschaften, denn zunächst ging es um die Sicherstellung der eigentlichen Konzilsgesandtschaft, ein Problem, das seit der Verbrennung von Johannes Hus auf dem Konstanzer Konzil 1415 – trotz des ihm zugesagten Geleits – im Raume stand.

Eine weitere Schwierigkeit bestand aber auch darin, daß die Protestanten das Konzil nicht anerkannten, weil es nicht frei war, sondern vom Legaten des Papstes geleitet und bestimmt wurde. Um nicht in den Verdacht zu kommen, das in seinen Entscheidungen unfreie Konzil anzuerkennen, durften die Gesandten nicht mit dem päpstlichen Legaten verhandeln, sondern hatten sich an den kaiserlichen Orator, den Bevollmächtigten des Kaisers, zu wenden. Andererseits war seitens des Konzils ein Auftreten der Protestanten eigentlich nicht gewünscht, vielmehr gab man, indem man sie zuließ, lediglich dem Wunsch des Kaisers nach.

Die Übergabe der Konfession stellte daher ein fast unlösbares Problem dar. Erst der Kaiser vermochte es dann durchzusetzen, daß die württembergischen Gesandten in einer Kongregation des Konzils am 24. Januar 1552 Gelegenheit erhielten, ihr Bekenntnis und die Beschwerdepunkte zu übergeben. Eine Antwort darauf wurde in Aussicht gestellt, ist aber nie erfolgt.

Nachdem im November 1551 zwei württembergische Theologen als Beobachter nach Trient gesandt worden waren, wurde im Frühjahr eine weitere theologische Gesandtschaft, bestehend aus Johannes Brenz, dem Tübinger Professor Jakob Beurlin, sowie Jakob Heerbrand, Pfarrer in Herrenberg, und Valentin Vannius, Pfarrer in Cannstatt, nach Trient gesandt, obwohl das gewährte Geleit immer noch problematisch war. Doch war es notwendig, die Theologen nach Trient zu schicken, um etwaige Anfragen an das Bekenntnis vor Ort beantworten zu können.

Gemeinsam mit dieser württembergischen theologischen Gesandtschaft machten sich auch zwei Straßburger Theologen auf die Reise nach Trient. Am 7. März 1552 gingen sie von Tübingen ab und trafen am 18. März in der Konzilsstadt ein. Die für den 19. März anberaumte Sitzung

99. Württembergisches Bekenntnis von 1552. Titelblatt des deutschen Drucks.

100. Stiftskirche in Stuttgart von der Alten Kanzlei aus (Vorkriegsaufnahme).

des Konzils, bei der die Theologen gehört werden sollten, fand jedoch nicht statt. Die Theologen, die wohlvorbereitet, aber auch in einer gewissen Spannung nach Trient gereist waren, mußten untätig bleiben. Zwar versuchten einzelne Vertreter des Konzils, mit Brenz privat ins Gespräch zu kommen, doch mußte er sich dem versagen, weil er ja in amtlichem Auftrag gekommen war.

Alsbald gelangten auch Nachrichten über den Fürstenaufstand des Kurfürsten Moritz von Sachsen nach Trient, weshalb viele Bischöfe abreisten. Da die Möglichkeit, ihren Auftrag noch ausführen zu können, zunehmend schwand, machte sich die württembergische Gesandtschaft am 8. April nach dreiwöchigem Aufenthalt in Trient ebenfalls auf den Heimweg und traf am 17. April, dem Ostersonntag, wieder in Tübingen ein, womit sie, wie Heerbrand[33] schreibt, dem Rachen des Löwen entkommen waren.

Die Beschickung des Konzils war also ergebnislos geblieben, doch war dem kaiserlichen Verlangen Genüge getan

worden. Bereits am 30. Juni 1552 befahl Herzog Christoph mit ausdrücklicher Berufung auf die Vorlage des Bekenntnisses beim Konzil die Abschaffung der Messe an den Orten des Landes, an denen sie noch gehalten wurde. Die betreffenden Amtleute erhielten mit diesem Befehl zugleich ein Exemplar des Bekenntnisses, damit sie sich daraus unterrichten konnten[34]. Die Konzilsgesandtschaft hatte somit zwar keinen unmittelbaren Erfolg gehabt, gab aber dem Herzog die Handlungsfähigkeit zurück. Johannes Brenz hat deshalb die Beschickung des Konzils in einer eigenen Schrift dokumentiert, die 1553 im Druck erschien. Die lateinische Fassung ist als *Syntagma* betitelt, die deutsche Übersetzung ist überschrieben: *Ordenliche beschreibung deren ding, so in namen des Durchleuchtigen Fürsten und Herrn, Herrn Christoffen Hertzog zu Wirtemberg ... auff dem Concilio zu Triendt durch seine gesandten gehandelt seind*[35].

Bestallung als Stiftspropst[36]

Die Reise nach Trient war für Brenz und seine Kollegen wegen der Unsicherheit des gewährten Geleits nicht ungefährlich gewesen. Den Bericht über die Reise, das *Syntagma*, ebenso die *Ordenliche beschreibung*, ließ Brenz noch unter dem Pseudonym *Ulrich Encaustius* erscheinen[37]. Es handelt sich hier um eine interessante Übersetzung seines Vor- und Zunamens, denn der aus dem Hebräischen kommende Name Johannes bedeutet der Gesegnete oder der Huldreiche, also *Ulrich. Encaustius* ist eine Gräzisierung und bedeutet das Gebrannte, schwäbisch also „Brennt's".

Durch die Gesandtschaft zum Konzil konnte nun in Württemberg der Weg zur Abschaffung des Interims und zu einer Neuordnung der württembergischen Kirche weiter beschritten werden. Dies bedeutete aber auch, daß Brenz das Leben im Untergrund, das er seit 1548 geführt hatte, mit einer ihm zukommenden Stellung in der württembergischen Kirche vertauschen konnte. Zum 10. Januar 1553 wurde Brenz deshalb zum Propst der Stuttgarter Stiftskirche ernannt.

Die Stuttgarter Stiftskirche hatte schon bisher durch ihre Nähe zur herzoglichen Residenz eine hervorgehobene Rolle im Land gespielt. Sie war eine der Grablegen des

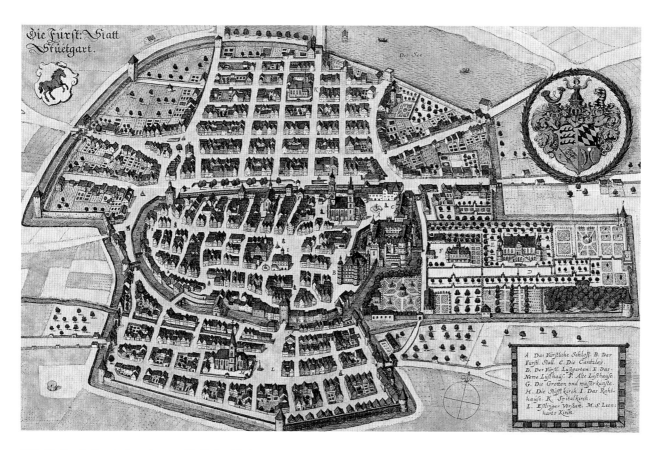

101. Stuttgart. Vogelschauplan von Matthäus Merian.

Hauses Württemberg, doch hatte gerade Herzog Ulrich im Chor der Stiftskirche in Tübingen eine neue Grablege eröffnet, in der die Herzöge von Eberhard im Bart bis Ludwig ihre letzte Ruhe fanden. Wie an anderen Stiftskirchen auch, befand sich an der Stuttgarter ebenfalls ein Stiftskapitel, eine Gemeinschaft von Weltgeistlichen unter einem Propst und einem Dekan. Die Mitglieder des Stiftskapitels waren schon von den Grafen stets zu Regierungs- und Verwaltungsaufgaben herangezogen worden. Ein Beispiel dafür ist der Stuttgarter Stiftsherr Dr. Ludwig Nauclerus, der Eberhard im Bart als Kanzler diente.

Einer der Stiftsgeistlichen, zumeist der Propst, hatte zugleich das Amt eines Pfarrers von Stuttgart inne. Durch die Reformation war das Stiftskapitel aufgehoben worden; der Reformator Erhard Schnepf und sein Nachfolger Valentin Vannius versahen nun das Pfarramt, unterstützt von drei Diakonen. Im Interim hatte das Stiftskapitel wieder notdürftig eingerichtet werden müssen; noch 1551 wurde Jakob von Westerstetten[38], der schon vor 1534 Propst der Stuttgarter Stiftskirche gewesen war, von Herzog Christoph wieder in dieses Amt eingesetzt. Dabei

102. Die Stuttgarter Stiftspropstei, der Dienstsitz von Johannes Brenz. Rechts am Rand der Turm der Stiftskirche. Darstellung aus dem Anfang des 19. Jahrhunderts.

103. Alte Kanzlei in Stuttgart (rechts), der Sitz der Regierungsbehörden des Herzogtums.

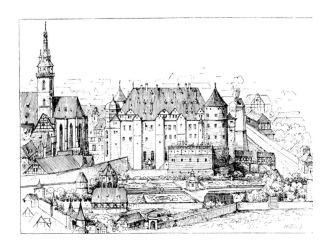

104. Altes Schloß und Stiftskirche in Stuttgart. Nach der Stadtansicht von Jonathon Sauter von 1592.

wurde ihm zugestanden, daß er seinen Wohnsitz in Ellwangen behalten könne, wo er ebenfalls eine Stiftsherrenpfründe besaß.

Propst Jakob starb am 9. Dezember 1552 in Ellwangen; seine Stelle war damit frei geworden, so daß Brenz vier Wochen später vom Herzog, der Inhaber des Patronats war, auf diese ernannt werden konnte. Nach der Rückkehr aus Trient hat sich Brenz offensichtlich abwechselnd in Ehningen bei Böblingen und in Tübingen aufgehalten. Seine Ernennung auf die Stelle des Stiftspropstes scheint freilich nur eine vorläufige Maßnahme gewesen zu sein, denn Brenz hielt sich noch bis in den Sommer 1553 in Tübingen auf und ist erst vom September 1553 an in Stuttgart zu finden. Am 1. September 1553 hat Brenz in Stuttgart auch seine an den Wochentagen gehaltenen Predigten über 1. Mose begonnen[39]. Den neuen Titel als Propst gebraucht Brenz aber erst im September 1554. Dies stimmt überein mit dem Datum der erst am 24. September 1554 ausgestellten Bestallungsurkunde[40].

Obwohl diese Urkunde ausdrücklich auf die schon am 10. Januar 1553 erfolgte Ernennung auf das Amt des Stuttgarter Propstes Bezug nimmt, sollten ihm die entsprechenden Einkünfte erst von Pfingsten 1554 an gereicht werden. Mit dem Propstamt war in der hergebrachten Weise zugleich das Stuttgarter Pfarramt verbunden, und Brenz somit – wie sein Vorgänger – verpflichtet, das Pfarramt durch zwei Diakone versehen zu lassen. In Abänderung des seitherigen Brauchs hatte aber Brenz die Diakone nicht mehr von seinem eigenen Einkommen zu besolden, vielmehr sollten diese ihr Gehalt jetzt unmittelbar von der Stiftsverwaltung erhalten. Das Gehalt von Brenz wurde dementsprechend niedriger angesetzt als das bisherige Propsteieinkommen.

Die Brenz ausgesetzte jährliche Besoldung betrug 300 fl. in Geld. Hinzu kamen die üblichen Naturalien, nämlich bestimmte Mengen an Getreide, Wein, Holz und dergleichen. Diese Besoldung entsprach damit ungefähr der der späteren evangelischen Prälaten, die nach der Klosterreformation 1556 nach und nach ins Amt kamen. Bestandteil der Besoldung war natürlich auch eine Dienstwohnung, nämlich die Propstei, die sich gegenüber dem Haupteingang der Stiftskirche befand (heute Stiftsstraße 5). Ein Amtszimmer wurde ihm in der Kanzlei angewiesen, die mit dem Schloß durch eine Brücke verbunden war. So war die unmittelbare Verbindung mit dem Herzog, zu dem Brenz jederzeit Zutritt hatte, und der alle Regierungsge-

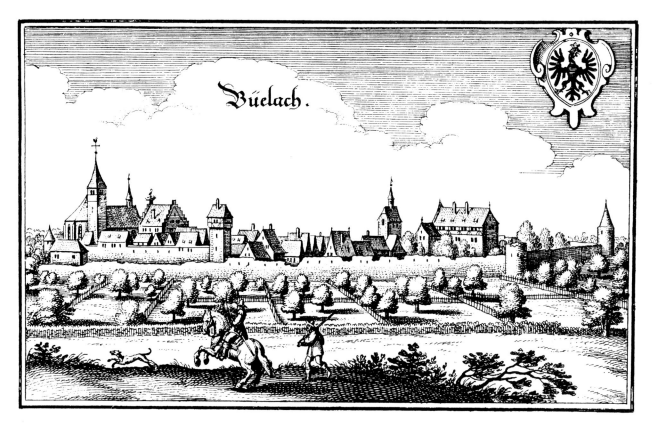

Büelach.

105. Bulach im Schwarzwald, der Sommersitz von Johannes
Brenz. Kupferstich von Mätthäus Merian.

schäfte überwachte und großen Wert auf die Zusammenarbeit mit dem Stiftspropst legte, wesentlich erleichtert[41].

Ähnlich wie die späteren Prälaten wurde auch Brenz zum
herzoglichen Rat bestellt, wofür er eine eigene Besoldung
von 140 fl. und entsprechende Naturalienmengen erhalten
sollte. Gottfried Arnold hat Brenz dies in seiner 1697 erstmals erschienenen *Unparteiischen Kirchen- und Ketzer-
historie* als eine Vermengung von kirchlichen und weltlichen Aufgaben angekreidet, doch ist diese Bestallung
als Rat zunächst nur eine besondere Treueverpflichtung
gegenüber dem Herzog, wie sie später auch in der Bestallung der Prälaten zu finden ist. Man kann in dieser Verpflichtung auf den Herzog sicher auch eine Fortsetzung
der mittelalterlichen Verhältnisse sehen, doch besagt die
Bestallungsurkunde ausdrücklich, daß Brenz als herzoglicher Rat *in unsern und der kürchen geschefften* tätig
werden sollte. Dies heißt nichts weniger, als daß Brenz als
Stuttgarter Stiftspropst der Leiter der nunmehr entstehen-
den evangelischen Landeskirche Württembergs sein sollte.

Wenige Tage nach der Ausstellung des Bestallungsbriefes
überschrieb Herzog Christoph seinem Propst Brenz in
Anerkennung seiner geleisteten Dienste einigen Grundbe-
sitz, nämlich Äcker, Wiesen und Gärten in Altbulach im
Schwarzwald als Eigentum[42]. Brenz hatte ja aus zweiter
Ehe eine ganze Reihe damals noch kleiner Kinder, um
deren Zukunft er besorgt sein mußte. Offenbar aus diesem
Grunde übergab ihm der Herzog diese aus Kirchenbesitz
stammenden Grundstücke, da nach der Bestallungsurkunde seine Erben nach seinem Tod außer der – auch bei
Pfarrern üblichen – Weiterzahlung des Gehalts für ein Vierteljahr, das sogenannte Gnadenquartal, keine weitere Versorgung zu erwarten hatten.

In Altbulach hat sich Brenz dann offensichtlich eine Art
Sommersitz eingerichtet, denn gelegentlich – erstmals im
August 1555[43] – datieren Briefe von dort. In der Nähe von
Schwäbisch Hall, in Gottwollshausen, besaß Brenz ein
Gütlein, das ihm nach der Anstellung in Stuttgart natürlich
zu weit entlegen war. Dieses Gut, das verpachtet war und
jährlich 25 fl. Zinsen eintrug, wollte er 1561 verkaufen, um
den Erlös – zugunsten seiner Kinder – im Herzogtum

Württemberg anzulegen. Nicht weit von Altbulach entfernt, im Tal der Kleinen Enz, erwarb er 1561 als Erblehen das wohl damals schon in Trümmern liegende Schlößlein Fautsberg mit seinem Zubehör, nämlich Wald, Wiesen und Weide und einem Anteil an der Kleinen Enz[44]. Es ging ihm dabei um die Versorgung seiner Kinder, wie er in seinem Gesuch schreibt, damit diese etwas hätten, *wo sie nach meinem tedlichen Abgang, die milch zu finden wüßten*[45].

Brenz als Stiftsprediger

In der Stuttgarter Stiftskirche hat Brenz – wenn er nicht durch Dienstreisen abgehalten war – nicht nur die Predigt an Sonn- und Feiertagen[46], sondern auch die Wochenpredigten übernommen, in denen die fortlaufende Auslegung eines biblischen Buches üblich war. Brenz hat – wie bereits erwähnt – im September 1553 mit der Auslegung des 1. Mosebuchs begonnen und diese bis zum Josuabuch fortgesetzt. Diese Erklärung der alttestamentlichen Bücher unterbrach er durch die Auslegungen des Matthäus- und Markus-Evangeliums. Diese Wochenpredigten hat Brenz fast durch seine ganze Stuttgarter Amtszeit fortgesetzt, erst 1568 wurde er altershalber von seinen Predigtverpflichtungen entbunden.

Bei Brenz ist ein enger Zusammenhang von Predigt und Schriftauslegung zu beobachten. Sein stattliches exegetisches Werk, das zu einem großen Teil in sieben der acht Foliobände umfassenden Ausgabe seiner Werke enthalten ist und fast alle Bücher der Bibel behandelt, kommt aus seiner Predigt. Sehr vieles ist nur in Latein erhalten, denn Brenz hat seine Predigten in der knapperen und präziseren lateinischen Sprache ausgearbeitet, auf deutsch gehalten, und die auf seinen Ausarbeitungen beruhenden Predigten und Schriftauslegungen dann in der Regel auf lateinisch verfaßt.

Wie Heerbrand[47] erzählt, litt Brenz seit seiner Jugend an Schlaflosigkeit. Er pflegte dann über die Heilige Schrift nachzudenken und nach dem Aufstehen seine Gedanken aufzuschreiben. In späteren Jahren ließ er sich einen Kerzenhalter am Bett anbringen, der es ihm erlaubte, im Bett sitzend, beim Licht der Kerze zu lesen und zu schreiben.

Öfter wurde Brenz natürlich auch durch Dienstreisen von seinen theologischen Arbeiten abgehalten. So war er im Sommer 1556 wegen der Einrichtung der Klosterschulen unterwegs und mußte seinen Drucker mit den Korrekturen der Postille warten lassen[48], im August 1562 war er, wie er an Johann Marbach in Straßburg schrieb, schon vier Wochen von seiner Familie entfernt[49].

Die 1556 zuerst lateinisch erschienenen Evangelien- und Epistelpredigten wurden von Jakob Gräter ins Deutsche übersetzt und noch 1556 als Postille herausgegeben[50]. Brenz' Predigten sind von einer nüchternen Sachlichkeit, in einfacher Sprache gehalten und geben sich recht lehrhaft. Sie sind somit keine rhetorischen Kunstwerke oder theologische Abhandlungen, wenn auch das solide theologische Fundament überall deutlich wird. Von dieser schlichten, eingängigen Art waren also die Predigten, die den reformatorischen Umschwung bewirkten, und mit denen evangelische Gemeinde gebaut wurde. Trotz aller Schlichtheit hat das Wort der Predigt seine große Bedeutung als gültige Gnadenzusage und kann vielleicht deswegen des rhetorischen Schmucks leichter entbehren[51].

Die Wochengottesdienste waren in Württemberg – und wohl auch anderwärts – meist nur spärlich besucht, da die Leute zu dieser Zeit ihrer Arbeit nachgingen. Hier scheinen wiederholte Ermahnungen, so eine von 1556, wonach während der Predigten das Zechen und Spielen, insbesondere von den Magistratspersonen zu unterlassen sei[52], desgleichen eine besondere Ermahnung an die Stuttgarter Gemeinde 1559[53], nur wenig gefruchtet zu haben. Es muß deshalb Brenz mit dem Besuch der Wochenpredigten nicht anders gegangen sein als anderen Pfarrern. Dies zeigt eine Geschichte, die von Sebastian Pfauser, dem Hofprediger Kaiser Maximilians II., berichtet wird, der in Stuttgart eigens in die Kirche ging, um den berühmen Brenz zu hören, zu seiner Verwunderung aber nur wenige Leute in der Kirche antraf. Pfauser äußerte sich darüber mit Mißfallen gegenüber Brenz, worauf ihm dieser einen Brunnen zeigte, an dem sie gerade vorübergingen, und sagte: *Das ist das Lob dieses Brunnens, daß er immer gleich reichlich Wasser gibt, es mögen nun viele oder wenige aus ihm schöpfen. Er ist das Vorbild der Prediger des göttlichen Worts*[54].

Brenz in der Kirchenleitung

Zur Zeit Herzog Ulrichs gab es keine eigentliche Leitung der württembergischen Kirche. Es war ja auch noch weitgehend offen, wer anstelle der Bischöfe die Kirche leiten sollte. Einzelne Visitationskommissionen, die aus Theologen und Verwaltungsleuten bestanden, sahen in unregelmäßigen Abständen bei den Kirchen draußen im Land nach dem Rechten. Erst 1547 war eine Visitationsordnung erlassen worden, die das Verfahren der Visitation regelte, und diese ist wohl auch für kurze Zeit in Gang gebracht worden. Durch die ebenfalls 1547 erlassene Synodalordnung wurde durch Einrichtung von Dekanaten und regelmäßigen Zusammenkünften der Pfarrer wenigstens auf der mittleren Ebene eine organisatorische Struktur geschaffen. Erst das Interim zwang 1548 dazu, so etwas wie eine kirchenleitende Behörde für das ganze Land einzurichten, den „Rat zur Verrichtung der Kirchendienste".

Es ist anzunehmen, daß Johannes Brenz schon vor seiner Anstellung als Propst mit den Fragen der Kirchenordnung in Württemberg betraut war, da der seit 1551 begonnene organisatorische Aufbau der württembergischen Kirche eine bemerkenswerte Geschlossenheit zeigt, aber auch andere Vorstellungen verwirklicht als etwa die Synodalordnung von 1547. Sicher sind die hierfür erlassenen Gesetzestexte stets eine Gemeinschaftsarbeit verschiedener Personen, doch muß angenommen werden, daß Brenz bei der zwischen 1551 und 1559 errichteten Kirchenorganisation[55] ein wesentlicher Anteil zukommt.

Anstelle der Dekane wurden 1551 die Ämter der Spezialsuperintendenten geschaffen. Bereits zu diesem Zeitpunkt findet sich die Einteilung des Landes in vier Sprengel, wobei in jedem ein Generalsuperintendent als Vorgesetzter der Spezialsuperintendenten wirkte. Während die Synodalordnung von 1547 noch Elemente der Selbstverwaltung besaß, sah die jetzige Ordnung einen klaren hierarchischen Aufbau der Kirche vor. Dieser zeichnet sich bereits in der 1553 erlassenen Visitationsordnung[56] ab, die offenbar wohl schon seit 1551 bestehende Zustände festschreibt. Die Visitationsräte, von denen in dieser Ordnung die Rede ist, stellen die Kirchenleitung dar, die unmittelbar dem Landhofmeister Balthasar von Gültlingen unterstellt ist. Damit ist die Kirchenleitung eine der drei Regierungsbehörden, neben Rentkammer und Oberrat. Die Visitationsräte, die auch als Kirchenrat und alsbald als Konsistorium bezeichnet werden, sind in eine weltliche und eine geistliche Bank gegliedert, denen ein gemeinsa-

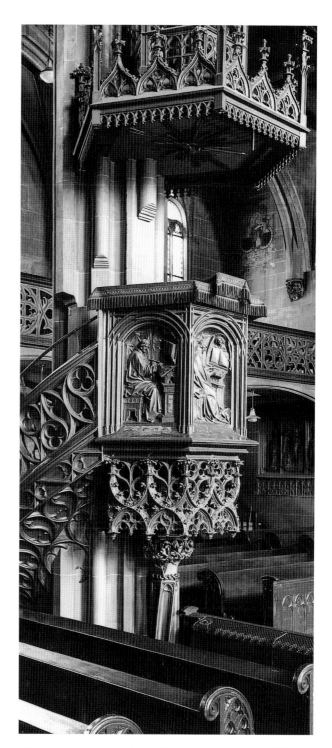

106. Die sogenannte Goldene Kanzel in der Stuttgarter Stiftskirche (Vorkriegsaufnahme).

Die Leitung der württembergischen Kirche

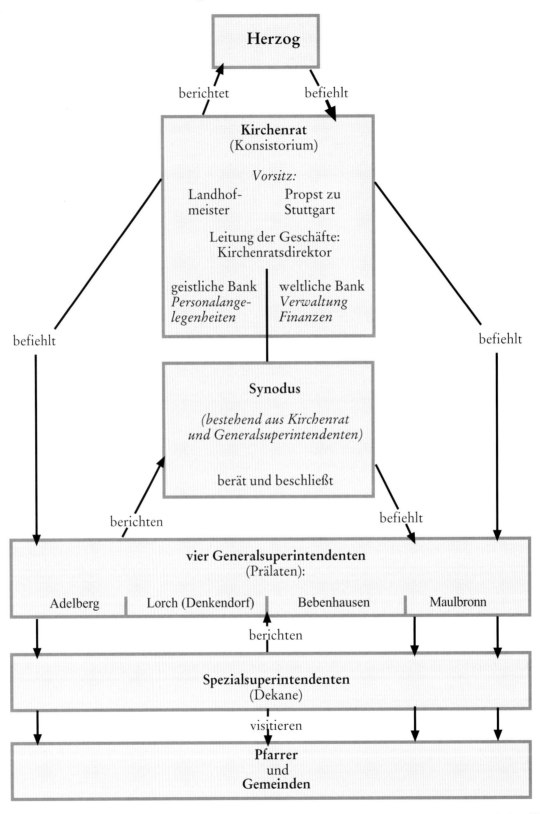

107. Schaubild: Die Leitung der württembergischen Kirche.

mer Direktor, ein Verwaltungsfachmann, vorsteht. Die Räte der weltlichen Bank haben die wirtschaftlichen und rechtlichen Angelegenheiten zu behandeln, während die geistlichen Räte sich um die Personalsachen der Kirchendiener kümmern.

Das Mittel der Kirchenleitung war die Visitation, die vierteljährlich stattfinden sollte, aber wohl schon von Anfang an nur im Frühjahr und im Herbst durchgeführt wurde. Zuletzt stellte man sich gegen Ende des Jahrhunderts auf einen jährlichen Turnus der Visitation ein. Die Berichte der visitierenden Spezialsuperintendenten gingen an die Generalsuperintendenten, die daraus Auszüge fertigten und diese in einer gemeinsamen Sitzung mit dem Kirchenrat, der später Synodus genannt wurde, einbrachten. Diese Sitzungen, bei denen die anstehenden Fragen beraten und die notwendigen Beschlüsse gefaßt werden sollten, um sie dem Herzog zur Genehmigung vorzulegen, wurden von Brenz als Propst geleitet. Er war also nicht in das Tagesgeschäft des Kirchenrats eingebunden, sondern an der Stelle tätig, an der Kirchenleitung stattfand, wo es um Lehre und Leben der Kirchendiener und um die Verhältnisse in den Gemeinden ging. Die Große Kirchenordnung von 1559 nennt deshalb den Propst von Stuttgart den *Obersten Superattendenten unserer Kirchensachen*.

Die württembergische Kirche war damit stark zentralistisch organisiert, wobei die Kirchenleitung durch das gut funktionierende System der Visitation unmittelbaren Einblick in örtliche Verhältnisse hatte und auch verhältnismäßig rasch darauf einwirken konnte. Der Versuch, dieses System auch auf die weltliche Verwaltung zu übertragen, gelang nicht, wohl wegen des hohen Arbeitsaufwands und des hinhaltenden Widerstands der Beamten.

Als Nachteil der Brenzschen Kirchenorganisation muß heute wohl empfunden werden, daß den Gemeinden wenig Handlungsspielraum blieb. Eine Pfarrerwahl fand nicht statt, doch sorgte die Kirchenleitung durch eingehende Prüfung der Kandidaten für geeignete Pfarrer, die den Gemeinden zugeschickt wurden. Ein presbyteriales Gremium, ein Kirchengemeinderat, war nicht vorgesehen, doch unterschied man ja noch nicht zwischen kirchlicher und bürgerlicher Gemeinde, vielmehr hat man von der Identität der beiden auszugehen. Diese Gemeinde hatte, wenn auch vorwiegend in weltlichen Dingen, doch eine weitgehende Selbstverwaltung.

Ein anderes Problem, das sich bei dieser Art der kirchlichen Organisation stellte, war das der Kirchenzucht[57], die Frage, ob eine Gemeinde offenkundige Sünder, die ein anstößiges Leben führten, vom Patenamt ausschließen oder vom Abendmahl abweisen könne. Brenz war dafür, solche Fälle durch die verschiedenen Instanzen nach oben zu melden, so daß letztlich beim Kirchenrat darüber entschieden werden sollte. Auf dieser Regelung bestand Brenz auch, als 1554 der Nürtinger Pfarrer Kaspar Lyser mit Berufung auf Matth. 18 ein Exkommunikationsrecht auf Gemeindeebene forderte, wie es etwa in der Genfer Gemeinde üblich war. Dies lehnte Brenz ab, er wollte die Entscheidungsbefugnis über die Lehre und die Sakramentsverwaltung beim Synodus belassen, dem aus den Generalsuperintendenten und dem Kirchenrat zusammengesetzten Gremium. Der Herzog entschied in diesem Sinne, obwohl Jakob Andreae, der junge Spezialsuperintendent von Göppingen, Lyser beipflichtete. So wurde den Pfarrern lediglich zugestanden, daß sie offenkundige Sünder vom Abendmahl abmahnen konnten.

Zweifellos ging Brenz davon aus, daß die zentral ausgeübte Kirchenzucht objektiver sein müßte, als die vor Ort. Erst unter den völlig veränderten Umständen in der Endzeit des Dreißigjährigen Kriegs kam es 1642/44 zur Einführung des Kirchenkonvents in jeder Gemeinde, der über der Einhaltung der Kirchenordnung zu wachen hatte. War die von den Generalsuperintendenten und dem Kirchenrat ausgeübte Kirchenzucht durch den langen Berichtsweg gehindert, so hatte die örtliche Kirchenzucht zweifellos auch ihre Nachteile.

Die Auseinandersetzung um das Württembergische Bekenntnis[58]

Zwar blieb das Trienter Konzil seine Antwort auf das Württembergische Bekenntnis schuldig, doch fand sich alsbald in dem Dominikaner Petrus a Soto, dem früheren Beichtvater des Kaisers und nunmehrigen Professor an der neugegründeten Dillinger Universität ein katholischer Theologe, der es sich zur Aufgabe machte, das Württembergische Bekenntnis zu bestreiten. Er ließ 1555 in Köln seine *Assertio catholicae fidei* erscheinen, ein katholisches Bekenntnis gegen die Confessio Virtembergica. Die Assertio bestreitet zunächst dem Herzog das Recht, ein eigenes Bekenntnis zu veröffentlichen. Sache der welt-

108. Tübingen. Kupferstich von Braun-Hogenberg.

lichen Fürsten ist es, die Kirche zu schützen, Fragen der Lehre sind von den Vorstehern der Kirche zu entscheiden. Kirche ist freilich nur die Papstkirche, die auf der Sukzession der Bischöfe aufgebaut ist. Die württembergischen Theologen hingegen stehen außerhalb dieses Traditionszusammenhangs.

Trotz dieser grundsätzlichen Ablehnung des württembergischen Bekenntnisses hat a Soto seiner Schrift einen kommentierten Abdruck des Bekenntnisses eingefügt und geht dieses Artikel für Artikel durch. Im Mittelpunkt seiner Widerlegung steht die Rechtfertigungslehre, bei der er zwar das „allein durch die Gnade" gelten läßt, jedoch das „allein durch den Glauben" verwirft. Die katholische Tugendlehre, die für Brenz nur ein Anknüpfungspunkt gewesen war, führt er hingegen besonders aus. Die Tugenden bewirken die Rechtfertigung, da sie durch Gottes Gnade dem Menschen eingegossen werden, der dann durch die Übung der Tugenden vor Gott gerecht wird, nicht etwa nur gerecht gesprochen wird. Die Argumentation wird natürlich nicht nur mit der Schrift, sondern auch durch die kirchliche Tradition untermauert, die Brenz ja mit seinen zahlreichen Kirchenväterzitaten ebenfalls bemüht hatte. Bei a Soto dient die Tradition aber dazu, die Messe in der herkömmlichen Form zu bestätigen. Zuletzt kommt er wieder auf seinen Ausgangspunkt, seinen Begriff von der Kirche, zurück. Die Kirche ist kraft des vom Papst ausgeübten Lehramts der Schrift übergeordnet; er übt dieses Amt in Übereinstimmung mit der zu allen Zeiten und an allen Orten gebräuchlichen Lehre aus.

Brenz antwortete auf diese Schrift mit einer Apologie, ebenso wie Melanchthon 1530 auf die katholische Konfutation des Augsburger Bekenntnisses mit einer Apologie geantwortet hatte. Diese Widerlegung erschien in mehreren Lieferungen zwischen 1555 und 1559[59]. In der Vorrede, den Prolegomena, handelt Brenz von dem Beruf des Fürsten, der nach dem Beispiel der Könige des Alten Testaments das Evangelium öffentlich zu bekennen hat. Ferner werden in diesen Prolegomena die sonstigen grundsätzlichen Fragen besprochen, wie das Verhältnis von Schrift und Tradition und der Kirchenbegriff. Im Hauptteil seiner Apologie geht Brenz dann die Schrift des a Soto Artikel für Artikel durch und widerlegt sie.

Während die Apologie erschien, hatte a Soto bereits 1557 in Antwerpen eine weitere Schrift erscheinen lassen, mit dem Titel *Defensio Catholicae confessionis et scholiorum circa confessionem illustrissimi Ducis Vuirtembergensis nomine editam, adversus Prolegomena Brentii*. Auf diese Defensio konnte Brenz schon in den letzten Lieferungen der Apologie eingehen, zumal diese den hier so wichtigen Kirchenbegriff behandelte. Damit war es freilich noch nicht genug. Die Defensio mußte mit einer eigenen Schrift widerlegt werden, die nun nicht von Brenz, sondern als Gemeinschaftsarbeit von vier namhaften württembergischen Theologen verfaßt wurde, nämlich von Jakob Beurlin, Jakob Heerbrand, Johann Isenmann und Dietrich Schnepf. Diese *Confessio ... Christophori ducis ... una cum apologeticis scriptis* erschien 1561 in Frankfurt und wurde wegen ihres großen Umfangs von mehr als 1900 Seiten in Folio das „große Buch von Tübingen" genannt. Dieser Umfang kam dadurch zustande, daß hier die gesamte Kontroverse dokumentiert wird, ausgehend von dem Bekenntnis, der Assertio des a Soto, der Apologie von Brenz, bis zu der von a Soto verfaßten Defensio. Die

Argumente der vier württembergischen Theologen bringen nichts Neues, sondern bekräftigen noch einmal den evangelischen Standpunkt. Dies geschieht insbesondere in der Frage des Kirchenbegriffs, wo die Württemberger darlegen, daß Kirche aus dem Wort lebt und dem Wort untergeordnet ist, das in allen Fragen des Glaubens zur Richtschnur dient. Brenz schrieb das Vorwort für den zweiten Teil des großen Tübinger Buchs, in dem er den Gegner a Soto auf lateinisch „Asotus" nennt, ein Wortwitz, denn dies bedeutet „Schlemmer" oder „Wüstling". Dieser so Angesprochene kam jedoch nicht mehr dazu, hierauf zu antworten, da er schon1555 die Dillinger Stelle aufgab und sich von dem Schauplatz des Geschehens entfernte, so daß die Württemberger das letzte Wort behielten.

Die Erneuerung des Abendmahlsstreits und die Entwicklung der Ubiquitätslehre

In seinem 1566 verfaßten Testament hat sich Brenz mit deutlichen Worten gegen die zwinglische Abendmahlslehre ausgesprochen, „daß der wahrhaftige Leib und das Blut Jesu Christi nicht wahrhaftig und wesentlich im Abendmahl, so es nach der Einsetzung Christi gehalten werde, gegenwärtig sei und Allen mitgetheilt werde, sie mögen es würdig oder unwürdig genießen"[60]. Seit dem Syngramma von 1525 hat ihn die Auseinandersetzung mit dieser Lehre beschäftigt, wobei diese gerade in seinem letzten Lebensabschnitt besonders heftig wurde, da der Streit jetzt auch und ganz besonders die Christologie betraf, die mit der Abendmahlslehre unlösbar verbunden ist. Wenn nämlich Christus leiblich im Abendmahl gegenwärtig ist, wie Luther und Brenz versichern, so widerspricht dies der Himmelfahrt Christi und seinem Sitzen zur Rechten Gottes, wie es im Apostolischen Glaubensbekenntnis ausgesagt wird, denn ein Körper kann nur an einem Ort zugleich sein. Diesem Einwand zu entgegnen, hat Brenz Gedanken entwickelt, die als Ubiquitätslehre bekannt geworden sind.

Mit der zwinglischen oder nunmehr calvinistischen Lehre vom Abendmahl wurde Brenz in seinem eigenen Verantwortungsbereich 1559 konfrontiert, als sich der Pfarrer von Dettingen unter Teck, Bartholomäus Hagen, dieser Lehre verdächtig machte[61], zumal er darüber auch mit Calvin korrespondiert hatte. Seine besondere Bedeutung gewann dieser Fall dadurch, daß Hagen der geistliche

109. Jakob Beurlin. Ölbild aus der Tübinger Professorengalerie.

Vertraute der Herzoginwitwe Sabina war, der Mutter Christophs, die im nahen Nürtingen ihren Witwensitz hatte. Hagen reichte eine Verteidigungsschrift ein, die eine Reihe von namhaften württembergischen Theologen zu begutachten hatte. Diese waren sich darin einig, daß Hagen eine unrichtige Lehre vom Abendmahl vertrete. Der Herzog ordnete die Abhaltung einer Synode an, bei der Jakob Andreae die Verhandlungen mit Hagen zu führen hatte. Hierbei zeigte sich die enge Verbindung von Abendmahlslehre und Christologie, da Hagen die leibliche Gegenwart Christi im Abendmahl mit dem Argument der Himmelfahrt Christi abgelehnt hatte. Andreae belehrte ihn, daß Christus allgegenwärtig sei. Hagen gab schließlich eine Erklärung ab, die dem hierauf am 19. Dezember 1559 verfaßten „Bekenntnis vom Nachtmahl" der württembergischen Theologen entsprach. Dieses *Bekanntnus unnd Bericht der Theologen und Kirchendiener im Fürstenthumb Würtemberg von der warhafftigen gegenwertigkeit des Leibs unnd Bluts Jesu Christi im heiligen Nachtmal* wurde von den anwesenden Theologen unterschrieben und erschien 1560 im Druck[62].

Der ursprünglich als Einigungsformel mit Hagen verfaßte Text war damit zum offiziellen Bekenntnis der württem-

IACOBVS. HEERBRANDVS. DOCTOR.
ET. PROFESSOR. THEOLOGIÆ. IN.
ACADEMIA. TVBINGENSI. ANNO. 1578.

Allusio ad Nomina.
Deliciæ tanquam lauti FICEDVLA fercli,
Voce, DEI DONVM, suaui loquente suí.

110. Jakob Heerbrand. Kupferstich, datiert 1578.

111. Dietrich Schnepf, Holzschnitt aus Erhard Cellius, Imagines Professorum Tubingensium 1596

bergischen Kirche geworden. Den Stiftsprediger und Generalsuperintendenten Matthäus Alber reute alsbald seine Unterschrift unter das Bekenntnis, da er sich mit der dort dargelegten Lehre nicht einig erklären konnte. Es ging hier um die Ubiquität, die leibliche Allgegenwart Christi, die sich Brenz auf diese Weise dachte, daß aufgrund der Personeinheit des göttlichen und menschlichen Christus die göttlichen Eigenschaften, wie die Allgegenwart, durch die *communicatio idiomatum*, die Vereinigung der göttlichen und menschlichen Eigenschaften Christi, auch von der menschlichen Natur Christi ausgesagt werden können[63]. Damit war Alber nicht einverstanden, versprach aber, dies für sich zu behalten. Brenz verwandte sich beim Herzog für ihn[64], so daß Alber diese eigene Meinung zugestanden wurde.

Auch außerhalb Württembergs erregte das Bekenntnis einiges Aufsehen. Melanchthon bezeichnete es unter Anspielung auf eine Anekdote über den Grafen Eitelfriedrich von Zollern als „Hechinger Latein"[65], das heißt als fast unverständlich. Es war aber mit dem Bekenntnis vom Nachtmahl eine deutliche Trennungslinie zum Calvinismus gezogen worden. Diese gewann an Bedeutung, als 1563 der Heidelberger Katechismus erschien, der den Übergang der Kurpfalz unter Kurfürst Friedrich III. zum Calvinismus markierte. Zu den Bemühungen von Herzog Christoph und Pfalzgraf Wolfgang von Pfalz-Zweibrücken, diese Trennung der Kurpfalz vom lutherischen Lager abzuwenden, gehört das Gespräch, das im April 1564 in Maulbronn zwischen den württembergischen und den pfälzischen Theologen in Anwesenheit der beiden Fürsten abgehalten wurde. Brenz nahm an diesem Gespräch

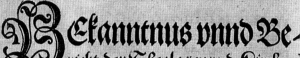

Bekanntnus vnnd Be-
richt der Theologen vnd Kirchendiener im Fürstenthumb Würtemberg/
von der warhafftigē gegenwertigkeit des
Leibs vnnd Blūts Jesu Christi
im heiligen Nacht-
mal.

Getruckt zů Tüwingen/im Jar.
M. D. LX.

112. *Das Bekenntnis der*
württembergischen Theolo-
gen vom Abendmahl von
1559, gedruckt 1560.

ebenfalls teil, überließ die Gesprächsführung aber dem jüngeren Jakob Andreae, der sich hier als eifriger Verfechter der Brenzschen Ubiquitätslehre bewährte. Es ist daher Andreae zu verdanken, daß die Ubiquitätslehre, die Brenz später noch in einigen Schriften erläuterte[66], schließlich auch in die Konkordienformel von 1577 Eingang fand.

1 [Paul Schwarz,] Der hällische Reformator Johannes Brenz. In: Haalquell 12 (1960) S. 46f.

2 Vgl. dazu den undatierten, wohl in den August oder September 1548 zu setzenden Brief an Erasmus Alber, sowie den folgenden vom 5. Dezember 1548, Pressel; Anecdota, S. 286 – 290.

3 Pressel, Anecdota, S. 281 – 285, 293.

4 Heerbrand S. 32f.

5 Köhler 163.

6 Brenz an Stättmeister und Rat zu Schwäbisch Hall, 12. September 1548. In: Schwarz (wie Anm. 1).

7 Heerbrand S. 35.

8 Von diesem Umweg über Mömpelgard nach Basel berichtet Johannes Brenz [d. J.], Responsio ...ad calumnias sacramentariorum, quibus, Ioannis Brentii Patris, p.m. authoritate et scriptis, errorem suum de Coena Domini, tueri et propagare conantur. Tübingen: Georg Gruppenbach 1582, S. 92 unter Berufung auf Stadtmann. Hiernach auch die folgenden Angaben.

9 Brenz an Veit Dietrich, Basel, 12. November 1548, Pressel, Andecdota, S. 284f.

10 Pressel, Andecdota, S. 295f.; 4. März 1549; Brenz an Erasmus Alber; Otto Waltz, Epistolae Reformatorum. In: Zeitschrift für Kirchengeschichte 2 (1877/78) S.185. – In diese Zeit würde auch der Brief an Simon Wolder passen, der auf 15. Oktober 1551 datiert ist, Pressel, Anecdota, S. 319f., wo Brenz schreibt, daß er *noch in grosser gfaar heimlich und offentlich* stehe und *alle stund allerlei unradts gwertig* sein müsse. Hier hat er nämlich noch vor, seine zuflucht *entweder gen Preussen oder in Denemarck* zu haben. Das wäre nach den im Frühjahr 1549 erteilten Absagen doch wohl nicht mehr möglich.

11 [Walter] Buder, Zwei unbekannte Bedenken von Johannes Brenz an Herzog Ulrich und Herzog Christoph über das Interim. In: BWKG 32 (1928) S. 10 – 37. Vgl. ferner das Gutachten für Herzog Christoph vom 23. Oktober 1549, Pressel, Anecdota, S. 299 – 303.

12 Die Geschichte wird mit guten Gründen verworfen von Gustav Bossert, Brenz und die Henne. In: Kirchlicher Anzeiger für Württemberg 8 (1899) S. 243f.

13 Pressel, Anecdota, S. 296 – 298.

14 Pressel, Anecdota, S. 299 – 303.

15 So muß wohl der Brief von Brenz vom 7. Dezember 1548 zu deuten sein, der jedoch keine Ortsangabe enthält, Basel ÖUB, Ms. Ki. Ar. 18a, Bl. 91f.

16 Hauptstaatsarchiv Stuttgart A 63 Bü 8.

17 Heerbrand S. 33f.

18 Pressel, Anecdota, S. 311f.

19 So auch Adolf Rentschler, Zur Frage der Schwarzwaldzuflucht des Joh. Brenz. In: BWKG 25 (1921) S. 173 – 181.

20 [Gustav Bosssert,] Das Brenzische Patmos, Schwäbischer Merkur (Kronik), Nr. 288, 24. Juni 1899, S. 1471f.

21 Responsio (wie Anm. 8) S. 125: *Dux Udalricus Princeps inclytus, hospitium occultum ei praebuit atque familiae, Hornbergensique praefecit Arci. Eo in loco, ut eo tutius lateret, Udalricum Encaustium se scribebat.*

22 Köhler 175. Vgl. auch Pressel, Anecdota, S. 305 und 308f.

23 Köhler 197.

24 Voigt, Briefwechsel Herzog Albrecht von Preussen, S. 45f. Die Antwort von Brenz vom 15. Januar 1551, ebenda S. 47.

25 Responsio (wie Anm. 8) S. 123.

26 Pressel, Anecdota, S. 307f., 27. Februar 1551.

27 Pressel, Anecdota, S. 303f., wo die Jahreszahl in 1551 zu

verbessern ist.

28 Heerbrand S. 35.

29 Viktor Ernst (Hg.), Briefwechsel des Herzogs Christoph von Wirtemberg, Stuttgart 1899, Bd. 1, S. 191.

30 Ernst Bizer (Hg.), Confessio Virtembergica. Das württembergische Bekenntnis von 1551, Sonderheft der BWKG 7, Stuttgart 1992; Konrad Gottschick, Wolfgang Metzger (Hg.); Württembergisches Glaubensbekenntnis (Confessio Virtembergica) 1551, Stuttgart 1951; Martin Brecht, Abgrenzung oder Verständigung. Was wollten die Protestanten in Trient? In: BWKG 70 (1970) S. 148 – 175.

31 Joachim Mehlhausen (Hg.), Das Augsburger Interim von 1548 deutsch und lateinisch (Texte zur Geschichte der evangelischen Theologie 3) Neukirchen-Vluyn 1970.

32 Bedencken Etlicher Predicanten, Als der zu Schwebischen Hall, Der in Hessen und der Stadt N. N. auffs INTERIM Ihrer Oberkeit Uberreicht, O.O. 1548; Köhler 162.

33 Heerbrand S. 38.

34 Reyscher 8, S. 98f.

35 Köhler 243 – 245.

36 Zum folgenden vgl. Julius Rauscher, Johannes Brenz in Stuttgart. In: Württembergische Vierteljahrshefte für Landesgeschichte 38 (1932) S. 263 – 275.

37 Dieses Pseudonym führt Brenz schon 1548, vgl. den undatierten Brief an Erasmus Alber, Pressel, Anecdota, S. 286 – 288.

38 Julius Rauscher (Hg.), Württembergische Visitationsakten (Württembergische Geschichtsquellen Bd. 22) Stuttgart 1932, S. 26 Anm. 3.

39 Martin Brecht, Die Chronologie von Brenzens Schriftauslegungen und Predigten. In: BWKG 64 (1964) S. 53 – 74, hier S. 59.

40 Pressel, Anecdota, S. 388 – 390.

41 Rauscher (wie Anm. 36) S. 267.

42 Pressel, Anecdota, S. 391f.

43 Alexander Kaufmann, Ein Brief von Joh. Brenz an den Grafen Michael III. von Wertheim. In: WFr 8 (1868) S.82f.

44 P. Stälin, Herzog Christophs von Württemberg Lehenbrief für Johann Brenz um das Schlößlein Vogtsberg vom 22. April 1561. In: Aus dem Schwarzwald. Blätter des württembergischen Schwarzwald-Vereins 7 (1899) S.117 – 119, hier S.118f.

45 Brenz an Balthasar von Gültlingen, [1561 vor April 22]; Weber, Der Reformator Brenz, und die Burgen Hornberg und Vogtsberg. In: Württ. Jahrbücher 1837 S. 193 – 200, hier 199f.

46 Vgl. Köhler 277 – 279, 281.

47 Heerbrand S. 9.

48 Pressel, Anecdota, S. 431. Eine Aufzählung seiner Dienstreisen bei Bernhardt, Zentralbehörden 1 S. 192f.

49 Johann Fecht, Historiae ecclesiasticae seculi a. n. C. XVI. supplementum, Durlach 1684, III, S.144.

50 Köhler 297 – 298 (lateinisch) und 300 (deutsch).

51 Ernst Bizer (Hg.), Predigten des Johannes Brenz. Das Evangelium von der Passion und Auferstehung Jesu Christi, Stuttgart 1955, Vorwort S. 7 – 9.

52 Cynosura oeconomiae ecclesiasticae Wirtembergicae, Stuttgart 1687, S. 347f.

53 Rauscher (wie Anm. 36) S.269f.

54 Nach R. F. H. Magenau, Kurze Lebensbeschreibungen merkwürdiger Männer, Stuttgart 1816, S. 130f. Die Geschichte erzählt aber auch schon Johann Just von Einem, Leben und Schrifften Johannis Brentii, Magdeburg und Leipzig. 1733, S. 46 – 50. Dieser weist S. 49 auch das Gleichnis nach, es stammt von Johannes Chrysostomus, Homil. I. de Lazaro.

55 Ehmer, Vannius, S. 128 – 137.

56 Reyscher 8, S. 100 – 105.

57 Martin Brecht, Die Ordnung der württembergischen Kirche im Zeitalter der Reformation. In: ders., Kirchenordnung und Kirchenzucht in Württemberg vom 16. bis zum 18. Jahrhundert (Quellen und Forschungen zur württembergischen Kirchengeschichte 1) Stuttgart 1967, S. 9 – 52.

58 Brecht-Ehmer S. 313 – 315.

59 Köhler 288, 306, 308, 329; 330, 341, 355; Sonderdrucke des Widmungsbriefs an Herzog Christoph: Köhler 326 – 328.

60 Zitiert nach Hartmann-Jäger 2, S. 503.

61 Brecht-Ehmer S. 369 – 371.

62 Köhler 368 – 370.

63 Theodor Mahlmann, Personeinheit Jesu mit Gott. In: BWKG 70 (1970) S. 176 – 265; Hans Christian Brandy, Die späte Christologie des Johannes Brenz (Beiträge zur historischen Theologie Bd. 80) Tübingen 1991.

64 Pressel, Anecdota, S. 469 – 471.

65 MBW 9213, 9216

66 Die wichtigsten sind enthalten in: Brenz, Christologische Schriften.

8 *Der christliche Staat*

Nach dem Tode Luthers 1546 hat Brenz im Widmungsschreiben seiner Erklärung des Galaterbriefs[1] eine kurze Darstellung der Bedeutung des Reformators gegeben. Vier Bereiche des menschlichen Lebens, nämlich Kirche, Schule, weltliche Regierung und Ökonomie, das heißt die sozialen und wirtschaftlichen Beziehungen der Menschen untereinander, sind durch die Predigt und das Wirken Luthers in ein neues Licht gestellt worden, und teilweise ist hier auch Neues entstanden. Selbstverständlich läßt sich die Wirksamkeit von Brenz ebenfalls in diesen vier Bereichen beschreiben, sie ist in gleicher Weise auf Kirche und Gesellschaft bezogen. Im Verständnis von Brenz handelt es sich aber hier nicht um gegensätzliche Pole oder eigengesetzliche Bereiche, vielmehr sind beide eng aufeinander bezogen.

Aufgrund dieser engen Beziehung von Kirche und Gesellschaft wurden im Verlauf der zweiten Phase der württembergischen Reformation, die Brenz mitbestimmt hat, Entscheidungen von großer Tragweite gefällt, aus denen sich nicht nur eine Reform der Kirche, sondern auch eine Umgestaltung der Gesellschaft ergab. Diese Veränderungen waren zum Teil schon früher angelegt, konnten aber in der Regel erst durch den Augsburger Religionsfrieden 1555 zur vollen Wirkung kommen. Hierher gehört die Klosterreformation, die nicht nur die reformatorische Kritik am Mönchtum vollzog, sondern auch Neues für das Bildungswesen und die Staatlichkeit Württembergs schuf. Die Große Kirchenordnung von 1559 ist nicht nur eine Sammlung des Rechts, wie es im Verlauf der Reformation neu gebildet wurde, sondern zeigt auch durch die Breite der von ihr gestalteten Lebensbereiche die Zusammengehörigkeit von Kirche und Gesellschaft auf. Noch konkreter wird dieser gegenseitige Bezug in dem Abschied des Großen Landtag 1565, ein Dokument, in dem Staat, Kirche und Konfession in Württemberg für fast zweieinhalb Jahrhunderte eng miteinander verknüpft wurden.

Mit diesen Bestimmungen und Festlegungen wurde versucht, in Württemberg einen christlichen Staat zu schaffen. Inwiefern es sich bei einem solchen Gesellschaftsentwurf um ein tragfähiges Konzept oder um eine Ideologie handelt, muß sich stets am Umgang mit den Gegnern – auch den vermeintlichen – und den Dissidenten zeigen. Von Hexerei und Schadenszauber fühlte sich diese Gesellschaft zuzeiten stark bedroht; Brenz hat jedoch in diesen überlieferten Aberglauben ein wesentliches Element des Zweifels eingebracht, ohne ihn allerdings ganz ausrotten zu können. Bedroht fühlte sich der christliche Staat auch durch die kleine Minderheit der Täufer und Spiritualisten, da diese seine Grundlagen in Frage stellten. Auf dem Hintergrund der kaiserlichen Täufergesetzgebung zeigt sich in dem von Brenz bestimmten württembergischen Verfahren gegenüber den Täufern eine Haltung, die gewiß auf die Gewinnung der Verirrten aus ist, aber in ihrer Duldsamkeit schon einen Fortschritt im Hinblick auf die Tolerierung anderer Auffassungen darstellt.

Klosterreformation 1556[2]

Am 1. März 1556 schrieb Brenz seinem Freund Camerarius, daß Herzog Christoph in den Klöstern mit Zustimmung der Äbte neue Schulen einrichte[3]. Damit wurde eine wichtige Frage der württembergischen Reformation gelöst, wobei die Lösung zugleich von weitreichender Wirkung war. Für das Schicksal der Klöster war die Tatsache, daß der Reformator Luther aus dem Kloster kam, von entscheidender Bedeutung, denn ein wichtiger Punkt der sich aus Luthers Anstößen entwickelnden Kirchenreform war seine Kritik an den Mönchsgelübden. Demnach ist der Mönchsstand Gott nicht näher als der Laienstand, und jemand, der seinen weltlichen Beruf im Glauben verrichtet, ist Gott angenehmer als ein Mönch, der durch allerhand Kasteiungen sich den Himmel verdienen will.

Auf diese fundamentale Kritik am klösterlichen Leben leerten sich die Klöster teilweise von selbst, zum Teil wur-

den sie aber auch aufgehoben, da die Obrigkeiten alsbald die Sache der Reformation in die Hand nahmen. Mit der Aufhebung der Klöster stellte sich die Frage, was mit diesen, den Gebäuden und dem übrigen Besitz, geschehen sollte. In den meisten Fällen war ja keine oder keine vollständige Säkularisierung beabsichtigt, vielmehr war durchaus das Bewußtsein vorhanden, daß es sich hier um Besitz handelte, der einem kirchlichen Zweck gewidmet und weiterhin für einen solchen Zweck zu verwenden war.

Johannes Brenz wurde mit der Klosterfrage erstmals befaßt durch die Bitte um ein Gutachten, die von Kanzler Vogler aus der Markgrafschaft Brandenburg-Ansbach an ihn gerichtet wurde. Er schlug daraufhin in seiner 1529 verfaßten *Ordnung des Kirchendiensts, so in den Stifften und Clöstern furgenommen werden möcht*[4], zunächst eine Übergangslösung vor. Neben die gottesdienstlichen Lektionen der Heiligen Schrift soll die Schrifterklärung treten sowie ein Unterricht in Dialektik und Rhetorik. Erst zu einem späteren Zeitpunkt könnte man in zwei bis drei Klöstern Unterricht in den Sprachen, den Artes, in Theologie und Jura veranstalten. Im Grunde ist damit ein universitäres Programm aufgestellt, nur die Medizin fehlt.

Luther, dem dieser Vorschlag vorgelegt wurde, war für einen deutlicheren Bruch mit der Vergangenheit, weil er eine allmähliche Entwicklung, wie sie Brenz vorschwebte, nicht für möglich hielt. Man sollte die Klöster aussterben lassen und dann deren Einkünfte für die Besoldung von Lehrern oder Professoren einer Universität verwenden. Eine solche müßte dann aber in einer Stadt errichtet werden, nicht in klösterlicher Einsamkeit.

Die Versuche, die man hierauf in der Markgrafschaft Brandenburg in der Umbildung von Klöstern und Stiften unternahm, waren nicht von langer Dauer, wohl weil man sich nicht zwischen den Vorschlägen von Luther und Brenz hatte entscheiden können. Beständiger waren hingegen die 1543 gegründeten sächsischen Fürstenschulen Pforta, Grimma und Meißen, die Vorbilder für andere dergleichen Gründungen im mittel- und norddeutschen Raum wurden.

Die württembergische Klosterreformation nach 1534 verlief jedoch anders. In die Klöster und Stifte des Herzogtums wurden zunächst evangelische Theologen als Lektoren entsandt, um die Kloster- und Stiftspersonen für das

114. Schülerzeichnung aus Alpirsbach mit der Darstellung eines Klosterschülers, um 1580.

abschied erließ Herzog Christoph am 9. Januar 1556 eine Klosterordnung[5], in der es eingangs heißt, daß es Zweck der Klöster sei, *daß darinn das Studium der hailigen Göttlichen schrifft geübt, der recht gottesdienst geleret und gelernt würde, damit die Kloster-Personen nicht allein zu irem aigen besondern haill, Sonder auch zu dem dienst und Aemptern der gemeinen Christlichen Kürchen uffertzogen werden möchten.* Diese Klöster waren damit zu Ausbildungsstätten der künftigen Kirchendiener des Herzogtums bestimmt.

Auffällig ist der konservative Grundzug dieser Ordnung, mit Betonung des Psalmengesangs in Anlehnung an die klösterlichen Tagzeiten, mit der Bezeichnung der Schüler als Novizen, und ihrer Kleidung, die der Mönchstracht glich. Offenbar ging es darum, Kontinuität zu wahren, denn auch der Abtstitel wurde beibehalten. Ferner konnten die noch vorhandenen Mönche im Kloster bleiben, so daß sich nun mancherorts für eine Zeitlang zwei verschiedene Einrichtungen unter einem Dach befanden, zum Teil sogar noch unter einem katholischen Abt. Diese Äbte wurden aber nacheinander durch evangelische Theologen ersetzt, und als Novizen galten jetzt die evangelischen Klosterschüler.

Die Klosterordnung müßte man auch dann als das Werk von Brenz ansprechen, wenn wir nicht von seinem Biographen Heerbrand[6] wüßten, daß sie auf ihn zurückgeht. Sie ist nicht nur eine Weiterentwicklung des Gutachtens von 1529, sondern entspricht auch seiner sonstigen reformatorischen Praxis. Brenz hat zwar immer sein Ziel genau im Auge, ist aber stets bemüht, Anknüpfungen und Übergänge zu schaffen, um scharfe Brüche zu vermeiden. Auf Brenz als maßgeblichen Autor der Klosterordnung weist auch die Tatsache, daß er diese Schulen ganz offensichtlich als seine Schöpfungen angesehen hat, da er sich von Anfang an um sie kümmerte, sie visitierte und möglichst vor Ort die notwendigen Anweisungen gab. Dem Frankfurter Drucker Peter Braubach teilte Brenz am 14. Juli 1556 mit, daß er keines seiner literarischen Vorhaben fördern konnte, da er wegen der Einrichtung der Klosterschulen kaum zu Hause gewesen sei[7]. Abgesehen von dergleichen Bemerkungen in seinen Briefen und den vereinzelt erhaltenen Berichten über diese Visitationen ist eine seiner Veröffentlichungen ein Zeugnis seiner Sorge für die Klosterschulen. Er erklärte nämlich in jedem Kloster, das er besuchte, einen Psalm, angefangen von St. Georgen am 10. Juni 1556, wo er Psalm 1 auslegte, bis zu seinem Besuch in Alpirsbach am 22. Mai 1559, mit dem er

Evangelium zu gewinnen. In diesem Zusammenhang wurde 1535 eine Klosterordnung erlassen, in der den Klosterleuten die Befolgung der Vorschriften hinsichtlich der Kleidung, des Fastens usw. freigestellt wurde. Es sollte den Mönchen auch ein Unterricht angeboten werden, um diese nicht nur in der Schriftauslegung, sondern auch in den Artes auszubilden. Dies war eine Zwischenlösung, da zugleich das Angebot gemacht wurde, gegen eine Abfindung oder ein Leibgeding aus dem Kloster auszutreten; ein evangelisches Kloster war also nicht angestrebt. Diese Bemühungen hatten aber nur einen bescheidenen Erfolg, die Mehrzahl der Mönche wollte in der hergebrachten Weise in ihren Klöstern bleiben. Der Herzog ließ deshalb 1536 die noch vorhandenen Mönche des Landes verweisen. Die Äbte hingegen durften bleiben; ihnen wurde die Verwaltung des Klosterbesitzes im Namen des Herzogs übertragen.

Im Interim mußten die Klöster wieder den Konventen eingeräumt werden, die das klösterliche Leben wieder mehr oder weniger in Gang brachten und auch Novizen aufnahmen. Der Augsburger Religionsfrieden 1555 bot dann die Möglichkeit zu weiteren reformatorischen Schritten gegenüber den Klöstern. Unter Berufung auf den Reichs-

bei Psalm 17 angelangt war[8]. Diese Psalmenauslegung hängt natürlich zusammen mit dem Psalmengesang, den die Klosterschüler in Anlehnung an die klösterlichen Tagzeiten verrichteten, der aber im reformatorischen Sinne nicht ohne Auslegung bleiben konnte.

Die Klosterreformation als Zurückführung der Klöster zu ihrer eigentlichen Bestimmung betraf freilich nur die 14 großen Mannsklöster des Landes; weder die Stifte oder die Bettelklöster, noch die Frauenklöster wurden in dieser Weise reformiert. Diese Unterscheidung ist begründet in der Landstandschaft der Äbte oder Prälaten der 14 Klöster, die sich im Spätmittelalter herausgebildet hatte[9]. Durch die Reformation wurde das Amt der Prälaten mit neuem Inhalt gefüllt, denn diese waren nun nicht mehr nur Vorsteher ihrer Klöster, sondern auch Leiter einer Klosterschule. Die evangelischen Prälaten blieben aber auch kraft Amtes Mitglieder des Landtags, hatten also weiterhin eine politische Funktion. Vier der Prälatenstellen, nämlich Adelberg, Lorch (später Denkendorf), Bebenhausen und Maulbronn wurden alsbald mit dem Generalsuperintendentenamt verbunden, so daß sich bei diesen das kirchliche Leitungsamt mit der politischen Funktion verband. Dies wird besonders deutlich bei Bebenhausen und Maulbronn, da zumindest einer dieser Prälaten in der Folgezeit stets auch dem kleinen Ausschuß des Landtags angehörte, der gewöhnlich dessen Politik bestimmte. Zwar wurden die 1556 eingerichteten 13 Klosterschulen am Ende des 16. Jahrhunderts auf fünf reduziert, nachdem vorher schon wichtige Veränderungen in der Verwaltung der Klöster vorgenommen worden waren. Die betreffenden Prälaturen blieben erhalten, wurden aber dann zum Teil mit anderen Ämtern verbunden.

Es wird anzunehmen sein, daß diese Konzeption der Verknüpfung kirchlicher und politischer Funktionen einvernehmlich von Herzog Christoph und Brenz erdacht worden ist. Jedenfalls wurde mit dem Prälatenamt eine Einrichtung geschaffen, die den altwürttembergischen Staat und seine Geschichte bis zu seinem Ende 1806 entscheidend mitgeprägt hat. Kirche und Staat, Konfession und Politik, waren damit in Altwürttemberg eine eigenartige Verbindung eingegangen. Der Landtag hat deshalb stets, wenn auch nicht selten vergebens, gegen fürstlichen Absolutismus und überzogenes Machtstreben gekämpft, und letzlich hat unter dem Schutz der evangelischen Konfession auch die ständische Ordnung überlebt, bis sie der von der Französischen Revolution ausgelösten Revolution von oben weichen mußte. Zur Schattenseite dieser

115. Rest eines Titelblatts der für die württembergischen Klosterschulen gedruckten lateinischen Grammatik von Philipp Melanchthon. Aus den Funden im Kloster Alpirsbach, wo von 1556 bis 1595 eine Klosterschule war.

Verhältnisse gehörte freilich eine ausgeprägte Vetternwirtschaft und eine Abwehrhaltung gegen alles Neue, insbesondere wenn dieses die wohlhergebrachten alten Rechte zu bedrohen schien.

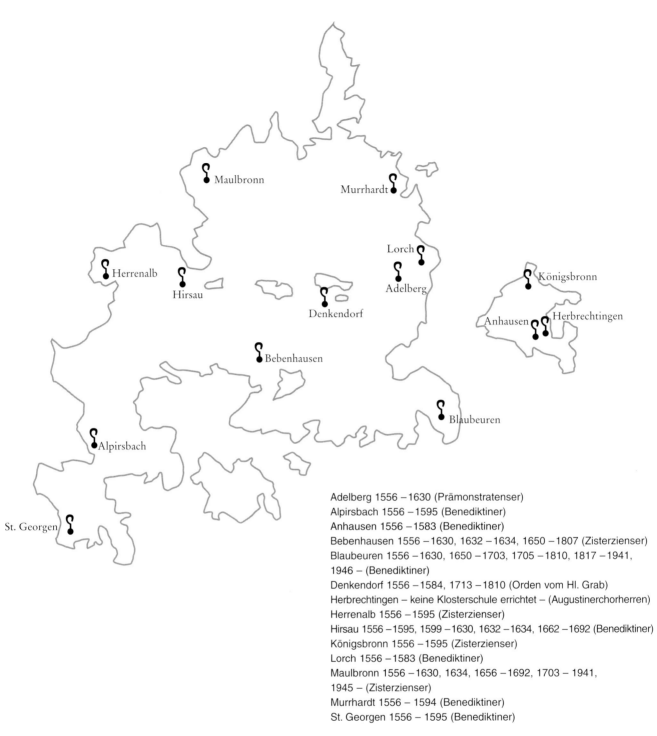

Maulbronn

Murrhardt

Lorch

Herrenalb

Hirsau

Adelberg

Denkendorf

Königsbronn

Anhausen   Herbrechtingen

Bebenhausen

Blaubeuren

Alpirsbach

St. Georgen

Adelberg 1556 – 1630 (Prämonstratenser)
Alpirsbach 1556 – 1595 (Benediktiner)
Anhausen 1556 – 1583 (Benediktiner)
Bebenhausen 1556 – 1630, 1632 – 1634, 1650 – 1807 (Zisterzienser)
Blaubeuren 1556 – 1630, 1650 – 1703, 1705 – 1810, 1817 – 1941,
1946 – (Benediktiner)
Denkendorf 1556 – 1584, 1713 – 1810 (Orden vom Hl. Grab)
Herbrechtingen – keine Klosterschule errichtet – (Augustinerchorherren)
Herrenalb 1556 – 1595 (Zisterzienser)
Hirsau 1556 – 1595, 1599 – 1630, 1632 – 1634, 1662 – 1692 (Benediktiner)
Königsbronn 1556 – 1595 (Zisterzienser)
Lorch 1556 – 1583 (Benediktiner)
Maulbronn 1556 – 1630, 1634, 1656 – 1692, 1703 – 1941,
1945 – (Zisterzienser)
Murrhardt 1556 – 1594 (Benediktiner)
St. Georgen 1556 – 1595 (Benediktiner)

In Klammern die ursprüngliche Ordenszugehörigkeit. Die Jahreszahlen
geben das Bestehen der betreffenden Klosterschule (seit 1817 Niede-
res evang.-theol. Seminar) an.

116. Die württembergischen Klosterschulen seit 1556

Kirche und Staat in Württemberg

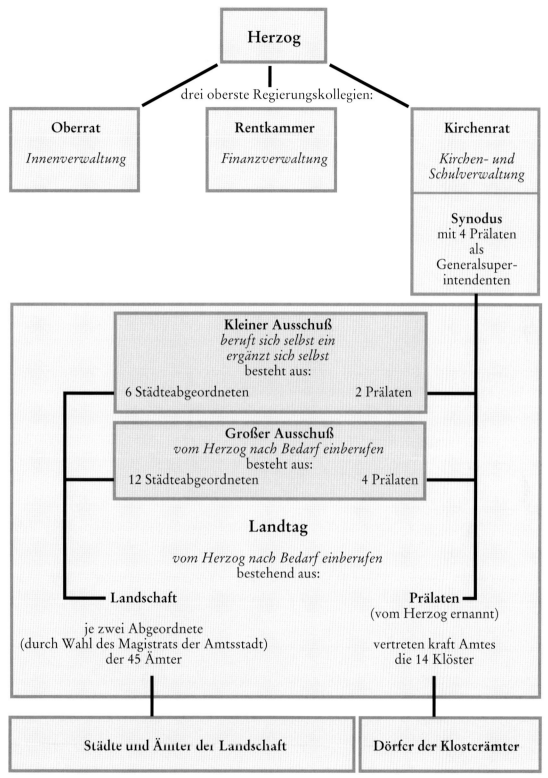

117. Schaubild: Kirche und Staat in Württemberg

118. Kloster Hirsau, nach der Zerstörung 1692.
Gleichzeitige Deckfarbenmalerei.

▦ Große Kirchenordnung 1559[10]

Die im wesentlichen von Johannes Brenz bestimmte kirchliche Ordnung Württembergs nach dem Interim wurde abgeschlossen durch die Ausgabe der Großen Württembergischen Kirchenordnung, die 1559 in Tübingen erschien, mit dem Titel *Summarischer und einfältiger Begriff, wie es mit der Lehre und Ceremonien in den Kirchen unsers Fürstenthumbs, auch derselben Kirchen anhangenden Sachen und Verrrichtungen, bißher geübt unnd gebraucht, auch fürohin mit verleihung Göttlicher gnaden gehalten und volzogen werden solle.*

Diese Kirchenordnung enthält nicht weniger als 19 Einzelordnungen, von denen einige nur am Rande mit kirchlichen Angelegenheiten zu tun haben. Der Druck dieser Ordnungen wurde deshalb veranstaltet, um ihre Befolgung sicherzustellen, da diese Ordnungen das ewige und das zeitliche Wohl des Landes zum Ziel haben. Dieses entspringt aber aus der Erkenntnis Gottes und Jesu Christi und dem daraus folgenden christlichen Leben. Aufgabe der weltlichen Obrigkeit ist daher, wie der Herzog im Vorwort erklärt, die Sorge für die reine Lehre des Evangeliums, ebenso wie die weltliche Regierung Frieden, Ruhe, Einigkeit und Wohlfahrt zu fördern hat. Dafür beruft sich der Herzog auf die Beispiele der gottseligen Könige und Fürsten in der Heiligen Schrift und auf seine daraus folgende besondere Verantwortung vor Gott.

Das Württembergische Glaubensbekenntnis, wie es dem Konzil zu Trient vorgelegt wurde, nimmt die erste Stelle der Kirchenordnung ein. Dieses Bekenntnis steht nicht im Gegensatz zum Augsburger Bekenntnis von 1530, sondern ist lediglich dessen Wiederholung. Die übrigen Ordnungen stellen keine allgemeingültige Norm dar, sondern sind, soweit die Heilige Schrift kein ausdrückliches Gebot oder Verbot enthält, von der Zeit und den Umständen abhängig. Mit diesen Ordnungen soll aber das Gute befördert und das Böse bekämpft werden.

Der Inhalt der Großen Kirchenordnung ist verhältnismäßig einfach zu gliedern. Bekenntnismäßige Grundlage ist die Confessio Virtembergica von 1552. Hierauf folgt die Kirchenordnung von 1553, eigentlich eine Gottesdienstordnung mit dem Brenzschen Katechismus. Es schließt sich eine Ordnung über die Besetzung der Kirchendienste an, mit Bestimmungen über die Examination und Annahme von Kirchendienern, ihre Investitur, Besoldung und ihre rechtliche Stellung. Hierauf folgt die schon 1553 erlassene Eheordnung, die deswegen hierher gehört, weil diese Materie herkömmlich vom Kirchenrecht bestimmt wird.

Da die Reformation das Schulwesen in kirchliche Obhut genommen hatte, sind die hier einschlägigen Bestimmungen auch Teil der Kirchenordnung. Es werden deshalb alle Schularten behandelt, die deutsche Schule ebenso wie die lateinische Schule, die Klosterschulen und das Tübin-

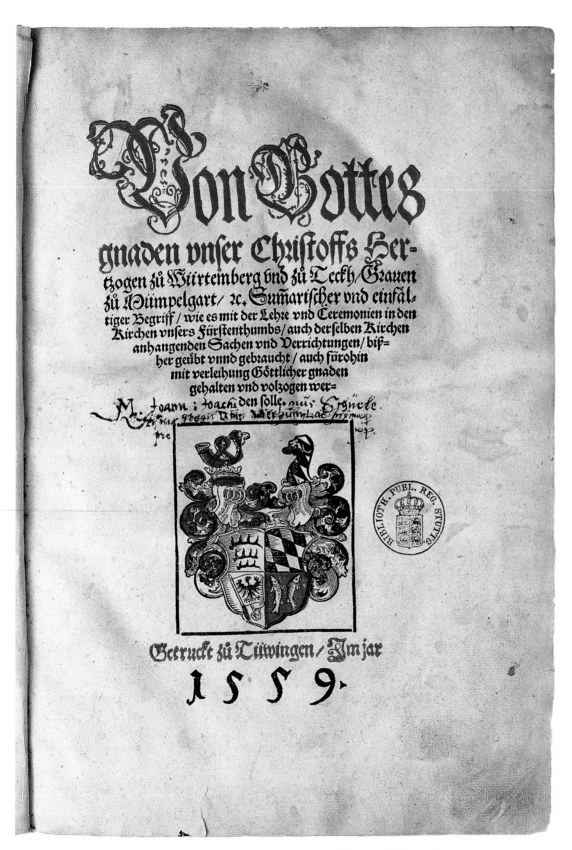

Von Gottes

gnaden vnser Christoffs Her-
tzogen zu Würtemberg vnd zu Teckh/ Grauen
zu Mümpelgart/ ꝛc. Summarischer vnd einfältiger Begriff/ wie es mit der Lehre vnd Ceremonien in den
Kirchen vnsers Fürstenthumbs/ auch derselben Kirchen
anhangenden Sachen vnd Verrichtungen/ biß=
her geübt vnnd gebraucht/ auch fürohin
mit verleihung Göttlicher gnaden
gehalten vnd volzogen wer=

Getruckt zu Tüwingen/ Im jar

1559.

119. Große Württembergische Kirchenordnung 1559.

ger Stift, desgleichen besondere Schulen, wie die erst noch zu gründende Adelsakademie in Tübingen. Diesem schulischen Bereich angehängt sind noch Verordnungen gegen Sekten und Zauberer, Teufelsbeschwörer und Wahrsager.

Ebenso wie das Schulwesen gehört auch das Sozialwesen oder die Armenpflege in den Bereich der Kirche. Die Kirchenordnung enthält deshalb hier an erster Stelle einen Abdruck der Kastenordnung von 1536. In den sozialen Bereich gehören ferner die Bestimmungen über die ärztliche Versorgung der Bevölkerung durch Leib- und Wundärzte. Da die Verwaltung der Armenkästen in das Schreibereifach gehört, sind hier noch die Bestimmungen über die entsprechenden Ausbildungsstätten, die Schreiberei- und Rechenschulen, eingefügt.

Ein weiterer wichtiger Ordnungsbereich stellt die Kirchenzucht dar. Hier erscheint an erster Stelle die Rugordnung, die der Überwachung der Befolgung der verschiedenen erlassenen Ordnungen dient. Diese Ordnungen haben ausdrücklich die Förderung eines christlichen Lebens unter den Untertanen zum Ziel, ebenso wie die hier folgende Visitations- oder Superintendenzordnung, eine Dienstanweisung für Spezial- und Generalsuperintendenten. Weitere Visitationen – jedoch mit geringerem kirchlichen Bezug – sind die politische Visitation und die Landinspektion oder -visitation, Kontrollmöglichkeiten, die allerdings kaum in Anspruch genommen worden sind.

Der Bereich der Kirchenzucht wird ergänzt durch die Zensurordnung, die die Handhabung der Kirchenzucht regelt. Die Verhängung des kleinen Banns, also der Ausschluß vom Abendmahl, ist in der Zuständigkeit des Kirchenrats, also nicht Angelegenheit der einzelnen Gemeinde. Abschließend steht dann hier die Ordnung über den nach jeder Visitation, also zweimal jährlich stattfindenden Konvent der Generalsuperintendenten mit dem Kirchenrat, den sogenannten Synodus.

Den Schluß der Großen Kirchenordnung bilden grundsätzliche Anordnungen über die Kirchenverwaltung. Hier wird betont, daß die kirchlichen Einkünfte, auch von den unbesetzten Pfründen, ausschließlich für kirchliche Zwecke verwendet werden sollen, weshalb diese auch gesondert verwaltet werden. Zuletzt folgt noch eine Ordnung des Kirchenrats mit Dienstanweisungen für die einzelnen Mitglieder dieses Gremiums.

Bei einem so vielfältigen Werk wie der Großen Kirchenordnung kann man selbstverständlich nicht die Frage nach der Verfasserschaft stellen, zumal kaum Quellen vorhanden sind, die über ihre Entstehung berichten. Bekannt ist, daß Brenz zusammen mit Valentin Vannius, Sebastian Hornmold und Kaspar Wild, dem nachmaligen Kirchenratsdirektor, die Schulordnung beraten hat. Sicher hat man zu anderen Teilen der Kirchenordnung weitere Theologen, Juristen und Verwaltungsfachleute beigezogen, so daß man insgesamt von einem recht großen Gremium auszugehen hat. Bestimmend dürften aber neben dem Einfluß des Herzogs die Vorstellungen von Johannes Brenz gewesen sein, zumal dieser das Bekenntnis und wohl auch die Kirchenordnung verfaßt hat.

Nicht zu vergessen ist, daß die Große Kirchenordnung sich in andere Kodifikationen der Regierungszeit Herzog Christophs einreiht. So wurden 1552 und 1567 neue Fassungen der Landesordnung herausgegeben, das württembergische Landrecht, das die örtlichen Rechte zusammentrug und verglich, erschien 1555. Dieselbe Aufgabe einer Vereinheitlichung der Verhältnisse hatte die Maßordnung von 1557. Erst wenn man diese und die weiteren Einzelordnungen, wie die Universitätsordnung von 1557, neben die Große Kirchenordnung hält, wird die Leistung deutlich, die in diesem umfassenden, binnen weniger Jahre entstandenen Ordnungswerk zum Ausdruck kommt.

▨▨▨ Der Große Stuttgarter Landtag 1565[11]

Der württembergische Landtag, der doch seit dem Tübinger Vertrag von 1514 über bedeutende Rechte gegenüber dem Herzog verfügte, tritt im Reformationsgeschehen nicht in Erscheinung. Diese Umwälzung war allein Sache des Herzogs, seiner Regierung und der Theologen. Dies änderte sich grundlegend, als dem Landtag mit den evangelischen Prälaten, die seit 1556 nach und nach den katholischen Klosteräbten folgten, ein neues Element zuwuchs. Die evangelischen Prälaten traten auch in die staatsrechtliche Stellung ihrer Vorgänger ein, indem sie – neben den Vertretern der Städte und Ämter – Sitz und Stimme im Landtag wahrnahmen.

Bei den vom Landtag zu bewilligenden Steuern hatte sich schon früh die Gewohnheit herausgebildet, daß die 14 Klöster ein Drittel der Steuerlast zu tragen hatten, die Städte und Ämter die restlichen beiden Drittel. Dementsprechend war das politische Gewicht der Prälaten recht hoch; es konnte deshalb auf dem großen Landtag von 1565 erstmals in kirchlichen Angelegenheiten in die Waagschale geworfen werden. Zum Landtag war es gekommen, weil Herzog Christoph eine bedeutende Schuldenlast angehäuft hatte, die entsprechend der etwas umständlichen Art der damaligen Staatsfinanzierung vom Landtag übernommen werden sollte, indem dieser dann die Steuern durch Umlagen erhob.

Für die Übernahme der herzoglichen Schulden erwartete der Landtag, wie es üblich war, eine politische Gegenleistung. Diese sah man jetzt in der Sicherung der Ergebnisse der Reformation, des Konfessionsstandes und der kirchlichen Ordnung. Da die Verhandlungen zwischen dem Landtag und der herzoglichen Regierung schriftlich geführt wurden, lassen sich diese ohne weiteres nachvollziehen. Der Landtag legte anfänglich dar, daß man keineswegs daran zweifle, daß der Herzog nicht von seinem Bekenntnis und der Kirchenordnung abweichen werde, doch sei aus vielen Beispielen der Geschichte und der Gegenwart deutlich, daß der Satan überall den Samen falscher Lehre ausstreue. Man forderte vom Herzog also die Zusicherung, sein eigenes und das Augsburger Bekenntnis so zu bestätigen und zu bekräftigen, daß diese im Herzogtum nie mehr geändert werden würden. Weiterhin sollte der Herzog versichern, daß die Prälaturen immer mit geeigneten Männern besetzt werden sollten, die dem Augsburger Bekenntnis zugetan seien. Er verlangte ferner eine Garantie für die Schulen, insbesondere für die Klosterschulen und das Tübinger Stift, ebenso für die von der

weltlichen Finanzverwaltung abgesonderte Verwaltung des Kirchenguts.

Die Gründe für diese Forderungen des Landtags lagen auf der Hand. Herzog Eberhard, der älteste Sohn Herzog Christophs und sein zukünftiger Nachfolger, war keinesfalls das Ebenbild seines Vaters. Er war dem Trunke ergeben, so daß es hin und wieder zu Vorfällen kam, die für den Vater sehr ärgerlich waren. Eine nachträgliche Bestätigung ihres Antrags muß es für die Mitglieder des Landtags gewesen sein, daß der junge Herr bei der Abendmahlsfeier fehlte, die kurz vor Schluß der Sitzungen von der herzoglichen Familie und dem Landtag gemeinsam besucht wurde. Mit dem Antrag des Landtags war aber auch ein deutlicher Seitenblick auf die Vorgänge in der Kurpfalz verbunden, wo mit der Einführung des Heidelberger Katechismus 1563 eine Hinwendung zum Calvinismus erfolgt war. Das im Vorjahr mit den Pfälzer Theologen in Maulbronn geführte Gespräch hatte deutlich gezeigt, daß die Pfalz nun einen anderen Weg ging. Es erschien also notwendig, die Ergebnisse der Reformation zumindest in Württemberg gegen künftige politische Wechselfälle nach Möglichkeit zu sichern. Es ist daher deutlich, daß die Initiatoren dieses Antrags des Landtags die Prälaten waren, die sich für die evangelische Kirche des Landes verantwortlich sahen. Der älteste der Prälaten war der Maulbronner Abt Valentin Vannius, der den Wandel in der Kurpfalz aus allernächster Nähe erlebt hatte und auch 1564 Gastgeber und Teilnehmer des Maulbronner Gesprächs gewesen war.

Neben dem „Religionspunkt", wie die erwähnten Forderungen des Landtags in den folgenden Verhandlungen genannt wurden, hatte man selbstverständlich noch andere Wünsche, doch waren die kirchlichen Forderun-

120. Gebäude des Stuttgarter Landtags. Aufriß von Landbaumeister Uber 1806.

121. *Herzog Christoph von Württemberg*

gen diejenigen mit der größten Tragweite. Der Antrag des Landtags fand zwar die Zustimmung des Herzogs, doch wollte er diese Angelegenheit nicht zum Gegenstand eines Vertrags mit den Landständen machen, sondern stellte in Aussicht, diese Wünsche in seinem Testament zu berücksichtigen.

Dies entsprach einerseits der seitherigen Übung, daß der Landtag nicht in die Religionsangelegenheit einbezogen wurde, darüber hinaus aber handelte es sich bei dem Recht der Bestimmung der Religion um einen wichtigen Teil der vom Herzog ausgeübten Landesherrschaft, wie es vom Augsburger Religionsfrieden 1555 ausdrücklich festgelegt worden war. Auf dieses Herrschaftsrecht konnte und wollte der Herzog nicht verzichten, auch wenn er selbst nicht daran dachte, die kirchlichen Verhältnisse im Land, die so sehr sein Werk waren, wieder zu verändern.

Die Landstände ihrerseits wollten sich mit dem Versprechen des Herzogs, in seinem Testament eine entsprechende Verfügung zu treffen, nicht abfinden. Man verwies sogar auf das alttestamentliche Beispiel des Königs Josia, der mit seinem Volk einen Bund abschloß (2 Kön 23, 3), in dem sich beide zur rechten Gottesverehrung verpflichteten. Diesem theologischen Argument konnte sich der Herzog nicht entziehen und versprach, daß man eine solche Formulierung in den Landtagsabschied aufnehmen werde. Dem Landtag war dies aber noch zu wenig. Man wollte festgelegt wissen, daß Landschaft und Prälaten das Recht haben sollten, die Einführung einer anderen Konfession nicht dulden zu müssen. Dies lief für den Herzog nun auf die Anerkennung eines Widerstandsrechts in Sachen Religion hinaus, weshalb er ablehnte.

Beide Seiten beharrten auf ihrem Standpunkt; der Landtag blieb sogar hart, als ihm die herzoglichen Räte vorhielten, daß der Antrag ein ganz und gar unverdientes Mißtrauensvotum gegen den Herzog sei. Somit war ein Punkt erreicht, an dem die ganzen Verhandlungen zu scheitern drohten, da keine Seite nachgeben wollte, wobei der Herzog natürlich wegen der Frage der Übernahme seiner Schulden am meisten an einer Einigung interessiert sein mußte.

Die Überwindung des toten Punktes gelang Johannes Brenz, der in einem für den Herzog angefertigten Gutachten[12] zeigte, daß ein Vertrag zwischen Herzog und Landschaft, bei der erkannten Religion bleiben zu wollen, noch kein Widerstandsrecht der Untertanen begründete, da es

122. Landtagsabschied von 1565.
Aufgeschlagen ist die Stelle mit
dem „Religionspunkt".

ein solches Recht nicht gebe. Entsprechend seiner Auffassung vom Gehorsam gegenüber der rechtmäßigen Obrigkeit legte Brenz dar, daß in dem Falle, daß einmal ein Versuch gemacht würde, eine Religionsänderung durchzuführen, ein jeder Untertan sich der geschlossenen Verträge getrösten und darum bitten könnte, ihn dabei zu lassen. *Was er aber hiemit nicht erlangt, sich ehe in das ellendt begeben, oder ein beschwerlichs leiden, dan zu dem schwert wider die ordenliche oberkeit zu greiffen.* Es zeigt sich hier die von Brenz schon anderwärts entwickelte Lehre, wonach Widerstand gegen die Obrigkeit als Garantin der Ordnung im Grunde nicht möglich ist. Doch bewies Brenz in diesem Fall auch seine Vermittlungsgabe, denn er schlug gleich eine Formulierung für den Land-

tagsabschied vor, wonach Prälaten und Landschaft bei einer künftigen Religionsänderung dieses für *ire person oder auch in den kyrchen der stedt und flecken zu willigen, zu gestatten und zu gedulden, so vill gehorsamen christlichen underthonen gegen irer ordenlichen oberkeit gebüret, nicht schuldig sein sollen.*

Mit seinem Gutachten hatte Brenz die entscheidende Formel geliefert, mit der beide Teile einverstanden sein konnten, sie ging deshalb so in den Landtagsabschied vom 19. Juni 1565 ein. Nachdem es vorher geschienen halte, als könne man sich nicht einigen, war alles Weitere nur noch eine Sache von wenigen Tagen. Im „Finanzpunkt" des Landtagsabschieds erklärte sich der Landtag bereit, die

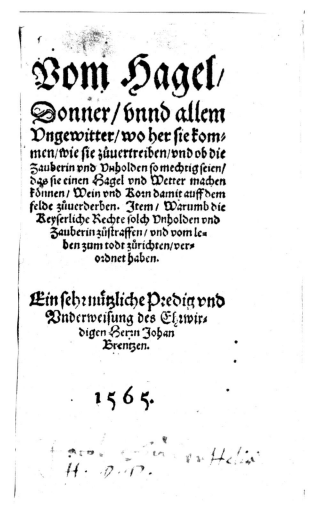

123. Vom Hagel, Donner und allem Ungewitter. Predigt von Brenz mit Stellungnahme zur Hexenfrage, 1565

schaft sollten weiterhin erhalten bleiben, die geistlichen Einkünfte sollten in erster Linie für kirchliche Zwecke und in zweiter Linie für besondere Notfälle des Landes verwendet werden. Der Herzog versprach ferner, das Tübinger Stift mit bestimmten Einkünften zu dotieren und die Ausbildung von 150 Stipendiaten im Stift und 200 in den Klosterschulen sicherzustellen. Auch die eingerichteten Pädagogien und Lateinschulen sollten in dieser Weise erhalten werden.

Es waren weitreichende Festlegungen, die hier getroffen wurden, denn der Landtagsabschied von 1565 erlangte für das Herzogtum denselben staatsgrundgesetzlichen Rang wie der Tübinger Vertrag. Die aus dem Spätmittelalter überkommene ständische Funktion der Prälaten war in der Klosterreformation erhalten geblieben; nunmehr wurde diese Entscheidung dauerhaft abgesichert, denn die unter den beiden Nachfolgern Herzog Christophs durchgeführte Schließung einiger Klosterschulen hätte zweifellos auch zu einer Reduzierung der Prälatenstellen geführt. Da aber diese erhalten blieben, setzte sich auch das Kräfteverhältnis von Prälaten und Landschaft im Landtag fort, vor allem in dem wichtigen kleinen Ausschuß, der zwischen den verhältnismäßig seltenen Plenarlandtagen die Geschäfte führte. Hier saßen zwei Prälaten und sechs Vertreter der Landschaft, was freilich nicht ganz der üblichen steuerlichen Lastenverteilung entsprach. Bei den Prälaten im kleinen Ausschuß handelte es sich aber meist um die von Bebenhausen und Maulbronn, die zugleich auch Generalsuperintendenten waren und somit ein wichtiges politisches Amt mit einem Leitungsamt in der Kirche verbanden. Evangelische Konfession und ständische Verfassung waren in den Prälaten somit untrennbar verknüpft und stützten sich gegenseitig.

Es kam in Württemberg in der Folgezeit daher nicht zu einer Konfessionsänderung, aber auch die ständische Verfassung blieb so lange erhalten, bis sie von den durch die Französische Revolution ausgelösten Veränderungen beseitigt wurde. Die wesentlich von Brenz bestimmte Klosterreformation hatte mit ihrer konservativen Grundtendenz die Erhaltung des Prälatenamts als Landstand möglich gemacht. Seine Vermittlung auf dem Landtag von 1565 hatte die Festschreibung der Ergebnisse der Reformation bewirkt. Brenz kommt daher in der altwürttembergischen Verfassungsentwicklung zweifellos eine Schlüsselstellung zu.

herzoglichen Kammerschulden zu übernehmen, im Religionspunkt folgte der Herzog dem Antrag des Landtags. Er bestätigte die Augsburgische und die Württembergische Konfession als Bekenntnisse der württembergischen Kirche und versprach, in seinem Testament auch seine Nachfolger darauf zu verpflichten. Mit dem Brenzschen Vorbehalt anerkannte er das Recht von Prälaten und Landschaft, eine andere Konfession, falls ihnen eine solche zugemutet würde, abzulehnen. Der Herzog verzichtete somit auf das den Landesherren nach dem Augsburger Religionsfrieden zustehende Reformationsrecht.

Die herzoglichen Garantien umfaßten jedoch nicht nur den Konfessionsstand, sondern auch die kirchliche Organisation. Die Prälaten als zweiter Landstand neben der Land-

Brenz und die Hexenfrage[13]

Am 3. August 1562 zerstörte ein schweres Hagelwetter die Ernte an Getreide, Wein und Obst in weiten Teilen des Herzogtums Württemberg. Herzog Christoph sah dieses Unglück als Bußruf und Strafe Gottes an und verlangte deshalb, daß die für Pfingsten 1563 geplante Hochzeit seiner ältesten Tochter Hedwig mit dem Landgrafen Wilhelm, dem Sohn des Landgrafen Philipp von Hessen, entweder verschoben oder in kleinerem Rahmen gehalten werde. In dem sich anschließenden Briefwechsel mit dem Landgrafen vertrat dieser die Auffassung, daß man nicht wissen könne, warum Gott dieses tue, stellte dann aber doch die Frage, ob Herzog Christoph sich nicht allzusehr mit den Guisen, den Häuptern der katholischen Partei in Frankreich, eingelassen hätte. Christoph hatte sich – in Begleitung von Brenz – im Februar 1562 in Zabern im Elsaß mit diesen zu einem Gespräch getroffen, und auf der Rückreise von Zabern hatten die Guisen das aufsehenerregende Blutbad von Vassy unter einer zum Gottesdienst versammelten evangelischen Gemeinde angerichtet. Christoph lehnte diese und andere Deutungen des Hagelwetters ab und war davon überzeugt, daß es ein Bußruf und Strafe Gottes für das allgemeine Wohlleben und die Völlerei war, die in allen Schichten des Volkes üblich geworden war.

Auf das Hagelwetter von 1562 folgte eine Teuerung der Grundnahrungsmittel, die tief in die Lebensverhältnisse breiter Schichten des Volkes eingriff, zumal es nicht bei diesem einen Fehljahr blieb, sondern auch in den folgenden Jahren die Ernten schlecht ausfielen. Bereits 1562 war unter dem Volk die Überzeugung ausgesprochen worden, daß das Hagelwetter von Hexen angerichtet worden sei. Die beiden Stuttgarter Prediger Matthäus Alber und Wilhelm Bidembach hatten sich deshalb in einer Predigtreihe in der Stuttgarter Stiftskirche gegen diesen Aberglauben ausgesprochen[14]. Sie legten dar, daß von Gott, der nach wie vor seine Schöpfung erhalte, beides komme, Glück und Unglück. Sie bestritten zwar nicht, daß es „Hexenwerk" gebe, waren aber der Auffassung, daß der Teufel die Hexen täusche, wenn sie meinten, sie könnten ein Hagelwetter hervorbringen. Das Vergehen freilich, dessen sich die Hexen schuldig machten, bestehe darin, daß sie Gott und Christus leugneten und die Absicht verfolgten, ihren Nachbarn zu schaden. Dennoch ermahnten sie die Obrigkeit, nicht jeder Angeberei zu folgen, zumal Frauen unter der Folter alles gestehen würden, was man von ihnen verlange. Es sei besser, tausend Schuldige laufen zu lassen, als einen Unschuldigen zu verurteilen. Angesichts des Unglücks sei vielmehr wahre Buße notwendig.

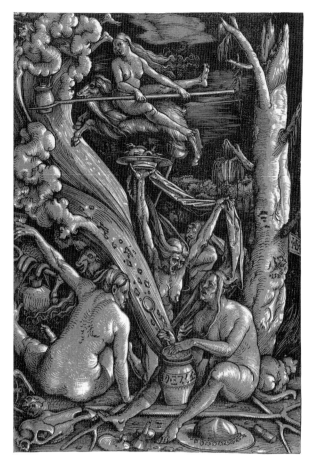

124. Hexen. Darstellung von Hans Baldung Grien.

Trotz dieser nüchternen Beurteilung des Hexenglaubens kam es 1562/63 in Württemberg zu fünf Hinrichtungen von Frauen, die als Hexen verdächtigt wurden. 1565 wurde daher Brenz' Predigt vom Hagel[15], die bereits 1539 entstanden war, erneut veröffentlicht, die dieselben Gedankengänge enthält, wie die Predigten von Alber und Bidembach. Darüber hinaus ist zu erkennen, daß die Deutung, die Herzog Christoph dem Hagelwetter gegeben hatte, offensichtlich von Brenz stammte, denn dieser führt in seiner Schrift aus, daß der Hagel als Strafe für die Sünden anzusehen sei, die mit Wein und Korn begangen wurden. Sie gilt dem Schlemmen und Prassen, das vor allem unter den Reichen verbreitet ist, aber auch dem Betrügen mit den Abgaben, das unter den Armen zu finden ist. Solche Vergehen sind so allgemein, daß derjenige, der nach der Bestrafung der Hexen schreit, sich selber anklagt.

Brenz läßt sich hier also auf den Hexenglauben ein, um gegen ihn zu argumentieren, indem er zeigt, daß es der Hexenglauben nur auf das Finden von Sündenböcken abgesehen hat.

Zu seiner Auffassung, nämlich daß von Gott Glück und Unglück komme, daß das Unglück als Bußruf angesehen werden müsse, war Brenz schon 1526 bei der Auslegung des Buches Hiob gelangt. Freilich geschieht es durch Gottes Zulassung, daß der Teufel und seine Verbündeten Unglück wirken oder zumindest vorspiegeln können, solches zu bewirken. Diesen Gedankengang hatte Brenz bereits 1539 anläßlich eines Hagelwetters entwickelt. Damit lehnte er zwar den populären Hexenglauben nicht ab, versuchte ihn aber zu dämpfen und dazu anzuleiten, das Unglück als Bußruf anzusehen. Es ist also die Brenzsche Auffassung, die von Herzog Christoph vertreten wurde, ebenso von den beiden Predigern Alber und Bidembach.

Um die Brenzsche Auffassung richtig beurteilen zu können, ist ein Blick auf das damals geltende Recht notwendig. Die *Carolina*[16], die Peinliche Gerichtsordnung Kaiser Karls V. von 1532, gab in ihren einschlägigen Artikeln Vorschriften für das Verfahren (Art. 44-47) gegen Hexen und Zauberer, einschließlich der Folter, und für das Strafmaß, nämlich den Scheiterhaufen. Angesichts dieser Rechtslage muß Brenz' Einstellung als Kritik an der geltenden Gesetzgebung verstanden werden. Er ist zwar nicht unmittelbar gegen den Hexenglauben aufgetreten, doch hat er immerhin einen Weg gezeigt, wie Hexenverfolgungen vermieden werden konnten, wenn sie damit auch nicht gänzlich aus der Welt geschafft wurden.

Die Brenzsche Hagelpredigt wurde von dem Jülicher Arzt Johann Weyer[17], einem der frühesten Bekämpfer des Hexenglaubens, in der 1577 in Basel erschienenen fünften Ausgabe seines Werks *De praestigiis daemonum* nach einer eigenen Übersetzung abgedruckt[18]. Dort hat Weyer zugleich auch seinen mit Brenz 1565/66 geführten Briefwechsel über die Hexenfrage dokumentiert. In seiner Zuschrift an Brenz anerkennt Weyer dessen Bemühen, Hagel und Ungewitter als Gottes Werk, als Strafe und Bußruf darzustellen. Er kritisiert aber Brenz' Auffassung, wonach das Teufelsbündnis ein todeswürdiges Verbrechen darstelle, da die Betreffenden nach seiner Erfahrung solches in einem vorübergehenden Seelenzustand aussagen, aus dem sie aber wieder zurecht gebracht werden können. In der Tat hatte Brenz in seiner Predigt die Frage,

warum die kaiserlichen Gesetze und das Gesetz Moses (Ex 22, 17) die Todesstrafe für die Hexerei vorsehen, damit beantwortet, daß dies wegen des Teufelsbündnisses geschehe. Weyer hielt dagegen, daß man solche Menschen, insbesondere schwache und alte Frauen nicht zum Feuer verdammen, sondern ihnen Gelegenheit zur Umkehr lassen sollte. Hierfür bringt Weyer auch ein textkritisches Argument bei, wonach es sich in der Stelle Ex 22, 17 nach der Septuaginta, der griechischen Übersetzung des Alten Testaments, nicht um Zauberinnen, sondern um Giftmischer handelt, womit diese Stelle nicht auf die angeblichen Hexen zu beziehen ist.

Brenz geht in seiner Antwort auf Weyers Brief gleich auf den Kernpunkt von dessen Darlegungen ein und betont, daß er sich in seiner Predigt nicht lange bei der Bestrafung der Hexen aufgehalten und deswegen nicht die Gültigkeit der Gesetze bezweifelt habe, um die Rechtsordnung nicht zu stören. Er argumentiert daher juristisch, daß der vollbrachte Vorsatz (conatus perfectus), auch wenn er nicht zum Ziel führt, strafbar sei. Er gibt aber Weyer darin recht, daß es Fälle gebe, zumal bei den armen und alten Weibern und den Melancholikern, wo der Arzt oder der Seelsorger, nicht aber der Henker gefragt sei. Weyer greift in seiner Antwort vor allem Brenz' juristische Argumentation vom Vorsatz auf und fragt, wie man von einem vollbrachten Vorsatz reden könne, wenn doch klar sei, daß Hexen und Unholde nichts bewirken können.

Auf den Abdruck seines zweiten Briefes an Brenz läßt Weyer die Bemerkung folgen, daß er auf diesen Brief keine Antwort bekommen habe. Es ist nicht bekannt, weshalb Brenz die Antwort schuldig blieb. Im Grunde war man nicht weit auseinander, da Brenz doch eine recht nüchterne und differenzierte Sichtweise hatte, wenn er auch den Hexenglauben insgesamt nicht in Abrede stellte. Auch mutete Brenz den Obrigkeiten wohl zu viel zu, wenn er von ihnen das rechte Augenmaß verlangte, in solchen Fällen die der Hexerei beschuldigten Personen der Seelsorge oder ärztlicher Fürsorge und nicht dem Gericht und der Folter zu übergeben.

▓▓ Brenz, die Täufer und die Schwenckfelder

Hatte die Hexenfrage Brenz schon einige Zeit vorher beschäftigt, bevor das Problem durch das Hagelwetter 1562 plötzlich zum Ausbruch kam, so ging es ihm mit der Täuferfrage ähnlich. Erstmals war er mit dieser Frage 1528 durch Anfragen aus Nürnberg, alsbald aber auch durch solche aus Brandenburg-Ansbach befaßt worden. In Schwäbisch Hall und seinem Landgebiet scheint das Problem offenbar erst 1544/45 und nicht so drängend aufgetreten zu sein, wie in Nürnberg. Erfolgreicher wohl als bei der Hexenfrage gelang es Brenz hinsichtlich der Täufer ein wesentlich milderes Vorgehen zu erreichen. Dieses unterschied sich grundlegend von der Praxis etwa im habsburgischen Machtbereich, wo man schon früh mit der Todesstrafe gegen Täufern vorging, wie die Hinrichtung Michael Sattlers und seiner Genossen in Rottenburg 1527 zeigt, oder der Fall des 1530 auf dem Stuttgarter Marktplatz hingerichteten Täufers und Chiliasten Augustin Bader von Augsburg.

Brenz hat möglicherweise schon während der ersten Reformationsperiode in Württemberg[19] unter Herzog Ulrich auf das Verfahren mit den Täufern Einfluß genommen. Ulrich hatte schon vier Wochen nach seiner Rückkunft nach Württemberg einen entsprechenden Befehl erlassen, wonach die Vögte sich nach den Anführern und Predigern der Wiedertäufer erkundigen und diese gefangen nehmen sollten. Dieser Befehl wurde im folgenden Jahr erneuert und ein besonderes Mandat gegen die Münsterischen Wiedertäufer erlassen. Die erste Wiedertäuferordnung von 1535 bedrohte die Täufer immerhin noch mit der Strafe an Leib und Leben. Doch sind aus der Zeit Herzog Ulrichs, wie auch aus späterer Zeit keine Todesurteile gegen Täufer bekannt, obwohl sich die Tübinger Juristenfakultät 1536 in einem Gutachten für die Anwendung der entsprechenden kaiserlichen Rechte ausgesprochen hatte. Die Theologen hingegen – wohl Schnepf und Blarer, vielleicht auch beraten von Brenz – anerkannten den Eifer der Täufer und lehnten die Todesstrafe rundweg ab, rieten zur Geduld, allenfalls zu einer Art Beugehaft der Anführer und schließlich zur Landesverweisung als letztem Mittel.

Auch mit Kaspar Schwenckfeld[20] hatte Brenz in seiner Haller Zeit, wenn auch nur aus der Entfernung, zu tun gehabt. Schwenckfeld beunruhigte lange Zeit die evangelischen Theologen in Straßburg, Augsburg, Ulm und anderen Orten Südwestdeutschlands, da er als Spiritualist alle

125. Taufe Jesu im Jordan. Bibelillustration von Hans Baldung Grien. Die Erwachsenentaufe anstelle der Kindertaufe stellte einen zentralen Glaubenssatz der Täufer dar.

„äußeren" Erscheinungen der Kirche ablehnte, also eine völlig andere Auffassung von der Kirche, dem Predigtamt, den Sakramenten und der Christologie hatte. Schwenckfeld fand gleichwohl bei den städtischen Patriziern in Ulm und einigen Adligen[21] Eingang, was die evangelischen Theologen noch mehr beunruhigen mußte.

Für seine spiritualistische Abendmahlslehre berief sich Schwenckfeld bereits 1529 unter anderem auf Brenz' Auslegung von Joh 6[22]. Dann veröffentlichte er 1538 eine Schrift über die Wiedergeburt, die sich offenbar gegen Brenz' Auslegung von Joh 3 richtete, 1543/44 sandte Schwenckfeld über Katharina Zell in Straßburg zwei Briefe an Brenz[23]. Dieser äußerte sich jedoch nicht dazu, wenn ihn auch Martin Frecht in Ulm, der besonders unter Schwenckfelds Einfluß bei den führenden Kreisen seiner Stadt litt, 1542 dazu aufgefordert haben mag. Immerhin verfaßte der Haller Schulmeister Sebastian Coccyus 1540 eine – nicht erhaltene – Schrift gegen Schwenckfelds *Summarium ettlicher Argument*, 1542 schrieb er eine weitere[24]; eine dritte, mit einer Vorrede von Brenz, erschien 1546[25]. Alle drei Schriften des Coccyus befassen sich mit Schwenckfelds Christologie. Ob Brenz ihn zur Abfassung dieser Schriften ermuntert hat, wird nicht klar. Nach der Vorrede zu der Schrift von 1546 zu schließen, scheint Brenz deren Abfassung durch Coccyus nicht veranlaßt zu haben, er sagt lediglich, daß er sie zusammen mit Isenmann durchgesehen habe und für gut befinde, daß sie im Druck erscheine.

In Württemberg war Schwenckfelds Gegenwart deutlicher zu spüren. Einer seiner adligen Anhänger war Hans Konrad Thumb von Neuburg, der von Herzog Ulrich vor allem bei der Klosterreformation eingesetzt wurde. Thumb hatte in seiner Besitzung Stetten im Remstal gelegentlich Schwenckfeld zu Gast und versuchte auch, ihm in Württemberg Eingang zu verschaffen. Nicht nur in Stetten, sondern auch im nahen Cannstatt bildete sich eine schwenckfeldische Gemeinschaft. Thumb fiel jedoch 1543 beim Herzog in Ungnade und die Schwenckfelder-Gruppe in Cannstatt wurde 1544 durch obrigkeitliches Eingreifen aufgelöst.

Der schwenckfeldische Einfluß in Cannstatt hielt sich jedoch bis in die Interimszeit, denn 1551 fand dort eine neuerliche Untersuchung statt. Schwenckfeld suchte 1553 durch eine Besprechung des Katechismus von Brenz mit diesem ins Gespräch zu kommen, schlug aber die durch Balthasar von Gültlingen vermittelte Besprechung aus, da sie in Württemberg stattfinden sollte. 1554 erließ Herzog Christoph einen Haftbefehl gegen Schwenckfeld und seine Anhänger, als dessen Urheber Brenz vermutet wurde. Auf dem Wormser Religionsgespräch 1557 verfaßten die dort versammelten evangelischen Theologen, allen voran Melanchthon und Brenz, auf Veranlassung von Landgraf Philipp von Hessen ein Gutachten, in dem sie Schwenckfelds Lehre, insbesondere seine Abwertung des geistlichen Amtes, sein Verständnis des Wortes Gottes und seine Christologie verurteilten[26]. In Württemberg wurde der 1554 erlassene Befehl im Jahre 1558 als Mandat gegen Wiedertäufer, Sakramentierer und Schwenckfelder wiederholt und ging so auch in die Große Kirchenordnung von 1559 ein[27]. Noch 1564, also nach dem Tode Schwenckfelds 1561, wurde ein Verbot sektischer Bücher erlassen, in dem auch schwenckfeldische Schriften genannt werden. Es ist nicht daran zu zweifeln, daß diese durchgängige Verurteilung Schwenckfelds und seiner Lehre mit von Brenz verursacht worden ist, zumal die Ansichten des Schlesiers denen von Brenz in so gut wie allen Stücken entgegengesetzt waren.

Gegen Schwenckfeld mit seiner persönlichen Präsenz und seiner regen publizistischen Tätigkeit richtete sich natürlich eine stärkere Ablehnung als gegen den einzelnen Täufer, den man noch von seinen irrigen Meinungen abzu-

bringen hoffte. So führten Brenz und seine Kollegen auch mit einfachen Täufern Gespräche, wie 1557 mit den beiden Brüdern Rapp von Hohenwart bei Pforzheim[28], die in Vaihingen aufgegriffen und nach Stuttgart gebracht worden waren. Der jüngere Rapp, mit dem sich Brenz zuletzt besprochen hatte, war wohl von ihm überzeugt worden, denn er gab schließlich zu, daß er geirrt habe und künftig die Kindertaufe als göttliche Ordnung ansehen wolle. Er versprach auch, jeden Sonntag in die Kirche zu gehen und das Abendmahl zu empfangen. Ferner wollte er, wenn nötig, auch in den Krieg ziehen, um Land und Leute zu retten und seine Pflichten mit einem Eid zu beschwören.

Dieser Fall zeigt beispielhaft, worum es den Täufern ging. Grundlegend war die Ablehnung der Kindertaufe, gegen die von ihnen die bewußte Entscheidung zum Christsein und die darauf folgende Taufe gesetzt wurde. Diese Entscheidung bewirkte eine Trennung von Christ und Welt, wobei zu der Welt auch die konkrete christliche Gemeinde, mit Gottesdienst, Predigt und Sakrament, gerechnet wurde, von der sich der Täufer fernhielt. Dem entsprach auch die Befolgung der Weisung der Bergpredigt, keinen Eid zu schwören. Gerade dies mußte für die Obrigkeiten, deren Herrschaft noch wesentlich auf personalen Strukturen, mit eidlicher Beziehung zwischen dem Untertanen und dem Herrn, aufgebaut war, höchst beunruhigend wirken, zumal auch die Weigerung, der Wehrpflicht nachzukommen, die Auffassung beinhaltete, daß es keine christliche Obrigkeit geben könne.

Nicht wenige der württembergischen Täufer wanderten damals nach Mähren aus, wo der dortige Adel ihnen auf seinen Gütern eine Freistatt bot. Natürlich gab es auch Rückwanderer, etwa solche, die sich mit der dort praktizierten Gemeinschaftsform, in der der Familienverband aufgelöst wurde, nicht hatten anfreunden können. Mit solchen Rückkehrern, zwei Ehepaaren aus Mittelschlechtbach bei Welzheim, besprachen sich Brenz, seine Kollegen Matthäus Alber und Balthasar Bidembach im Herbst 1559. Da die Rückkehrer ihren Irrtum einsahen, wurden sie wieder aufgenommen und auch dafür gesorgt, daß sie wieder zu ihrem Eigentum im Lande kamen[29].

Natürlich hatten nicht alle dieser Unterredungen Erfolg, denn es gab auch solche Täufer, wie Claus Frey von Beutelsbach, der nach dem Urteil des Schorndorfer Vogts wegen seiner vorgefaßten Meinung, seiner Kenntnisse und seiner Beredsamkeit, auch einem guten Theologen zu schaffen machen konnte. Mit ihm hatte sich Brenz im

Frühjahr 1555 unterredet. Frey war aber noch zehn Jahre später derselben Meinung wie zuvor[30]. Dieses Beispiel zeigt, daß man mit diesen Leuten Geduld hatte und versuchte, sie möglichst ohne Zwang zu bekehren. Freilich konnte es in einem so hartnäckigen Fall, wie ihn Claus Frey darstellte, auch zu einer Landesverweisung kommen, doch 1574 findet sich Frey wieder in Beutelsbach, nachdem er einige Jahre zuvor mit herzoglicher Genehmigung wieder aufgenommen worden war[31].

1 Brenz an Johannes Hess, Pfarrer zu Breslau, Schwäbisch Hall, 20. Juli 1546: Vorrede zu Explicatio epistolae Pauli ad Galatas. Schwäbisch Hall: Peter Frentz 1546; Köhler 152; Brenz, Opera 7, S. 776 – 779.
2 Gustav Lang, Geschichte der württembergischen Klosterschulen von ihrer Stiftung bis zu ihrer endgültigen Verwandlung in Evangelisch-theologische Seminare, Stuttgart 1938; Hermann Ehmer, Der Humanismus an den evangelischen Klosterschulen in Württemberg. In: Humanismus im Bildungswesen des 15. und 16.Jahrhunderts (Mitteilung XII der Kommission für Humanismusforschung) Weinheim 1984, S. 121 – 133.
3 Pressel, Anecdota, S. 417.
4 Pressel, Anecdota, S. 33 – 39. Das ebenda S. 31 –33 gedruckte Anschreiben ist vom 1. Juni 1529.
5 Theodor Pressel, Ambrosius Blaurer's, des schwäbischen Reformators Leben und Schriften, Stuttgart 1861, S. 359 – 364.
6 Heerbrand S. 45.
7 Pressel, Anecdota, S. 431.
8 Brevis et perspicua explicatio Psalmorum, Tübingen: Ulrich Morhard 1565; Köhler 448f.
9 Walter Grube, Der Stuttgarter Landtag 1457 – 1957. Von den Landständen zum demokratischen Parlament, Stuttgart 1957, S. 224 – 236.
10 Köhler 357; Brecht- Ehmer S. 337 – 339.
11 Walter Grube, Der Stuttgarter Landtag 1457 – 1957. Von den Landständen zum demokratischen Parlament, Stuttgart 1957, S. 224 – 236; Ehmer, Vannius, S. 236 – 247.
12 Hauptstaatsarchiv Stuttgart A 34 Bü 16d /45.
13 H. C. Erik Midelfort, Witch Hunting in Southwestern Germany 1562 – 1684. The Social and Intellectual Foundations, Stanford 1972, hier bes. S. 39f.; Hermann Ehmer, Zeichen und Wunder. Die theologische Deutung von Naturereignissen im nachreformatorischen Württemberg. In: BWKG 88 (1988) S. 178 – 200, hier S. 184 – 186; Anita Raith, Herzogtum Württemberg. In: Sönke Lorenz (Hg.), Hexen und Hexenverfolgung im deutschen Südwesten (Volkskundliche Veröffentlichungen des Badischen Landesmuseums Karlsruhe 2/2) Karlsruhe 1994, S. 197 – 205.
14 Matthäus Alber, Wilhelm Bidembach, Ein Summa etlicher Predigen vom Hagel und Unholden, gethon in der Pfarrkirch zu Stuttgarten im Monat Augusto, Anno M.D.LXII, Tübingen 1562. – Eine kroatische Übersetzung dieser Schrift wird von Köhler 426 vermutungsweise als Brenzschrift eingereiht.
15 Vom Hagel, Donner unnd allem Ungewitter, wo her sie kommen, wie sie zuvertreiben ... Straßburg: Christian Müller 1565; Köhler 459f. – Zur Überlieferungsgeschichte dieser Predigt vgl. Midelfort (wie Anm. 13) Anm. 25 zu S. 37. Der Druck von 1565 ist der erste Separatdruck der deutschen Fassung, so daß angenommen werden muß, daß dieser von den aktuellen Ereignissen veranlaßt wurde.
16 Gustav Radbruch (Hg.), Die Peinliche Gerichtsordnung Kaiser Karls V. von 1532, [6]Hg. von Arthur Kaufmann, Stuttgart 1975.
17 Carl Binz, Doctor Johann Weyer, ein rheinischer Arzt, der erste Bekämpfer des Hexenwahns, [2]Berlin 1896.
18 Die Brenzpredigt und der Schriftwechsel ist in dem hier im Anhang erstmals erscheinenden *Liber apologeticus* abgedruckt; in der hier herangezogenen deutschen Ausgabe, Frankfurt 1586, auf S. 485 – 502.
19 Vgl. dazu allgemein Bossert, Quellen; Claus Peter Clasen, Die Wiedertäufer im Herzogtum Württemberg und in benachbarten Herrschaften (Veröffentlichungen der Kommission für geschichtliche Landeskunde in Baden-Württemberg B 32) Stuttgart 1966; Brecht-Ehmer S 236 – 241.
20 Selina G. Schultz, Caspar Schwenckfeld von Ossig (1489-1561), [4]Pennsburg 1977; Brecht-Ehmer S. 236 – 241, 366f.
21 Franz Michael Weber, Kaspar Schwenckfeld und seine Anhänger in den freybergischen Herrschaften Justingen und Öpfingen (Veröffentlichungen der Kommission für geschichtliche Landeskunde in Baden-Württemberg B 19) Stuttgart 1962.
22 Pressel, Anecdota, S. 70 – 88.
23 Corpus Schwenckfeldianorum, Bd. 8, Leipzig 1927, Doc. 408f., S. 568 – 597; ebd. Bd. 9, Leipzig 1928, Doc. 441, S. 93 – 98.
24 Sebastian Coccyus, Kurtze verzeychnüß ... auff Herr Caspar Schwenckfelders Büchlein, Von der Göttlichen Herrligkeyt, der Menscheyt Christi in der Glorien. O.O. 1543.
25 Sebastian Coccyus, Verlegung der Zwölff Ursachen, mit welchen Chaspar Schwenckfeld vermeynt zuerweisen, Das der Heylig Geyst, Christi leib nit In und Auß der Jungkfrawen Marie leib erschaffen habe. Marburg: Andreas Kolbe 1546. Köhler 706.
26 MBW 8379.
27 Von den Secten, Bl. 191v – 194r.
28 Bossert, Quellen, S. 142 – 148.
29 Bossert, Quellen, S. 185f.
30 Bossert, Quellen, S. 243f.
31 Bossert, Quellen, S. 429.

9 *Brenz in Deutschland und Europa*

Modell Württemberg

Mit großem amtlichen und persönlichen Einsatz hat der 35jährige Herzog Christoph nach seinem Regierungsantritt Ende 1550 begonnen, das Erbe seines Vaters aufzunehmen und die ihm nun anvertraute Kirche auf ein solides theologisches und verwaltungsjuristisches Fundament zu stellen[1]. Johannes Brenz war ihm dabei als Landespropst und herzoglicher Rat von Anfang an und

126. Jakob Andreae (1528 – 1590), Brenzschüler,
Tübinger Universitätskanzler und Vater des Konkordienwerks
(Kupferstich, 17. Jh.)

während der ganzen Regierungszeit der zuverlässigste und wichtigste Berater und freundschaftliche Partner.
Es hat kein Jahrzehnt gedauert, da gehörte das Herzogtum zu den nach weltlichem und kirchlichem Recht am besten geordneten Territorien des Reichs. Marksteine auf diesem Weg waren die Landesordnung 1552, die erneuerte Kanzleiordnung von 1553 für Regierung und Verwaltung, das württembergische Landrecht von 1555 und schließlich – neben einer ganzen Reihe von Ordnungen für Maße, Gewerbe und Handwerke – die Große Kirchenordnung von 1559[2]. Die Grundlagen der schon unter Herzog Ulrich eingeleiteten Neuordnung der Kirche und ihre Verankerung im lutherischen Lager waren das an der Confessio Augustana ausgerichtete Württembergische Bekenntnis von 1552[3] und die im Jahr darauf erschienene Gottesdienstordnung[4]. Diese beiden Dokumente haben ganz überwiegend Brenz zum Verfasser; sie stehen an der Spitze des Konvoluts der Großen Kirchenordnung.

In intensiven Beratungen und ständigem Austausch regeln Herzog Christoph und Brenz zusammen mit einem kompetenten Mitarbeiterstab den Aufbau des Kirchenwesens und seiner Verwaltungsorgane. Der Kirchenrat als „erste kirchliche Zentralbehörde im protestantischen Deutschland"[5] bildete mit dem Herzog die Kirchenleitung. Ein durchorganisiertes Visitationssystem verband die Oberbehörde mit der Basis. Geordnet wurde auch das Bildungswesen von den Elementarschulen über die für Württemberg so charakteristischen, in modifizierter Form heute noch bestehenden Klosterschulen bis hin zur Landesuniversität. Damit war auch in so guter Weise für den Theologennachwuchs gesorgt, daß Württemberg alsbald auch an auswärtige Kirchen Pfarrer abgeben konnte. Ebenfalls neu geregelt wurden schließlich auch die mühevoll, aber erfolgreich mit dem Herzog ausgehandelten Rechte und Pflichten der Landstände.

Mit diesen Maßnahmen wurde Württemberg zum Modellstaat für zahlreiche Territorien und Kirchenverwaltungen. Für die geschichtliche Entwicklung des frühmodernen

Staates war es von nachhaltiger Bedeutung, daß das von Luther intendierte, aber doch nicht so umfassend gemeinte landesherrliche Kirchenregiment in Herzog Christoph einen so vorbildlichen, fast idealen Vertreter fand. Für ihn bedeuteten die Aufgaben eines fürstlichen Bischofs seiner Kirche, – der ja aufgrund des reformatorischen „Priestertums aller Gläubigen" auch Laie sein konnte –, ein nicht hoch genug zu veranschlagendes Maß an Verantwortung. Das galt sowohl für Wohlfahrt, Frieden und Gerechtigkeit im Staat wie auch besonders für die Ausbreitung des Evangeliums und für das Seelenheil der dem Fürsten anvertrauten Untertanen. Dieses hohe „Regierungsethos" war ganz im Sinne der Brenzschen Theologie. So bildete der auch von tiefer persönlicher Frömmigkeit geprägte Fürst mit seinem nicht nur theologisch hochqualifizierten, sondern auch juristisch und politisch erfahrenen Landespropst ein Tandem, wie man es sich nicht besser hätte vorstellen können.

Die heute nur schwer noch verständlich zu machende Verbindung von politischen und theologischen Prämissen prägte auch die Außenpolitik Württembergs unter Herzog Christoph und auch noch unter seinem Sohn und Nachfolger Ludwig. Württemberg wurde in den Jahren nach dem Interim bzw. nach dem Augsburger Religionsfrieden von 1555 für eine ganze Reihe von Kirchen zum Modellfall einer gut geordneten protestantischen Territorialkirche. Und nicht nur dies: Man war in Württemberg auch immer bereit, Erfahrungen, Kenntnisse und vor allem auch personelle Hilfen an andere weiterzugeben[6]. So wurden vielfach württembergische Ordnungen – mehr oder weniger modifiziert – anderwärts übernommen, und württembergische Theologen wirkten als willkommene Berater in vielen Ländern des Reichs. Bei all diesen Aktivitäten stand der alternde Brenz als der führende theologische Kopf im Hintergrund und konnte sich zunehmend auf eine ganze Reihe qualifizierter theologischer Schüler verlassen, allen voran auf Jakob Andreae (1528 – 1590)[7], den späteren Vater der Konkordienformel von 1577. Andreae sprang in der Regel auch ein, wo man Brenz als den letzten noch lebenden Mann aus der ersten Reformatorengeneration verlangt hatte.

Zum facettenreichen Spektrum der „Kirchendiplomatie" Herzog Christophs gehörten aber auch vielfältige Initiativen und Kontakte zu Kirchen außerhalb des Reichsgebiets. Sie geschahen im Interesse einer Stärkung des lutherischen Bekenntnisses gegenüber Katholizismus und Calvinismus, waren aber im Ganzen und auf Dauer gese-

hen eher wenig erfolgreich. Sie zeigen aber immerhin, daß die württembergische evangelische Kirche jenes Zeitalters sich durchaus nicht in Enge und Provinzialismus verlor.

127. Die aus Württemberg übernommene erste evangelische Kirchenordnung für Baden, Tübingen: Ulrich Morharts Witwe, 1556 (Titelseite)

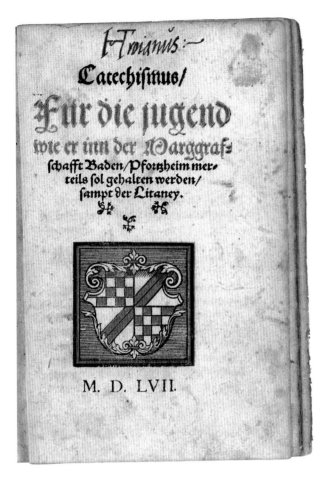

128. Die Brenzschen Fragstücke von 1535 als Landeskatechismus für Baden-Pforzheim, 1557 (Titelseite)

Württembergische Einflüsse im Reich[8]

▬ Badische und pfälzische Gebiete[9]

Das sehr zersplitterte und unübersichtliche badische Territorium bestand seit 1535 aus zwei Landesteilen: aus dem von mehreren Konfessionswechseln heimgesuchten und letztlich katholisch gebliebenen Baden-Baden und dem Landesteil BADEN-PFORZHEIM (seit 1565 Baden-Durlach). Der Markgraf des letzteren Gebiets, Ernst (1535 – 1553), hatte die neue Lehre geduldet, aber erst sein Sohn Karl II. (1553 – 1577) steuerte sein Land auf Drängen Württembergs und Basels und rechtlich abgesichert durch den Augsburger Religionsfrieden, endgültig ins Lager der Evangelischen. Aufgrund der Beratertätigkeit Jakob Andreaes führte Karl II. 1556 – neben anderen württembergischen Ordnungen – auch die (nur leicht veränderte) württembergische Kirchenordnung 1553 mit dem Brenzschen Katechismus in seinem Land ein[10]. Der Markgraf etablierte ferner eine Visitation nach dem Vorbild des Nachbarlandes. Aus dem 16. Jahrhundert hat sich nur ein einziges Exemplar des badischen Brenz-Katechismus (in der Haller Ratsbibliothek) erhalten; es ist eine wohl in Basel im Jahr 1557 gedruckte Ausgabe, vielleicht sogar der Erstdruck des badischen Landeskatechismus. Brenzens Katechismus war in Baden bis 1629 neben dem Lutherschen in Gebrauch. 1673 hat man dann einen aus Ulm stammenden, von dem Theologen Konrad Dieterich herausgegebenen Luther-Brenz-Katechismus eingeführt, der seinerseits erst von den Unionskatechismen des 19. Jahrhunderts abgelöst wurde. Sie und ihr neuzeitlicher Nachfahr enthalten nur noch ganz vereinzelte letzte Brenzspuren.

Im HERZOGTUM PFALZ-NEUBURG, etwa zwischen Nürnberg, Regensburg und Ulm gelegen, mit Neuburg/Donau als Regierungssitz, war die Brenzsche Kirchenordnung von 1553 schon im Jahr danach übernommen worden[11]. Der Landesfürst, der Wittelsbacher Ottheinrich (1502 – 1556), hatte in enger Verbindung mit Herzog Christoph nach dem Passauer Vertrag von 1552 die endgültige Reformation durchgeführt. Brenz war dazu im August 1553 eigens nach Neuburg gereist[12]. Das evangelische Kirchenwesen hatte im Pfalz-Neuburgischen allerdings nur bis zur Gegenreformation (ab 1617) Bestand.

Als Ottheinrich 1556 nach dem Tod seines Vorgängers das KURFÜRSTENTUM PFALZ mit der Rheinpfalz (Residenz Hei-

delberg) und der östlich von Nürnberg gelegenen Ober-
pfalz (Regierungssitz Amberg) übernahm, führte er auch
dort die württembergische Kirchenordnung ein, und zwar
in der Neuburger Form[13]. Auch hier erfuhr er wieder direkte Unterstützung und Beratung aus Württemberg, flankiert
von einem Brenzschen Gutachten[14]. Damit war der Brenz-
Katechismus von 1535, der allerdings auch schon vor
dem Interim in der Pfalz (neben dem Lutherschen) benützt
worden war, jetzt in allen drei Pfälzer Gebieten der offizielle Landeskatechismus. In der Kurpfalz war er indes nur bis
1563 in Gebrauch, denn in diesem Jahr wurde die Pfalz
calvinistisch und zugleich zum Ursprungsland des noch
1563 entstandenen Heidelberger Katechismus. Deutliche
Brenz-Einflüsse zeigen sich sowohl in der im selben Jahr
erlassenen reformierten Kurpfälzer Kirchenordnung als
auch im neuen Katechismus, der rasch zur wichtigsten
Bekenntnisschrift der reformierten Kirchen und zum dritten Hauptkatechismus des Protestantismus neben Luther
und Brenz wurde. Brenz hat übrigens sofort nach dem
Erscheinen des Heidelberger Katechismus ein umfangreiches grundsätzliches Gutachten[15] über diesen Katechismus verfaßt, das eine durch ganz Deutschland aus-
gedehnte Diskussion über das neue Buch ausgelöst hat.
Zu den Pfälzer Gebieten gehören neben dem Kurfürstentum noch das Herzogtum Pfalz-Zweibrücken, die Teilfür-
stentümer Pfalz-Veldenz mit der Grafschaft Lützelstein
und Pfalz-Simmern, die Grafschaft Sponheim und die nur
im weiteren Sinn zu den pfälzischen Gebieten zählende
Grafschaft Leiningen-Westerburg. Für alle diese Territorien hatte die württembergische Reformation und ihre Kirchenordnung Vorbildcharakter, allerdings in der Regel nur
für eine begrenzte Zeit, solange und soweit die Gebiete
nicht calvinistisch-reformiert wurden oder der Gegenreformation anheim fielen. Nachgewiesen ist im übrigen
auch für die badischen, pfälzischen und für die angren-
zenden elsässischen Gebiete, daß dort, vor allem von den
Pfarrern, eifrig die Werke von Johannes Brenz gelesen
und benützt wurden[16], besonders seine Predigten,
Schriftauslegungen und die große Katechismuserklärung
von 1551. Aber dies ließe sich wohl unschwer für fast den
gesamten Bereich des Alten Reiches erheben[17]. Die
hauptsächlichsten Drucker-Verleger seiner Werke – das
sind vor allem Johann Setzer in Hagenau, Peter Braubach
in Hall und später in Frankfurt a.M., und die Morhart-Grup-
penbachsche Druckerei in Tübingen[18] – haben mit dem
Autor Brenz vermutlich allezeit gute Geschäfte gemacht.

129. Der Heidelberger Katechismus von 1563, 3. Ausgabe, Heidelberg: Johannes Mayer, 1563 (Titelseite)

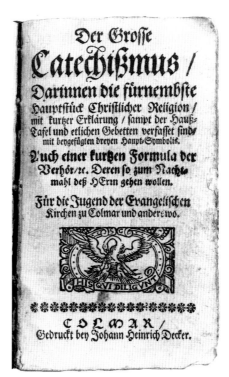

130. Der bis ins 19. Jahrhundert gebrauchte Große Katechismus für die Reichsstadt Colmar enthält die Brenzschen Fragstücke von 1535 (Titelseite der Ausgabe um 1727)

Die Reichsstädte

Unter den zahlreichen, oft schon sehr früh zur Reformation übergegangenen Reichsstädten Süddeutschlands[19] standen nicht wenige nach 1534 in mehr oder weniger enger kirchlicher Beziehung zum Herzogtum Württemberg. Man war gegebenenfalls gemeinsam Mitglied im Schmalkaldischen Bund gewesen, dem Württemberg erst 1536 beigetreten war. Man hatte dann den Schmalkaldischen Krieg und das Interim zu überstehen gehabt und mußte nun ein dauerhaftes Kirchenwesen unter dem Schutz des Religionsfriedens von 1555 einrichten. Die württembergische Reformation stand, besonders in ihrer ersten Phase, stark unter dem Einfluß der reichsstädtischen Reformation, wofür Namen wie Blarer, Brenz oder Kaspar Gräter stehen. Jetzt kehrte sich dieser Prozeß bis zu einem gewissen Grade um: Für eine ganze Reihe von Reichsstädten wurden nach dem Interim die württembergischen kirchlichen Verwaltungsstrukturen und seine Ordnungen, vor allem eben wieder die Kirchenordnung, zum modellhaften Vorbild.

In HEILBRONN, wo man zuerst und lange Zeit vor allem von Hall und seiner Kirchenordnung (1543) abhängig war, ist im 17. Jahrhundert, z. B. in der ungedruckten Kirchenordnung von 1627, deutlicher Württemberger Einfluß zu spüren. Auch im nahegelegenen WIMPFEN, wo die Reformation 1546 ebenfalls von Hall her Eingang gefunden hatte, war später die württembergische Kirchenordnung in Gebrauch. Ganz ähnlich verhält es sich mit ESSLINGEN. Die Stadt gehörte zunächst der oberdeutschen theologischen Richtung und Reformation an, wechselte aber mit der Unterzeichnung der Konkordienformel ins klar lutherische Lager, übernahm württembergische Gesetze und dessen Kirchenordnungen und benützte lange Zeit den Brenzschen Katechismus in der württembergischen Fassung[20]. REUTLINGEN hatte sich unter den schwäbischen Reichsstädten am frühesten für die Reformation entschieden und hatte als einzige Reichsstadt neben Nürnberg die Augustana unterzeichnet. Matthäus Alber, der dortige Reformator, kam wie Brenz nach dem Interim in württembergische Kirchendienste, und wahrscheinlich ist es Albers Vermittlung zu verdanken, daß Reutlingen die württembergische Kirchenordnung und den Brenzschen Katechismus übernahm und beide offensichtlich bis zum Ende der Reichsstadtzeit in Geltung hielt. In ULM löst, ähnlich wie in Esslingen, das Luthertum nach dem Interim die oberdeutsche Phase der Reformation ab. 1554 wird die neue württembergische Kirchenordnung dort eingeführt, und auch in der überaus reichen Ulmer Katechismusliteratur begegnen uns auf Schritt und Tritt Brenzsche und württembergische Einflüsse und Übernahmen bis zum Anschluß der Stadt an Württemberg im Jahr 1810. Stark an Ulm orientiert waren die weiteren oberländischen Reichsstädte, so z.B. der evangelische Teil der paritätischen Reichsstadt BIBERACH, wo nach dem Westfälischen Frieden die württembergische Kirchenordnung eingeführt wurde, oder KEMPTEN, wo sich der im Exil dort lebende Pfarrer und slowenische Reformator Primus Truber (s. zu ihm unten) eng an Württemberg anlehnte, so daß von dorther Kirchenordnung und Katechismus geprägt waren. Weitere Reichsstädte, die sich für längere oder kürzere Zeit an die Brenzschen Ordnungen anschlossen und die zum Teil auch ihre Pfarrer aus Württemberg erhielten, waren ISNY, LEUTKIRCH und KAUFBEUREN, im Pfälzischen SPEYER[21], im Fränkischen ROTHENBURG o.d.T. und außerdem die ostwürttembergischen Städte GIENGEN und das erst 1575 evangelisch gewordene Aalen. Fast ebenso spät und auch von Württemberg aus reformiert wurde die elsässische Reichsstadt HAGENAU (1565), wo zwischen 1523 und 1543 die drei wichtigen reformatorischen Drucker Setzer, Braubach und Kobian arbeiteten. Bei ihnen waren seit 1526 nahezu alle Brenzschen Erstdrucke, darunter auch diejenigen der *Fragstücke*, erschienen[22]. Jetzt führte Andreae dort die württembergische Kirchenordnung und eben den Brenzschen Katechismus ein. Die Stadt, deren evangelische Pfarrer fast ausnahmslos Württemberger waren, wurde 1624 wieder katholisch.

Weitere kleinere Territorien

Die der Reichsstadt Hall benachbarte, in mehrere Teilherrschaften aufgespaltene Herrschaft LIMPURG hat ihre kirchlichen Verhältnisse ab der Interimszeit weitgehend mit der württembergischen Kirchenordnung geregelt. In einem Teil ihrer Gebiete benützte man durchgehend den Brenzschen Katechismus in der 1590 erweiterten Haller Form[23]. Der Gaildorfer Superintendent D. Johannes Donner (um 1590 bis nach 1635) hat dazu Katechismuspredigten verfaßt und 1619 im Druck erscheinen lassen. Von ihm stammt auch einer der eigenartigsten Katechismen des 17. Jahrhunderts: Der Mainzer *Christliche Kinder-Catechismus* von 1633[24]. Donner hat diesen Katechismus, der etliche Brenzstücke enthält, als Hofprediger und General-superintendent in dem von Gustav Adolf von Schweden eroberten und besetzten ERZBISTUM MAINZ geschrieben. Er dürfte mithin der einzige für ein katholisches Bistum verfaßte protestantische Katechismus sein. Die Besetzung des Erzstifts war allerdings 1635 zuende und das wird wohl auch das Ende für den Katechismus bedeutet haben.

Auch in den verschiedenen Herrschaftsgebieten der GRAFSCHAFT HOHENLOHE war die Reformation seit 1556 außer von Hall auch von Württemberg beeinflußt, was an der für alle Landesteile gültigen Hohenloher Kirchenordnung von 1578 (Neuauflage 1688)[25] und am dort enthaltenen „Hohenloher Katechismus" zu sehen ist. Letzterer löste eine Vielfalt vorher benützter Katechismen, darunter vor allem auch den Brenzschen, ab.

Gleich mehrere von Württemberg übernommene Ordnungen regelten nach 1552 das kirchliche Leben in der GRAFSCHAFT ÖTTINGEN im Ries. Auch hier war wieder Brenz selbst als Berater bei der Reformation des Gebiets tätig[26]. Die zwischen Würzburg und Bamberg gelegene GRAFSCHAFT CASTELL übernahm seit 1553 bzw. endgültig 1583 die Württemberger Ordnung. Die GRAFSCHAFT ERBACH im Odenwald schuf sich dagegen zwar eine eigene, 1560 gedruckte Kirchenordnung, ließ sich dabei aber von Melanchthon und Brenz beraten und integrierte den Brenzschen Katechismus in die neue Ordnung[27]. Erst Ende des 17. Jahrhunderts wurde dort das Brenzsche Elementarbüchlein von Luthers Kleinem Katechismus verdrängt.

Im Norden zwischen Bremen und Osnabrück liegt die kleine GRAFSCHAFT DIEPOLZ. Dorthin kam der Katechismus von Brenz im Gefolge der Kurpfälzer Kirchenordnung von 1556, allerdings nur für kurze Zeit[28]. Auch in der GRAFSCHAFT OSTFRIESLAND scheint der Katechismus um 1540 in Gebrauch gewesen zu sein. Daß Brenz in diesen nördlichen Regionen auch sonst kein Unbekannter war, geht aus der Tatsache hervor, daß eine ganze Anzahl seiner Schriften ins Niederdeutsche übertragen worden war, darunter auch schon seine ersten Fragstücke von 1527/28 gleich in mehreren Ausgaben[29]. In Wesel wurde 1559 eine niederländische Ausgabe der Katechismuserklärung von 1551 gedruckt. Und im HERZOGTUM JÜLICH-KLEVE-BERG besaßen die Pfarrer laut Erhebung bei einer Visitation mehr Werke von Brenz als von Luther und Melanchthon zusammen[30]. So nimmt es auch nicht Wunder, daß bei der

131.
Der Brenzkatechismus von 1535 in einer undatierten Ausgabe für die Reichsstadt Ulm (um 1554/60)
a: Titelseite mit dem Ulmer Stadtwappen

132.
Der Brenzkatechismus von 1535 in einer undatierten Ausgabe für die Reichsstadt Ulm (um 1554/60)
b: Holzschnitt (Blatt 8a): Ein Vater bringt sein Kind zum Lehrer

133.
Johannes Donners Kinder-Katechismus für das von König Gustav Adolf von Schweden eroberte Erzbistum Mainz 1633, (Titelseite)

Kirchenordnung

Wie es mit der Lehre

vnd Ceremonien/in der löblichen Graffchafft
Hohenloe rc. soll gehalten werden.

15 78.

PSAL. XXIIII.

Machet die Thor weit/vnd die Thüren in der Welt hoch/
daß der König der ehren einziehe.

Sum M. Ioannis Rösleri . 82 . /.

134. Hohenloher Kirchenordnung von 1578
(Druck Nürnberg: Katharina Gerlach und Johann vom Bergs
Erben; Titelseite)
Das Exemplar gehörte dem Haller Prediger an St. Michael
Johannes Rösler (1531 – 1607) oder dessen gleichnamigem
Sohn (1556 – 1616).

endgültigen Reformation des Herzogtums Jülich der württembergische Reformator durch Briefe und Gutachten mitwirkte[31] – freilich ohne nachhaltige Wirkung, denn später wurden die Gebiete calvinistisch bzw. wieder rekatholisiert.

Durch die schon genannte kirchenpolitische Wirksamkeit Württemberger Theologen, vor allem Jakob Andreaes, erfaßte das kirchliche „Modell Württemberg", teilweise allerdings erst nach Brenzens Tod, noch weitere, zum Teil bedeutende Territorien: So wurde Andreae 1568 von Herzog Julius von Braunschweig-Lüneburg zur Organisation der Kirche in seinem bisher katholischen FÜRSTENTUM BRAUNSCHWEIG-WOLFENBÜTTEL herangezogen[32]. Man übernahm die Kirchenverfassung und -struktur und auch die Klosterordnung aus Württemberg und stellte eine ganze Reihe von württembergischen Pfarrern ein. – Zwischen 1576 und 1580 wirkte Andreae dann – neben seiner rastlosen Tätigkeit für die Einigung des lutherischen Protestantismus im Konkordienwerk – für längere Zeit in KURSACHSEN, wo er zum „Vater" der einflußreichen kursächsischen Schulordnung von 1580 wurde, die zu großen Teilen auf den Schulregelungen in der Großen Kirchenordnung Württembergs beruht[33].

Württembergische Einflüsse in ausländischen Gebieten

Die linksrheinischen Besitzungen Württembergs und Frankreich

Auch in einigen Ländern außerhalb des engeren Reichsgebiets sind die Ausstrahlungen der württembergischen Reformation vornehmlich über die Verbreitung von Kirchenordnung und Katechismus und durch das Wirken württembergischer Pfarrer zu erheben. Hinzu kommen die Übersetzungen Brenzscher Werke in ausländische Sprachen. Der weite Blick Herzog Christophs und sein religiös und politisch zentrales Anliegen, für die Ausbreitung des Luthertums über die Reichsgrenzen hinaus mitverantwortlich zu sein, ließ ihn in viele Richtungen aktiv werden.

Die GRAFSCHAFT HORBURG (Horbourg) und die benachbarte HERRSCHAFT REICHENWEIER (Riquewihr) im Elsaß und die burgundische GRAFSCHAFT MÖMPELGARD (Montbéliard) waren im 14. Jahrhundert zu Württemberg gekommen und standen unter der gemeinsamen Herrschaft einer Seitenlinie des Hauses Württemberg. Unter Graf Georg von Württemberg-Mömpelgard (1498 – 1556), dem Halbbruder Herzog Ulrichs, wurde ab 1535 die Reformation in diesen Gebieten durchgeführt, vor allem durch den Lothringer Theologen Pierre Toussain und den gebürtigen Badener Matthias Erb. Die Mömpelgarder Reformation[34] war zunächst bis zum Interim stark von der Schweiz her geprägt, geriet aber zunehmend unter den lutherischen Einfluß vom württembergischen Mutterland her und damit in den Bereich der Brenzschen Ordnungen. In Mömpelgard wurde der Katechismus von Brenz zusammen mit der württembergischen Kirchenordnung im Jahr 1543 (lateinische Ausgabe der Kirchenordnung von 1536 für dieses Land) eingeführt, in Reichenweier-Horburg war er neben dem seinerseits stark von Brenz beeinflußten Erbschen Katechismus[35] wahrscheinlich bereits seit 1538 in Gebrauch. 1560 erschien dann in je einer deutschen und lateinischen Ausgabe (und 1568 auch in Französisch) die entsprechend bearbeitete und stark gekürzte württembergische (große) Kirchenordnung als „Mömpelgarder Kirchenordnung" für die linksrheinischen Gebiete. Sie galt mit dem Brenzschen Katechismus bis zum Ende der württembergischen Zeit im Zuge der Französischen Revolution, wurde aber kurz nach 1560 noch ergänzt durch eine französische Kirchenagende, die ebenfalls auf Brenz zurückgeht und seinen Katechismus enthält. Dieser war bis 1841 in den Mömpelgarder evangelischen Gemeinden der offizielle, in beiden Sprachen (und sicher auch in Latein) gelehrte und gelernte Landeskatechismus.

Die Mömpelgarder Kirchenordnung und der Brenzsche Katechismus waren übrigens von Reichenweier aus in der 1575 evangelisch gewordenen Reichsstadt COLMAR[36] und später von dort aus in dem kleinen Reichsstädtchen MÜNSTER IM GREGORIENTAL eingeführt worden. Colmar ist seitdem die einzige Stadt, in der der reine Brenz-Katechismus (ohne Lutherstücke oder andere Zusätze) bis an die Schwelle zum 20. Jahrhundert unterrichtet und gelernt wurde.

Die große KATECHISMUSAUSLEGUNG von Brenz erschien 1563 in einer in Tübingen sozusagen „amtlich" gedruckten französischen Übersetzung[37]. Diese stand im Zusammenhang eines Programms von Herzog Christoph zur Gewinnung führender französischer Politiker für den Protestan-

135. Die Brenzsche Katechismusauslegung von 1551 in französischer Übersetzung von Léger Grimauld, Tübingen: Ulrich Morharts Witwe, 1563 (Titelseite); Exemplar aus dem Besitz des Tübinger Gräzisten Martin Crusius (1526–1607)

Überlieferungs-Zusammenhang eingeordnet werden können. So sind die Fragstücke zum einen in französischer Bearbeitung enthalten in dem Gebetbüchlein *Le livre de vraye et parfaicte oraison* in einer 1534 in Amsterdam gedruckten Ausgabe. Und zum andern findet sich der Katechismus in einer wertvollen, auf etwa 1535 zu datierenden illuminierten Pergament-Handschrift. Sie trägt den Titel *Initiatoire instruction en la religion chrestienne pour les enffans* und wird in der Bibliothèque de l'Arsenal in Paris aufbewahrt[40]. Das Erbauungs- und Gebetbuch enthält eine Textversion des französischen Brenz-Katechismus, die vom Text im erstgenannten Buch ganz verschieden ist. Die Handschrift war ursprünglich im Besitz von Marguerite d'Angoulême, Königin von Navarra (1492 bis 1547), die bekanntlich die Beschützerin des frühen französischen Protestantismus war.

England, die Niederlande und Dänemark

Ähnlich episodenhaft wie Herzog Christophs Bemühungen um Frankreich blieben auch diejenigen um ENGLAND[41]. Als Königin Elisabeth I. 1558 den englischen Thron bestieg und das Land wieder zum Protestantismus zurückführte, suchte sie Kontakte zu den deutschen evangelischen Fürsten anzuknüpfen. Da bot sich ihr der württembergische Herzog als Vermittler in Richtung auf ein politisch-kirchliches Bündnis an. Es kam auch hier zu diplomatischen Missionen, zu einem Briefwechsel und wiederum auch zur Lieferung lutherischer Literatur. Elisabeth blieb indes der reformierten Kirchlichkeit treu; es kann aber nachgewiesen werden, daß die anglikanischen 39 Artikel von 1563 – das im Book of Common Prayer enthaltene und noch heute gültige Bekenntnis der englischen Kirche – Formulierungen aus der Confessio Virtembergica aufgenommen haben[42].

Die ersten englischen Drucke mit Brenz-Texten waren bereits in den Dreißiger Jahren erschienen, eine Tatsache, die erst 1989 von dem holländischen Forscher Willem Heijting ans Licht gebracht wurde[43]. Demnach sind in zwei englischen Erbauungsschriften, im *Ortulus anime. The garden of the soul* (1530) und in William Marshalls *A prymer in Englyshe* (1534, spätere Ausgaben 1535 und 1547) die Brenzschen Fragstücke von 1527/28 in englischer Bearbeitung enthalten[44]. Das sind mithin die frühesten fremdsprachlichen Brenz-Texte überhaupt.

tismus[38]. Der Herzog wollte zugleich die von Verfolgung bedrohten französischen Glaubensgenossen unterstützen. Eine württembergische Gesandtschaft, die 1561 nach Paris gereist war, blieb ebenso erfolglos wie ein Religionsgespräch des Herzogs und seiner Theologen (darunter auch Brenz) mit den katholischen Guisen 1562 im elsässischen Zabern. So hoffte Christoph nun, durch eine Auswahl von eigens übersetzter theologischer Literatur, die er 1563 an den französischen Hof schickte, seinem Ziel näherzukommen. Aber auch diese Aktion war nicht von meßbarem Erfolg gekrönt. Die lutherischen Bücher und vor allem der Katechismus wurden jedoch, nicht nur im Mömpelgardischen, von den französischen Pfarrern dankbar benützt. Das gilt auch für die schon früher ins Französische übersetzten Brenz-Schriften: für die Confessio Virtembergica (1552 schon französisch) und für die 1554 französisch erschienene frühe Brenz-Schrift *Ob ein weltliche Obrigkeit mit göttlichen und billigen Rechten möge die Wiedertäufer durch Feuer oder Schwert vom Leben zu dem Tode richten lassen* (1528)[39].

Als Anhang zu diesem Abschnitt sei noch erwähnt, daß wir bereits bei Brenzens erstem Katechismus, den Haller Fragstücken von 1527/28, auf zwei merkwürdige französische Ausgaben stoßen, die noch nicht befriedigend in den

Seit 1550 sind dann noch mindestens fünf Brenz-Schriften in englischer Übersetzung erschienen: die Auslegung von Joh. 6 und ein Sermon von der Auferstehung Jesu, beide 1550 gedruckt, der Jona-Kommentar (1570), der Esther-Kommentar (1584) und die Confessio Virtembergica (1586, in einer in Cambridge gedruckten Sammlung lutherischer und reformierter Bekenntnisschriften)[45]. Außer dem in Antwerpen erschienenen „Ortulus anime" und der letztgenannten Schrift sind alle übrigen in London gedruckt.

Über die Verbreitung der Brenzschen Schriften in den Niederlanden ist noch wenig bekannt. Wenn man jedoch annimmt, daß die Niederländer auch die zahlreichen in niederdeutscher Sprache gedruckten Brenz-Schriften lesen und verstehen konnten, dürfte der württembergische Reformator sein Publikum auch in den Niederlanden gefunden haben – unbeschadet des dort vorherrschenden reformierten Bekenntnisses. Bei Schriftauslegungen nämlich haben die konfessionellen Grenzen in der Regel doch eine eher untergeordnete Rolle gespielt, was zum Teil sogar für die evangelisch – katholische Grenze galt. Die wichtigste Brenz-Schrift in niederländischer Sprache ist auch hier wieder die Katechismusauslegung; ihre Übersetzung erschien 1559 in Wesel[46]. Über die Rezeption dieser Schrift weiß man so gut wie nichts, doch sind immerhin 14 Exemplare bekannt geworden, davon vier in holländischen und belgischen Bibliotheken. Zwei spätere Schriften sind ebenfalls ins Niederländische übersetzt worden: Die eine ist das württembergische Protokoll des Maulbronner Gesprächs von 1564 zwischen den pfälzischen und württembergischen Theologen (mit Brenz-Texten); auch dieser niederländische Druck erschien in Wesel[47]. Die andere Schrift ist Brenzens Täuferschrift von 1528 (*Ob ein christliche Oberkeit mit göttlichen und billigen Rechten*...). Von ihr ist in einem Sammelwerk zu diesem Thema, das 1663 in Amsterdam herauskam, eine holländische Übersetzung enthalten[48]. Erwähnt sei auch noch, daß immer wieder einmal Studenten aus den Niederlanden im Tübinger Stift als „Hospites" kostenfreie Aufnahme und Studienmöglichkeit fanden.

Noch ungeklärt sind, um ein weiteres Beispiel von Brenz-Einfluß im Ausland anzuführen, Zweck und Zusammenhang der Übersetzung von zwei Brenz-Schriften in *dänischer Sprache*: Zum einen ist das Brenzens *Predigt von Wahrheit und Lüge* (aus Sirach 20), die Johann Freder (1510 –1562) im Jahr 1555 aus dem Lateinischen ins

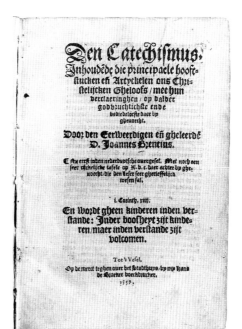

136. Niederländische Übersetzung der Katechismuserklärung von 1551, Wesel: Hans de Braeker, 1559 (der Übersetzer ist nicht bekannt), Titelseite

137. Englische Bearbeitung der Fragstücke von 1527/28 im „Hortulus animae", Antwerpen: Martin de Keyser, 1530 (Titelseite)

169

Niederdeutsche übersetzt hatte[49]. Sie erschien nun im Jahr 1559 in Dänisch bei dem aus Stuttgart stammenden Kopenhagener Buchdrucker Hans Vingaard[50]. Die andere dänische Brenz-Schrift ist die Übersetzung der 25 Homilien *De poenitentia* (Hall 1544), die 1563 ebenfalls in Kopenhagen gedruckt wurden[51]. Vielleicht gehen auch diese Übersetzungen auf Freder zurück, der in den fünfziger Jahren, vom evangelischen Bischof von Kopenhagen eingesetzt, Superintendent von Rügen war. Er hat mehrere Schriften von Brenz ins Niederdeutsche übertragen.

▒ Die habsburgischen Länder und Italien

Für das habsburgische ÖSTERREICH war der Einfluß von Seiten der württembergischen Reformation und Kirche nicht gering. Trotz der katholischen Landesherrschaft war Österreich in seinen Kernländern in der 2. Hälfte des 16. Jahrhunderts bis zu 90 % protestantisch[52]. Führende württembergische Theologen waren in diesen Jahren an der Organisation der Kirchen vor allem Innerösterreichs (mit Steiermark, Kärnten und Krain), aber auch in Ober- und Niederösterreich beteiligt. Genannt seien hier der Ingelfinger David Chyträus, Polykarp Leyser aus Winnenden und Jakob Heilbronner aus Eberdingen, die alle drei ebenso Tübinger Stiftler waren wie der zeitweise in Laibach tätige Dichter Nikodemus Frischlin aus Erzingen und am Ende des Jahrhunderts der wie Brenz aus Weil der Stadt gebürtige berühmte Astronom Johannes Kepler. Daß eine ganze Reihe österreichischer Pfarreien mit württembergischen Pfarrern besetzt war, daß Tübingen (neben Wittenberg) zu einem wichtigen Studienort für den österreichischen Protestantismus geworden war und daß Württemberg wenig später in der Gegenreformation eines der bevorzugten Exilländer wurde, zeigt, wie eng die kirchlichen und religionspolitischen Beziehungen zwischen beiden Ländern waren.

Obwohl Württemberg damals in der Lage war, viele seiner Theologen anderen Ländern zur Verfügung zu stellen, hat es doch auch immer die großzügigen Möglichkeiten geschaffen, daß auswärtige Theologen in Tübingen ausgebildet werden konnten. 1561 wurde z.B. vertraglich geregelt, daß junge Mitglieder der BÖHMISCH-MÄHRISCHEN BRÜDER-UNITÄT in Tübingen Theologie studieren konnten[53]. Für die Mömpelgarder und Reichenweirer Studenten gab es bereits seit 1555 im Tübinger Stift ein eigenes Stipendium mit zehn Freistellen. Im selben Jahr wurde aus dem Nachlaß von Herzog Christophs Erzieher und Rat Michael Tiffern, der selber ein Krainer war, eine Studienstiftung mit vier Freiplätzen im Stift errichtet[54]. Sie kam dann auch vorwiegend, zumindest bis zur Gegenreformation, Studenten aus Krain oder Kärnten zugut.

Vereinzelt schon im 16., dann aber mit einer gewissen Regelmäßigkeit seit dem 17. Jahrhundert hat man im Stift auch Studenten aus Österreich, Ungarn und Siebenbürgen als Hospites aufgenommen[55]. Es ist jedenfalls verständlich, wenn auch im Ausdruck etwas vollmundig, wenn Nikodemus Frischlin in einer Elegie über die württembergischen Klöster das Stift mit dem Trojanischen Pferd vergleicht, aus dessen geräumigem Bauch zahlreiche „Helden zu Schutz und Schirm des evangelischen Glaubens" entstiegen seien[56]; ein paar nicht ganz so heldenhafte und glaubensfeste waren jedenfalls auch darunter...

Wichtig war es für Herzog Christoph, für seine auswärtigen diplomatischen Missionen in Religionsangelegenheiten kundige und welterfahrene Berater an seinen Hof zu ziehen. Einer von diesen war der Italiener PIETRO PAOLO VERGERIO (1498 – 1565)[57] aus dem venezianischen Capo d'Istria (Koper) bei Triest. Er hatte nach einer ersten juristischen und literarischen Laufbahn und einer kurzen Ehe eine steile kirchliche Karriere absolviert und war päpstlicher Nuntius und Bischof seiner Heimatstadt gewesen. Schon in den dreißiger Jahren hatte er Luther kennengelernt und wurde zunehmend zum Anhänger einer Reform seiner Kirche. Er schrieb nun polemisch gegen die Kurie, geriet in die Mühlen der Inquisition, wurde exkommuniziert und entzog sich einer Urteilsvollstreckung mittels Scheiterhaufen durch die Flucht in die Schweiz. Dort war er kurz als evangelischer Pfarrer in Graubünden tätig und wurde 1553 von Herzog Christoph als Rat und Kirchendiplomat in württembergische Dienste geholt. Vergerio ist nun ständig in ganz Europa unterwegs, trägt vor allem zur Reformation in Polen bei, verhandelt mit den Schweizern, den Straßburgern und mit dem Kaiserhof in Wien, schreibt Dutzende von polemischen Schriften gegen seine alte Kirche und übersetzt reformatorische Schriften ins Italienische.

Für die Beziehungen zwischen Württemberg und ITALIEN war Vergerio in der Regierungszeit Herzog Christophs ohne Zweifel der herausragende Vermittler. Durch keinen anderen hätte der Herzog so umfassend informiert werden können über die Kurie, über die Verhältnisse in Italien und über die italienischen Protestanten. Auch Brenz war hocherfreut über die Aufnahme Vergerios im Herbst 1553 in Württemberg[58]. Schon bei einem ersten Besuch an seinem künftigen Wohnort Tübingen im Mai dieses Jahres übersetzte Vergerio im Auftrag des Herzogs die Confessio Virtembergica und das *Syntagma*, den Konzilsbericht der Württemberger, ins Italienische[59] und sorgte für die Verbreitung der beiden Schriften im italienischen Sprachbereich der Schweiz und in Italien. Gleichzeitig sind, von ihm übersetzt, die Brenzschen Fragstücke 1535 in einer italienischen Ausgabe in der Morhartschen Druckerei in Tübingen erschienen *(Fondamento della Religione Christiana)*[60]. 1556 hat Vergerio dann Brenzens Schrift *Prolegomena* zur Verteidigung der Confessio Virtembergica gegen die Angriffe des spanischen Dominikaners Pedro de Soto (Petrus a Soto) ebenfalls ins Italienische übersetzt und mit einer ausführlichen Vorrede an seine Landsleute veröffentlicht[61]. Und im Jahr darauf verbreitete er noch zusätzlich in Italienisch und Lateinisch den Brenzbrief an Herzog Christoph über de Sotos inzwischen erschienene Gegenschrift gegen die *Prolegomena*[62].

Im übrigen ist von Württemberg aus auch Luthers Kleiner Katechismus ins Italienische übersetzt und in mehreren Druckausgaben in Italien verbreitet worden; so z.B. eine in der Uracher südslawischen Druckerei (s. unten) herausgegebene, von dem Venezianer Arzt Pietro Lauro übersetzte Ausgabe (1562), die 1588 und 1609 nachgedruckt wurde[63]. Auch der italienische Lutherkatechismus mit Brenzfragen, den der aus Haigerloch stammende Salomon Schweigger, kaiserlicher Gesandtschaftsprediger in Konstantinopel, herausgegeben hat, ist seit 1581 in drei Ausgaben erschienen[64]. Eine letzte Luthersche Katechismusausgabe in Italienisch, von der allerdings kein Exemplar mehr bekannt ist, wurde zu Anfang des 17. Jahrhunderts ebenfalls in Tübingen gedruckt[65]. Alle diese Drucke gehören in den Zusammenhang der von Württemberg aus betriebenen Versorgung der ausländischen Diaspora mit protestantischer Literatur.

Das absolut klassische Beispiel dafür ist freilich nicht Italien, sondern sind die südslawischen Länder KRAIN (heute Slowenien) und KROATIEN[66]. Seit 1555 unterstützte Vergerio auch den slowenischen Reformator PRIMUS TRUBER (Primož Trubar)[67] in dessen Bemühen um die slowenische Bibelübersetzung. Truber, 1508 in der Nähe von Ljubljana/Laibach geboren, hatte kurz in Wien studiert und als Domherr in Laibach evangelisch gepredigt. 1547 mußte er

138. Pietro Paolo Vergerio (1498 – 1565), Kupferstich-Porträt

139. Vergerios italienische Übersetzung des Brenz-Katechismus von 1535, Tübingen: Ulrich Morhart, 1553 (Titelseite des einzigen erhaltenes Exemplars)

140. Hans III. Ungnad von Weißenwolf, Freiherr von Sonnegg
(1493 – 1564), zeitgenössisches Kupferstich-Porträt

Krain verlassen und kam über Nürnberg nach Rothenburg o.d.T., wo er 1550 das erste Buch in slowenischer Sprache, einen Katechismus, veröffentlichte[68]. Er wurde damit und durch sein weiteres Wirken für evangelische Schriften in der Sprache seiner Heimat zum „Vater der slowenischen Literatur und Kultur"[69]. Als Pfarrer von Kempten übersetzte er weitere Werke, darunter auch die Katechismen von Brenz und Luther und vor allem den ersten Teil des Neuen Testaments. Zu Trubers literarischem Reformations- und Missionswerk steuerte Herzog Christoph namhafte Geldbeträge bei. Der eigentliche Mäzen und Mitarbeiter Trubers wurde jedoch der österreichische Freiherr HANS UNGNAD VON SONNEGG (1493 – 1564)[70]. Er hatte in seiner Heimat höchste politische und militärische Ämter bekleidet und war Landeshauptmann der Steiermark und persönlicher Berater von König Ferdinand gewesen. Nach seiner Teilnahme am Augsburger Reichstag 1530 war er evangelisch geworden und galt schon wenig später als das anerkannte „Haupt des Luthertums in Innerösterreich". 1553 emigrierte Ungnad nach Württemberg und wurde wie Vergerio von Herzog Christoph zum persönlichen Rat ernannt. An seinem Wohnsitz Urach errichtete er eine Buchdruckerei für das südslawische Schrifttum Trubers, vor allem für den Druck von evangelischer Literatur in kroatischer Sprache mit glagolitischen und cyrillischen Lettern[71]. Die Erzeugnisse dieser von 1561 bis 1565 tätigen Offizin, darunter mehrere Brenz-Schriften, wurden auf dem ganzen Balkan verbreitet und sollten auch die osteuropäischen Slawen und letztlich sogar die Türken mit dem lutherischen Glauben bekannt machen. Neben dem württembergischen Herzogshaus unterstützten viele evangelische Fürsten und Städte Deutschlands das *werck der bücher*.

Truber war nach kurzer Pfarrerszeit in Urach 1561 Superintendent seiner slowenischen Heimatkirche geworden, mußte aber schon 1565 nach der verbotenen Veröffentlichung seiner Slowenischen Kirchenordnung (1564)[72] erneut ins Exil und starb 1586 als Pfarrer von Derendingen bei Tübingen. Von dort aus hat er, wiederum tatkräftig unterstützt von den Herzögen Christoph und Ludwig, unermüdlich die Reformation in den südslawischen Ländern gefördert, hat die slowenischen Studenten in Tübingen betreut und bis an sein Lebensende weitere Schriften in die Sprache seiner Heimat übersetzt. 1568 erschien in Regensburg das letzte in Deutschland gedruckte kroatische Buch des 16. Jahrhunderts, die noch in Urach übersetzte Postille von Brenz[73]. Und 1584 wurde die von dem

Truberschüler Jurij Dalmatin übersetzte große slowenische Gesamtbibel in Wittenberg gedruckt. Die protestantische Kirche dieser Länder ging dann allerdings zu Beginn des 17. Jahrhunderts mitsamt ihrer Literatur in der österreichischen Gegenreformation unter.

Für das zum Habsburgerreich gehörige BÖHMEN und MÄHREN finden sich bisher nur wenige Spuren von Brenzschem oder württembergischem Einfluß. Doch soll noch auf einen Brenzdruck in tschechischer Sprache hingewiesen werden. Es ist kaum erstaunlich, daß es sich dabei um eine der Brenzschen Türkenschriften handelt, um das 1531 zuerst erschienene Türkenbüchlein (*Wie sich Prediger und Laien halten sollen*...). Herausgeber und wohl auch Übersetzer ist wiederum ein Mitglied der Ungnad-Familie, Andreas Ungnad von Sonnegg. Der nur noch in einem defekten Exemplar erhaltene Druck erschien 1541[74]. Auch für den Bereich der heutigen Tschechischen und Slowakischen Republiken gilt, daß sich in den einschlägigen Bibliotheken mit Altbeständen überraschend viele Brenzdrucke finden, so allein in der Universitätsbibliothek Prag mehr als 50 Ausgaben. Und eine 1556 gedruckte lateinische Ausgabe der Katechismuserklärung, die heute der Universitätsbibliothek Tübingen gehört, hatte um 1600 tschechische Vorbesitzer[75].

In SIEBENBÜRGEN oder Transsilvanien, das seit 1526 ein souveräner Teil des überwiegend unter türkischer Herrschaft stehenden Königreichs Ungarn bildete, hatte sich die Reformation in den vierziger Jahren unter dem Kronstädter Humanisten und Pfarrer Johannes Honterus (1498 bis 1549) eine organisatorische Basis geschaffen[76]. Im Jahr 1550 wurde in Klausenburg, zusammen mit Martin Bucers *Confessio de coena Domini* die schon 1526 erschienene Brenzsche *Epistola de verbis Domini ›Hoc est corpus meum‹* veröffentlicht[77]. Und noch im 16. Jahrhundert soll auch der Katechismus des Haller Reformators dort gedruckt worden sein; er ist jedenfalls in einigen Gebieten des Landes neben anderen Katechismen (darunter auch eigenen siebenbürgischen) in Gebrauch. Daß zumindest in der 2. Hälfte des 16. Jahrhunderts Brenz in Siebenbürgen gelesen wurde und neben Luther, Melanchthon und dem Nürnberger Veit Dietrich eine anerkannte Autorität war, geht aus vielen Zeugnissen und aus den zahlreichen Brenzdrucken in siebenbürgischen Bibliotheken unzweideutig hervor.

PSALMVS LXXI.

O Domine, Spes mea à iuuentute mea, ne proijcias me in tempore senectutis, cum defecerit virtus mea, ne derelinqnas me, Anno ætatis suæ 73, scripsit manu sua.

141. Primus Truber (1508 – 1586), Holzschnitt-Porträt von Joachim Lederlein, 1578 (aus: Ta celi novi testament ... Das new Testament, übers. von Truber, Tübingen, 1581/82)

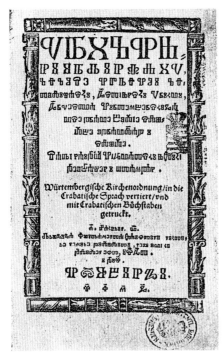

142.
Die Württembergische
Kirchenordnung in
Kroatisch, mit glagoliti-
schen Lettern gedruckt
(Übersetzer: Georg
Juritschitsch), Urach:
Druckerei des Hans
Ungnad, 1564 (Titelseite)

In SPANIEN, das ja im 16. Jahrhundert ebenfalls einen Teil des fast weltumspannenden Habsburger Reiches bildete, konnte die Reformation nur sehr sporadisch, z.B. in den Städten Sevilla und Valladolid, eindringen[78]. Die Inquisition freilich ließ den Protestanten keine Überlebensmöglichkeiten. Im Zusammenhang mit den Verfolgungen erfahren wir jedoch, daß Werke von Brenz neben denjenigen der anderen Reformatoren besonders stark verbreitet waren, darunter auch beide Katechismen. So nimmt es nicht wunder, daß der schwäbische Reformator mit einzelnen seiner Werke und eben vor allem mit den Katechismen, seit 1559 auf nahezu jedem „Index der verbotenen Bücher" in Spanien und Portugal vertreten ist. Und als insgesamt verbotenen Autor findet man ihn in allen römischen und nichtrömischen Index-Ausgaben seit deren Bestehen 1544 bis zur Aufhebung des Index im Jahr 1966 durch Papst Paul VI.[79]

Polen

Schon bald nach seinem Regierungsantritt hatte Herzog Christoph Interesse für die Reformation in POLEN[80] bekundet. Aber erst als Vergerio seit 1556 die Verbindung dorthin hergestellt hatte, begann Christoph sich aktiv für die Protestanten in Polen einzusetzen, wozu er 1556 und 1559 zwei größere Gesandtschaften unter Leitung Vergerios veranlaßte. Er stand dazu auch in engem Kontakt mit Herzog Albrecht von Preußen. Im Zuge dieser Aktivitäten kamen in den nächsten Jahren mehrere polnische Adelige zum Studium nach Tübingen. Und wieder waren es auch deutsche theologische Bücher, die in Polen das Evangelium nach lutherischem Verständnis fördern sollten. Herzog Albrecht hatte den in Wittenberg ausgebildeten Theologen Eustachius Trepka für die Übersetzung der Brenzschen Katechismuserklärung ins Polnische gewonnen. Das Buch erschien 1556 in Königsberg[81]. Wahrscheinlich ist aber schon kurz vorher in Litauen ein polnischer Brenz-Katechismus gedruckt worden[82]. Eine dritte (deutsch-polnische) Ausgabe erschien 30 Jahre nach dem berühmten „Konsens von Sendomir" (1570), der die drei großen evangelischen Konfessionen in Polen-Litauen, die Lutheraner, Calvinisten und Böhmischen Brüder, geeint hatte. Von diesem in Breslau gedruckten, von Paul Glodius übersetzten Brenz-Katechismus von 1535 sind vier Ausgaben bekannt, die letzte von 1615. Zu dieser Zeit war freilich der

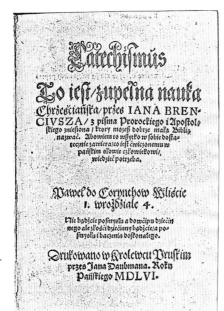

143.
Brenzens große
Katechismuserklärung,
polnische Übersetzung
von Eustachius Trepka,
Königsberg: Hans Daub-
mann, 1556 (Titelseite)

174

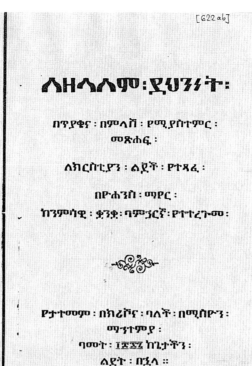

144.
Die Württembergische Kinderlehre in amharischer Sprache (Äthiopien), übersetzt von Johannes Mayer; St. Chrischona: Pilgermissionspresse, 1866 (deutsche und amharische Titelseite)

polnische Protestantismus weitgehend durch die Gegenreformation beseitigt worden. Einer der Vorkämpfer gegen den polnischen Protestantismus war der Kardinal Stanislaus Hosius (1504 – 1579), dessen Vater aus Pforzheim stammte. Als Bischof von Ermland stand er in literarischer Fehde mit Vergerio, Jakob Andreae und 1558 – 1560 auch mit Brenz[83].

Erwähnt sei schließlich noch, daß 1588 in Wilna eine polnische Ausgabe von Brenzpredigten erschienen ist[84], doch läßt sich dazu nichts Näheres aussagen, da für die Postille kein Fundort mehr nachgewiesen werden kann.

Brenzspuren außerhalb Europas

Kurz nach dem Tod von Brenz unternahm die württembergische Kirche in einem außerordentlich interessanten „ökumenischen" Unternehmen den Versuch, mit der griechisch-orthodoxen Kirche und ihrem Patriarchen in KONSTANTINOPEL Kontakte im Blick auf eine vielleicht mögliche Kirchenunion zu knüpfen[85]. Die Initiative dafür ging seit 1573 von der Universität Tübingen aus, wo der rührige

145.
Der württembergische Brenz-Luther-Katechismus in der Duala-Sprache (Goldküste / Ghana), 2. Auflage, Basel / Stuttgart: Chr. Scheufele, 1897 (Titelseite)

Gräzist Martin Crusius als treibende Kraft in Verbindung mit Jakob Andreae diese Sache betrieb. Einer Gesandtschaft nach Konstantinopel, die im Auftrag des Kaisers von David Ungnad von Sonnegg, einem Verwandten des Hans Ungnad, geleitete wurde, gab man den jungen württembergischen Theologen Stephan Gerlach aus Knittlingen als Gesandtschaftsprediger mit. Er hatte Briefe von Crusius und Andreae und eine ins Griechische übersetzte Andreae-Predigt im Gepäck. Aus Gerlachs Tagebuch (erst 1674 veröffentlicht) erfahren wir die Einzelheiten der Reise und die Gespräche mit dem Patriarchen. Es ergab sich ein Briefwechsel zwischen Tübingen und Konstantinopel, vor allem über die eigens aus diesem Anlaß ins Griechische übersetzte Confessio Augustana. Es konnte allerdings über mehrere Artikel keine theologische Einigkeit erzielt werden, so etwa über den Rechtfertigungsartikel und über das Kirchenverständnis. 1581 wurde der Briefwechsel dann abgebrochen, ohne daß es zu einer dauerhaften Verständigung gekommen wäre. Auch dieses Unternehmen ist zweifellos ein Zeichen für den weiten Horizont der württembergischen Kirche im Reformationsjahrhundert.

Mehr anhangsweise sei noch skizziert, daß und wie Brenz mit seinem Katechismus seit dem späten 17. Jahrhundert auch in die VEREINIGTEN STAATEN und in AFRIKANISCHE und ASIATISCHE MISSIONSGEBIETE kam[86]. In Amerika waren es natürlich vor allem die schwäbischen Auswanderer, die ihren angestammten „Hauskatechismus", den Brenz-Lutherschen, mit in die neue Heimat nahmen. Amerikanische Drucke dieses Katechismus sind, mit Ausnahme einiger Ausgaben des württembergischen Konfirmandenbüchleins, das bekanntlich einzelne Brenz-Stücke enthält, keine bekanntgeworden. Aber immerhin finden sich in etwa 15 amerikanischen Bibliotheken Ausgaben von Brenz-Katechismen.

In die Missionsländer kam der württembergische Katechismus vor allem mit der 1815 gegründeten Basler Missionsgesellschaft. Deren Missionare und Missionarinnen waren in den von ihnen betreuten Gebieten in der Regel Pioniere im Schul- und Bildungswesen und erbrachten nicht selten erstaunliche Leistungen zur Erforschung, Entwicklung und Dokumentation vieler einheimischer Sprachen und Dialekte. Allerdings ist die bibliographische Erfassung der katechetischen Literatur der Missionsländer noch nicht einmal ansatzweise in Sicht. So können nur vereinzelte Beispiele genannt werden.

1856 ist der württembergische Katechismus für die Missionsgebiete auf der Goldküste in die Ga- oder Accra-Sprache und vor 1889 auch in den Tschi- oder Twidialekt übersetzt bzw. übertragen worden. Für Kamerun erschien er 1891 in der Duala-Sprache. Die mit Basel verbundene Chrischona-Mission verwendete seit 1866 eine württembergische Kinderlehre mit dem Brenz-Luther-Katechismus in amharischer Sprache für ihre Missionsgebiete in Äthiopien. Es ist sehr zu vermuten, daß es für Indien – neben dem sicher nachzuweisenden Konfirmandenbüchlein – auch den Brenz-Katechismus in Malajalam[87] gab. Dasselbe muß auch für China und den dortigen Hakka-Dialekt angenommen werden. Doch, wie gesagt, hier ist eigentlich alles, in bibliographischer wie sprachgeschichtlicher Hinsicht, noch weithin unerforschtes Land.

1 Franz Brendle, Christoph, Herzog von Württemberg. In: Das Haus Württemberg. Ein biographisches Lexikon, Stuttgart 1997, S. 108 – 111 und 448 (Lit.); Hans-Martin Maurer, Herzog Christoph (1550 – 1568). In: R. Uhland (Hg.): 900 Jahre Haus Württemberg, 3. Aufl., Stuttgart 1985, S. 136 – 162 und 739.
2 Weismann, Katechismen 2, Bibliogr. B 8.3.1 (mit Lit.).
3 Köhler 219 (Erstausgabe [EA] lateinisch) und 222 – 227 (dt. Ausgaben des Jahres 1552).
4 Köhler 250/251; Weismann, Katechismen 2, Bibliogr. B 8.2.1 / B 8.2.2 (mit Lit.).
5 Brendle (wie Anm.1), S. 110.
6 Zum Folgenden s. die sehr materialreiche ältere Studie: Gustav Bossert [d.Ä.], Die Liebestätigkeit der evangelischen Kirche Württembergs von der Zeit des Herzogs Christophs bis 1650. In: Württembergische Jahrbücher für Statistik und Landeskunde 1905 I, S. 1 – 28, 1905 II, S. 66 – 117 und 1906 I, S. 44 – 74, hier vor allem den Abschnitt 1905 II, S. 79 – 117.
7 S. über ihn Martin Brecht in Theologische Realenzyklopädie 2, 1978, S.672 – 680.
8 Zu den territorialen Verhältnissen s. allgemein: Schindling/Ziegler, Territorien; Handbuch der Baden-württembergischen Geschichte, Band 2 (Die Territorien im Alten Reich), Stuttgart 1995.
9 Brecht-Ehmer, S. 372 – 380; Luther und die Reformation am Oberrhein, [Ausstellungskatalog], Karlsruhe 1983; Volker Press in: Schindling/Ziegler, Territorien 5, 1993, S. 124 – 166 (Baden); Schindling/Ziegler ebd. S. 8 – 49 (Kurpfalz); Weismann, Katechismen 1, S. 576 – 603.
10 Ebenda 2, Bibliogr. B 10.4.1; der im folgenden genannte Katechismus: B 2.3.
11 Ebenda 2, Bibliogr. B 10.2; Michael Henker, Johann Brenz und die Entwicklung des Neuburgischen Kirchenwesens zwischen 1553 und 1560. In: Neuburger Kollektaneenblatt 133 (1980) S. 106 – 140.
12 Briefwechsel Hz. Christoph 2, S. 274; das etwa gleichzeitig entstandene undat. Brenz-Gutachten zur Neuburger Reformation bei Henker a.a.O. S. 134 – 138.
13 Weismann, Katechismen 2, Bibliogr. B 10.3.

14 Pressel, Anecdota, S. 447 – 450 (1. 2. 1558); Briefwechsel Hz. Christoph 4, S. 477f.; Sehling 14 S. 28f.; Brenz hatte schon zum Bauernkrieg 1525 ein Gutachten für den pfälzischen Kurfürsten Ludwig V. verfaßt: Brenz, Frühschriften 1, S. 132 – 174.

15 Weismann, Katechismen 1, S. 596 – 598.

16 Bernard Vogler, Brenz und die pfälzischen Pfarrbibliotheken um 1600. In: BWKG 70 (1970) S. 279 – 283.

17 Vgl. für Westfalen: Friedrich Brune, Der Kampf um eine evangelische Kirche im Münsterland 1520 – 1802, Witten 1953, S. 77, 103 und 116f.; für Niedersachsen: Zeitschrift der Gesellschaft für niedersächsische Kirchengeschichte 12 (1907) S. 33; für Siebenbürgen: Ute Monika Schwob, Kulturelle Beziehungen zwischen Nürnberg und den Deutschen im Südosten im 14. bis 16. Jh., München 1969, S.92.

18 Zu den Druckern s. Josef Benzing, Die Buchdrucker des 16. und 17. Jahrhunderts im deutschen Sprachgebiet, 2. Aufl., Wiesbaden 1982 (Register).

19 Brecht-Ehmer S. 151 – 186 und 390 – 398; Weismann, Katechismen 1 S. 525 – 575.

20 Tilmann Matthias Schröder, Das Kirchenregiment der Reichsstadt Esslingen. Grundlagen –Geschichte –Organisation, Sigmaringen 1987, S.365.

21 Nach Wolfgang Jung, Zur Geschichte des evangelischen Gottesdienstes in der Pfalz I, Grünstadt 1959, S.98 – 101 und 112f. richtete man sich in Speyer seit 1557 zumindest liturgisch nach der württembergischen Kirchenordnung.

22 Weismann, Katechismen 1, S. 569 f.

23 Ebenda 1, S. 366 – 384 und 2, Bibliogr. B 3.1 (Katechismus), B 7.2 (Kirchenordnung) und die im folgenden genannten Katechismuspredigten unter D 1.4.

24 Ebenda 1, S. 649f. und 2, Bibliogr. D 1.6 (der Katechismus mit dem königlich-schwedischen Wappen auf dem Titel).

25 Gunther Franz in: Sehling 15 (Württemberg I), 1977; Weismann, Katechismen 1, S. 384 – 400 und 2, Bibliogr. E 21.

26 Briefwechsel Hz. Christoph 4 (s. Register unter „ Oettingen"); Brecht-Ehmer S. 384 f.; Weismann, Katechismen 1, S. 603 – 605.

27 Ebenda 1, S. 609 – 611 und 2, Bibliogr. B 10.1.1.

28 Ebenda 1, S. 613f., das folgende S. 615 – 617.

29 Niederdeutsche Brenzdrucke sind: Köhler 50 (1531), 150, 290, 317 – 319, 667, 668, dazu die Katechismen bei Weismann, Katechismen 2, Bibliogr. A.3.2 und C 2.8 und die bei Köhler fehlenden Brenzdrucke in: Conrad Borchling / Bruno Claussen, Niederdeutsche Bibliographie, Neumünster 1931 – 1936, Bd. 1 Nr. 1469 (um 1546), 2236 (um 1580), 2359 (1587) und Bd. 2 Nr. 2977 (1613) und 3029 (um 1615); ein weiterer nirgends verzeichneter Druck von Brenzens Türkenbüchlein, niederdeutsch 1545, in Hamburg SUB.

30 Der niederländische Druck: Weismann Katechismen 2, Bibliogr. C 3.2; Köhler 363; VD 16: B 7647; zu Jülich: Otto Reinhard Redlich, Jülich-Bergische Kirchenpolitik am Ausgange des Mittelalters und in der Reformationszeit, Bd. 2/1, Bonn 1911, S. 867 – 874.

31 Hartmann-Jäger 2, S. 462 – 467 (1566/67); Katalog Reformation in Württemberg 1984, S. 315 und 319.

32 Brecht-Ehmer S.409 und Schindling/Ziegler, Territorien 3, 2. Aufl. 1991, S. 18 – 36.

33 Frank Ludwig, Die Entstehung der kursächsischen Schulordnung von 1580 auf Grund archivalischer Studien, Berlin 1907; Schindling/Ziegler, Territorien 3, 2. Aufl. 1991, S. 23 – 28.

34 Zur Reformation in Mömpelgard und zur Statthalterschaft

Herzog Christophs dort (1542 – 1550) s. jetzt die grundlegende Arbeit: Franz Brendle, Dynastie, Reich und Reformation. Die württembergischen Herzöge Ulrich und Christoph, die Habsburger und Frankreich, Stuttgart 1998 (Veröffentlichungen der Kommission für geschichtliche Landeskunde in Baden-Württemberg, B 141), S. 230 f., 252 f., 277 – 279, 288 – 300 und 309 – 317; Brecht-Ehmer S. 267 – 269. Die Katechismen und Kirchenordnungen der linksrheinischen Gebiete: Weismann, Katechismen 1, S. 500 – 525 und 2, Bibliogr. B 2.1.5, B 2.1.7, B 2.1.8, B 3.5.4, B 6.8 und B 6.9, B 9 (hier die Kirchenordnungen), B 11.30, D 1.11 und D 1.12, D 4.1 und D 4.2 und E 32.

35 Weismann, Katechismen 2, Bibliogr. E 41.

36 Ebenda 1, S. 563 – 569 und 2, Bibliogr. B 2.8 (Katechismen) und B 10.6 (Kirchenordnung).

37 Ebenda 2, Bibliogr. C 3.3; Köhler 422; VD 16: B 7575.

38 Brecht-Ehmer S. 409 – 412; Hans Petri, Herzog Christoph von Württemberg und die Reformation in Frankreich. In: BWKG 55 (1955) S. 5 – 64; Hermann Ehmer, Valentin Vannius und die Reformation in Württemberg, Stuttgart 1976, S. 188 – 196.

39 Köhler 228, 265 und 555 (Conf. Virt.) und 264 (Wiedertäuferschrift).

40 Zu den beiden Ausgaben s. Weismann, Katechismen 1, S. 229 – 231 (wo die Ausgaben-Bezeichnungen A 4.1 und A 4.2 in A 4.3 und A 4.4 zu ändern sind) und 2, Bibliogr. A 4.3 und A 4.4.

41 Brecht-Ehmer S.412; Robert Walton, Johannes Brenz und der angelsächsische Protestantismus. In: BWKG 70 (1970) S. 266 – 278, besonders S. 276.

42 Ernst Bizer (Hg.), Confessio Virtembergica. Das württembergische Bekenntnis von 1551, Stuttgart 1952, S. 117 – 126 und 197 – 199.

43 Willem Heijting, De catechismi en confessies in de Nederlandse Reformatie tot 1585, Nieuwkoop 1989 (Bibliotheca bibliographica Neerlandica 27), Bd. 1, S.118 – 121 und 2, S. 18 – 20.

44 Weismann, Katechismen 2, Bibliogr. A 4.1 und A 4.2.

45 British Museum, Short-Titel-Catalogue (STC) English Books, London 1926, Nr. 3603 (Joh. 6); Köhler 189 (Sermon), 517 (Jona), 559 (Esther) und 563 (Conf. Virt.).

46 S. oben Anm. 30.

47 Index Aureliensis 124.676; British Museum, STC German Books, London 1962, S. 152.

48 Köhler 595, vgl. Köhler 261 (von 1554).

49 Köhler 290, in Rostock gedruckt

50 Lauritz Nielsen, Dansk bibliografi 2, Kopenhagen 1931/33, Nr. 425 (nur in 1 Exemplar in der KgB Kopenhagen bekannt).

51 Köhler 127 (dieser Druck ist noch in 8 Exemplaren bekannt, s. Nielsen a.a.O. 2, Nr. 436).

52 Zum österreichischen Protestantismus im Reformationszeitalter siehe z. B. Grete Mecenseffy, Geschichte des Protestantismus in Österreich, Graz-Köln 1956, S. 1 – 148; Gustav Reingrabner, Protestanten in Österreich. Geschichte und Dokumentation, Wien – Köln – Graz 1981, S. 9 – 110.

53 Eduard Emil Koch, Geschichte des Kirchenlieds und Kirchengesangs der christlichen, insbesondere der deutschen evangelischen Kirche, 3. Aufl., Bd. 2, Stuttgart 1867, S. 414.

54 Christoph Weismann, Der Humanist Michael Tiffern (1488/89 – 1555), Mentor Herzog Christophs und Mäzen des Tübinger Stifts. In: In Wahrheit und Freiheit. 450 Jahre Evangelisches Stift in Tübingen, hg. von Friedrich Hertel, Stuttgart 1986, S. 47 – 80 (slowenische Übersetzung in: Zgodovinski Časopis 41, 1987 S. 439 – 464); Martin Leube, Geschichte des Tübinger Stifts 1,

Stuttgart 1921, S. 20 und 146 f.

55 Ebenda S. 147 – 160.

56 H. Ehmer in Brecht-Ehmer S.414.

57 Ebenda S. 415 – 417; Erich Wenneker in: Biographisch-Bibliographisches Kirchenlexikon 12 (1997) Sp. 1242 – 1256 (Lit.); Eduard von Kausler / Theodor Schott (Hg.), Briefwechsel zwischen Christoph, Herzog von Württemberg, und Petrus Paulus Vergerius, Tübingen 1875.

58 Pressel, Anecdota S. 367 (Brief an Bullinger vom 6.6.1553).

59 Köhler 241 und 246; Hubert, Vergerio, S. 286 Nr. 76 und 77 (dazu ebenda S. 125 – 127, 132 und 224 – 226); vgl. auch die ital. Confessio-Ausgabe in Köhler 311/312 = Hubert, Vergerio, S. 305 Nr. 116.

60 Köhler 988; Hubert, Vergerio, S. 286 Nr. 75; Weismann, Katechismen 1, S. 618 – 620 und 2, Bibliogr. B 6.5 (das einzige bekannte Exemplar in der Bibliothèque Nationale in Paris).

61 Köhler 307; Hubert, Vergerio, S. 136f. und S. 296 Nr. 105; die Vorrede ist zuvor einer gründlichen Beurteilung durch Brenz, den Herzog und weitere Räte unterzogen worden.

62 Köhler 326/327 und Hubert, Vergerio, S. 306f. Nr. 121.

63 Weismann, Katechismen 1, S. 620f. und 2, Bibliogr. F 15.3.

64 Ebenda 2, Bibliogr. E 31.2.

65 Ebenda 1, S. 622.

66 Christoph Weismann, „Der Winden, Crabaten und Türken Bekehrung". Reformation und Buchdruck bei den Südslawen 1550 – 1595. In: Kirche im Osten 29 (1986) S. 9 – 37.

67 Mirko Rupel, Primus Truber. Leben und Werk des slowenischen Reformators. Deutsche Übersetzung und Bearbeitung von Balduin Saria, München 1965; Rolf-Dieter Kluge (Hg.), Ein Leben zwischen Laibach und Tübingen: Primus Truber und seine Zeit, München 1995.

68 Weismann, Katechismen 1, S. 624 und 2, Bibliogr. F 28.1; alle slowenischen Drucke sind verzeichnet von Branko Berčič in: Abhandlungen über die slowenische Reformation, München 1968 (Geschichte, Kultur und Geisteswelt der Slowenen, Bd.1), S. 152 – 268 und Abb.1 – 84.

69 So die (slowenische) Inschrift auf dem Gedenkstein in seinem Heimatort, s. Weismann, Katechismen 1, S. 624.

70 Bernd Zimmermann, Landeshauptmann Hans Ungnad von Sonnegg (1493 – 1564). Ein Beitrag zu seiner Biographie. In: Siedlung, Macht und Wirtschaft, Festschrift Fritz Posch, hg. von G. Pferschy, Graz 1981, S.203 – 216; Weismann (wie Anm. 66), S. 22 – 28; eine Sammlung „Briefwechsel des Herzogs Christoph zu Wirtenberg mit Hanß Ungnaden, Freyherrn zu Sonnegg" (Abschriften) in Tübingen UB (Handschrift Mh 498).

71 Christoph Weismann, Die slowenische Kirchenordnung Primus Trubers von 1564. Ein Beitrag zur Bibliographie der südslawischen Reformationsdrucke. In: Gutenberg-Jahrbuch [47], (1972) S. 197 – 210; Rolf Vorndran, Südslawische Reformationsdrucke in der Universitätsbibliothek Tübingen, Tübingen 1977; Hermann Ehmer, Primus Truber und der südslawische Buchdruck in Urach. In: Primus Truber und seine Zeit (wie Anm. 67), S. 438 – 451; die noch erhaltenen Akten der Druckerei: Tübingen, Universitätsarchiv (Slav. Bücherdruck 8/3 – 6 und 6a).

72 Weismann, Katechismen 1, S. 627 und 2, Bibliogr. B 10.7 (Lit.).

73 Köhler 498; Karl Schottenloher, Das Regensburger Buchgewerbe im 15. und 16. Jahrhundert, Mainz 1920, S. 62 – 66 und S. 244 Nr. 268.

74 Knihopis, Českých a slovenských tisků II/2, 1941 Nr. 1299 (vorhanden in Prag, Knihovna Národníko Musea).

75 Köhler 313; Weismann, Katechismen 2, Bibliogr. C 1.5.1b.

76 Weismann, Katechismen 1, S. 633 – 636.

77 Veturia Jugăreanu, Bibliographie der Siebenbürgischen Frühdrucke, Baden-Baden 1959, S. 20 Nr. 54; vgl. Köhler 671 und 305.

78 Vgl. Ernst Schäfer, Beiträge zur Geschichte des spanischen Protestantismus und der Inquisition im 16. Jahrhundert, Gütersloh 1902, Bd. 1, S. 291, Bd. 2, S. 397 und Bd 3, S. 391f. und 572; zum ganzen Abschnitt s. Weismann, Katechismen 1, S. 231f.

79 S. jetzt die maßgebliche Ausgabe: Index des livres interdits, hg. von Jesus Martinez De Bujanda, 10 Bände, Sherbrooke / Québec (Kanada) und Genf 1984 – 1996 (bes. im Register-Band 10).

80 Briefwechsel Hz. Christoph 4, 1907, S. 252f. und Register unter „Polen".

81 Weismann, Katechismen 2, Bibliogr. C 3.1.

82 Ebenda 1 S. 632 und 2, Bibliogr. B 6.6, die folgenden Ausgaben B 6.7.

83 Hubert, Vergerio S. 163f., 194 – 197, 309f. Nr.131, 312 Nr.140 und 316 Nr.157; Köhler 367 und 725 und Pressel, Anecdota S. 451, 453, 465 – 467; die Hosius-Schrift: VD 16: H 5165.

84 Köhler 570.

85 Brecht-Ehmer S. 419 – 422; Dorothea Wendebourg, Reformation und Orthodoxie. Der ökumenische Briefwechsel zwischen der Leitung der Württembergischen Kirche und Patriarch Jeremias II. von Konstantinopel in den Jahren 1573 – 1581, Göttingen 1986 (Forschungen zur Kirchen- und Dogmengeschichte, Bd. 37).

86 Zum Folgenden s. Weismann, Katechismen 1, S. 636 – 642.

87 Vgl. Albrecht Frenz (Hg.), Hermann Gundert. Brücke zwischen Indien und Europa. Begleitbuch zur Ausstellung, Ulm 1993, S. 474.

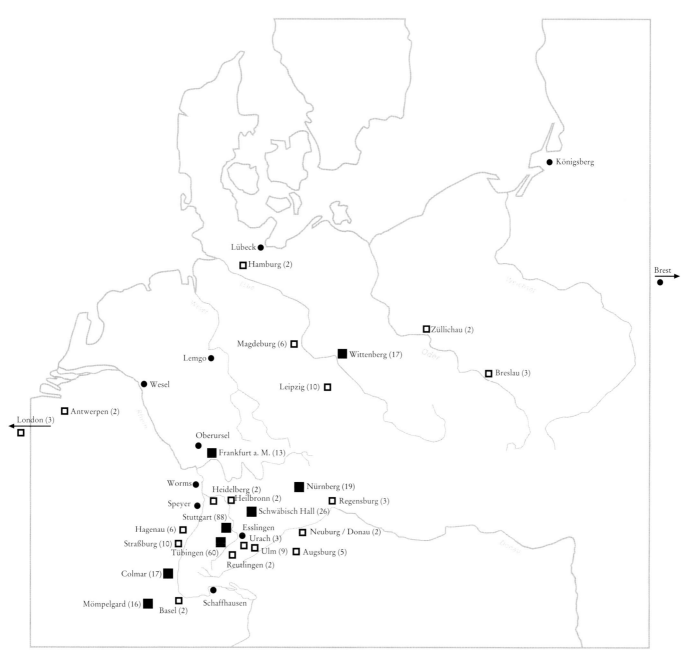

Königsberg

Brest →

Lübeck

Hamburg (2)

Züllichau (2)

Magdeburg (6)

Wittenberg (17)

Lemgo

Breslau (3)

Wesel

Leipzig (10)

Antwerpen (2)

London (3) ←

Oberursel

Frankfurt a. M. (13)

Worms

Nürnberg (19)

Heidelberg (2)

Speyer

Heilbronn (2)

Regensburg (3)

Stuttgart (88)

Schwäbisch Hall (26)

Hagenau (6)

Esslingen

Neuburg / Donau (2)

Straßburg (10)

Urach (3)

Tübingen (60)

Ulm (9)

Augsburg (5)

Reutlingen (2)

Colmar (17)

Mömpelgard (16)

Basel (2)

Schaffhausen

■ mehr als 10 Drucke

□ bis 10 Drucke

● 1 Druck

146. Druckorte der Katechismen von Johannes Brenz 1528 – 1800

10 Kirchenvater Brenz

Brenzens Tod

Als kurz nach Weihnachten 1568, am 28. Dezember, Herzog Christoph von Württemberg 53jährig starb, war dies für den 16 Jahre älteren Brenz nicht nur ein schwerer persönlicher Verlust, sondern auch eine nachdrückliche Mahnung und Erinnerung an sein eigenes Ende. „Wie gern", soll er ausgerufen haben, „hätte ich sein Leben mit dem meinigen, ja mit allem, was ich habe, erkauft, wenn es mit Gottes Willen geschehen möchte!"[1] Im selben Jahr hatte Brenz seine regelmäßige Predigttätigkeit eingestellt, war aber weiter ein treuer Gottesdienstbesucher geblieben und hatte seine Arbeit am heimischen Schreibtisch und in der herzoglichen Kanzlei nach bestem Vermögen fortgesetzt. Von seiner intensiven Beschäftigung mit dem Psalter in den letzten Lebensjahren zeugt sein Psalmenkommentar, dessen Beginn auf Auslegungen bei seinen Klosterschul-Visitationen zurückgeht. Die Psalmen erschienen, für den Druck bearbeitet, in „Dekaden" seit 1565 in der Tübinger Morhart-Druckerei[2]. Mitten in der Arbeit an diesen Texten – er war bis Psalm 107 gekommen – ereilte ihn Ende 1569 ein Schlaganfall, von dem er sich nur schwer erholte. Sein Pfarrer-Kollege an der Stuttgarter Stiftskirche, Wilhelm Bidembach (1538 – 1571), unterstützte ihn und schlug auch aus diesem Grund einen Ruf nach Straßburg aus. Am 17. August 1570[3] fiel Brenz, der sein Leben lang nie ernsthaft erkrankt war, in eine fiebrige Krankheit, *so mit Frost und Hitz angefangen*. Die Kräfte nahmen nun so rasch ab, daß er am 30. August alle Stuttgarter Kirchendiener in der Propstei um sein Bett versammelte, ihnen sein geistliches Testament verlas, sich von Wilhelm Bidembach die Beichte abnehmen und die Absolution zusprechen ließ und mit den Amtsbrüdern und seiner Familie *mit sonderer Begir und Frewden* das Abendmahl feierte. Am Montag, den 11. September ist Brenz dann zwischen 12 und 1 Uhr mittags nach langem, ruhigem Tiefschlaf, der *biß ins ewig Leben gewehret*[4], aus dem zeitlichen Leben abgerufen worden.

Am 12. September war die Beerdigung unter großer Anteilnahme der ganzen Stadt, des Hofs und der Geistlichkeit in der Stuttgarter Stiftskirche. Wilhelm Bidembach verglich in seiner Leichenpredigt über den Text Apg. 20, 17 – 38 den Entschlafenen mit dem Apostel Paulus und dessen Glauben, Lehren, Leiden, Leben und Abschied. Der zweite Teil seiner Predigt ist nicht eigentlich ein Lebenslauf, aber eine von tiefer Verehrung geprägte Schilderung des Charakters, der Bedeutung und des Sterbens des württembergischen Reformators. Bidembach erzählt darin, daß Brenz *fast gleicher weiß und gestalt* wie Herzog Christoph entschlafen sei und schließt die Predigt mit folgenden Sätzen: *Daß gleich wie sie beide einander hertzlich geliebt und geehrt / und in ungleichem Berůff fast mit gleichen Gaben und tugenden begnadet gewesen / Also auch fast ein gleichförmigs End und Abschid auß diser Welt genomen / und sich gleichwol zů ewigen unaußsprechlichen frewden auß disem Jamerthal hinauff geschwungen / aber uns in grossem trawren / laid / forcht und gefahr verlassen. Dann wir ye in zweien jaren die zwey oberste Häupter in Weltlichem und Geistlichem Regiment / gleichsam als unsern Zerubabel und Jesua*[5] */ das ist / unsern gnädigen lieben Landtsfürsten / und den öbersten Superattendenten unserer Kirchen und Schůlen / den lieben frommen Brentium / beide unsere Landts- und Kirchenväter / vnd also mit Elisa zu reden*[6] *Wagen / Roß und Reutter in Würtemberg verloren. Wir sollen und wöllen aber mit dem Gottseligen König Josaphat sagen: wann wir nit wissen waß wir thůn sollen / so sehen unsere augen nach dir HERR. Dann sihe (spricht David) der Hütter Israel schlafft noch schlummert nicht / Er behüttet unsern Außgang und Eingang von nun an biß in Ewigkeit*[7].

Es folgt auf die gedruckte Predigt ein Gebet, dann ein Epitaphium auf Brenz von Bidembach in lateinischen und deutschen Versen und schließlich der Wortlaut des ersten Teils von Brenzens Testament, d.h. sein geistliches Testament über sein Predigtamt, seine Lehre und seine Schriften – ein Dokument, das eindrucksvoll die theologische Tiefe der Brenzschen Predigerexistenz zum Ausdruck bringt[8]. Vom zweiten Teil des schon im Sommer 1566 in Bulach niedergeschriebenen Testaments, der die familiären und ökonomischen Anordnungen enthält, ist nur der Schlußabschnitt mit den Dankesbezeigungen an das Haus Württemberg mitabgedruckt. Das übrige ist offenbar nicht erhalten.

Am 20. September 1570 hielt der Tübinger Theologieprofessor Jakob Heerbrand (1521 – 1600)[9], der noch persönlicher Schüler von Luther und Melanchthon in Wittenberg gewesen war, die akademische Gedächtnisrede auf Brenz. Sie gilt als die erste Brenzbiographie[10]. Sie enthält als Anhang ebenfalls das Brenzsche Testament wie bei Bidembach, jedoch in lateinischer Fassung[11], und außerdem noch eine ganze Reihe verehrungsvoller Epicedia (Lobgedichte) auf den Verstorbenen[12].

Aber auch in Hall wurde, was offenbar allen Biographen entgangen ist, eine Gedächtnispredigt auf Brenz gehalten. Sie ist handschriftlich lateinisch im Kapitelbuch Band 1 im Haller Dekanatsarchiv überliefert[13]. Diese *Concio funebris*, also Leichenpredigt auf den „verehrungswürdigen Vater Herrn Johannes Brenz" wurde am Sonntag, 24. September 1570 in der St. Michaelskirche gehalten, und zwar mit an Sicherheit grenzender Wahrscheinlichkeit von dem damaligen St. Michaelspfarrer und Kapitels-Procurator Johannes Rösler (1531 – 1607)[14], in dessen Handschrift sie offenbar auch geschrieben ist. Die Predigt zeigt, daß auch in Hall die Kunde vom Tod des Reformators der Stadt mit tiefer Trauer aufgenommen worden war; Hall hatte seinen verdienten ersten Verkündiger des neugewonnenen Evangeliums durchaus in dankbarer Erinnerung behalten. Diese wie auch die beiden anderen Predigten und Gedenkreden zum Tod von Brenz verwenden das Elia-Elisa-Motiv aus 2. Könige 2, 12 (zum Teil verbunden mit 2. Könige 13, 14 und 20), eine biblische Reminiszenz, die sich ebenso bei Luthers und Melanchthons Tod den jeweiligen Predigern aufgedrängt hatte[15]: Der Tod des Propheten als des „Wagenlenkers Israels", oft empfunden als Vorbote schlimmer Zeiten. Solche Sorgen hatten sich als nicht unberechtigt erwiesen nach Luthers Tod durch den Ausbruch des Schmalkaldischen Kriegs und nach Melanchthons Ableben durch die damals losgebrochenen theologischen Streitigkeiten um das Erbe der Wittenberger Reformation.

Wohl nicht lange nach Brenzens Tod erschien in Straßburg ein bisher unbeachteter kleiner Lieddruck mit einem 16strophigen Trauergedicht eines unbekannten Verfas-

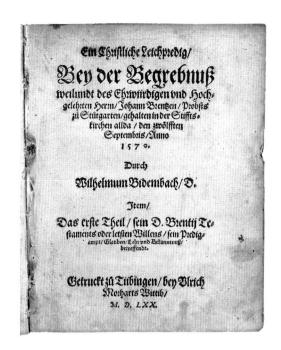

147. Wilhelm Bidembachs Leichenpredigt auf Johannes Brenz, Tübingen: Ulrich Morharts Witwe, 1570 (Titelseite), mit dem beigedruckten geistlichen Testament des Reformators

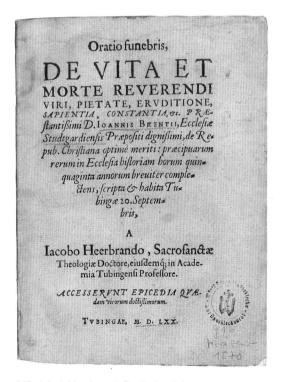

148. Jakob Heerbrand: Oratio funebris (Tübinger akademische Gedenkrede auf Brenz), Tübingen 1570 (Titelseite; auch hier ist im Anhang das Testament abgedruckt)

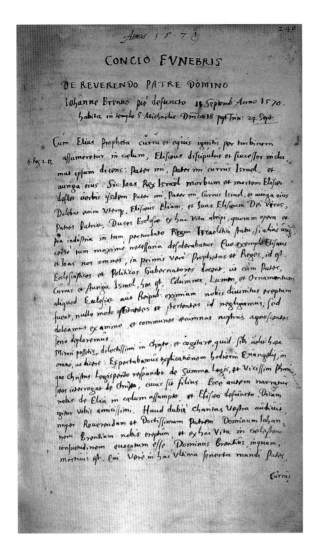

149. Johannes Rösler: Concio funebris
(Gedächtnispredigt zum Tod von Brenz),
Schwäbisch Hall, St. Michael, 1570
(Handschrift in Band 1 des Haller Kapitelbuchs,
Textbeginn Seite 240)

sers auf den Tod von Brenz[16]. Das Gedicht gedenkt dabei auch des Todes von Herzog Christoph (1568), von Paul Eber, dem Wittenberger Theologen (gest. 10.12.1569), von Nikolaus Gallus, dem Prediger in Regensburg (gest. 14.6.1570 in Bad Liebenzell) und von dem hochrangigen württembergischen Rat Hans Dietrich von Plieningen, der drei Tage vor Brenz in Stuttgart gestorben war. Die erste, die siebte und die letzte Strophe des Liedes lauten:

Vor Trauren kan ich singen nicht /
groß Leid hat mich umbgeben /
Elend und Pein mein Herz anficht /
und macht mir schwer mein Leben /
mein Hertz schreit ach und weinet sehr /
ich förcht Gotts Zorn jhe lengr je mehr /
er nimpt zů seinen Henden /
die ausserwölten Diener sein /
die uns führen und lehren rein /
In beiden Regimenten.
Ein teuwrer hocherleuchter Man /
Herr Brentzius ist gwesen /
durch Gottes Geist hoch angethan
die Schrifft erklärt und glesen /
fünfftzig Jar im Predigampt war /
erreicht darin das Jubeljar
treuwlich hat er begossen /
die wol erbawte Kirch im Land /
erhelt die reine Lehr bekant /
all Ketzerey außgschlossen.
Ach Herr du hast genommen hin /
Herr Brentzen den vil werden /
Herr gib nach deines Hertzen Sin /
uns Armen hie auff Erden /
ein Eliseum allermeist /
begabt mit Elie Geist/
der uns zu dir recht führe /
gib nach des heiligen Pauli Tod
Timotheo und Tito Gnad /
die Kirchen zu regieren.

Mit Brenz war die letzte der großen Reformatorenpersönlichkeiten und der genuinen Lutherschüler der ersten Stunde von der Bühne abgetreten. Zwingli, Oekolampad und Luther selbst waren schon viele Jahre tot; auch Bugenhagen, Melanchthon, Georg Spalatin, Nikolaus von Amsdorf, Erasmus Alber, die Konstanzer Reformatoren, die Heidelberger Brenzfreunde Bucer, Billikan, Frecht,

Erhard Schnepf, Johann Geyling und Franz Irenicus – sie alle waren ebenso Brenz im Tod vorausgegangen wie die Weggefährten Michael Gräter, Veit Dietrich, Andreas Osiander, Kaspar Gräter und Valentin Vannius. Und auch alle seine fürstlichen Gönner von den beiden württembergischen Herzögen über Philipp von Hessen und Georg von Brandenburg-Ansbach bis zu Albrecht von Preußen waren nicht mehr unter den Lebenden. Lediglich vier der alten Freunde sollten ihn überleben: Matthäus Alber um nur drei Monate (er starb am 2. Dezember 1570), der Schwager Jakob Gräter d. Ä. (der jetzt in Hall Brenzens Stelle innehatte) um ein Jahr, der Studienfreund und einstige Haller Kollege Johannes Isenmann um vier Jahre und der ehemalige Tübinger Professor Joachim Camerarius um ebenfalls vier Jahre. Inzwischen war nun längst die zweite und dritte Generation der nachreformatorischen Theologen am Werk, darunter so bedeutende Brenzschüler wie Jakob Andreae und Jakob Heerbrand. Sie gaben sich Mühe, dem großen Erbe der alten Reformatoren, eines Luther und Brenz, gerecht zu werden.

Familie und Nachkommenschaft

Als Brenz starb, sind an seinem Grab gestanden oder hätten da stehen können: seine (zweite) Ehefrau Katharina geb. Isenmann, drei Kinder mit ihren Ehepartnern und 18 Enkel aus Brenzens erster Ehe mit Margarete geb. Gräter, und 10 Kinder im Alter von 2 – 18 Jahren aus der zweiten Ehe, also zusammen (mit den Ehepartnern) 35 lebende Nachkommen. Zu diesem Zeitpunkt hatte Brenz in seiner Familie schon acht Todesfälle zu beklagen: den Tod seiner ersten Ehefrau 1548 (als er auf der Flucht war) und den Tod von fünf Kindern und mindestens zwei Enkeln. Außerdem starben zwei seiner drei jüngeren Brüder vor ihm. Mit der großen Verwandtschaft und Nachkommenschaft von Johannes Brenz hat sich schon 1921 der Pfarrer und Genealoge Adolf Rentschler (1870 – 1950) eingehend befaßt[17]. Leider sind die vielen seitdem gewonnenen Ergänzungen offenbar nirgends zusammengefaßt, und immer noch gibt es auch keine zuverlässige Nachfahrenliste zu Brenz, die freilich das halbe Altwürttemberg in sich vereinen würde.

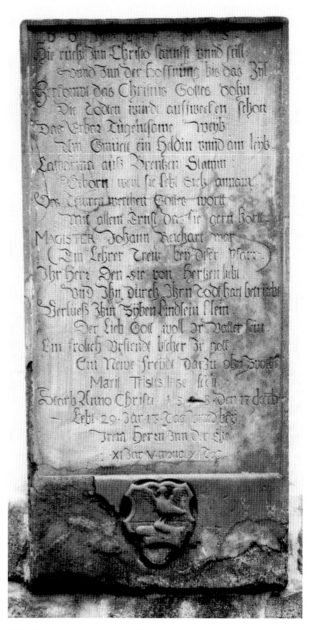

150. Grabmal der Katharina Reichardt geb. Brenz (1569 – 1598), einer Großnichte des Reformators, an der Kirche in Oberrot bei Gaildorf (mit dem Brenzschen Familienwappen)

IMAGO
Reuerendi & Clarißimi Viri, Dn.
IOHANNIS BRENTII, S.S. THEOLOGIÆ
Doctoris, & eiusdem quondam in inclyta Tubingensi Academia
Professoris ordinarij, postea Abbatis Hirschaviæ, & illustriss.
Ducis Vvurttembergici Consiliarij digniss. ibidem piè
mortui, Anno 1596. 29. Ian. Ætat. 56.

Allusio ad Nomina.
Nil, FAVTORE DEO, curaui cætera, nobis:
Perpetuus veræ me fidei VSSIT amor.

151. Johannes Brenz junior (1539 – 1596), Holzschnitt-Porträt
aus: Erhard Cellius: Imagines professorum Tubingensium,
Tübingen 1596 (Teil 2, Bl. A4b)

Brenz war, wie schon erwähnt, zweimal verheiratet: Nach seiner Rückkehr vom Augsburger Reichstag heiratete er am 11. Dezember 1530 in Hall die kinderlose Witwe seines 1530 verstorbenen Gönners und Freunds Hans Wetzel, Margarete geb. Gräter (1501 – 1548)[18]. Sie war eine Schwester des ersten evangelischen Pfarrers an St. Katharina in Hall, Michael Gräter, und die Tante von Jakob Gräter (1518 – 1571), dem Reformator von Wimpfen und späteren Prediger an St. Michael in Hall seit 1557[19]. In den Jahren 1532 bis 1545 sind die sechs Kinder des Ehepaares geboren, von denen drei die Eltern überlebt haben. Mitten in der Interims- und Fluchtzeit hat Brenz dann nach dem Tod von Margarete Brenz (18.11.1548) am 7. September 1550 in Dettingen/Erms eine zweite Ehe geschlossen, ebenfalls mit einer Hallerin, mit Katharina Isenmann (Eisenmenger; um 1532 – 1587), einer Verwandten seines Freundes und ehemaligen Pfarrkollegen an der Michaelskirche Johann Isenmann[20]. Aus dieser Ehe gingen insgesamt 13 Kinder hervor, von denen mindestens zwei im Kindesalter starben. Brenzens ältester Sohn Johannes (1539 – 1596) war Theologieprofessor in Tübingen und sieben von des Reformators Schwiegersöhnen waren ebenfalls Theologen, darunter die bedeutenden Professoren Dietrich Schnepf (1525 – 1586), der Sohn des württembergischen Reformators Erhard Schnepf, und Matthias Hafenreffer (1561 – 1619), später Kanzler der Universität Tübingen, außerdem der Prälat und Bebenhauser Abt Eberhard Bidembach (1528 – 1607). Auch unter den mindestens 50 Enkeln (mitgerechnet die frühverstorbenen; wahrscheinlich sind aber gar nicht alle bekannt) und deren Ehepartnern finden wir 12 Theologen, außerdem 18 Ärzte, Juristen und weitere Beamte. So bildet die Brenzsche Nachkommenschaft einen profilierten und soziologisch typischen Ausschnitt aus der altwürttembergischen Pfarrer- und Beamtengesellschaft; aber auch andere Nachfahren, von Bauern über den Handwerkerstand bis vereinzelt zu Adeligen, finden sich in der Stammtafel von Brenz. Er ist damit *einer der ersten unter den großen schwäbischen Stammvätern* (G. Wunder) und mithin auch so etwas wie ein „Kirchenvater" im biologischen Sinne. Vollständig zu erfassen sind seine direkten Nachkommen längst nicht mehr, aber bedeutende Namen aus der württembergischen und deutschen Geistes- und Kulturgeschichte gehören dazu: die Prälaten Johann Albrecht Bengel, Friedrich Christoph Oetinger und Karl Gerok, die Staatsrechtler Johann Jakob Moser und Robert von Mohl, der Philosoph Hegel, die Dichter Uhland, Hauff und Hermann Hesse, der Musiker Friedrich Silcher, die Schriftstellerin Ottilie Wildermuth und der Verfasser des „Rulaman",

David Weinland, der Schriftsteller und Regisseur Bert Brecht, der Psychiater Ernst Kretschmer, der Theologe Dietrich Bonhoeffer und schließlich die Familie Weizsäcker mit dem Physiker und Philosophen Carl Friedrich von Weizsäcker und dem Altbundespräsidenten Richard von Weizsäcker.

152. Band 1 der von Johanns Brenz jr. herausgegebenen Ausgabe der Werke seines Vaters: Opera, Tübingen: Georg Gruppenbach 1576 (Titelseite)

Literarische Hinterlassenschaft

Der Schriftsteller Brenz

Brenz gehört ohne Zweifel zu den produktivsten theologischen Schriftstellern des 16. Jahrhunderts nach Luther und neben Melanchthon und Calvin. Allein seine Predigten und Schriftauslegungen über nahezu alle biblischen Bücher – sie erschienen zwischen 1527 und 1570 in zahllosen Ausgaben – stellen eine gewaltige schriftstellerische Leistung neben der praktischen Tätigkeit in Kirche und Gesellschaft dar. Brenzens Sohn Johannes, dem 1562 mit 23 Jahren eine außerordentliche theologische Professur in Tübingen übertragen wurde, hat nach dem Tod seines Vaters die immense Aufgabe übernommen, eine Ausgabe der (zunächst exegetischen) Schriften seines Vaters herauszugeben. Von 1576 bis 1590 erschienen bei Georg Gruppenbach in Tübingen acht gewaltige Foliobände mit über 10.000 Seiten: *Operum reverendi et clarissimi theologi D. Ioannis Brentii praepositi Studtgardiani tomus primus [- octavus]* [21]. Die Bände werden eingeleitet von Vorreden bzw. Widmungsvorreden der Theologischen Fakultät Tübingen (in Band 1), des Herausgebers (in Band 1 und 4 – 8) und seiner Schwäger Eberhard Bidembach und Dietrich Schnepf (Band 2 und 3) an verschiedene Fürsten, an die württembergischen Klostervorsteher, an die Stadträte von Hall und Ulm[22] und an die oberösterreichischen Landstände. Die Opera-Ausgabe enthält die folgenden lateinischen Kommentare: Band 1 die fünf Bücher Mose, Band 2 die Bücher Josua bis Ester (ohne die Chronikbücher), Band 3 Hiob und Psalter, Band 4 den Prediger Salomo und die Propheten Jesaja, Jeremia, Hosea, Amos, Jona und Micha, Band 5 die drei synoptischen Evangelien, Band 6 Johannes, Band 7 die Paulusbriefe an die Römer, Galater, Philipper und an Philemon und in Band 8 finden sich schließlich die Streitschriften gegen den Dillinger Dominikaner Pedro de Soto und gegen die „Sakramentierer". Mit dem 8. Band bricht die Edition ab, viel-

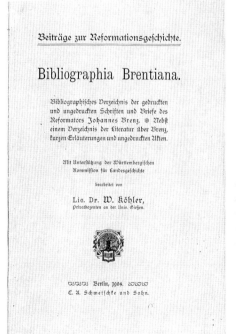

153. Die immer noch maßgebliche Bibliographie der Werke von Brenz, verfaßt von dem Kirchenhistoriker Walther Köhler (1870 – 1946), Berlin 1904 (Reprint 1963)

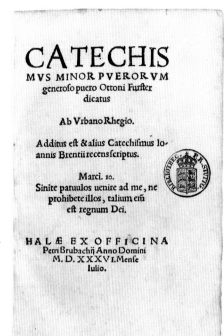

154. Titelblatt einer in Hall 1536 gedruckten lateinischen Ausgabe des „Catechismus minor puerorum" (Erstausgabe 1535) des Urban Rhegius (1489 – 1541) mit den Brenz-Fragstücken von 1535 im Anhang

155. „Auszug der catechistischen Unterweisung": die Württembergische Kinderlehre von Johann Heinrich Schellenbauer (1643 – 1687), mit dem Brenzschen Katechismus, Stuttgart 1681 (Erstausgabe, 2. Druck); die Kinderlehre war bis 1915 als Religionslehrbuch in Württemberg in Gebrauch

leicht weil Brenz jr. die Arbeit von Hirsau aus, wo er 1591 Abt geworden war, nicht mehr leisten konnte.

Für die Pfarrer und Theologen des 16. Jahrhunderts war die Ausgabe der Brenzschen Opera, die im Umfang etwa der Jenaer Lutherausgabe (1555 – 1558) entspricht und die in mancher Pfarrbibliothek neben dieser steht[23], die Grundlage für ihre exegetische und bibeltheologische Arbeit. Diese Ausgabe zu erwerben, bedurfte es gewiß einer erheblichen finanziellen Anstrengung: Man wird den Kaufpreis im Vergleich mit ähnlichen Druckwerken mit gut 10 bis 20 Gulden ansetzen dürfen, was etwa dem Wert von 10 % des Jahresgehalts eines höheren Geistlichen im Herzogtum entsprach[24]. So gilt es auch im materiellen Sinn, wenn der katholische Pfarrer von Öffingen bei Cannstatt seinen Bücherbesitz als „Schatz" bezeichnet, obwohl die von Fischlin berichtete Anekdote natürlich den ideellen Wert im Auge hat. Fischlin erzählt von dem 1579 – 1583 in Cannstatt tätigen evangelischen Pfarrer Alexander Wolfhardt: „Hier hatte er vertrauten Umgang mit dem Meßpriester von Öffingen, mit dem er häufig zusammenkam und mit dem er über die Artikel unseres Glaubens zu sprechen pflegte. Dieser lud eines Tages Wolfhardt zu sich ein mit dem Versprechen, er wolle ihm gerne den ganzen von ihm gesammelten Schatz zeigen. Als Wolfhardt erschien, führte er ihn in eine wohl eingerichtete Stube, öffnete eine fest verschlossene Truhe und zeigte ihm die ganzen aufs schönste eingebundenen Werke von Luther und Brenz und versicherte ihm, daß dies die von ihm aufs höchste wert gehaltenen Schätze seien"[25].

Die Werke von Brenz sind insgesamt verzeichnet worden von dem Privatdozenten und späteren Professor für Kirchengeschichte in Zürich und Heidelberg, Walther Köhler (1870 – 1946) in seiner mit außerordentlicher Mühe und Akribie erstellten „Bibliographia Brentiana", Berlin 1904. Die Bibliographie beschreibt in chronologischer Folge 681 Drucke von 1523 – 1901, darunter allerdings einige, die keine Brenzschen Werke sind[26]. Nach dem heutigen Stand der Dinge wären hier – die Katechismen ausgenommen – noch 60 Drucke zu ergänzen. Von fast allen frühen Brenz-Flugschriften vor 1540, die ohne Druckerangabe erschienen sind, lassen sich heute die Druckoffizin und der Druckort bestimmen[27].

Die Katechismen

Ein eigener Komplex der gedruckten Brenz-Überlieferung sind seine Katechismen: die Haller "Fragstücke des christlichen Glaubens" von 1527/28 (Erstdrucke: Augsburg 1528 deutsch und Hagenau 1529 lateinisch)[28], die Neufassung der Fragstücke für Hall und Württemberg 1535 (Erstdrucke: Hagenau 1535 deutsch und ebenda 1536 lateinisch)[29] und schließlich die große Auslegung des 1535er Katechismus, eines der Hauptwerke von Brenz überhaupt, das zuerst 1551 lateinisch in Frankfurt am Main bei Peter Braubach erschien. Dieses umfangreiche Werk trägt den Titel *Catechismus pia et utili explicatione illustratus* und wurde bereits 1552 durch dieselbe Druckerei in einer Übersetzung von dem Frankfurter Pfarrer Hartmann Beyer veröffentlicht unter dem Titel *Heilsame und nützliche Erklärung über den Catechismum*[30].

Während Köhler bis 1570 nur 87 Ausgaben dieser drei Katechismen verzeichnet und danach weitere 39 Ausgaben, also zusammen 126 Drucke, beläuft sich diese Zahl jetzt auf 518 Ausgaben (davon 163 bis 1570 und weitere 355 von 1571 bis heute). Dabei erscheinen die beiden kleinen Brenzschen Katechismen in den vielfältigsten Formen: als Separatdrucke, in Verbindung mit anderen Katechismen, als Teil von Kirchenordnungen, Gesangbüchern, Schulbüchern, Erbauungsschriften und anderer Literatur. In Württemberg ist der schon 1536 von der ersten Kirchenordnung als Landeskatechismus eingeführte Katechismus von 1535 im Jahr 1553 (für die zweite Kirchenordnung) von Brenz selbst überarbeitet worden, und 1696 hat man ihn durch Teile des Kleinen Katechismus von Martin Luther (1529) erweitert. In dieser Form war er seitdem Bestandteil aller drei für Kirche, Schule und Hausgebrauch maßgebenden württembergischen Religionslehrbücher. Er findet sich demnach in der „Kinderlehre" (Auszug der katechistischen Unterweisung zur Seligkeit über den Brenzischen Catechismum von 1681) seit 1696, im württembergischen „Spruchbuch" (Biblisches Schatzkästlein, mit wechselnden Titeln) seit 1701 und – hier allerdings nur in Teilen – im württembergischen Konfirmandenbüchlein seit dessen erstem Erscheinen im Jahr 1723. In seiner ursprünglichen Form, also ohne die Lutherstücke, ist der Brenzsche Katechismus ferner enthalten in allen Ausgaben der württembergischen Kirchenordnung und im weitverbreiteten, der Abendmahlsvorbereitung dienenden „Kommunikantenbüchlein" von Andreas Osiander d. J. von 1590[31]. So wurde das Brenzsche Elementarbüchlein in Württemberg – und, wie wir gesehen haben,

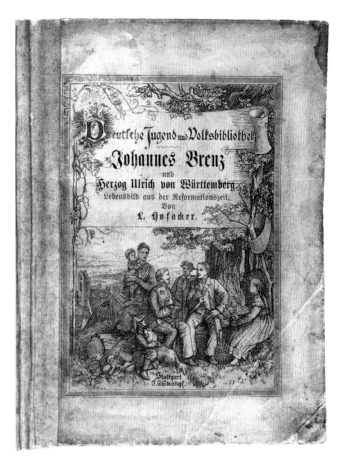

156. Die populäre kleine Brenzschrift von Ludwig Hofacker (1837 – 1889) in der Reihe „Deutsche Jugend- und Volksbibliothek", Stuttgart: J. F. Steinkopf, 1887

zu Zeiten weit darüber hinaus – zu einem für Jahrhunderte maßgeblichen „Grundtext" des Lebens, der vom ganzen Volk, von den fürstlichen Prinzen und Prinzessinnen bis zum ärmsten Taglöhnerkind auswendig gelernt wurde, und der in Kirche, Schule und Haus ohne Unterlaß gelehrt und gepredigt, erklärt und ausgelegt, „eingebläut" und „verhört" wurde. Der Katechismus hat so das aussagbare Grundrüstzeug der Christen durch über vier Jahrhunderte gebildet und Brenz ist durch seine katechetischen Arbeiten zum „zweiten Katechismusvater der lutherischen Kirche"[32] geworden.

Um die neuzeitliche literarische „Zugänglichkeit" des schriftstellerischen Erbes von Brenz steht es nicht zum besten. Eine vergleichbare umfassende Edition seiner Schriften und Briefe, wie wir sie etwa für Andreas Osiander, den Nürnberger Reformator, oder für den Straßburger Martin Bucer haben, ist nicht in Sicht und muß wohl auch – was die Schriftauslegungen betrifft – schon allein am Umfang scheitern. Immerhin wurde mit der im Brenzjahr 1970 begonnenen „Studienausgabe" von Martin Brecht und Gerhard Schäfer ein guter Anfang gemacht. Hier sind bisher zwei Bände Frühschriften, zwei Bände Schriftauslegungen (der Daniel- und der Römerbriefkommentar) und ein Band Spätschriften erschienen[33], doch stagniert die Ausgabe zur Zeit, da sie – im Gegensatz zu den genannten Ausgaben Osianders und Bucers – keine institutionelle kirchliche oder akademische Verankerung hat und darum auch immer unter ungesicherter Finanzierung zu leiden hatte und noch hat. Ähnliches gilt auch für die Edition der Katechismen, die in der Studienausgabe, und für die Kirchenordnungen, die in der Sehlingschen Reihe erscheinen sollten[34]. Für letztere muß man vorläufig noch mit den alten, heute kaum mehr genügenden Sammlungen von August Ludwig Reyscher und Aemilius Ludwig Richter von 1834 und 1846[35] vorliebnehmen, und für die Briefe und Gutachten mit der einst verdienstvollen, jetzt freilich völlig überholten und im einzelnen oft mangelhaften Ausgabe von Theodor Pressel (1819 – 1877, zuletzt Dekan in Schorndorf)[36]. Weiteres muß man sich aus zahllosen Einzelveröffentlichungen zusammensuchen. Vor allem Walther Köhler und Ernst Bizer haben größere Ergänzungen dazu herausgegeben[37]. Für die Briefe von Brenz ist nun allerdings eine neue Ausgabe in Planung, die alles Erreichbare vereinen und nach heutigen Maßstäben veröffentlichen soll. Auch einzelne Predigtreihen von Brenz sind in vier kleineren Sammlungen herausgegeben worden, die aber vornehmlich erbaulichen Zwecken und nicht editorischem Anliegen verpflichtet sind[38].

Das schriftliche Erbe des „Kirchenvaters" und – wie Georg Konrad Rieger ihn nennt – des „württembergischen Apostels"[39] Brenz jedenfalls ist noch ein weithin ungehobener literarischer und kirchenhistorischer „Schatz": Er wird leider auch im Brenzjahr 1999 ungehoben bleiben.

Brenz und seine Biographen

Die Reihe der Brenzbiographen beginnt im Grunde genommen mit dem Tübinger Theologen Jakob Heerbrand und seiner Gedächtnisrede auf Brenz anläßlich des Todes des Reformators. Aus dieser Quelle, allenfalls noch ergänzt durch die Leichenpredigt von Wilhelm Bidembach, haben zahlreiche Spätere für ihre biographischen Abrisse geschöpft, so vor allem Melchior Adam in seiner weitverbreiteten, 1620 erschienenen Sammlung von Biographien evangelischer Theologen[40]. Sie hat ihrerseits wieder für viele nachfolgende Biographien Material geboten. Neben Heerbrand besitzt ebenfalls einen gewissen Quellenwert die oben schon genannte „Jubelpredigt" des Brenz-Enkels Johann Hippolyt Brenz (1572 – 1629), die 1627 in Nürnberg erschienen ist.

Im 18. Jahrhundert sind neben zahlreichen Einzelartikeln und Lexikonbeiträgen, die selten Neues bieten, vor allem zu nennen: die unvollendet gebliebene Arbeit des frühverstorbenen Haller Theologen Friedrich Jakob Beyschlag[41], in der das Leben von Brenz bis 1522 mit einem riesigen gelehrten Anmerkungsapparat im Stil der Zeit dargestellt ist, außerdem die kurze lateinische Lebensbeschreibung von Ludwig Melchior Fischlin von 1710[42]. Die erste Biographie im heutigen Sinn ist sodann das Werk des sächsischen Pfarrers Johann Just von Einem (1685 – 1762): *Leben und Schrifften Johann Brentii*, Magdeburg und Leipzig 1733[43]. Nach v. Einem sind zunächst nur kleinere biographische Beiträge über Brenz erschienen, so z.B. 1764 in der Sammlung von Lebensbeschreibungen berühmter Gelehrter des aus Wien stammenden Wittenberger Professors Johann Matthias Schröckh[44], 1798 und 1811 von dem Tübinger Orientalisten und Kirchenhistoriker Christian Friedrich Schnurrer[45], 1816 von dem Pfarrer, Schriftsteller und Hölderlinfreund Rudolf Magenau[46], 1827 von Eberhard Friedrich Wolters[47] und 1830 die gute kleine Biographie des bekannten Esslinger Schriftstellers und Historikers Karl Pfaff in seinem „Wirtembergischen Plutarch"[48].

Ein vom Datum her merkwürdiger und nicht recht erklärbarer „Schub" erfaßte die Brenz-Biographik in den Jahren 1840 und 1841[49]. Gleich vier württembergische Theologen hatten, offenbar zunächst unabhängig voneinander, an einer neuen, mehr oder weniger umfassenden und auf Quellenstudien beruhenden Brenzbiographie gearbeitet. Und insgesamt waren es dann nicht weniger als fünf Publikationen, die in diesen beiden Jahren über Brenzens

Leben entstanden. Zuerst erschien die von dem Pfarrer in Neuenstadt am Kocher und späteren Tuttlinger Dekan Julius Hartmann (1806 – 1879)[50] zusammen mit seinem Amtskollegen und Freund Karl Jäger (1794 – 1842), Pfarrer in Bürg bei Neuenstadt, verfaßte große und bis heute nicht eigentlich ersetzte Biographie *Johann Brenz. Nach gedruckten und ungedruckten Quellen*[51]. Das zweite, kleinere, aber nicht weniger gründliche Werk über Brenz erschien 1841 aus der Feder des Stadtpfarrers in Grötzingen Johann Georg Vaihinger (1802 – 1879): *Das Leben und Wirken des Reformators Johannes Brentz (...) aus den zuverlässigsten Quellen dargestellt*[52]. Im Vorwort vom 8. Oktober 1840 bedauert er die „durch ein unerwartetes Zusammentreffen mit einer anderwärtigen Arbeit" veranlaßte schnelle Veröffentlichung. Auch er hat – wie Hartmann und Jäger – die Briefe von Brenz „ziemlich vollständig" gesammelt; eine gründliche Untersuchung über Brenz als Theologen und eine vorausgehende Ausgabe der Briefe und Bedenken des Reformators wird für die Zukunft angekündigt, doch ist beides nicht erschienen. Eine weitere Brenz-Biographie erschien ebenfalls 1840 und nach Ausweis einer damaligen Rezension vor Hartmann-Jäger und Vaihinger: die gediegene kleine Lebensbeschreibung, die der Rektor des Stuttgarter Gymnasiums, Prälat Johann Wilhelm Camerer (1763 – 1847) aus Anlaß des Buchdrucker-Jubiläums 1840 herausgab[53]. Im Jahr 1841 folgten dann noch zwei weitere, mehr populäre Darstellungen, die nun ihrerseits doch wohl auf den Biographien von 1840 beruhen: Die kleinen Brenz-Lebensbilder von Karl David Dieterich (1805 – 1884), Pfarrer in Jebenhausen (später in Plochingen)[54] und von dem Diakonus in Schorndorf, Felix Buttersack (1833 – 1890)[55].

Bis zum Brenz-Jubiläum 1899 wurden noch weitere populäre, meist wenig umfangreiche und nicht selten mit Fehlern und Mängeln behaftete Biographien über Brenz gedruckt, von denen wir nur die folgenden nennen: die Darstellung von Friedrich Prött (1857)[56], das von einem ungenannten Verfasser mit dem Titel *Leben und Wirken des Württ. Reformators Johannes Brenz* 1870 erschienene Heftchen[57], die kleinen Biographien von Albert Landenberger (um 1885)[58], Ludwig Hofacker (1887)[59] und Otto Schnizer (um 1888)[60]. Zum Brenzjubiläum selbst[61] sind dann um 1899, wie zu erwarten, weitere populäre Biographien, zumeist von württembergischen Theologen, geschrieben worden: so von Immanuel Erhard Völter, Wilhelm Stähle und Georg Bayer[62].

157. Der Brenz-Biograph Julius Hartmann [der Ältere] (1806 – 1879), Porträt-Photografie

Inzwischen hatte Julius Hartmann d. Ä. zwei weitere Brenzbiographien geschrieben, den Band *Johannes Brenz. Leben und ausgewählte Schriften*, Elberfeld 1862[63], der stark auf dem Werk von 1840/42 beruht und ausführlich Brenz selbst zu Wort kommen läßt. Eine ähnliche, aber sehr viel kürzere Lebensbeschreibung brachte der verdiente Brenzbiograph im Jahr danach heraus: in *Klaibers Evangelischer Volksbibliothek*[64], hier in Verbindung mit dem Abdruck größerer Quellenstücke aus den Werken von Brenz, darunter das berühmte, heute sonst nirgends mehr nachweisbare früheste Brenzsche „Predigtstück" von 1522 *Von zweierlei Gott*[65]. Offenbar hatte Hartmann noch das Autograph dieses Textes in Händen.

Ein Jahr später, 1864, veröffentlichte der aus Bayern stammende Pfarrer und Erzähler Friedrich Karl Wild ebenfalls in einer lutherischen Biographienreihe sein relativ ausführliches Brenzporträt unter dem Titel *Johannes Brenz's Leben für christliche Leser insgemein*[66]. Er gibt dabei zu Beginn die von ihm verwendeten Quellen (vor allem zahlreiche Brenz-Werke) und die Literatur an – in jener Zeit immer noch eine Ausnahme.

Bevor wir das erzählfreudige 19. Jahrhundert, das für die Brenzbiographie reichste, verlassen, sei noch erwähnt, daß auch im Ausland seit dem 17. Jahrhundert da und dort biographisch von Brenz Kenntnis genommen wurde. Dafür nur zwei Beispiele. Der englische Pfarrer Samuel Clarke (1599 – 1683) veröffentlichte in London im Jahr 1650 eine größere Sammlung von 139 Kurzbiographien christlicher „Väter" unter dem Titel: *The Marrow of Ecclesiastical Historie, conteined in the Lives of the Fathers and other Learned Men and Famous Divines, which have Flourished in the Church since Christ's Time, to this present Age*[67]. Auf S. 249 – 257 findet sich hier auch eine vor allem auf Adam beruhende Brenz-Biographie mit einem bisher unbekannten, aber natürlich nicht originalen Brenzporträt. In den Niederlanden erschien im 19. Jahrhundert ein kleines Brenz-Lebensbild von Daniel Hendrik Meijer: *Johann Brentius de Hervormer van Wurtemberg*, Dordrecht 1859[68].

In den größeren theologischen Lexika nahezu aller europäischen Länder und beider Konfessionen ist Brenz seit dem 18. Jahrhundert in der Regel mit kürzeren oder längeren biographischen Artikeln vertreten. Auch dafür noch drei Beispiele: In dem bekannten katholischen Nachschlagewerk des ausgehenden 19. Jahrhunderts *Wetzer und Welthe's Kirchenlexicon*, (2. Auflage, Bd. 2, Freiburg i. Br. 1883, Sp. 1234 – 1242) wurde der gute und völlig „tendenzfreie" Artikel über Brenz von dem aus Horb stammenden katholischen Kirchenhistoriker Johann Nepomuk Brischar (1819 – 1897) geschrieben. Und im französischen *Dictionnaire d'Histoire et de Géographie Ecclésiastiques* (Bd. 10, 1938 S. 542 – 544) ist der damalige Archivar in Bordeaux G. Loirette der Verfasser des sehr guten Brenz-Artikels. Unerwartet ist auch, daß das neue sechsbändige katholische Marienlexikon des Institutum Marianum in Regensburg einen kleinen Brenz-Artikel von Reintraud Schimmelfennig enthält, natürlich ganz unter dem Gesichtspunkt der Frage der Marienverehrung bei Brenz[69].

Im 20. Jahrhundert hat die Bemühung um eine den heutigen wissenschaftlichen Ansprüchen Rechnung tragende Brenz-Biographie keine oder nur sehr rudimentäre Früchte getragen. Friedrich Wilhelm Kantzenbach, der ein solches Werk plante, hat nach mehreren Vorarbeiten dazu[70] von der Ausführung Abstand genommen. Wenn man von den wenigen noch erschienenen populären Kurzbiographien, etwa denjenigen von Alfred Brecht und Martin Brecht[71], absieht, ist als einzige namhafte Biographie zu

nennen das bilderreiche, 1974 als Frucht des Brenzjubiläums von 1970 und der damaligen Ausstellung erschienene Brenz-Buch von Hans-Martin Maurer und Kuno Ulshöfer: *Johannes Brenz und die Reformation in Württemberg*[72]. Es bietet eine gute Einführung zu Leben, Werk und Umfeld von Brenz.

Zahlreich sind natürlich die Forschungsbeiträge, die für eine umfassende Brenz-Biographie unzwischen zur Verfügung stehen, vor allem diejenigen von Martin Brecht. Er hat nicht nur den Theologen Brenz zum ersten Mal in einer großen Arbeit dargestellt[73], sondern auch in vielen verstreut erschienenen gründlichen Aufsätzen Wesentliches und viel Neues zur Brenz-Biographie beigetragen und neue Quellen erschlossen[74].

Abschließend sei noch berichtet, daß Brenz bisher dreimal im Mittelpunkt von kirchenhistorischen Ausstellungen stand: 1934 und 1984 bei den Ausstellungen zum 400. und 450. Reformationsjubiläum Württembergs in Stuttgart und 1970 anläßlich seines 400. Todestags in Schwäbisch Hall und Stuttgart. Zu allen diesen Ausstellungen sind bebilderte Kataloge[75] erschienen, die manches Neue zu Brenz mitteilen und die auch über den Anlaß hinaus – vor allem gilt dies für die „Katalog-Trilogie" von 1984 – wertvoll bleiben. Diese Tradition soll auch 1999 im Rahmen der Gedenkveranstaltungen zum 500. Geburtstag des Haller und Württemberger Reformators mit dem vorliegenden Katalog beibehalten werden.

1 Hartmann-Jäger 2, S. 501

2 Köhler 448 ff.

3 Das Folgende nach Wilhelm Bidembach, Ein christliche Leich-predigt / Bey der Begrebnuß weilundt des Ehrwürdigen und Hochgelehrten Herrn Johann Brentzen, Probsts zu Stůtgarten (...), Tübingen: Ulrich Morharts Witwe, 1570, Bl. 20 – 22 (über Brenzens Lebensende vor allem ab Bl. 16b); Bidembach hatte auch schon eine der drei Leichenpredigten auf Herzog Christoph gehalten.

4 Ebenda Bl. 21a; im Text „gewehet" ist doch wohl Setzerfehler.

5 Nach Haggai 1 führten der Statthalter Serubbabel und der Hohepriester Jeschua das aus dem Exil in Babylon zurückge-kehrte Volk zum Wiederaufbau des zerstörten Jerusalemer Tem-pels.

6 2. Könige 2, 11 f. (s. dazu unten); die beiden folgenden bibli-schen Zitate nach 2. Chronik 20, 12 und Psalm 121, 4 und 8.

7 Bidembach, Leichpredigt Bl. 21b/22a.

8 Ebenda, Anhang Bl. 1-6b. Die Veröffentlichung dieses Testa-ments hat eine heftige literarische Fehde der württembergischen mit den Schweizer Theologen zur Folge gehabt.

9 S. zu Heerbrand: Siegfried Raeder in Theologische Realenzy-klopädie 14, 1985, S. 524 – 526.

10 J. Heerbrand, Oratio funebris, de vita et morte reverendi viri (...) D. Ioannis Brentii, Ecclesiae Studtgardiensis Praepositi dig-nißimi (...), Tübingen 1570, S. 3 – 55.

11 Ebenda S. 56 – 66 (Prior pars testamenti).

12 Ebenda S. 67 – 119 (unter anderen von den Brüdern Baltha-sar und Wilhelm Bidembach – der erstere wurde der Nachfolger von Brenz als Stiftspropst -, von Stephan Feierabend in Hall, von dem Graecisten Martin Crusius, von dem späteren St.Michaels-Pfarrer in Hall Jakob Gräter jr. und von dem Dichter Nikodemus Frischlin).

13 Dekanatsarchiv Hall (Depositum im Stadtarchiv) Nr. 14, Bd. 1, S. 240 – 251.

14 Pfarrerbuch Württembergisch-Franken 2, 1981, S. 360f. Nr. 2118.

15 Zu Luther s. Martin Brecht, Martin Luther, Bd. 3, Stuttgart 1987, S. 371 (verwendet von Melanchthon) und Christof Schu-bart, Die Berichte über Luthers Tod und Begräbnis. Texte und Untersuchungen, Weimar 1917, S. 125 – 127; zu Melanchthon: Melanchthon deutsch, Bd. 1, Leipzig 1997, S. 12 (in Heerbrands Tübinger Gedenkrede 1560); zu Brenz s. vor allem die Einleitung von Röslers Rede S. 240 und das obige Zitat aus Bidembachs Leichenrede.

16 Dry schöne neuwe geystliche Lieder / Das erst / Ein klaglied von dem absterben auß disem zergengklichen leben / des The-wren Hocherleuchten Mans Gottes / Herrn Johann Brentzen / Propsten zů Stůtgarten vnd general Superintendenten in Wirtemberg. Welcher den eilfften tag Septembris Anno 1570. seliglich im Herren verschiden. Im Thon / An wasserflüssen Babylon / ec. [Melodie: Evang Gesangbuch 1996, Lied 83] Das ander / Von Herrn D. Martini Luthers sterben [...], Straßburg: Thiebold Berger, [1570/71]. Der Lieddruck (8 Blatt in Oktav-For-mat), der noch den Wiederabdruck der Trauerlieder auf Luther von Leonhard Ketner und Hans Sachs und eines Trauerlieds auf Justus Jonas (gest. 1555) enthält, endet im Text mit den Initialen P.H.F.; es ist nur ein einziges Exemplar in der Berliner Staatsbi-bliothek bekannt.

17 Rentschler, Brenz 1921; Nachträge dazu: ders., Neue Funde zur Brenz-Stammtafel. In: Blätter für württ. Familienkunde 2, 1926/27 (S. 134 f. und 6) 1934/36 (S. 29 – 32); das Handexem-plar Rentschlers von seiner „Familiengeschichte" mit

zahlreichen Nachträgen und Verbesserungen befindet sich im LKA Stuttgart. Vgl. außerdem: Gerd Wunder, Die Familie und die Nachkommen des Reformators Johannes Brenz. In: Der Haal-quell 22, Schwäbisch Hall 1970, S.69 f.

18 Ihr steinernes Gedächtnismal, das der Sohn Johannes Brenz jr. ihr um 1565 errichten ließ, hängt heute an der Nord-Innenwand der Haller Michaelskirche (es wurde 1977/78 reno-viert und ergänzt), s. Gerd Wunder, Personendenkmale der Michaelskirche in Schwäbisch Hall, Schwäbisch Hall 1987, S. 12 und 63 Nr. 9; Maurer-Ulshöfer S. 28 (Abb. mit Zustand vor der Restaurierung).

19 Pfarrerbuch Württ. Franken 2, 1981, S. 128 f. Nr. 756 (Jakob) und S.131 Nr. 765 (Michael); Michael Gräter ist der Herausge-ber des Brenzschen Philipper-Kommentars (1548, Köhler 158 und weitere Ausgaben) und beide zusammen haben seit 1556 die berühmte große Brenz-Postille („Pericopae...") herausgegeben (zuerst lateinisch erschienen in 4 Teilen: Köhler 297, 298, 333, 348; mehrere lateinische und deutsche Ausgaben).

20 Sie war nicht, wie immer noch häufig zu lesen ist, dessen Tochter, sondern eine Nichte zweiten Grades von ihm, s. Georg Lenckner in: Württ. Franken 26/27, 1951/52, S.315f.; die Fami-lien der beiden Frauen von Brenz waren im übrigen miteinander verschwägert: ein Bruder von Margarete Gräter hatte eine Schwester von Johann Isenmann zur Frau.

21 Köhler 541/542, 543/544, 546, 551, 554, 588, 568 und 571; nur der 5. Band erschien 1594 in einer 2. Auflage (Köhler 578); in allen Bänden ist das Holzschnitt-Porträt des alten Brenz ent-halten, in Bd. 4 – 8 zusätzlich ein solches von Brenz jr.

22 Für die Widmung an den Ulmer Rat (in Band 7) und die damit verbundene Übereignung der Bände 1 – 7 hat Brenz jr. 1588 von diesem 40 Gulden verehrt bekommen, s. Hans Greiner in Württ. Vierteljahrshefte für Landesgeschichte 26 (1917) S.79 (Anm. 38).

23 So z. B. in der alten Kirchenbibliothek Weinsberg (allerdings beide Reihen nicht mehr vollständig).

24 Der Stuttgarter Stiftsprediger Wilhelm Bidembach z. B. erhielt 156 fl. Jahresbesoldung in bar (dazu eine Dienstwohnung und einen nicht unbeträchtlichen Besoldungsteil an Naturalien), s. Bernhardt, Zentralbehörden 1, 1972, S.99.

25 Ludwig Melchior Fischlin, Memoria Theologorum Wirtember-gensium I, Ulm 1710, S. 329.

26 Bis 1570 verzeichnet Köhler 527 datierte Drucke, bis 1599 594 datierte Drucke, wozu noch 38 undatierte Druckschriften kommen, die aber mit Sicherheit alle noch dem 16. Jh. angehö-ren, außerdem 13 Drucke anderer Verfasser mit Brenz-Vorreden.

27 Als weitere wichtige Bibliographien von Brenzdrucken, aller-dings beschränkt auf Drucke des 16. Jhs., sind zu nennen: der „Index Aureliensis", Teil A, Bd. 5, Baden-Baden 1974, S. 196 – 251 (mit 494 Titeln, chronologisch angeordnet, in Kurznachwei-sen: Nr. 124.289 bis 124.783) und das „Verzeichnis der im deut-schen Sprachbereich erschienenen Drucke des 16. Jhs. (VD 16)", I. Abteilung, Bd. 3, Stuttgart 1984, S. 260 – 330 (Nr. B 7469 bis B 7995, also 526 Titel, in alphabetischer Anordnung und nur auf die Bestände weniger großer Bibliotheken begrenzt).

28 Weismann, Katechismen 2, Bibliogr. A 1.1 und A 2.1 (Köhler 30 und 35).

29 Ebenda 2, Bibliogr. B 1.1.1 und B 4.1 (Köhler 80 und 83).

30 Ebenda 2, Bibliogr. C 1.1.1 und C 2.1.1 (Köhler 197 und 211); vgl. zu diesem Werk auch Weismann, Eine kleine Biblia. Die Katechismen von Luther und Brenz. Einführung und Texte, Stuttgart 1985, S. 74 – 77.

31 Ebenda 2, Bibliogr. B 12 (Kinderlehre), B 14 (Spruchbuch), E 26 (Konfirmandenbüchlein), B 8 (Kirchenordnung) und B 11

(Kommunikantenbüchlein).

32 Theodor Wotschke, Brenz als Katechet. Ein Beitrag zur Feier des 400jährigen Geburtstages des schwäbischen Reformators, Wittenberg 1900, S.86.

33 S. im Literaturverzeichnis.

34 Die evangelischen Kirchenordnungen des XVI. Jhs., begründet von Emil Sehling, Bd. 15: Württemberg; bisher nur erschienen: Württemberg I, Grafschaft Hohenlohe, bearb. von Gunther Franz, Tübingen 1977.

35 Köhler 609 und 618.

36 Pressel, Anecdota, 1868.

37 Schon Köhlers Bibliographia Brentiana enthält zahlreiche Nachträge zur Brenzüberlieferung, dann aber vor allem seine „Brentiana und andere Reformatoria", die in einer langen und unübersichtlichen Aufsatzreihe im Archiv für Reformationsgeschichte erschienen sind (Jg. 9, 1911/12 bis Jg. 26, 1929); Köhler hat außerdem 1935 den bisher ungedruckten Epheser-Kommentar von Brenz veröffentlicht; Ernst Bizer, Analecta Brentiana. In: BWKG 57/58 (1957/58) S. (253 – 373).

38 Die Herausgeber sind A. F. Th. Grunwald (1855, Köhler 623), Ludwig de Marées (1878, Köhler 628), Paul Pressel (1893, Köhler 997) und Ernst Bizer (1949).

39 G. K. Rieger (1687 – 1743), Die Krafft der Gottseligkeit [Predigten], Bd. 1, Stuttgart 1732, S. 245.

40 M. Adam (+ 1622), Vitae Germanorum Theologorum, qui superiori seculo ecclesiam Christi voce scriptisque propagarunt et propugnarunt, congestae, Heidelberg 1620, S. 436 – 455.

41 F. J. Beyschlag (1700 – 1738), Versuch einer vollständigern Lebens-Beschreibung Joh. Brentii des Aeltern, 1. Teil (1499 – 1522), Hall 1731/1735 (578 Seiten).

42 L. M. Fischlin (1672 – 1729), Memoria (wie Anm. 25) I, S. 23 – 38 und Suppl., 1710, S. 66 – 92.

43 135 Seiten; die Biographie in Teil 1; Teil 2 macht den Versuch einer ersten Brenz-Bibliographie.

44 J. M. Schröckh (1733 – 1808), Abbildungen und Lebensbeschreibungen berühmter Gelehrten, 1. Sammlung, Leipzig 1764, S. 31 – 40 (mit einem Porträt-Kupferstich von Brenz).

45 In C. F. Schnurrer (1742 – 1822): Erläuterungen der Würtembergischen Kirchen=Reformations= und Gelehrten=Geschichte, Tübingen 1798 und in seiner „Oratio Cancellarii de Johanne Brentio theologo" von 1811.

46 R. Fr. H. Magenau (1767 – 1846), Kurze Lebensbeschreibungen merkwürdiger Männer aus der Periode der Kirchen=Reformation, nebst 280 Anekdoten aus dem Leben derselben, Stuttgart 1816, S. 124 – 132 (mit 9 Brenz-Anekdoten S. 127 – 132).

47 E. F. Wolters, Sammlung kleiner Biographien verdienter Männer um Teutschlands Religions= und Gewissensfreiheit. Nro. 1. Des unvergeßlichen Würtembergischen Reformators Dr. Johannes Brentz (...). Aus Anlaß des erneuerten und in der Stiftssakristey aufgestellten Brentz'schen Epitaphiums und Bildnisses als ehrendes Andenken kurz zusammengestellt, 2. Aufl., Stuttgart 1827 (56 Seiten). Der Verfasser erwähnt im Vorwort, daß er separat ein „fein lithographirtes" Brenzporträt habe drucken lassen und bietet es in „in gr.8° à 4 Kreuzer und in gr.4° à 6 Kreuzer" an.

48 K. Pfaff (1795 – 1866), Wirtembergischer Plutarch. Lebensbeschreibungen berühmter Wirtemberger, Esslingen 1830, Teil I, S. 36 – 71.

49 Für eines der Lebensbilder war das Buchdruckerjubiläum 1840 (es wurde traditionell am 24. Juni, am Namenstag von Johannes Gutenberg, also auch am Geburtstag von Brenz, gefeiert!) der Anlaß; es ist mir jedoch eher unwahrscheinlich,

daß dies auch der Anlaß für die anderen Biographien war; die jeweiligen Vorworte bieten dafür jedenfalls keine Hinweise.

50 Er ist der Vater des Landeshistorikers Julius Hartmann d. J. (1836 – 1916), dem wir neben einzelnen Beiträgen zu Brenz vor allem die fundierten Biographien über Matthäus Alber (1863) und Erhard Schnepf (1870) verdanken.

51 2 Bände (VIII, 463 und VIII, 548 Seiten Umfang), Hamburg 1840/1842 (mit jeweils einem Quellenanhang); das Vorwort von Band 1 ist datiert vom 1.8.1840.

52 Stuttgart 1841 (VIII, 239 Seiten); „Mit dem Bildniß und einem Facsimile von Brentz" (das Porträt ist eine lithographische Nachbildung des Holzschnitts bei Reusner 1587, s. unten Anm. 67).

53 J. W. Camerer, Johannes Brenz, der Württembergische Reformator, Stuttgart 1840, erschienen in zwei Ausgaben: die eine, besser ausgestattete, mit dem Vermerk „Fest-Ausgabe zum 24. Juni 1840", und nur diese mit einem farbigen Ziertitel, einem eingeklebten Brenz-Porträt (Lithographie) und einem Subskribenten-Verzeichnis (9 Bl., 113 Seiten); die genannte Rezension in: Evang. Kirchenblatt 1, Stuttgart 1840/41, S. 470 – 478.

54 K. Dietrich (er hieß eigentlich „Dieterich"), Das Leben des Johannes Brenz in acht Erzählungen für Jugend und Volk, Esslingen 1841 (76 Seiten; keine Abb.); der in der vorigen Anm. erwähnten Rezension mißfällt der gelegentliche „Kalendermannston" dieses Werkchens!

55 F. Buttersack, Johannes Brenz. Eine Volksschrift. Eine vom württemb. Volksschulverein gekrönte Preisschrift, Stuttgart 1841 (61 Seiten, mit einem Holzschnitt). Eine anonym erschienene Schrift „Johannes Brenz", Stuttgart 1841 (Volksschriften des Württ. Volks-Schulen-Vereins, Nr. 2) ist wohl dieselbe Schrift.

56 F. Prött, Leben des Johannes Brenz, des Würtembergischen Reformators. In: Sonntags-Bibliothek. Lebensbeschreibungen christlich-frommer Männer VII/5, Bielefeld 1857, S. 67 – 112 (ohne Abb.).

57 Leben und Wirken des Württembergischen Reformators, Johannes Brenz. Nro. 175, Stuttgart: Verlag der Evang. Gesellschaft, o.J. [1870], (24 Seiten; mit Brenz-Porträt-Stich von E. Ade auf dem Titel); es erschienen zwei Auflagen als Werbeschrift mit der „Bitte um Beiträge zum Ankauf des noch stehenden Geburtshauses des Johannes Brenz in Weilderstadt"; der Verfasser des gut geschriebenen kleinen Lebensbilds ist vielleicht Julius Hartmann d. J., der sich sehr für dieses Haus eingesetzt hat.

58 A. Landenberger, Aus den Tagen des Reformators Brenz, Barmen o.J. [vor 1887], erschienen als „Familienbibliothek für's deutsche Volk, Nr. 85" (80 Seiten, mit Brenz-Bild auf dem Umschlag).

59 L. Hofacker (1837 – 1889; zuletzt Pfarrer in Heumaden), Johannes Brenz und Herzog Ulrich von Württemberg. Lebensbild aus der Reformationszeit, Stuttgart 1887 (Deutsche Jugend- und Volksbibliothek 114), (112 Seiten, mit Brenzbildnis „nach dem Gemälde in der Stiftskirche zu Stuttgart"); Neuauflage Stuttgart 1899 (Köhler 764).

60 O. Schnizer (1857 – 1935; Pfarrer in Wildenstein, später Schulrat in Esslingen), Johannes Brenz, der württembergische Reformator, Barmen o.J. [1887/88] (Für die Feste und Freunde des Gustav-Adolf-Vereins, Nr.78), (44 Seiten, mit Brenzbild auf dem Umschlag); die Schrift erschien anläßlich der Wiederherstellung des Brenzhauses in Weil der Stadt mit Hilfe des Gustav-Adolf-Vereins, Einweihung am 21.10.1887.

61 Vgl. dazu Julius Gmelin, Die Brenz-Litteratur von 1899. In:

Theologische Rundschau 3 (1900) S. 165 – 180 und Köhler, Bibliographia Brentiana, S. 349 – 352.

62 J. G. Völter (1836 – 1923, Pfarrer in Großingersheim, Missionar), Johannes Brenz. Ein Jubelbild zu seinem 400. Geburtstag am Tage Joh. Bapt., 24. Juni 1899, Ludwigsburg o.J. [1899], (2 Auflagen); W. Stähle, (1851 – 1910, Stadtpfarrer in Heilbronn), Johannes Brenz, der Reformator Württembergs. Ein Lebensbild, Schwäbisch Hall o.J. [1898], (Illustrirte Familien-Bibliothek II), (99 Seiten, zahlreiche Abb.), mit einer Anzeige zugunsten des Brenz-Hauses in Hall; G. Bayer (1865 – 1924, Pfarrer in Jagstheim), Johannes Brenz, der Reformator Württembergs. Sein Leben und Wirken dem evangelischen Volk erzählt. Preisgekrönte Festschrift [des Lutherischen Büchervereins für Württemberg]. Eine Festgabe zu seinem vierhundertsten Geburtstag, Stuttgart 1899 (95 Seiten, zahlreiche Abb.). 1902 erschien in Bremen im „Verlag des Traktathauses" noch eine weitere kleine populäre Brenzbiographie von A. Rücker, „Johannes Brenz, der Reformator Württembergs", die mir nicht zugänglich war (vgl. Köhler 789).

63 In der Reihe „Leben und ausgewählte Schriften der Väter und Begründer der lutherischen Kirche", VI. Teil (VI, 338 Seiten).

64 J. Hartmann, Johann Brenz. Leben und Auswahl seiner Schriften. In: Evang.Volksbibliothek, hg. von Dr. [Karl Friedrich] Klaiber, 2. Band: Enthaltend: Brenz, Mathesius, Arnd, Herberger, Andreä, Stuttgart 1863, S. VI f. und 1 – 120; mit Brenz-Porträt in Holzstich S. 3).

65 Vgl. Frühschriften 1, 1970, S. 1 – 3.

66 F. K. Wild (1807 – 1869), Johannes Brenzen's Leben. In: Das Leben der Altväter der lutherischen Kirche für christliche Leser insgemein aus den Quellen erzählt, hg. von Moritz Meurer, Bd. IV [Anton Corvinus, Georg von Anhalt, Brenz, Friedrich Mykonius], Leipzig und Dresden, 1864, S. 161 – 297 (laut S. 172 mit Brenz-Porträt nach dem Stuttgarter Epitaph; das Bild wurde aber offensichtlich dem Band nicht beigegeben).

67 500 Seiten, mit zahlreichen Kupferstich-Porträts; S. 249 das Brenzbild (im Oval, nach links gewandt, Nachstich nach dem Porträt von Tobias Stimmer (?) in: Nikolaus Reusner, Icones sive imagines virorum literis illustrium, Straßburg 1587, Neudruck Leipzig 1973, Bl. V5a).

68 Mir bisher nur als Nachweis in der British Library in London bekannt.

69 Marienlexikon, Bd. 1, St. Ottilien 1988, S. 574 (die untersuchte Quellenbasis scheint für Brenz freilich schmal und sehr zufällig zu sein!).

70 Seine rund ein Dutzend Aufsätze dazu sind verzeichnet in: Schwäbisch Hall, Stadtbibliographie Bd. 1, 1983, S. 153 Nr. 2203 – 2213 und Bd. 2, 1996, S. 193 Nr. 1906.

71 Alfred Brecht (1900 – 1979, Ephorus in Blaubeuren und Urach und Vater des Kirchenhistorikers und Brenzforschers Martin Brecht), Johannes Brenz, der Reformator Württembergs, Stuttgart 1949 (60 Seiten, mit Bildern); Martin Brecht: Johannes Brenz, Neugestalter von Kirche, Staat und Gesellschaft, Stuttgart 1971 (52 Seiten, mit dem farbigen Porträt des Epitaphs), außerdem seien noch genannt die zwei kleinen Hefte von Gottfried Berron (Johannes Brenz, der Reformator Württembergs, Neuffen 1976, 39 Seiten und 1 Porträt) und Hildegard Krug (Um des Evangeliums willen. Aus dem Leben des Reformators Johannes Brenz, Metzingen 1976, Heft 71 der Reihe „Goldregen", 30 Seiten).

72 Stuttgart und Aalen 1974 (Forschungen aus Württembergisch-Franken, Bd.9), (221 Seiten).

73 M. Brecht, Die frühe Theologie des Johannes Brenz, Tübingen 1966 (seine Habilitationsschrift).

74 Die wichtigsten (aber nicht alle) Beiträge sind verzeichnet in der Anm. 70 genannten Bibliographie.

75 Die Titel der Kataloge seien hier noch aus Dokumentationsgründen in extenso wiedergegeben: 1534 – 1934. Die Reformation in Württemberg. Die Bibel. Ausstellung, veranstaltet von der Württembergischen Landes=Bibliothek gemeinsam mit dem Schloßmuseum, der Staatsgalerie und dem Staatsarchiv, sowie in Verbindung mit der Evang. Landeskirche. Stuttgart, im Neuen Schloß, Eingang Mittelportal, vom 16. Mai bis Ende Juli 1934, Öffnungszeiten täglich von 10 – 18 Uhr, [Katalog], Stuttgart 1934 (77 Seiten und Anzeigenteil, 3 Abb.; Geleitwort von Ministerialrat [Theophil] Frey, Vorstand der Landesbibliothek, und „Überblick über die Württembergische Reformationgeschichte" von D. [Julius] Rauscher).

Johannes Brenz 1499 – 1570. Eine Gedächtnisausstellung zum 400. Todestag des Reformators. Durchgeführt von der Stadt Schwäbisch Hall und der Evangelischen Kirchengemeinde Schwäbisch Hall. Bearbeitet von Kuno Ulshöfer und Hans-Martin Maurer, Hospitalkirche Schwäbisch Hall, 12. September 1970 – 27. September 1970, Öffnungszeiten: täglich 10 – 12 und 15 – 18 Uhr. [Katalog], Schwäbisch Hall 1970 (85 Seiten, 11 Abb.; Vorwort von Prof. Dr. Walter Grube, Oberstaatsarchivdirektor, mit Beitrag von Martin Brecht „Johannes Brenz - eine Skizze seines Lebens und Werkes"); eine 2., druckgleiche Ausgabe erschien mit dem neuen Titel: Johannes Brenz, Reformator und Organisator der Evangelischen Landeskirche in Württemberg. Eine Gedächtnisausstellung zum 400. Todesjahr. Durchgeführt vom Hauptstaatsarchiv Stuttgart. Bearbeitet von Hans-Martin Maurer und Kuno Ulshöfer. Ausstellungsverzeichnis 1970. (Vgl. zu dieser Ausstellung mit 3780 Besuchern, worunter 82 Gruppen, den Bericht von Hans-Martin Maurer in: Der Archivar 24, 1971, Sp.103f.).

Reformation in Württemberg. Ausstellung zur 450-Jahr-Feier der Evangelischen Landeskirche. Württembergische Landesbibliothek Stuttgart, 15. Mai bis 22. Juli 1984. Katalog, im Auftrag des Evangelischen Oberkirchenrats herausgegeben vom Landeskirchlichen Archiv, Stuttgart 1984 (Evangelische Landeskirche in Württemberg. Kataloge der Ausstellungen, Teil 1: Reformation in Württemberg), (340 Seiten, zahlreiche Abb.); auch in den beiden weiteren Katalogen (Teil 2 und Teil 3) „Glaube, Welt und Kirche im Evangelischen Württemberg" und „450 Jahre Kirche und Schule in Württemberg" sind Beiträge zu Brenz enthalten.

Quellen- und Literaturverzeichnis (in Auswahl)

Bernhardt, Zentralbehörden = Walter Bernhardt, Die Zentralbehörden des Herzogtums Württemberg und ihre Beamten 1520-1629 (Veröffentlichungen der Kommission für geschichtliche Landeskunde in Baden-Württemberg B, Bd. 71-72) Stuttgart 1973.

Bossert, Quellen = Gustav Bossert (Hg.), Quellen zur Geschichte der Wiedertäufer. 1: Herzogtum Württemberg (Quellen und Forschungen zur Reformationsgeschichte, Bd. 13,1) Leipzig 1930.

Brecht, Anfänge = Martin Brecht, Anfänge reformatorischer Kirchenordnung und Sittenzucht bei Johannes Brenz. In: Zeitschrift der Savignystiftung für Rechtsgeschichte 86, Kanonistische Abt. 55 (1969) S. 322-347.

Brecht, Frühe Theologie = Martin Brecht, Die frühe Theologie des Johannes Brenz (Beiträge zur Historischen Theologie, Bd. 36) Tübingen 1966.

Brecht-Ehmer = Martin Brecht und Hermann Ehmer, Südwestdeutsche Reformationsgeschichte, Stuttgart 1984.

Brenz, Christologische Schriften, siehe Brenz, Werke

Brenz, Frühschriften, siehe Brenz, Werke

Brenz, Opera = Operum reverendi et clarissimi theologi, d. Ioannis Brentii ... Tom. 1-8, Tübingen: Georg Gruppenbach 1576-1590

Brenz, Schriftauslegungen, siehe Brenz, Werke

Brenz, Werke = Johannes Brenz, Werke. Eine Studienausgabe, hg. von Martin Brecht und Gerhard Schäfer.

Bis jetzt erschienen:

Frühschriften. Hg. von M. Brecht, G. Schäfer und Frieda Wolf. Teil 1, Tübingen 1970; Teil 2, Tübingen 1974.

Schriftauslegungen. Teil 1: Homiliae vel Sermones nonnulli in Prophetam Danielem, hg. von M. Brecht, E. W. Göltenboth und G. Schäfer, Tübingen 1972; Teil 2: Explicatio epistolae Pauli ad Romanos. Bearb. von Stefan Strohm, Tübingen 1986.

Die christologischen Schriften. Hg. von Theodor Mahlmann, Teil 1, Tübingen 1981.

Briefwechsel Hz. Christoph = Briefwechsel des Herzogs Christoph von Wirtemberg. Hg. von Viktor Ernst, Bd. 1-4, Stuttgart 1899-1907.

BWKG = Blätter für württembergische Kirchengeschichte [1. Folge] 1 (1886) - 10 (1895); Neue Folge 1 (1897) - 47 (1943); 48 ff. (1948 ff.)

Cohrs = Ferdinand Cohrs, Die evangelischen Katechismusversuche vor Luthers Enchiridion, Bd. 1-5, Berlin 1900-1907 (Monumenta Germaniae Paedagogica, Bd. 20-23 und 39) [Reprint Hildesheim 1977].

Ehmer, Vannius = Hermann Ehmer, Valentin Vannius und die Reformation in Württemberg (Veröffentlichungen der Kommission für geschichtliche Landeskunde in Baden-Württemberg B, Bd. 81) Stuttgart 1976.

German, Buchdruckerkunst = Wilhelm German, Geschichte der Buchdruckerkunst in Schwäbisch Hall bis Ende des 17. Jahrhunderts, Schwäb. Hall 1914 (Sonderdruck aus WFr NF 11 (1914); auch Separatdruck Straßburg 1916).

Gesch. des humanist. Schulw. = Geschichte des humanistischen Schulwesens in Württemberg, hg. von der Württ. Kommission für Landesgeschichte, Bd. 1-3, Stuttgart 1912-1927.

Gmelin = Julius Gmelin, Hällische Geschichte. Geschichte der Reichsstadt Hall und ihres Gebietes, Schwäbisch Hall 1896.

Haalquell = Der Haalquell. Blätter für Heimatkunde des Haller Landes 8 ff. (1956 ff.)

Hartmann-Jäger = Julius Hartmann [d.Ä.] und Karl Jäger, Johann Brenz. Nach gedruckten und ungedruckten Quellen, Bd. 1-2, Hamburg 1840-1842.

Heerbrand = Jakob Heerbrand, Oratio funebris, de vita et morte reverendi viri ... d. Ioannis Brentii ... Tübingen: ohne Drucker 1570.

Herolt-Chronik ed. Kolb = Kolb, Christian (Hrsg.), Geschichtsquellen der Stadt Hall, Bd. 1 (Württ. Geschichtsquellen, Bd. 1) Stuttgart 1894.

Hubert, Vergerio = Friedrich Hubert, Vergerios publizistische Thätigkeit. Nebst einer bibliographischen Übersicht, Göttingen 1893.

Katalog Kirche u. Schule in Württ. 1984 = 450 [Vierhundertfünfzig] Jahre Evangelische Landeskirche in Württemberg. Kataloge der Ausstellungen, Teil 3, 450 Jahre Kirche und Schule in Württemberg, Bilder, Dokumente und Texte, hg. vom Pädagogisch-Theologischen Zentrum Stuttgart, Stuttgart 1984.

Katalog Reformation in Württ. = 450 Jahre Evangelische Landeskirche in Württemberg. Kataloge der Ausstellungen, Teil 1, Reformation in Württemberg, Katalog, hg. vom Landeskirchlichen Archiv Stuttgart, Stuttgart 1984.

Köhler = Köhler, Walther, Bibliographia Brentiana. Bibliographisches Verzeichnis der gedruckten und ungedruckten Schriften und Briefe des Reformators Johannes Brenz, Berlin 1904 (Reprint Nieuwkoop 1963).

LKA = Landeskirchliches Archiv Stuttgart

Luther WA = D. Martin Luthers Werke. Kritische Gesamtausgabe (Weimarer Ausgabe), Abteilung [1], Werke, Bd. 1-62, Weimar 1883-1986 (und Revisionsnachträge, Bd. 1-6, Weimar 1963-1974); Abteilung [II], Tischreden [WATr], Bd. 1-6, Weimar 1912-1921; Abteilung [IV], Briefwechsel [WABr], Bd. 1-18, Weimar 1930-1985.

Maurer/Ulshöfer = Hans-Martin Maurer und Kuno Ulshöfer, Johannes Brenz und die Reformation in Württemberg. Eine Einführung mit 112 Bilddokumenten, Stuttgart und Aalen o.J. [1974]; unveränderter Nachdruck ebd. 1984.

MBW = Philipp Melanchthons Briefwechsel. Kritische und kommentierte Gesamtausgabe. 1. Regesten. Hg. von Heinz Scheible, Bd. 1 ff., Stuttgart-Bad Cannstatt 1977 ff.

Osiander GA = Andreas Osiander d. Ä., Gesamtausgabe. Hg. von Gerhard Müller, Bd. 1ff., Gütersloh 1975ff.

Pfarrerbuch Württ. Franken = Baden-Württembergisches Pfarrerbuch, Band II: Pfarrerbuch Württembergisch Franken, bearb. von Otto Haug, Max-Adolf Cramer [u.a.], Teil 1-3, Stuttgart 1981-1993.

Richter, Kirchenordnungen = Ämilius Ludwig Richter (Hg.), Die evangelischen Kirchenordnungen des sechzehnten Jahrhunderts, Bd. 1, Weimar 1846.

Rücklin-Teuscher = Gertrud Rücklin, Religiöses Volksleben des ausgehenden Mittelalters in den Reichsstädten Hall und Heilbronn (Historische Studien H. 226) Berlin 1933.

Schindling-Ziegler, Territorien = Anton Schindling und Walter Ziegler (Hg.), Die Territorien des Reichs im Zeitalter der Reformation und Konfessionalisierung. Land und Konfession 1500-1650, H. 1-5 (Katholisches Leben und Kirchenreform im Zeitalter der Glaubensspaltung, H. 49-53) Münster 1989-1993.

Stadtbibliographie Schwäb. Hall = [Band 1,] Ursula Pfeiffer
(Bearb.), Schwäbisch Hall. Bibliographie zur Stadtgeschichte
(Forschungen aus Württembergisch Franken, Bd.19) Sigma-
ringen 1983; [Band 2,] Ursula Pfeiffer und Daniel Stihler
(Bearb.), Stadtbibliografie Schwäbisch Hall 2 (1981 - 1996),
(Veröffentlichungen des Stadtarchivs Schwäb. Hall, Heft 4)
Schwäb. Hall 1996.

Pressel, Anecdota = Theodor Pressel, Anecdota Brentiana.
Ungedruckte Briefe und Bedenken von Johannes Brenz,
Tübingen 1868.

Rentschler, Brenz = Adolf Rentschler, Zur Familiengeschichte
des Reformators Johannes Brenz, Tübingen 1921.

Reu = Johann Michael Reu, Quellen zur Geschichte des kirchlichen Unterrichts in der evangelischen Kirche Deutschlands
zwischen 1530 und 1600, Teil 1, Quellen zur Geschichte des
Katechismus-Unterrichts, Bd. 1-3, Gütersloh 1904-1935.

Reyscher = August Ludwig Reyscher, (Hrsg.), Vollständige, his-
torisch und kritisch bearbeitete Sammlung der württembergischen Gesetze, Bd. 8 und 9: Kirchengesetze, hg. von Theodor Eisenlohr, Tübingen 1834/1835.

Schottenloher, Bibliographie = Karl Schottenloher, Bibliographie
zur deutschen Geschichte im Zeitalter der Glaubensspaltung
1517-1585, Bd. 1-7, 2. Aufl., Stuttgart 1956-1966.

Sehling = Emil Sehling [u.a.] (Hrsg.), Die evangelischen Kirchenordnungen des XVI. Jahrhunderts, Bd. 1-5, Leipzig 1902-
1913 [Reprint Aalen 1970-1979], Bd. 6-15, Tübingen 1955-
1980.

StadtA Schwäb. Hall = Stadtarchiv Schwäbisch Hall.

Thieme-Becker = Ulrich Thieme und Felix Becker (Hrsg.), Allgemeines Lexikon der bildenden Künstler von der Antike bis zur
Gegenwart, Bd. 1-37, Leipzig 1907-1950.

TRE = Theologische Realenzyklopädie, hg. von Gerhard Krause
und Gerhard Müller, Bd. 1 ff., Berlin /New York 1977 ff.

VD 16 = Verzeichnis der im deutschen Sprachbereich erschie-
nenen Drucke des XVI. Jahrhunderts, hg. von der
Bayerischen Staatsbibliothek in München in Verbindung mit
der Herzog August Bibliothek in Wolfenbüttel, 1. Abteilung,
Verfasser - Körperschaften -Anonyma, Bd. 1-22 Bände,
Stuttgart 1983-1995; II. Abteilung, Register der Herausgeber,
Kommentatoren, Übersetzer und literarischen Beiträger,
Bd. 1-2, Stuttgart 1997.

WA siehe Luther, WA

Weismann, Katechismen = Christoph Weismann, Die Katechis-
men des Johannes Brenz, Bd. 1, Die Entstehungs-, Text- und
Wirkungsgeschichte, Berlin / New York 1990; Bd. 2,
Bibliographie, Berlin / New York [voraussichtlich 1999].

Widmann-Chronik ed. Kolb = Kolb, Christian (Hrsg.),
Geschichtsquellen der Stadt Hall, Bd.2 (Württ. Geschichtsquellen, Bd.6) Stuttgart 1904.

WFr = Württembergisch Franken. Zeitschrift [ab 29, 1938, Jahr-
buch] des Historischen Vereins für [das] württ. Franken,
Bd.1-10 (1847-1878); Neue Folge Bd. 1-30 (1882-1955) [=
Gesamtreihe Bd. 11-40]; Bd.41 ff., Schwäb. Hall 1957 ff.

Wunder, Haller Rat und Johannes Brenz = Gerd Wunder, Der
Haller Rat und Johannes Brenz 1522-1530. In: WFr 55 (1971)
S. 56-67.

ZWLG = Zeitschrift für württembergische Landesgeschichte
(Neue Folge der Württembergischen Vierteljahrshefte für
Landesgeschichte), 1 ff., Stuttgart 1937 ff.

Zeittafel zum Leben von Brenz

1499, 24. Juni	Geburt in der schwäbischen Reichsstadt Weil der Stadt als Sohn des Martin Heß, „genannt prentz", und der Katharina Henichin (Hennig).
	Schulbesuch (Lateinschule) in Weil der Stadt,
1510 / 1511	1510 in Heidelberg; seit 1511 in Vaihingen/Enz (Lehrer: M. Johannes Schmidlin).
1514, 13. Oktober	Immatrikulation an der Universität Heidelberg, Angehöriger der „Bursa Realium" oder „Schwabenburse". (Mitstudierende: Johannes Ökolampad, Johann Lachmann, Theobald Gerlacher Billicanus, Bernhard Wurzelmann, Erhard Schnepf, Johannes Kneller, Johannes Geyling, Nikolaus Müller gen. Maier, Franz Irenicus, Johannes Stumpf, Martin Frecht, Johannes Eisenmenger/Isenmann, Ludwig Hierter, Martin Germanus, Johann Machtolf, Sebastian Franck, Michael Gräter, Martin Bucer, Johann Feßler, Kaspar Gräter, Paul Fagius).
1516, 20. Mai	Baccalaureus artium viae antiquae an der Artistenfakultät.
1516	Erste literarische Veröffentlichung: *griechisches Epigramm* in: Thomas Medius: Comedia, quae Epirota inscribitur (Oppenheim 1516).
1517	Mitarbeiter von Oekolampad in Weinsberg (Index zur Hieronymus-Ausgabe des Erasmus von Rotterdam).
1518, März	*Lateinisches Epigramm* in: Johannes Stöffler: Calendarium Romanum Magnum (Oppenheim 1518).
1518, 26. April	Heidelberger Disputation Martin Luthers beim Generalkapitel der deutschen Augustinereremiten-Kongregation; Bucer und Brenz suchen Luther am folgenden Tag noch zu weiteren Gesprächen in seinem Quartier auf.
1518, 18. Oktober	Magister artium; Lehrtätigkeit in der Artistenfakultät (Vorlesungen über biblische Bücher: 1518/19 Erklärung des Matthäusevangeliums); Beginn des Theologiestudiums.
1519, 20. Juli	Brenz wird Regens der „Schwabenburse" der Realisten.
1520	Er ist Kanonikus (Vikar) beim Kollegiatstift der Kirche zum Hl. Geist in Heidelberg; Luther-Studium, Melanchthon-Lektüre.
1521, 1. Oktober	Michael Gräter wird Pfarrer an St. Katharina in seiner Vaterstadt Hall.
1522	Brenz-Predigt *Von zweierlei Gott, dem irdischen und dem himmlischen* (nur handschriftlich überliefert).
1522, 20. August	Erlaß gegen Brenz und Theobald Billican durch Kurfürst Ludwig V. von der Pfalz wegen „Winkelpredigten" und Vorlesungen „an unüblichen Orten", beide verlassen Heidelberg.

1522, 8. September	Berufung von Brenz zum Prediger an St. Michael in Schwäbisch Hall: Probepredigt am 8. September, Anstellung durch den Rat (Besoldung: 80 Gulden pro Jahr, steuerfrei).
1523, wohl 30. Mai	Priesterweihe und Primiz in Weil der Stadt (oder in Speyer?); als Vertreter des Haller Rats nimmt Hans Wetzel daran teil.
1523, wohl 12. April	Predigt: *Ain Sermon zu allen Christen von der kirche vnd von irem schlüssel und gewalt* (Druck Augsburg 1523, wohl erste selbständig erschienene Schrift von Brenz).
1523, 25. Juli	Predigt: *Ein Sermon von den heyligen, gebredigt zu Schwebischen hall An sant iacobs tag* (Druck Ulm 1523).
1523/1524	Beginn einer behutsamen Neuordnung des Kirchenwesens in Hall (gewaltfreies Vorgehen: Verändern durch Überzeugen); weitere reformatorische Predigten.
1524	Johann Isenmann (Eisenmenger) wird zum Pfarrer an St. Michael in Hall berufen. Die Franziskaner übergeben das Barfüßerkloster am Markt (Kirche St. Jakob) an den Rat; die Mönche werden von der Stadt versorgt, der Konvent 1526 endgültig aufgelöst. Die Lateinschule wird vorübergehend in die Klostergebäude verlegt; die Einkünfte des Klosters verwendet man zur Lehrerbesoldung (dadurch Abschaffung des Schulgelds).
1524/1525	*Underrichtung der zwispaltigen artickel cristenlichs glaubens* (nur handschriftlich überliefert). Deutliche reformatorische Maßnahmen des Rats (z.B. Verbot des Konkubinats).
1525	Bauernkrieg; mehrere Schriften und Gutachten von Brenz:
1525, März	*Von Gehorsam der underthon gegen irer oberkait* (Augsburg 1525).
1525, Juni	*Gutachten* zu den „Zwölf Artikeln" der Bauern, die Brenz zum Schiedsrichter benannt haben; nach dem Aufstand 3 Gutachten für den Haller Rat. *Von Milterung der Fürsten gegen den auffrürischen Bauren* (Augsburg 1525).
1525, Sept./Oktober	Beginn des Abendmahlsstreits (bis 1529). Oekolampad: *De genuina verborum Domini „Hoc est corpus meum"* ... expositione; Gegenschrift von Brenz im Auftrag von 14 schwäbisch-fränkischen Theologen: *„Syngramma Suevicum"* (Druck Augsburg 1526); sie vertritt die Luther-Brenzsche Abendmahlslehre gegen die Schweizerisch-Oberdeutsche.
1526, Ostern	*Frümeßordnung* (erste Gottesdienstordnung für Hall).
1526	Schriften: *Libellus insignis de Missa* (Hagenau 1526), *Hiob-Kommentar* (Druck Hagenau 1527), *Epheser-Kommentar, Prediger Salomo* (Druck 1528).
1526, 25. Dezember	Weihnachten: erstes evangelisches Abendmahl in der Michaelskirche (wohl am Dreikönigsaltar); *Abendmahlsvermahnung*.
1527, Januar/Februar	*Reformation der Kirchen:* Kirchenordnungsentwurf (betr. Gottesdienst, Sittenzucht und Schule).

1527, Sommer	Endgültige *Ordnung etlicher Kirchenbräuch* (Gottesdienstordnung) und *Ordnung des Katechismusgottesdiensts*; erster Katechismus *Fragstück des christlichen Glaubens* (Erstausgabe Augsburg 1528, nicht von Brenz autorisiert). Abschaffung der Messe in den Haller Kirchen St. Michael und St. Katharina. Schriften: *Johannes-Kommentar* (Druck Hagenau 1528); *Zwo Christenliche Sermon, Wie das holtz des creutzs behawen und am weichsten angegriffen werden soll. Item auß was ursach glück und unglück entstee* (Straßburg 1527).
1528	Schriften: *Ob ein weltliche Oberkeyt mit Gotlichem und billichem rechten möge die Widerteuffer durch fewr oder schwert vom leben zu dem tode richten lassen* (Hagenau 1528); *Hosea-Kommentar* (Druck Hagenau 1531); *Etlich Tractetli* (Augsburg, um 1528). Brenz ist Berater von Markgraf Georg von Brandenburg-Ansbach und z.T. auch für die Reichsstadt Nürnberg.
1529, 15. März bis 25. April	(2.) Reichstag von Speyer: Hall schließt sich nicht der Protestation an, was Brenz in Hall verurteilt. *Gutachten* zum politischen Widerstandsrecht; Stifts- und Klosterordnung für Ansbach (1. Juni). Gutachten *Von Eesachen* für Markgraf Georg (27. Juli; Druck: Augsburg 1529).
1529, September/Oktober	Die Türken vor Wien; *22 Predig den Türckischen krieg betreffend* (Erstausgabe latein. Wittenberg 1532).
1529, 2. bis 4. Oktober	Marburger Religionsgespräch mit Teilnahme von Brenz auf Seiten Luthers.
1529	Drei Sermone: *Wie man sich Christenlich zuo dem Sterben beraytten sol. Das man Gott rechtgeschaffen dienen soll. Wie das ubel nachreden für ein schwere sünde zuo achten sey* (Augsburg 1529).
1530, Mai bis September	Augsburger Reichstag, an dem Brenz als Berater von Markgraf Georg teilnimmt; er ist Mitglied des „Kleinen Ausschusses" (Verhandlungen über die Religionsfrage) und ein strikter Gegner des Reichstags-Abschieds vom 22. September.
1530, 25. Juni	Verlesung und Übergabe der Confessio Augustana.
1530, 11. Dezember	Heirat mit Margarete verwitwete Wetzel, geborene Gräter, Tochter des Haller Ratsherrn Kaspar Gräter und seiner Frau Barbara geb. Rößler, (Schwester des St. Katharina-Pfarrers Michael Gräter), geb. 1501, verh. I 1517 mit Hans Wetzel; gest. 18. November 1548; 6 Kinder mit Brenz.
1530	Schrift: *Amos-Kommentar* mit Vorwort Luthers (Wittenberg 1530).
1531, 28. Januar	*Ordnung des Send* (Zuchtordnung für die Sendgerichte).
1531, 27. Februar	Gründung des Schmalkaldischen Bunds der Protestanten gegen den Kaiser; Hall schließt sich auf Anraten von Brenz dem Bündnis nicht an (auch Markgraf Georg bleibt fern).
1531, Mai bis September	Briefwechsel mit Melanchthon über die Rechtfertigungslehre.

1531	Abschluß des Prozesses gegen Brenzens Eltern am Reichskammergericht in Esslingen wegen ihrer evangelischen Haltung. Arbeit an den *Homilien über die Königsbücher*.
1531, 11. Oktober	Tod Zwinglis in der Schlacht bei Kappel.
1531, 23. November	Tod Oekolampads in Basel.
1531, ab 27. November	Mitarbeit an der Brandenburg-Nürnberger Kirchenordnung (erschienen 1533).
1532, 28. Januar	Geburt der ersten Tochter Barbara in Hall (gest. 21. Mai 1572).
1532, 1. April – 12. Mai	Tagung der Schmalkaldener in Schweinfurt unter Teilnahme von Brenz.
1532, Juli	Brenz beim Reichstag in Nürnberg (Nürnberger „Religionsfriede").
1532	Gutachen: *Ob ein Haussvatter oder Haussmuter möge mit gutem Gewissen Unchristenliche und Papstliche Ehehalten under irem Gesind gedulden*
1534	Die Haller Kirchen St. Johann und die Marienkirche zur Schuppach werden geschlossen; damit Ende der letzten katholischen Messen.
1534, Mai	Beginn der Reformation in Württemberg nach der Rückkehr Herzog Ulrichs in sein Land.
1534, 16. Mai	Erste evangelische Predigt in der Stuttgarter Stiftskirche durch den Hofprediger Herzog Ulrichs, Konrad Öttinger. Ambrosius Blarer und Erhard Schnepf werden zu Reformatoren des Landes berufen.
1534, 2. August	Die Stuttgarter Abendmahlskonkordie versucht, den Gegensatz zwischen Oberdeutschen und Lutheranhängern zu überbrücken.
1535	Brenz wird (von Geyling empfohlen) als Berater zur Reformation in Württemberg zugezogen.
1535, 28. Mai	Kolloquium mit Kaspar Schwenckfeld in Tübingen (Versuch einer Konkordie).
1535, August/September	Aufenthalt von Brenz in Stuttgart; *Gutachten* zur Kirchenordnung, zur Eheordnung und zur Visitation; Gespräche zur Abendmahlsfrage.
1535, Spätjahr	Reise nach Frankfurt am Main.
1535	Schriften: *Homilien zur Apostelgeschichte* (latein., Hagenau, Februar 1535); zweiter Katechismus für Hall (und Württemberg) *Fragstück des christlichen Glaubens* (Hagenau 1535); *Kommentar zu den Büchern Richter und Ruth* (ebenda); *Ein Christliche Predig von erhaltung gemeynes frides* (Nürnberg).
1536, Anfang März	Erste württembergische Kirchenordnung (mit dem neuen Brenz-Katechismus als Anhang).

1536, 21. bis 29. Mai	Abendmahlsgespräche der Oberdeutschen mit Luther in Wittenberg (Brenz eingeladen, aber nicht teilgenommen): Wittenberger Abendmahls-Konkordie
1536, vor Juli	Peter Braubach, bisher in Hagenau tätiger Drucker-Verleger, läßt sich (vermutlich auf Initiative von Brenz) in Hall als erster Drucker der Stadt nieder (bis 1540, dann Wegzug nach Frankfurt a.M.).
1536, 3. Dezember	Brenz wird, von Melanchthon gedrängt, zur Reform der Universität Tübingen gewonnen (3. Dezember: erster Aufenthalt in Tübingen).
1537, 7.-20. Februar	Konvent von Schmalkalden (Teilnahme im Gefolge Herzog Ulrichs); Ablehnung des geplanten Konzils in Mantua. Bugenhagen unterschreibt Luthers Schmalkaldische Artikel nach Brenzens vorzeitiger Abreise auch in dessen Auftrag.
1537, April bis 1538, April	Brenz wirkt von April 1537 bis 6. April 1538 in Tübingen; Reformation der Universität, exegetische Vorlesungen (Exodus und 51. Psalm).
1537, 10. September	Uracher „Götzentag": Brenz und Schnepf setzen sich gegenüber Blarer für Erhalt der „unärgerlichen" Bilder ein; Herzog Ulrich entscheidet gegen die Bilder, doch bleiben eine Reihe von Kunstwerken erhalten (wie auch in Hall).
1537	Schriften: *Lukas-Homilien,* (1. Teil: Hall, September. 1537; 2. Teil: ebenda, März 1538); *Türcken-Büchlein* (Neuausgabe).
1538, Juli/August	Hall tritt (zusammen mit Heilbronn) dem Schmalkaldischen Bund bei.
1539, 6. August	Sohn Johannes in Hall geboren (später Theologieprofessor in Tübingen; gest. 29. Januar 1596).
1539	*Exodus-Kommentar* (Hall 1539); *21 Predigten über Lukas 6 und Matthäus 5* (Hagenau 1539).
1540, 12. Juni - 16. Juli	Teilnahme am Religionsgespräch in Hagenau (Ende: 28. Juli). Erkrankung an der Cholera.
1540, ab 20. November	Teilnahme am Religionsgespräch in Worms (kaiserlicher Orator: Granvella; Ende: 18. Januar 1541). Ruf nach Augsburg abgelehnt (erneute Berufung 1552).
1541, 22. April bis 22. Mai	Religionsgespräch in Regensburg (im Rahmen des Regensburger Reichstags), Teilnahme von Brenz (Rückkehr am 9. Juni).
1542	Brenz kauft ein Hofgut in Gottwollshausen bei Hall um 800 Gulden. Wiedererrichtung des Landkapitels Hall (Superintendent: Johannes Isenmann); Arbeit an einer neuen Kirchenordnung für Hall. *Leviticus-Kommentar,* (Frankfurt a.M., September 1542).
1542, Dezember	Ruf an die Universität Leipzig (über Melanchthon) abgelehnt.
1543	Kommentare zu *Philemon und Esther,* (Hall, Januar 1543).

1543, September/Oktober	Verhandlungen über einen Ruf an die Universität Tübingen, 1544 abgelehnt. Bestallungsurkunde vom Haller Rat: 200 Gulden Gehalt. Haller Kirchenordnung: *Ordnung der Kirchen in eins Erbarn Raths zu Schwäbischen Hall Oberkeit und gepiet gelegen,* Hall 1543.
1544	Predigten: *Homilien „De poenitentia",* (latein.: Hall, August 1544, deutsch: ebd. 1546).
1545, März bis August	Reichstag in Worms (Beschluß der Protestanten, an dem nach Trient ausgeschriebenen Konzil nicht teilzunehmen).
1545, 13. Dezember	Eröffnung des Konzils von Trient (tagt mit Unterbrechung bis 1563).
1545	*Homilien zum Johannes-Evangelium* (latein.: 1. Teil Hall 1545, 2. Teil ebd. Mai 1548).
1546, 27. Januar bis 10. März	2. Religionsgespräch in Regensburg: Teilnahme von Brenz (Regensburger Colloquium).
1546, 18. Februar	Tod Luthers in Eisleben, von Brenz schmerzlich beklagt.
1546	*Galaterbrief-Kommentar* (mit Nachruf auf Luther), Hall 1546/47 (latein.).
1546, ab 10. März	Beginn des Schmalkaldischen Kriegs; November: Kapitulation der oberdeutschen Reichsstädte.
1546, 16. Dezember	Kaiser Karl V. in Hall (bis 23. Dezember): Besetzung der Stadt; Brenz wird beinahe ermordet, sein Haus geplündert (darunter belastende Briefe); er flieht am 20. Dezember.
1547, 5. Januar	Rückkehr nach Hall. Frühjahr: Ende des Krieges und Niederlage des Schmalkaldischen Bundes.
1547, September/Oktober und Januar 1548	Brenz lehnt Berufungen nach Feuchtwangen, wiederum nach Leipzig, und nach Straßburg ab.
1548	*Philipperbrief-Auslegung* (Hall, März 1548).
1548, 15. Mai	Augsburger „Interim" des Kaisers, von Brenz heftig bekämpft („Ex Interim interitus"). Druckschrift: *Bedencken Etlicher Predicanten ... auffs INTERIM* (Magdeburg 1548) und *Gutachten,* auch für Herzog Christoph und Herzog Ulrich. Hall nimmt das Interim unter Druck an; der kaiserliche Kanzler Granvella verlangt die Auslieferung von Brenz.
1548, 24. Juni	Brenz flieht, von einem Ratsmitglied gewarnt („Domine Brenti, cito fuge, fuge!"), aus Hall und gelangt über limpurgisches Gebiet nach Württemberg. Auch Isenmann und Michael Gräter verlassen die Stadt, in die wiederum spanische Truppen verlegt werden.
1548, 30. Juni	Reichstagsabschied Augsburg: Das Interim ist Reichsgesetz.

1548, Sommer	Versteck Brenzens auf Hohenwittlingen unter dem Schutz Herzog Ulrichs (mit seiner Familie, die wenig später nach Hall zurückkehrt). Johannes Witlingius (Pseud.): *Auslegung von Psalm 94 und 130* (latein., Basel 1548). Brenz flieht weiter nach Straßburg und Mömpelgard.
1548, Oktober	Aufenthalt in Basel, wo er Herzog Christoph trifft.
1548, 18. November	Tod von Margarete Brenz in Hall (Schwindsucht).
1548/1549	Berufungen nach Magdeburg, Preußen, England, Brandenburg lehnt er aus Verpflichtung und Dankbarkeit gegenüber Herzog Ulrich ab.
1549, Frühjahr	Reise über Straßburg zurück nach Württemberg (kurzer Aufenthalt in Stuttgart; Anekdote „Brenz und die Henne").
1549, 4. August	In Hall wird Michael Gräter wieder in sein Pfarramt St. Katharina eingesetzt; allmähliches Ende des Interims (endgültig erst 1558).
1549, Sommer	Versteck von Brenz auf Burg Hornberg bei Calw (als Vogt „Huldreich Engster" bzw. „Huldrichus Encaustius"), wohl bis Frühjahr 1551.
1549 (Ende)/1550	Niederschrift der großen latein. Katechismus-Erklärung *Catechismus pia et utili explicatione illustratus* (Druck: Frankfurt a.M. 1551, deutsch ebd. 1552).
1550, 7. September	Heirat mit Katharina geb. Eisenmenger/Isenmann aus Hall (geb. um 1530, gest. 25.11.1587; Nichte zweiten Grades seines Freundes und Kollegen Johann Isenmann, der seit 1549 Pfarrer in Urach ist), Hochzeit in Dettingen/Erms. 13 Kinder (1552-1568).
1550	Schriften: Jesaja-Kommentar *Esaias Propheta commentariis explicatus* (Frankfurt a.M., September 1550); Pollicarius-Postille *Enarrationum Evangeliorum Dominicalium Pars Prima* (Teil 1/2: Erfurt 1550, Teil 3: Leipzig 1553; deutsch Frankfurt a.M. 1554).
1550, Herbst, bis 1552	Vorübergehende Aufenthalte in Mägerkingen (Herbst 1550), Sindelfingen (Stift; seit Mitte 1551), Schloß Ehningen bei Böblingen (Anfang 1552) und in Tübingen (bis Sommer 1553).
1550, 6. November	Tod von Herzog Ulrich in Tübingen; Nachfolger Herzog Christoph (geb. 1515).
1551-1553	Brenz lehnt erneute Berufungen nach Preußen (als Bischof von Pomesanien bzw. von Samland) und nach Dänemark und Augsburg ab.
1551, 1. Mai	Wiederbeginn des Konzils von Trient (2. Phase).
1551, 4. Mai	Zusammenkunft der Straßburger und der württembergischen Theologen in Dornstetten zur Absprache über eine Delegation zum Trienter Konzil und über ein Glaubensbekenntnis für das Konzil. Brenz verfaßt in Sindelfingen für Herzog Christoph ein *Konzils-Gutachten* und die *Confessio Virtembergica* (Druck deutsch und latein. Tübingen [Februar] 1552, französ. 1552, italien. Tübingen 1553).

1551, 2. Juni	Stuttgarter Synode: Die führenden Theologen des Landes beraten und unterschreiben das Bekenntnis für Trient.
1551, Ende September	Eine württembergische Voraus-Gesandtschaft nach Trient reist ab, weitere Gesandte werden später nachgeschickt, darunter im November 1551 zwei Theologen.
1551, 5. Dezember	*Gutachten* von Brenz zum Osianderschen Streit über die Rechtfertigungslehre (1550-1558): Vermittlungsposition.
1551	*Gutachten* zur Reformation der Universität Tübingen.
1552, 24. Januar	Die Konfession der Württemberger wird auf dem Konzil überreicht, Rückkehr der Gesandten.
1552, 2. März	Hochzeit von Barbara Brenz (älteste Tochter) mit dem Theologen Dietrich Schnepf im Ehninger Schloß (16 Kinder).
1552, 7. März	Abreise einer erneuten Gesandtschaft zum Trienter Konzil (mit württembergischen und Straßburger Theologen, darunter Brenz), jedoch vergebliche Mission. 17. April Rückkehr der Gesandten nach Tübingen.
1552, 20. März	Aufstand von Kurfürst Moritz von Sachsen gegen den Kaiser.
1552, 1. Juni	Weitere Schrift der württembergischen Theologen zum Osianderschen Streit (17. Oktober: Tod Andreas Osianders in Königsberg).
1552, 2. August	Passauer Vertrag und Aufhebung des Interims. Abzug der Spanier aus dem Land. Brenz wird offiziell zum „Rat für die Kirchengeschäfte" und persönlichen Berater Herzog Christophs auf Lebenszeit berufen. Schrift: *Consilium de abroganda missa* (handschriftlich, für Württemberg).
1552, 30. Juni	Erlaß Herzog Christophs: Verbot der Messe im Land. Erlaß der Kasten-Ordnung; Beginn einer Neuordnung der Verwaltung.
1552, 9. Dezember	Tod des (noch katholischen) Stuttgarter Stiftspropstes Jakob von Westerstetten in Ellwangen.
1553, 10. Januar	Bestallungsurkunde: Brenz erhält die Stelle eines Landespropstes (Stiftspropst an der Stuttgarter Stiftskirche und erster Pfarrer von Stuttgart); Besoldung: 140 Gulden als Rat und 300 Gulden für das Propst-Amt (dazu Naturalbezüge und Dienstwohnung).
1553, 2. bis 10. August	Brenz in Neuburg/Donau zur Beratung der Neuburger Kirchenordnung (1554 im Druck erschienen).
1553, September	Brenz läßt sich endgültig in Stuttgart nieder.

1553	Schriften: *Syntagma* (Bericht über das Konzil vonTrient; latein. Basel 1553, deutsch und italien. Tübingen 1553); *Württembergische Kleine Kirchenordnung* (Gottesdienstordnung), Tübingen 1553 und weitere neue Ordnungen zum Aufbau der Landeskirche (Ehe, Visitation, die endgültige Superattendenz-Ordnung, die Kanzlei-Ordnung, usw.). Neuordnung des Kirchenguts.
1553/1554	Kontroverse zwischen Brenz / Herzog Christoph und Jakob Andreae / Kaspar Lyser um die Sittenzuchtfrage.
1554	Heirat der Tochter Sofia (geb. um 1536) mit Eberhard Bidembach (mindestens 6 Kinder).
1554, 26. April	Konvent von Naumburg (Fürstentag) zur Vorbereitung des Reichstags in Augsburg: geplante Teilnahme von Brenz im Gefolge Herzog Christophs (Abreise 18. April), doch Umkehr in Gotha, da Sachsen und Hessen schon das Nötige beschlossen haben.
1554, 29. September	Herzog Christoph schenkt Brenz für seine Verdienste um das Herzogtum einen Grundbesitz mit Zubehör in Altbulach; der Propst richtet sich dort eine Art Sommersitz ein.
1554	Schrift: *Homilien zum 1. Samuelbuch* (Frankfurt a.M. 1554).
1555, 5. Februar	Reichstag in Augsburg eröffnet.
1555, 26. September	Augsburger Religionsfriede (Reichstagsabschied): reichsrechtliche Anerkennung der Lutheraner.
1555	Literarischer Streit von Brenz mit Petrus a Soto (Dominikaner, Professor in Dillingen) wegen dessen Schrift gegen die Confessio Virtembergica (*Assertio catholicae fidei,* Köln 1555); Gegenschrift von Brenz: *Apologie* der Confessio Virtembergica (dazu *Prolegomena* und eine Verteidigungsschrift nach a Sotos weiterer Schrift *Defensio catholicae confessionis,* Antwerpen 1557), Druck: Frankfurt a.M. 1555-1559 in 5 Teilen (Teil 1 italien. Tübingen 1556).
1556, 9. Januar	Klosterordnung (wohl von Brenz): Einrichtung von Klosterschulen (revidiert 1559 in der Großen Kirchenordnung); Brenz ist Visitator der 13 Klöster (1554-1569 zahlreiche Dienstreisen in die Klosterschulen).
1556	Gräter-Postille: *Pericopae Evangeliorum,* 4 Teile, Frankfurt a.M. 1556-1559 (deutsch 4 Teile, ebd. 1556-1560).
1557, 15. Mai	Universitätsordnung. Nach der Neuordnung der Universitätsverhältnisse in Tübingen (Brenz ist Mitglied der Kommission) Neuordnung des theologischen Stipendiums (Stift).
1557, August	Gespräch in Pfeddersheim bei Worms mit Täufern (Brenz und Andreae).
1557, 24. August bis Ende November	Kolloquium von Worms (Religionsgespräch): Teilnahme von Brenz und Petrus Canisius.

1558, 1. Februar	*Gutachten* zur Reformation und Visitation in der Kurpfalz (mit Universität Heidelberg).
1558, März	*Gutachten* zum Frankfurter Fürstentag (18. März: Frankfurter Abschied).
1558-1560	Streit mit Kardinal Stanislaus Hosius, Bischof von Ermland, nach dessen Schrift gegen Brenzens *Prolegomena* (Briefe von Brenz, Schriften zur Verteidigung von Brenz durch Vergerio und Jakob Andreae).
1559, August	Große Kirchenordnung Herzog Christophs: *Summarischer und einfältiger Begriff, wie es mit der Lehre und Ceremonien in den Kirchen unsers Fürstenthumbs ... bißher geübt und gebraucht, auch fürohin ... gehalten und volzogen werden solle* (Sammlung von 19 Einzelordnungen; Druck: Mai bis August 1559 in Tübingen).
1559, 14./15. Dezemb.	Abendmahlssynode in Stuttgart (Kontroverse Bartholomäus Hagen / Jakob Andreae). Schrift der württembergischen Theologen: *Bekanntnus und Bericht ... von der warhafftigen gegenwertigkeit des Leibs und Bluts Jesu Christi im heiligen Nachtmal* (Druck: Tübingen 1560). Zweiter Abendmahlsstreit (gegen die Calvinisten); Ubiquitätslehre von Brenz.
1560, 19. April	Tod Philipp Melanchthons in Wittenberg.
1560	Kirchenordnung für die linksrheinischen Gebiete Württembergs (Horburg-Reichenweier und Grafschaft Mömpelgard/Montbéliard; Druck deutsch und latein. Tübingen 1560, französ. Basel 1568).
1561, 22. April	Herzog Christoph belehnt Brenz mit dem Schlößchen Fautsberg bei Altbulach; Brenz verkauft 1561 seinen 1542 erworbenen Besitz in Gottwollshausen bei Hall.
1561, April	*Gutachten* im Gefolge des Naumburger Fürstentags (20. Januar bis 1. Februar 1561) und weitere Gutachten zu verschiedenen Themen (meist für Herzog Christoph).
1561	Schrift: *De personali unione duarum naturarum in Christo,* Tübingen 1561 (darauf Gegenschriften, Kontroverse mit Heinrich Bullinger in Zürich bis 1564).
1561 bis 1565	Die südslawische Druckerei des österreichischen Exulanten Hans Ungnad von Sonnegg in Urach (Leiter ist der slowenische Reformator Primus Truber) druckt auch Brenzschriften in slowenischer und kroatischer Sprache für die südslawischen Länder des Balkan.
1562, 15. bis 18. Februar	Religionsgespräch in Zabern/Elsaß zwischen Herzog Christoph (mit Brenz, Andreae und Balthasar Bidembach) und Kardinal Karl von Guise mit seinem Bruder Franz.
1563	Übergang der Kurpfalz zum Calvinismus (Kurfürst Friedrich III.).
1563, 6. März	*Gutachten* zur Reformation in Wesel.
1563, 4. Mai	*Gutachten* von Brenz zum Heidelberger Katechismus 1563 (2 weitere Gutachten dazu noch im selben Jahr).

1563, 4. Mai	Heirat des Sohnes Johannes Brenz in Neubulach mit Barbara geb. Rösch (14 Kinder).
1563	Bemühungen Herzog Christophs um die Reformation in Frankreich; Übersetzung der *Katechismusauslegung* (Explicatio) von Brenz ins Französische (Tübingen 1563). *Esra-Nehemia-Kommentar* entstanden (Druck in Opera 2, 1576).
1564, 10. bis 15. April	Abendmahlsgespräch der Württemberger mit den Pfälzer Theologen im Kloster Maulbronn (Teilnehmer auch Brenz).
1564	Schriften: *Römerbrief-Kommentar* (Frankfurt a.M. 1564);*Recognitio Propheticae et Apostolicae doctrinae de vera maiestate Domini nostri Jesu Christi* (Tübingen 1564); *Zwo Trost und vermanung Schrifft ahn die verjagten Christen auß dem Bayerlandt*, [Eisleben?] 1564.
1565, 30. Januar	Tochter Euphrosyne in Neubulach getauft (verh. Weikersreuter, gest. nach 1590).
1565, 14. Mai bis 20. Juni	Stuttgarter Landtag: In der Religionsfrage sichert der Landtagsabschied vom 19. Juni den Konfessionsstand in Württemberg (Regelung aufgrund eines *Brenz-Gutachtens* vom 15. Juni).
1565	Schriften: Psalmenauslegung *Brevis et perspicua explicatio Psalmorum Davidis* (Teil 1-11 von Brenz, Tübingen 1565-1571); *Bericht Wie man sich in sterbenden Leuffen der Pestilentz Christlich halten soll* (Tübingen 1565).
1565, ab 10. Oktober bis Juli	Briefwechsel mit dem Jülicher Arzt Johannes Wier (Weyer), betreffend das Hexenwesen (1565/1566).
1566	*Matthäus-Kommentar*, (Tübingen 1566).
1566, 26. Juli	*Gutachten* (und Briefwechsel) zur Reformation und Kirchenordnung im Herzogtum Jülich-Cleve-Berg.
1566, 20. August	Brenz verfaßt sein Testament (2 Teile: geistliches und ökonomisches Testament).
1566, 10. September	Tochter Judith in Neubulach getauft (verh. Schmid, gest. 1589).
1567, 18. Januar	*Brenz-Gutachten* gegen die Synergisten für Herzog Christoph.
1567, 31. Oktober	Zusammenkunft mit den Straßburger Theologen im Kloster Hirsau (geplant, hat es stattgefunden?).
1568	Seit Anfang des Jahres: Brenz predigt nicht mehr. Beratungstätigkeit bei der Reformation von Braunschweig-Wolfenbüttel (mit Jakob Andreae).
1568	*2 Gutachten* betreffend Zwinglianer für Pfalzgraf Ludwig (19. Juni) und 2 weitere zum selben Themenbereich für Ludwig und für Herzog Christoph.
1568, 28. Dezember	Tod Herzog Christophs in Stuttgart; sein Sohn Ludwig (1554-1593) wird Nachfolger, jedoch Vormundschaftsregierung.

1569, Jahresende	Erster Schlaganfall, die Arbeitskraft von Brenz ist gebrochen; der Stuttgarter Stiftspfarrer Wilhelm Bidembach unterstützt Brenz.
1569/1570	Arbeit am Psalter.
1570, August/September	Heirat der Tochter Katharina (älteste Tochter aus der 2. Ehe von Brenz, geb. 1552?) mit Jakob Gehring in Stuttgart (Hochzeit noch zu Lebzeiten von Brenz).
1570, 30. August	Brenz liest den um sein Krankenbett versammelten Stuttgarter Pfarrern sein geistliches Testament vor und feiert mit ihnen und seiner Familie das Abendmahl.
1570, 11. September	Tod von Brenz (gegen 13 Uhr nachmittags).
1570, 12. September	Begräbnis in Stuttgart (Stiftskirche) unter großer Anteilnahme der Bevölkerung; Leichenpredigt von Wilhelm Bidembach: *Ein christliche Leichpredigt*, (Druck Tübingen 1570).
1570, 20. September	Lateinische Gedächtnisrede von Jakob Heerbrand in der Universität Tübingen (*Oratio funebris*, Tübingen 1570).
1570, 24. September	Gedächtnispredigt (*Concio funebris*) in der St. Michaelskirche in Schwäbisch Hall (durch Pfarrer Johannes Rösler; nur handschriftlich in Latein überliefert).
1576-1590	Druck der Brenzschen Opera, herausgegeben vom Sohn Johannes Brenz jr., 8 Foliobände, Tübingen 1576-1590 (die Ausgabe blieb unvollendet).

Leihgeber

Augsburg
 Fürstliche und Gräfliche Fuggersche Stiftungsadminis-
 tration Stadtarchiv Augsburg
 Staats- und Stadtbibliothek Augsburg
Blaubeuren
 Evangelische Kirchengemeinde Seißen
Braunsbach
 Pfarrarchiv der Evangelischen Kirchengemeinde Döt-
 tingen-Steinkirchen
Bretten
 Melanchthonhaus Bretten, Graphiksammlung
Coburg
 Kunstsammlungen der Veste Coburg
Darmstadt
 Hessisches Landesmuseum Darmstadt
Donauwörth
 Staatliches Hochbauamt
Gotha
 Forschungs- und Landesbibliothek Gotha
Heilbronn
 Evangelische Kilianskirchengemeinde
Herrenberg
 Evangelische Stiftskirchengemeinde Herrenberg
Isny i. A.
 Evangelisches Pfarramt I.
Karlsruhe
 Landeskirchliche Bibliothek
Ludwigsburg
 Landeskirchliches Museum Ludwigsburg
München
 Bayerisches Nationalmuseum
 Bayerische Staatsbibliothek
Neuenstadt a. K.
 Evangelisches Dekanatamt Neuenstadt a. K.
Nürnberg
 Germanisches Nationalmuseum Nürnberg
 Stadtbibliothek Nürnberg
Rostock
 Universitätsbibliothek Rostock
Schaffhausen
 Stadtbibliothek Schaffhausen: Ministerialbibliothek
Schorndorf
 Gesamtkirchengemeinde Schorndorf
Schwäbisch Hall
 Baurechtsamt Schwäbisch Hall
 Evangelische Kirchengemeinde St. Katharina
 Evangelische Kirchengemeinde St. Michael
 Fritz Gräter
 Hällisch-Fränkisches Museum
 Stadtarchiv Schwäbisch Hall

Stuttgart
 Landeskirchliches Archiv
 Hauptstaatsarchiv Stuttgart
 Stadtarchiv Stuttgart
 Württembergische Landesbibliothek
 Württembergisches Landesmuseum
Tübingen
 Graphische Sammlung am Kunsthistorischen Institut
 Universitätsbibliothek Tübingen
Ulm
 Stadtbibliothek Ulm
Weinsberg
 Evangelisches Dekanatamt Weinsberg
Wien
 Österreichische Nationalbibliothek
Wittenberg
 Lutherhalle Wittenberg, Bibliothek
Zürich
 Staatsarchiv des Kantons Zürich
und Privatbesitz

Bildnachweis

Württ. Landesmuseum Stuttgart: 1, 2, 81, 121 Württ. Landesbibliothek Stuttgart: 27, 69, 82, 84, 85, 90, 93, 99, 118, 119, 128, 130- 133, 136, 138, 145, 154 Universitätsbibliothek Tübingen: 70, 135, 144 Landeskirchliches Archiv Stuttgart: 3, 4, 6, 13, 14, 16, 74, 79, 86, 98, 101, 103, 104, 110, 112, 114, 115, 148, 152 Landesbildstelle Württemberg, Stuttgart: 5, 7, 31, 100, 102, 106, 109, 120 Stadtarchiv Schwäbisch Hall: 8, 9, 10-12, 15, 19, 20, 26, 29-68, 127, 149 Badische Landesbibliothek Karlsruhe: 16, 76, 80 Akademie der Wissenschaften, Heidelberg, Inschriftenkommission: 72 Hauptstaatsarchiv Stuttgart: 21, 22, 83, 96, 97, 113, 122 Universitätsarchiv Heidelberg: 23 Sächsische Landesbibliothek Dresden: 142 (Kriegsverlust) Herzog August Bibliothek Wolfenbüttel: 155 Staatsarchiv Zürich: 78 Zentralbibliothek Zürich: 134 Bibliothèque Nationale Paris: 141 British Library London: 137 Königliche Bibliothek Kopenhagen: 143 Hermann Ehmer: 24, 28, 71, 73, 75, 77, 88, 89, 91, 94, 95, 105, 107, 108, 111, 116, 117, 123, 124, 125, 150, 151 Christoph Weismann: 25, 87, 92, 126, 129, 139, 140, 146, 147, 153, 156, 157

Register Orte

USA s. Vereinigte Staaten von Amerika

Register Personen

Anmerkung: Zahlen in Klammern beziehen sich auf
die Anmerkungen; Umlaute sind bei der Sortierung nicht
berücksichtigt; regierende Fürsten sind unter den Vornamen verzeichnet. Moderne Autoren sind in der Regel
nur da berücksichtigt, wo ein Literaturtitel genauer zitiert
ist; moderne Verlagsorte sind nicht verzeichnet.
Die Zeittafel im Anhang konnte nicht mehr ins Register
aufgenommen werden. (C.W.)